MA BIBLE DU FENG SHUI

Leduc s'engage pour une fabrication écoresponsable !
« Des livres pour mieux vivre », c'est la devise de notre maison.
Et vivre mieux, c'est vivre en impactant positivement le monde qui nous entoure ! C'est pourquoi nous choisissons nos imprimeurs avec la plus grande attention pour que nos ouvrage soient imprimés sur du papier issu des forêts gérées durablement, et qu'ils parcourent le moins de kilomètres possible avant d'arriver dans vos mains ! Pour en savoir plus, rendez-vous sur notre site.

Édition : Cécile Beaucourt
Maquette : Élisabeth Chardin
Correction : Étienne Buirette (IGS-CP)
Conseil éditorial : Nathalie Ferron
Illustrations : Isabelle Van Quang et Bruno Lecourt
Photographies : AdobeStock (p. 250, 286, 292 et 589)
Design de couverture : Antartik
Photographies de couverture : AdobeStock, Isabelle Van Quang, Bruno Lecourt

10, place des Cinq-Martyrs-du-Lycée-Buffon
75015 Paris – France
ISBN : 979-10-285-2040-3

BRUNO LECOURT

MA BIBLE DU FENG SHUI

LEDUC

À ma famille et à ceux qui me manquent.

« De l'argile nous faisons un pot,
mais c'est le vide à l'intérieur
qui retient ce que nous voulons. »

Lao Zi

« Crois-en mon expérience, tu trouveras quelque chose
de plus au milieu des bois que des livres.
Les arbres et les rochers t'enseigneront
ce que ne peut apprendre aucun maître. »

Saint Bernard de Clairvaut à Henri Murdach

SOMMAIRE

PRÉFACE

Bruno est sincère et partageur. Issu d'une « autre école », il a su frapper à ma porte et me demander de préfacer sa *Bible du feng shui*. Accepter fut une évidence.

Au-delà des différences, des années et des distances, repérer ce qui nous rassemble, praticiens et passionnés de feng shui, et avancer ensemble au service d'une diffusion éclairée et élargie de notre discipline est impératif. En lisant ces pages, notamment la partie historique, le parallèle entre les règnes successifs, les rivalités, les alliances en Chine et les aléas, les défis, les progrès du feng shui en Occident m'a fait sourire.

Quand j'ai osé, en 1997, ma première conférence sur le feng shui à Paris, le territoire était vierge et l'audience incrédule. Quand je me suis installée en profession libérale, le comptable m'a déconseillé de me lancer « dans une activité inconnue, ne rentrant dans aucune case Insee et qui n'intéresserait personne ». J'ai changé de comptable et persévéré.

En 25 ans, nous sommes passés d'une période où personne ne connaissait le feng shui à une période où tout le monde en a entendu parler. Le temps a passé. Le terreau a été labouré. Les graines ont poussé. Ayant passé l'âge chinois de la sagesse, j'affirme avec bonheur que la relève est assurée. Ce livre l'illustre.

Si la grande vague initiale du feng shui est passée, celle où d'aucun pensait qu'il allait résoudre tous nos problèmes, nous sommes arrivés à un moment clé. Le feng shui a d'abord séduit par la simplicité de sa vulgarisation, parfois excessive mais néanmoins essentielle à sa diffusion. Sa longévité en Occident dépend maintenant de la ténacité et des efforts entrepris pour en révéler la richesse et la complexité.

Le feng shui est officiellement l'art du positionnement, d'un bâtiment sur un terrain, d'une fonction dans une maison, d'un meuble dans une pièce. Il est en réalité celui du positionnement d'une personne dans son environnement. Par l'extraordinaire privilège confié au praticien de feng shui et à ses compétences, cet art ancestral permet de trouver sa place, ici et maintenant. En cela, il est essentiel au déploiement de nos forces, individuelles et collectives.

Bruno Lecourt fait partie de ces traceurs de route qui, loin de garder pour eux les savoir-faire acquis, partagent et diffusent. En cela, il assume la responsabilité du passeur de connaissances pour ceux et celles que la chose chinoise intrigue et appelle. Il est de ceux que j'attendais quand j'ai commencé à enseigner les Étoiles Volantes et le *Bazi*. C'était il y a un quart de siècle.

Le livre de Bruno Lecourt vous tend la main. Prenez-la.

Marie-Pierre Dillenseger
Praticienne, auteure de *La Voie du Feng Shui*.

INTRODUCTION

LE FENG SHUI, POUR QUOI FAIRE ?

Le siècle que nous traversons connaît une crise environnementale majeure. Elle nous oblige à reconsidérer nos modes de vie très urbanisés qui non seulement ne sont plus respectueux des principes fondamentaux de la vie, mais sont aussi générateurs de stress et de maladie. Sous le poids de nos actions, la nature, malmenée, tire la sonnette d'alarme avant un point de non-retour qui serait fatal à notre survie. Heureusement, nombre d'entre nous ont déjà entamé le virage nécessaire en se reconnectant à des valeurs essentielles.

Dans cette dynamique, le feng shui, la science chinoise de l'environnement, prend tout son sens en proposant – à son niveau – des solutions pour restaurer et préserver cet équilibre.

À LA RACINE DU MOT

Feng shui, étymologiquement « vent » et « eau », se prononce « foung tchwè » en chinois.

UN ART DE VIVRE

Le feng shui est un art traditionnel chinois qui s'intéresse à la relation que nous entretenons avec nos habitations. Il appartient à l'un des cinq arts de la métaphysique chinoise : l'**observation** (du paysage, de la physionomie du visage, des cycles temporels...). Les quatre autres sont la **divination** (la compréhension du caractère changeant de toute chose), la **destinée** (la connaissance de l'avenir), la **médecine** (traditionnelle chinoise et l'acupuncture) et l'**art de la montagne** (la diététique, les arts martiaux, la méditation). Le sixième art « caché » est lié au monde de l'invisible (la magie, les rituels, la création de talismans...).

Plus précisément, cette science de l'environnement et de l'aménagement s'est élaborée autour de l'idée que nous sommes en **interaction** permanente avec les lieux que nous habitons. Elle considère que l'habitat et l'environnement proche, naturel ou urbain, exercent une influence sur notre vie en conditionnant notre prospérité, notre santé et notre relationnel.

Le feng shui est une chance

Selon le concept taoïste de la trinité, la réussite de l'homme dépend de trois chances : la chance céleste (abordée par le thème astrologique), la chance humaine (favorisée par les attitudes et les actions) et la chance terrestre (en relation avec l'impact de l'environnement et de l'espace). C'est uniquement sur cette dernière que le feng shui peut intervenir. Si son rôle est essentiel concernant la troisième chance, il n'en reste pas moins indissociable des deux autres chances, qui sont tout aussi importantes pour la réussite d'un projet.

VIVRE EN HARMONIE AVEC LA NATURE

Le feng shui a de quoi surprendre nos esprits d'Occidentaux conditionnés par la pensée rationnelle, soumise la plupart du temps à la loi économique du rendement et du calcul.

Réorienter un fauteuil, poser une moquette rouge, condamner une porte pour améliorer l'efficacité et la productivité dans un bureau ou tout simplement le bien-être n'entrent *a priori* pas dans la logique managériale d'une entreprise. Pourtant les résultats concrets, qualitatifs et quantitatifs, sont bien au rendez-vous. Cela explique l'engouement que connaît actuellement le feng shui auprès d'un nombre grandissant de sociétés, grandes ou petites.

À la fois art et science, il tire toute sa puissance de ses valeurs, nourries par une philosophie ancestrale de la nature dont il faut suivre la voie (le Tao) et avec laquelle l'homme doit vivre en harmonie.

AJUSTER L'ACTION AU BON ENDROIT ET AU BON MOMENT

Ce que nous apprend le feng shui au même titre que la science contemporaine, c'est que l'espace et le temps sont indissociables, et que l'action humaine s'inscrit dans ces repères. S'il est un art de l'agencement ou du « placement » des hommes, du mobilier et des objets ou des bâtiments dans l'espace (à distinguer d'un aménagement décoratif ou architectural), le feng shui comporte également une dimension temporelle dans laquelle le timing joue un rôle essentiel : des dates propices peuvent être fixées pour construire une maison, emménager, ou accompagner tout type de projet, qu'il soit immobilier, professionnel, relationnel ou financier...

Le feng shui place la relation de l'homme avec son habitat au cœur de ses préoccupations. Il lui permet de vivre en harmonie avec sa maison, ses proches et de se réaliser dans un environnement qui le ressource.

Cela suppose que la maison ou l'appartement a pour vocation de soutenir ses habitants, de les protéger. Assurément, le feng shui vous sera d'une grande aide pour choisir votre future habitation ou pour rééquilibrer votre lieu de vie de manière préventive. Tout cela est possible ! Cependant, pratiquer cet art ne trouve pleinement son sens que si une problématique est en jeu et que des objectifs sont à atteindre.

À QUI S'ADRESSE CE LIVRE ?

Ce livre décrit le feng shui traditionnel tel qu'il était pratiqué à l'époque des dynasties chinoises et tel qu'il est encore pratiqué à Hong Kong ou à Taïwan de nos jours. Son approche concrète et rationnelle tente d'éclairer en profondeur, de donner les clés pour une meilleure compréhension afin d'intégrer plus facilement la pratique du feng shui.

Il s'adresse autant aux novices qu'aux amateurs ou professionnels, ou même à ceux qui sont davantage intéressés par les aspects théoriques et philosophiques qui entourent cet art.

Il peut être pratiqué de manière simple ou plus élaborée, selon le degré de connaissance, ce qui n'empêche pas d'excellents résultats dans un cas comme dans l'autre. Cet ouvrage propose par conséquent différents niveaux de lecture adaptés à chacun.

Pourquoi lire ce livre ?

- Pour obtenir des clés et des éclairages, démêler le vrai du faux, lever des doutes par rapport au feng shui que vous pratiquez peut-être déjà et qui, bien que souvent simplifié à l'extrême, vous semble toujours aussi mystérieux ou contradictoire…

- Pour pratiquer un feng shui qui donne des résultats.

- Pour découvrir, à travers cet art, les multiples facettes de la culture chinoise à laquelle il est rattaché.

- Pour vivre davantage en accord avec vous-même et le monde qui vous entoure, car le feng shui est un réel instrument de connaissance de soi.

- Pour vous sentir davantage connecté à l'univers et à ses lois.

- Pour réussir tout ce que vous entreprenez, être en bonne santé, heureux avec les vôtres et ne manquer de rien.

Étant donné la richesse du feng shui, ses méthodes nombreuses sujettes à des interprétations multiples, je vous propose ma version personnelle composée de « morceaux choisis ». Elle ne répertorie donc pas toutes les techniques de feng shui, qui nécessiteraient chacune un ouvrage entier, mais présente une sélection facile à mettre en application. Ce livre tente également d'aller plus loin que l'image d'Épinal que nous connaissons tous et qui nous a éloignés du vrai feng shui traditionnel.

Ce livre est plus qu'un manuel de feng shui. En l'écrivant, je me suis demandé quelles informations seraient utiles à une personne désirant comprendre ses principes, son contexte philosophique et culturel, pour une mise en pratique respectueuse de la tradition. J'ai donc sélectionné les éléments qui me semblaient les plus pertinents pour réaliser cette mission et placé des focus pour éclairer des points précis, afin de faciliter la compréhension ou d'ouvrir sur d'autres domaines. Ce livre est donc aussi une invitation à approfondir des thèmes connexes au feng shui.

SEPT PARTIES AU MENU

La première partie replace le feng shui dans son contexte historique, depuis le néolithique jusqu'à nos jours.

La deuxième développe les principes taoïstes qui sont à la base du feng shui et de ses outils, autour des notions de Tao, de *chi*, de yin et de yang, des cinq éléments, du *loshu*, le « carré magique ». Pour maîtriser les outils du feng shui et passer à la pratique, il est nécessaire de bien comprendre cette métaphysique chinoise qui place la nature au centre de ses préoccupations. Vous y découvrirez la conception chinoise de l'espace, mais également l'actualité du taoïsme à travers les sciences contemporaines.

Dans la troisième partie, vous apprendrez à observer et décrypter l'environnement, ses atouts et ses menaces, les *sha chi*. Vous saurez reconnaître un site favorable pour y construire une maison ou tout simplement évaluer la force de votre quartier ou des reliefs qui jouxtent votre lieu d'habitation.

Les quatrième et cinquième parties vous mèneront à l'intérieur de la maison avec des conseils d'aménagement destinés aux quatre pièces majeures du feng shui. Vous y découvrirez les différentes méthodes que j'ai sélectionnées pour vous et qui donnent d'excellents résultats :

- Les Directions favorables ou défavorables en fonction de votre date de naissance, méthode qui permet de repérer au sein de votre habitat les meilleurs secteurs et orientations pour la réalisation de vos projets ;

- Les Étoiles Volantes, une méthode plus poussée mais tout aussi passionnante qui fait intervenir le temps, permet d'établir une carte des énergies en cours dans l'espace, et indique comment les exploiter, dans quelles pièces et à quel moment.

Dans la sixième partie, nous irons faire un petit tour dans un jardin chinois pensé autour de l'eau et de la montagne, deux éléments qui le composent et le structurent. Une manière d'illustrer les concepts fondamentaux qui sont au cœur du feng shui.

La dernière partie sera consacrée à la purification de l'espace, une technique de nettoyage énergétique destinée aux lieux de vie ou aux locaux professionnels, qui vient accompagner le feng shui.

Pour mieux éclairer le propos, cet ouvrage est agrémenté d'illustrations. Il peut être lu comme une histoire, de manière chronologique, ou feuilleté au gré des envies.

Je vous souhaite un voyage éclairant au pays du feng shui !

Partie 1

Le feng shui dans l'Histoire

Les origines du feng shui se perdent à l'aube de l'humanité, à une époque où la frontière entre les faits légendaires, peuplés de héros et de divinités, et les faits authentiques n'est qu'un vain mot. C'est durant cet âge d'or « **mythique** » (jusqu'à 1100 av. J.-C.) décrit par les tout premiers historiens chinois que sont découverts les principes fondamentaux du feng shui : le yin et le yang, les trigrammes, les diagrammes du *hetu* et du *loshu*, le concept de *chi*, l'astrologie, les préoccupations liées à l'emplacement et l'orientation, etc.

Si l'histoire de la Chine est riche et complexe, il est normal que celle du feng shui le soit tout autant. Elle est rythmée par différentes phases de développement, de stagnation ou de repli, sous l'influence des événements politiques, sociaux, militaires et religieux qu'elle a rencontrés.

UN FENG SHUI « PRIMITIF »

L'origine chinoise du feng shui et ses particularités sont attestées par les historiens et les archéologues. Les premières traces avérées de sa pratique seraient apparues au néolithique moyen avec la **culture de Yangshao** (entre 4500 et 3000 av. J.-C.), et ce, notamment, à travers les us et coutumes de communautés sédentarisées organisées autour d'un chamane.

La **tombe de Xishuipo** (pour plus de détails, voir p. 192), découverte dans les années 1980 dans le Henan, en forme de fer à cheval et orientée selon l'axe nord-sud, témoigne d'une **connaissance de l'axe magnétique** et d'un savoir astronomique, deux données fondamentales en feng shui : la **Grande Ourse** et les **constellations du Dragon et du Tigre** sont représentées à côté du corps sous forme de mosaïques de coquillages.

Les villages situés dans le bassin moyen du fleuve Jaune (voir carte géographique, p. 187) sont composés d'habitations en argile à moitié enterrées, de forme ronde ou rectangulaire, recouvertes de pisé et d'un toit de feuillage. Il est probable que leur implantation ait été décidée en tenant compte de la **protection apportée par le relief géographique** – une autre donnée fondamentale en feng shui –, mais également grâce à la **divination**.

À cette époque, l'existence des hommes est encore consacrée à leur survie : ils vivent de chasse, de pêche et de cueillette, cultivent le riz et pratiquent l'élevage. Leurs outils sont en pierre taillée et polie. Leur vie s'organise autour de l'agriculture et elle est profondément liée aux rythmes naturels.

Cette société hiérarchisée est dirigée par un **chef, descendant des dieux** dont il détient ses pouvoirs magiques. Pour obtenir de bonnes récoltes, il communique avec les éléments naturels – l'eau, les nuages, la foudre et le vent –, qu'il peut diriger, éloignant ainsi du village intempéries, inondations, tempêtes ou sècheresses…

Ce **chef chamane** détient les savoirs du monde animal, végétal et minéral et comprend toutes les lois de l'univers, dont il sait interpréter les signes (les éclipses, par exemple) et les phénomènes climatiques.

Pour assurer la protection et la survie du village dont il est responsable ou pour régler tout désordre naturel, il intercède auprès des esprits tutélaires dispensateurs de bienfaits en dirigeant **rituels et sacrifices**. Une fois l'équilibre naturel rétabli, tout rentre dans l'ordre.

Le mandat céleste

Cette position de l'Homme comme intermédiaire entre le Ciel et la Terre préfigure la notion de mandat céleste qui sera confié à partir des Zhou aux empereurs, les « fils du Ciel » (*Tianzi*) : seul un gouvernement sage, avisé et vertueux pouvait garantir le bon ordre de l'univers tout entier.

Ainsi, les tremblements de terre étaient interprétés par la population comme des signes de mécontentement de la part du Ciel sur Terre à la suite d'actes non vertueux commis par l'empereur, sa famille ou des subordonnés, ou pour signifier au gouvernement que son peuple souffrait de famines et qu'une solution devait être trouvée dans les plus brefs délais. Ces signes pouvaient par conséquent être à l'origine de la destitution de l'empereur.

LA PÉRIODE MYTHIQUE : DÉCOUVERTE DES PRINCIPES FONDAMENTAUX

Grâce à leurs observations de la topographie et des conditions atmosphériques, et à leur compréhension des rythmes de la nature, ces chefs de village, **rois-chamanes**, entrent dans le panthéon chinois comme des héros civilisateurs aux valeurs morales irréprochables. **Fuxi** et **Yu le Grand** domestiquent la nature pour le bien de l'humanité : les fleuves sont aménagés en construisant des canaux et des ponts, tandis que des digues permettent de gérer les crues et de construire les premières cités.

La tradition chinoise leur attribue la découverte des concepts fondamentaux indispensables aux arts traditionnels taoïstes tels que le feng shui : le texte fondateur du *Yi Jing*, les huit trigrammes (*bagua*), les diagrammes du *hetu* et du *loshu* (ou *luoshu*), le principe des cinq éléments (*wuxing*), etc.

LA PÉRIODE « MYTHIQUE »

Les écrits de l'époque Han (206 av. J.-C. à 220 apr. J.-C.) ont dressé l'hagiographie fantastique de ces rois mythiques à une époque où le pouvoir cherchait à créer des modèles de vertus morales fortement empreintes de confucianisme. Un peu plus tard, dans son ouvrage, le grand historien chinois Sima Qian (145 à 86 av. J.-C.) considérera ces héros comme des êtres ayant réellement existé.

Que ces personnages aient existé ou soient des mythes, peu importe. Le flou qui entoure leur biographie leur confère une aura quasi divine, magique et mystérieuse à la fois, qui colle parfaitement avec la vision chinoise d'un univers sans origine.

Fuxi, le père de la civilisation chinoise

Ce roi shaman est l'un des **trois Augustes** ou **Sages** dispensateurs de bienfaits pour l'humanité et fondateurs, avec les cinq premiers empereurs, de la civilisation chinoise. Les deux autres Augustes sont Nuwa, la sœur de Fuxi, protéiforme qui aurait créé l'humanité en modelant de l'argile, et Shennon, surnommé le divin laboureur, et qui serait l'inventeur de la charrue, du thé et des plantes médicinales.

Personnage protéiforme souvent affublé d'une peau de tigre, Fuxi était capable de prendre l'apparence d'un serpent, d'un dragon ou d'une tortue, trois animaux sacrés en Chine. Les historiens chinois lui attribuent la création de l'écriture chinoise, du calendrier, des arts martiaux, de la construction des maisons. En raison de ses découvertes, il est encore considéré comme le protecteur des arts et des sciences de la divination.

La légende raconte que, lors d'une promenade au bord du fleuve Jaune (*Huang He* en chinois), Fuxi voit émerger des flots un cheval dragon portant sur son dos un arrangement ordonné de taches qu'il nomme *hetu* ou « carte de la rivière jaune ».

Cet arrangement de points a inspiré un diagramme fondamental en feng shui qui symbolise le **comportement intemporel ou permanent du fleuve** (pour plus de détails, voir p. 145). Le *hetu* décrit l'essence première de toutes choses dans un ordre idéal et statique. Il permet d'appréhender l'ordre invisible et mystérieux de l'univers.

Fuxi serait l'inventeur de l'écriture chinoise.

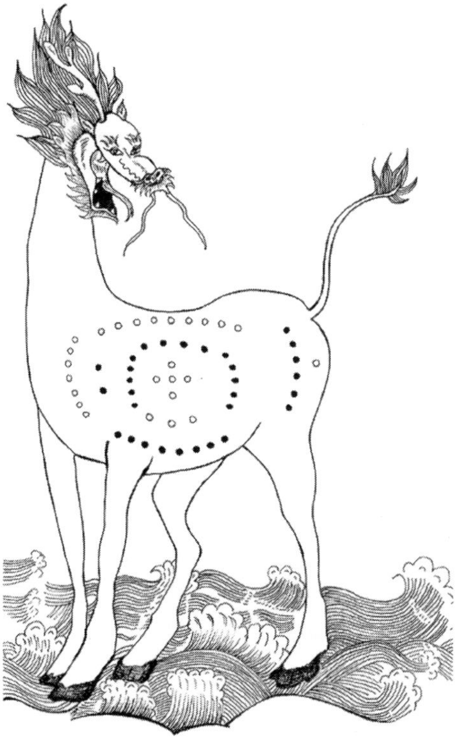

Le cheval dragon, porteur de la carte du fleuve Jaune (*hetu*).

Fuxi aurait découvert également les **huit trigrammes** ou *bagua*. Le *bagua* est une figure octogonale composée de huit trigrammes (*ba* signifiant « huit » et *gua* « trigramme »). Chaque trigramme est composé de trois traits superposés pleins (yang) ou coupés (yin).

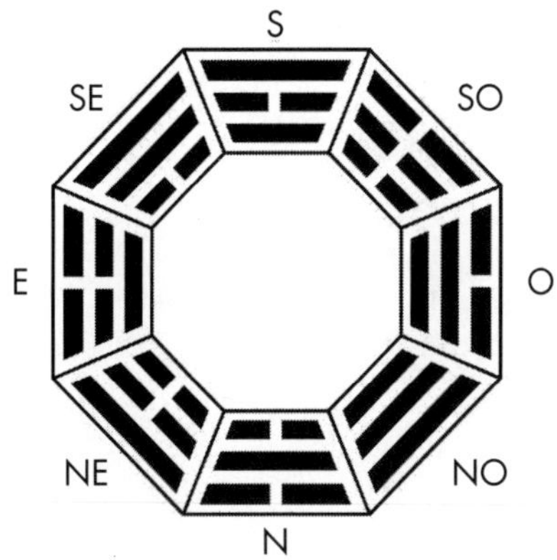

Le bagua est un diagramme majeur du système taoïste.

Yu le Grand, le héros civilisateur

Yu le Grand est un autre roi chamane fondateur de la première dynastie des **Xia** (voir p. 600, célèbre pour avoir maîtrisé les crues dévastatrices, domestiqué les fleuves et mis en place l'irrigation. Il est considéré comme un bienfaiteur dans la culture chinoise. Ses aptitudes ne s'arrêtent pas là, car il forma trois cents montagnes et divisa le territoire chinois en neuf provinces.

Un mythe universel

Les exploits de Yu pour harmoniser les phénomènes diluviens sont à rapprocher du mythe du déluge fondateur de la civilisation, présent dans toutes les cosmogonies humaines.

L'histoire raconte qu'il aurait aperçu une tortue sortant du fleuve Luo et portant sur sa carapace un arrangement de points particuliers appelé *loshu* (« le livre de la rivière »). Il y vit la traduction du **comportement cyclique et impermanent** du fleuve.

Complétant le *hetu* qui reflète un ordre primordial statique, le *loshu* traduit la dynamique de notre monde en continuel changement, ses variations ou « mutations » telles que le rythme des saisons. Dans cette logique, on attribue également à Yu le **premier des trois livres des mutations** (*Yi Jing*), aujourd'hui disparu, qui décrit l'ensemble des changements de l'univers en soixante-quatre figures, ou hexagrammes.

C'est de l'eau que naissent les deux diagrammes du *hetu* et du *loshu*. Cet aspect créatif et primordial caractérise également une époque de la civilisation chinoise où les éléments naturels devaient être maîtrisés pour que les hommes puissent bâtir leurs villes et accéder à une autre étape de leur évolution.

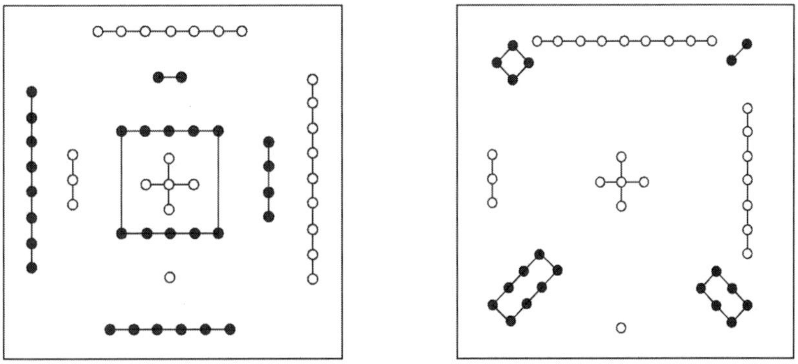

Diagrammes du *hetu* à gauche et du *loshu* à droite, avec les points noirs (pairs) et blancs (impairs). Par la suite, les points ont été remplacés par les nombres correspondant à leur quantité.

	2 et 7	
3 et 8	5 et 10	4 et 9
	1 et 6	

4	9	2
3	5	7
8	1	6

Hetu à gauche et *loshu* à droite. Ces deux figures rappellent le mythe d'une Terre qui serait composée à l'origine de quatre carrés symétriques positionnés autour d'un carré central, en forme de croix.

Huang Di

Huang Di, l'Empereur Jaune, était doté d'une connaissance très pointue de la **topographie** et des outils d'orientation. C'est sous son règne (2 697 à 2 597 av. J.-C.) qu'aurait été inventée la **boussole** (voir p. 285), servant notamment à orienter les sites funéraires, ainsi que le **char pointant le sud** (*zhinanche*, en chinois), un véhicule à deux roues équipé d'une boussole non magnétique permettant à une figurine en bois de rester toujours fixée vers le sud grâce à un système complexe de roues à engrenages différentiels.

Huang Di est aussi l'inventeur du calendrier agricole, établi à partir des observations astronomiques et mis à jour régulièrement depuis son règne.

La légende lui attribue le **principe des cinq éléments** (le Bois, le Feu, la Terre, le Métal et l'Eau), l'**acupuncture** et le premier ouvrage de médecine chinoise, le ***Classique de médecine interne de l'Empereur Jaune***, dont la compilation serait en réalité postérieure, datant plutôt de 500 av. J.-C. à 220 apr. J.-C.

Ce manuel remarquable est fortement imprégné de la conception taoïste selon laquelle l'homme et l'univers sont étroitement liés, le microcosme étant le reflet du macrocosme. L'équilibre du physique dépendrait de la bonne circulation des flux énergétiques à l'intérieur du corps et de l'harmonie entre l'intérieur du corps et l'extérieur. Il est appréhendé à travers :

- **les cinq éléments** (chaque organe étant relié à un élément, une émotion, un type d'énergie : le cœur au Feu, les reins à l'Eau, le foie au Bois, etc.) ;
- **le yin et le yang** pour qualifier les différentes variations – le chaud et le froid, par exemple.

En réalité, les principes des cinq éléments, du *chi*, du yin et du yang sont élaborés à l'époque des Royaumes Combattants (fin du IVe siècle à 221 av. J.-C.).

La dynastie des Zhou orientaux (771 à 256 av. J.-C.)

À la **fin de la période mythique**, le *bagua* et les hexagrammes sont perfectionnés par le **roi Wen**, fondateur de la **dynastie Zhou** (1045 à 256 av. J.-C.) et fervent adepte des arts divinatoires. Aidé par un de ses ministres, maître en magie et en divination, il laisse à la postérité sa version du ***Yi Jing*** et favorise son étude, tandis que le *hetu* et le *loshu* sont popularisés et que les connaissances autour des cycles du *chi* apparaissent. La légende raconte qu'il a inventé un second arrangement des hexagrammes, différent de celui de Fuxi, alors qu'il était emprisonné par le tyran Zhou de Shang.

Les soixante-quatre hexagrammes (qui sont des trigrammes superposés) traduisent les mutations de l'univers. Des commentaires y ont été adjoints, auxquels il est possible de se référer lors d'un tirage divinatoire. Le *Yi Jing* est une clé permettant de comprendre le fonctionnement de l'univers, toujours très utilisé par les arts taoïstes. Les hexagrammes ont fait l'objet de multiples commentaires au cours du temps et continuent d'en produire tant ils sont riches de sens.

À cette époque sont écrits deux livres majeurs et fondateurs du taoïsme : le ***Dao de jing*** (le Livre de la voie et de la vertu) de Lao Zi et ***Le Zhuangzi***, du nom de son auteur.

Les **principes du taoïsme** proposent de suivre la voie de la nature, la seule voie possible pour être en harmonie avec ses lois, avec soi-même et les autres. C'est aussi une philosophie de l'économie qui prône le détachement des biens matériels et des contingences corporelles pour une évolution spirituelle. Le taoïsme peut être vécu de différentes manières : de la simple prise de conscience que chacun de nous interagit comme un élément dans un ensemble à une pratique de méditation active censée nous faire découvrir que nous sommes des êtres spirituels, à travers la notion d'« immortalité » (voir p. 83 et 171).

LA PHASE D'EXPANSION DU FENG SHUI

Sous les Han (206 av. J.-C. à 200 apr. J.-C.), la Chine connaît une vague de stabilisation avec la mise en place d'une administration impériale fiable et le retour à l'unité du pays.

Pour asseoir son pouvoir, le système administratif composé de **lettrés** s'appuie sur l'**idéologie confucéenne** (voir p. 33), qui met en avant les valeurs morales (l'humain, la vertu, la piété filiale...). La place accordée aux ancêtres est valorisée à travers les **rites** et l'étude des textes classiques de l'époque des Zhou, qui restent une référence.

Le courant taoïste connaît un véritable essor avec la création d'écoles, notamment celle du yin et du yang. Une nouvelle catégorie de conseillers d'État, des praticiens taoïstes appelés **fangshi,** fait son apparition ; ils maîtrisent les techniques du **kan yu**, l'ancêtre du feng shui, et reprennent les traditions des chamanes.

Les textes fondateurs du taoïsme sont compilés par les philosophes, et de nombreuses écoles et sectes taoïstes voient le jour qui enseignent le Tao (la voie), la magie, la divination, les pratiques du souffle à de nombreux adeptes. Ces derniers deviendront à leur tour de nouveaux enseignants qui essaimeront sur tout le territoire de l'empire chinois en créant des écoles.

Le culte ancestral

Le respect des anciens, un des préceptes confucéens, s'incarnait notamment dans les **rites funéraires** qui permettaient de s'attirer les bonnes grâces des ancêtres en s'assurant que, une fois morts, ils n'allaient pas revenir hanter les vivants et polluer ainsi leur destinée. Le corps, selon le livre des rites, devait être lavé avant sa mise en bière, et l'emplacement de la sépulture et le jour de l'inhumation étaient choisis grâce aux calculs savants du fangshi. Après trois années de deuil du fils aîné, une partie de l'âme du défunt rejoignait les tablettes des ancêtres, qui pouvaient alors recevoir quotidiennement les offrandes, l'encens et les prières des descendants.

Les fangshi, des magiciens taoïstes

Les **fangshi** (« maîtres des techniques », « érudits des méthodes », puisque, en chinois, *fang* signifie « techniques » et *shi* « maître ») sont considérés comme des savants, un peu à l'image des humanistes de la Renaissance occidentale : leurs connaissances s'étendaient de la géographie à l'astronomie en passant par la diététique, la médecine, la stratégie militaire, la construction, le génie civil, la politique et la diplomatie, la philosophie, les sciences naturelles, la mythologie, la cosmologie, la cartographie… Autant de thèmes qui seront développés dans l'ouvrage encyclopédique célèbre rédigé par des fangshi au IIe siècle de notre ère, le ***Huainanzi***.

Souvent simples ermites taoïstes que l'empereur vient consulter dans les montagnes, ils peuvent aussi occuper des postes privilégiés au sein de l'administration impériale. Au cours des dynasties suivantes, ils deviendront des conseillers puissants et respectés. Ils sont ainsi consultés par l'empereur pour toute affaire importante, mais également pour leurs capacités extraordinaires à prédire l'avenir et pour leurs connaissances alchimiques (*huang bai*, en chinois) concernant la longévité : véritables mages, ils détiennent en effet des recettes pouvant mener à l'immortalité. Leurs drogues de longévité (celle dite des cinq pierres – *wushi*, par exemple) sont fabriquées à base de cinabre, d'or liquide, d'arsenic ou de mercure. Elles pouvaient d'ailleurs s'avérer dangereuses et causer la mort de ceux qui les ingéraient.

Les fangshi ont officié du IVe siècle avant notre ère au Ve siècle après J.-C. Leur savoir se transmettait de bouche à oreille ou par des écrits codés. Ils étaient originaires de Qi et de Yan, pays côtiers du nord-est de la Chine « où prédominaient, comme le relate Anne Cheng, les spéculations sur le surnaturel en contraste avec la culture ritualiste de Lu, patrie de Confucius ».

LE FANGXIANDAO

Ce courant, aussi appelé la « **Voie des magiciens et des immortels** », est né au VIIIe siècle avant notre ère et a connu son heure de gloire sous les Han. Ses principes ont perduré à travers le taoïsme.

Le terme est composé de *fang*, premier caractère de *fangshi*, « magicien », de *xian*, « immortel », et de *dao*, « voie ».

Cette école réunit des aristocrates intéressés par la vie éternelle et des fangshi versés dans l'alchimie, la divination, la magie, pratiquant des rituels et composant des filtres d'immortalité, des talismans. À cette époque, on croit fermement que des divinités immortelles vivent sur des îles montagneuses au large de la mer Jaune. Des expéditions maritimes seront d'ailleurs organisées pour aller à leur rencontre (cet épisode est pris en compte dans la conception des jardins chinois, voir p. 497).

Les fangshi étaient également consultés pour tout ce qui concernait l'implantation d'un site funéraire, d'un palais, d'une cité ou d'une construction importante – autrement dit ils maîtrisaient l'art taoïste du feng shui, qui s'appelait à l'époque le kan yu.

Le kan yu, l'ancêtre du feng shui

L'expression « *kan yu* », ou plus précisément « *kan yu shu* », apparaît pour la première fois dans le ***Huainanzi***.

Kan peut être traduit par « observation », *yu* par « char » puis « terre », et *shu* par « art » : le kan yu shu est donc l'art de l'observation de la terre qui implique une observation du ciel, puisque l'un ne va pas sans l'autre et qu'ils sont tous deux en interaction.

Cet art associe donc :

- la topographie, la géographie et l'observation du relief, de sa forme, de ses orientations ;
- les données astronomiques ;
- la divination pour le choix du site.

Le kan yu a connu son âge d'or sous les dynasties des Tang (618 à 907) et des Song (960 à 1279).

Guo Pu, le « père » du feng shui

L'expression « feng shui » a été utilisée pour la première fois par Guo Pu au IVe siècle de notre ère dans son ouvrage *Le Traité des sépultures (Zangshu)*. Guo Pu est un écrivain taoïste, devin, spécialiste de la théorie du yin et du yang et des cinq éléments. Il est également l'auteur de poèmes et d'une encyclopédie (*Jiang fu*) qui décrit la faune et la flore. L'attribution du *Traité des sépultures* à Guo Pu a été remise en question ; quoi qu'il en soit, ce dernier est considéré comme le « père » du feng shui. Il en décrit clairement la méthode et le concept, résumés dans ces lignes :

« Les Classiques disent que le *chi*[1] se disperse par le vent et qu'il est arrêté par l'eau. Les Anciens l'ont collecté pour prévenir sa dissipation, ils l'ont guidé pour assurer sa rétention. Ainsi, ils ont nommé (cette méthode) feng shui. »[2]

Il savait interpréter les présages pour les personnages officiels, notamment pour les chefs de guerre lors des conflits. Il mourut exécuté pour ne pas avoir su émettre un présage favorable lors de l'usurpation du trône des Jin orientaux par le général Wang Dun.

Le *Livre des sépultures* développe les principes favorisant une meilleure circulation du *chi* dans le cadre du choix de l'emplacement d'une tombe, qui inspireront les principes généraux du feng shui. Il est également l'auteur du ***Traité sur les structures événementielles des montagnes vertes, Qing Long Jing*** **(ou *Traité du dragon vert*)**.

Le plus ancien ouvrage de feng shui, le *Qing nan Jing* (« Le sachet vert »), aurait été écrit par Huang Shi Gong en 220 avant notre ère.

1. Le souffle qui nourrit la vie, la substance qui traverse l'univers, lui assurant ainsi une cohérence.
2. Traduction du chinois par Stephen L. Field, Ph.D.

Les influences du bouddhisme sur le feng shui

Le bouddhisme, né en Inde septentrionale au ve siècle avant notre ère, pénètre en Chine par la route de la soie dès le Ier siècle. Il connaît un succès important auprès de toutes les couches de la société chinoise. Le Chan, la version la plus chinoise du bouddhisme, se développe à partir du VIe siècle. Il met l'accent sur la méditation, l'acte de faire le vide en soi en éloignant toutes pensées pour être dans l'instant présent et le non-agir, un état que les Chinois connaissent déjà grâce au taoïsme. La grande nouveauté est la notion de karma et de renaissance, selon laquelle notre destinée est déterminée par la totalité des actions passées dans nos vies antérieures. L'existence n'a ni début ni fin, elle est à envisager plutôt comme une suite ininterrompue d'incarnations, l'âme étant immortelle.

Érigé en religion d'État entre le VIe et le IXe siècle de notre ère, le bouddhisme finira par devenir un contre-pouvoir contre lequel les autorités décideront de lutter.

Le feng shui intègre la notion de karma individuel en faisant davantage porter ses analyses sur la relation entre l'habitant et son lieu de vie. Le bouddhisme, à travers les échanges avec l'Inde et la culture tibétaine, transforme la perception chinoise du temps et de l'espace en les rendant infinis, et fait évoluer la vision animiste des chamanes vers une vision taoïste non duelle. Le bouddhisme, parce qu'il comporte des points communs avec le taoïsme, sera assimilé rapidement par la culture chinoise. Bouddhisme, taoïsme et confucianisme composent les trois enseignements chinois *(San Jiao)*.

L'ÉMERGENCE DU CONFUCIANISME

De même que le taoïsme (voir p. 47) et le bouddhisme avec lesquels il forme les trois enseignements (*San Jiao*), le confucianisme a fortement imprégné la culture chinoise jusqu'à forger son identité, ses valeurs morales et sa structure sociale.

Cette doctrine fondée par maître Kong (Confucius) valorise trois règles qui sont encore en vigueur dans la Chine contemporaine et sont garantes de la cohésion sociale et de l'ordre :

- **Le comportement juste** (le *li*) : la nature humaine est perfectible, priorité est donnée à l'éducation qui permet d'obtenir le comportement juste, la valeur

→

morale de tout homme surpassant sa condition sociale et lui donnant ainsi sa véritable noblesse.

- **L'attitude humaine compatissante** (le *ren*), à travers les attitudes de générosité, les valeurs de fraternité et de solidarité. Les liens hiérarchiques définissent les relations humaines et sociales et les règles de politesse sur le modèle de la piété filiale.

- **Le culte des ancêtres et le respect de l'étiquette et des rites** (funéraires, cérémonies, rites de passage...), tradition antérieure à Confucius fortement codifiée. Les rites étaient une manière d'harmoniser les forces du Ciel avec celles de la Terre afin d'obtenir la paix et la fertilité. Au sein du gouvernement, un ministère des Rites organisait les rites sacrificiels et légiférait sur les dates propices à de tels événements.

Le confucianisme s'est répandu sous la dynastie Han (206 av. J.-C. à 220 apr. J.-C.) puis est devenu la religion officielle sous les Song (960 à 1279) : plus qu'une religion, c'est une philosophie de l'organisation sociale et un système éducatif qui se met alors en place. Les valeurs confucéennes deviennent le socle du système familial traditionnel chinois autour du culte des ancêtres.

Confucius avait à cœur de transmettre à ses contemporains l'héritage des anciens, dont les valeurs morales devaient servir de modèle de vertu face à la situation sociopolitique instable à son époque.

Sous les Tang, le feng shui devient une science

Les outils du feng shui, découverts à l'époque mythique et mis en forme sous les Zhou, se perfectionnent petit à petit au cours des siècles pour devenir plus techniques et complexes, et faire de cet art une science.

Le feng shui connaît un développement important chaque fois que l'empire retrouve son unité et traverse une phase d'expansion, ce qui est le cas à l'époque des **Tang** (618 à 907) et des **Song** (960 à 1279).

Après la réunification du Sud et du Nord du pays par les Sui en 589, **les Tang entreprennent la restauration de la Grande Chine** qui connaît une période de développement important et faste. Pour gouverner une population sans cesse grandissante, l'empereur compte sur son administration impériale composée de mandarins dont il est le chef.

Tandis que les premiers missionnaires chrétiens arrivent en 627 et que l'islam s'introduit en Chine en 649, le bouddhisme est adopté à la cour jusqu'en 845, date à laquelle commenceront des persécutions qui ne l'empêcheront pas de devenir une religion populaire.

Le taoïsme se répand dans toute la société et ses connaissances doivent être maîtrisées par quiconque souhaite notamment entrer dans l'administration impériale.

Certains principes de l'**école de la Forme** tels que nous les connaissons sont formalisés par **Yang Yunsong**, fangshi de l'empereur Xizong, entre autres pour classer les formes des montagnes ou localiser le site idéal ou même repérer les orientations des cours d'eau, systèmes développés dans *La Méthode des 12 Toises (Shi er Zhang fa)*, *Le Classique du Dragon Motile (Hanlong Jing)*, *Le sens secret de l'univers (Qingnang aozhi)*.

YIN ZHAI ET YANG ZHAI

À l'origine, le feng shui s'intéresse à la demeure des morts, avec le yin zhai (*zhai* étant « la demeure ») : c'est une pratique destinée à trouver le site funéraire favorable. Parallèlement et progressivement, les praticiens développent leur art en direction de la demeure des vivants, avec le yang zhai : cités, palais, temples, bâtiments officiels puis demeures des nantis.

À la fin de la dynastie Tang et au commencement de la suivante, les Cinq Dynasties et les Dix Royaumes (907 à 960), les deux feng shui se détachent nettement en adoptant des méthodes différentes. À noter que, pour les Chinois, il n'y a pas de rupture entre la vie et la mort, ce qui explique les rituels liés aux ancêtres et aux défunts (voir p. 586).

La dynastie des Song, une phase d'expansion

La dynastie Tang a succombé à l'émergence de régionalismes, et ces bouleversements amènent finalement la dynastie Song au pouvoir. En 979, le pays est réunifié.

De nouveau, la technocratie mandarinale[3] occupe le premier plan en incarnant un pouvoir fortement centralisé. Le gouvernement se veut réformiste : il fait adopter des mesures progressistes qui prônent l'égalité sociale et la justice.

Les villes deviennent d'immenses cités commerciales et industrielles. L'économie chinoise tourne à plein régime, les exportations ont lieu vers l'Inde et le Moyen-Orient.

La Chine connaît une période d'avancées technologiques : aux alentours de l'an mil, elle invente notamment la poudre à canon.

Sa marine marchande et militaire, la plus puissante du monde, utilise la **boussole magnétique** découverte trois mille ans plus tôt. La cartographie chinoise est très évoluée et plus scientifique que les cartographies occidentales.

La première horloge cosmique mécanique apparaît en 1092 suivi du télescope pour l'observation des étoiles. Autre invention majeure : la **clepsydre** qui permet de mesurer le temps.

Parallèlement à cet essor économique et intellectuel, le feng shui entre dans une phase d'expansion exceptionnelle : les écoles se multiplient, les théories et les ouvrages sont pléthores. Une centaine de techniques sont dénombrées. De plus en plus méthodique, il est autant pratiqué par les taoïstes et les bouddhistes que les confucianistes.

À côté de l'**école de la Forme**, qui s'intéresse à l'observation du paysage et pratique une méthode intuitive et ancestrale, différentes écoles plus abstraites émergent telles que l'**école de la Boussole** *(San Yuan)* grâce à Xu Jenwang et l'**école des Étoiles Volantes** *(Xuan Kong Fei Xing)*, qui utilisent les trigrammes et le *bagua*, des données calendaires et astronomiques, et, pour la dernière, la date de construction du bâtiment et son orientation (voir le chapitre sur les Étoiles Volantes, p. 345).

3. « Mandarin » est le nom occidental donné aux hauts fonctionnaires lettrés de l'empire chinois, sélectionnés par concours.

La boussole se perfectionne et donne naissance au *lopan*, un outil composé de 17 anneaux qui regroupent des informations utiles pour les calculs effectués en feng shui.

LA VULGARISATION DU FENG SHUI

Le pouvoir de la **dynastie Yuan**, d'origine mongole (1271 à 1368), fait disparaître tout ce qui se rapproche des techniques divinatoires et des autres pratiques taoïstes. Le feng shui connaît par conséquent une phase de repli. Certains représentants du taoïsme et du bouddhisme sont contrôlés par un pouvoir mongol soucieux d'asseoir son autorité, les autres sont persécutés et exterminés, tandis que les communautés s'exilent volontairement pour préserver secrètement leurs savoirs et leurs pratiques. Pékin devient la capitale du pays et les Chinois (les Hans) sont relégués au bas de l'échelle sociale.

Le feng shui renaît de ses cendres avec la **dynastie Ming** (1368 à 1644). Le pouvoir administratif mandarinal est restauré et, à la mort de l'empereur Hongwu en 1398, la Chine est à nouveau réunifiée.

L'urbanisation continue sa progression, parallèlement à l'essor de l'industrie privée (papier, soie, coton, porcelaine) et des avancées technologiques (industrie textile, imprimerie, domaine agricole). De nombreux territoires et des mers inconnues sont explorés, notamment en Afrique. C'est l'époque des grandes expéditions maritimes et de la conquête de la Mongolie, l'envahisseur suprême.

En 1406, commence la **construction de la cité pourpre** par Laio Jun Qing selon les principes feng shui : Pékin sera, ainsi, entièrement reconstruite autour de la cité qui figure le centre de l'univers (la couleur « pourpre » est celle de l'étoile polaire qui se trouve elle-même au centre de l'univers).

Avec la restauration de l'unité territoriale et du système mandarinal, profitant de l'embellie économique et sociale, le feng shui renaît et se développe rapidement tout en se détachant nettement de ses valeurs authentiques.

Jadis réservée à l'élite, ses formules autrefois gardées secrètes sont peu à peu vulgarisées, abondamment plagiées et simplifiées par de nombreux charlatans, ces derniers abusant de la naïveté d'une population superstitieuse désireuse d'obtenir des bénéfices rapides.

Étonnamment, c'est à cette époque que les techniques anciennes sont approfondies et codifiées (pour le détail des écoles, voir p. 157) :

- le ***San he*** (les Trois Harmonies), qui date de la dynastie Tang ;
- le ***San yuan***, méthode également très ancienne qui servait à orienter les tombes ;
- les **Étoiles Volantes** *(Xuang kong fei xing)*, inventées sous les Song.

D'autres voient le jour :

- la **méthode des Huit Directions** *(Bazhai)* ;
- le **Trigramme Personnel** *(Ming gua)* ;
- l'**astrologie des Quatre Piliers** *(Bazi)*.

Toutes ces techniques sont parvenues jusqu'à nous et utilisées de nos jours.

Sous la dynastie Qing : un retour aux origines

Tirant des conclusions de la première occupation mongole autocratique qui s'était mal terminée, le premier empereur mongol Shunzhi (1644 à 1661), fondateur de la dynastie des Qing, s'appuie davantage sur les hauts fonctionnaires chinois et valorise la culture du pays occupé afin de mieux le diriger. Le feng shui peut donc continuer à prospérer.

La période renoue avec un feng shui authentique et validé par des maîtres qui protègent leurs formules secrètes tout en écartant celles qui sont fallacieuses.

Pour la première fois, la Chine va conquérir d'autres terres en Asie centrale : l'empire s'étend alors sur un territoire de 15 millions de kilomètres, ce qui pose le problème de sa gouvernance à cause des dialectes et de l'accroissement démographique. Le pouvoir incite les populations à coloniser les nouveaux territoires, tandis que le **confucianisme** permet au gouvernement d'accompagner l'installation de l'ordre moral.

La Chine entre dans une ère de prospérité et devient le plus grand atelier du monde. Les Français, sous le règne de Louis XIV, s'entichent des chinoiseries qui deviennent très en vogue. Au cours du XVIIIe siècle, les pays occidentaux s'installent dans les ports chinois pour y développer les relations commerciales.

LES MISSIONNAIRES AU PREMIER PLAN

Les échanges entre l'Europe, en particulier la France, et la Chine se multiplient, notamment grâce à l'entremise des Jésuites : ces derniers exercent une influence considérable à la cour chinoise. En effet, l'empereur est fasciné par les connaissances occidentales en mathématiques, astronomie et cartographie, marquées par les découvertes de Copernic, Tycho Brahé, Galilée et Kepler. Il engage dans ses ministères de nombreux jésuites comme le père allemand Adam Schall (1592 à 1666), nommé directeur de l'Institut astronomique de Pékin. Favoriser la présence des Européens, c'est aussi pour le pouvoir mongol un moyen de ne pas dépendre entièrement des Chinois...

Au XIXe siècle, le pouvoir des Qing décline, la stagnation économique s'installe et, avec elle, l'agitation sociale du fait de l'ingérence des Occidentaux dans les affaires économiques et politiques de la Chine. Les deux guerres de l'opium et la cession de Hong Kong aux Britanniques appauvrissent encore davantage la Chine au détriment des privilèges commerciaux concédés aux puissances occidentales et au Japon.

Le coup final est porté aux Chinois lors du très célèbre sac du Palais d'Été, puis par les guerres franco-chinoises pour le contrôle de l'Indochine en 1883-1885 et la guerre sino-japonaise pour le contrôle de la Corée en 1894-1895.

Dans ce contexte d'asservissement économique et de colonisation, les Occidentaux sont, à la fin du XIXe siècle, confrontés à une population qu'ils qualifient volontiers de « primitive », bien loin de l'intérêt que les intellectuels français, à travers les Jésuites, avaient pu porter à leur civilisation.

Le feng shui est d'ailleurs perçu comme une pratique faisant obstacle au bon déroulement de la modernisation du pays imposée par les Occidentaux et le pouvoir pékinois. De nombreux ouvrages de la fin du XIXe et du début du XXe siècle, empreints de condescendance colonialiste, y font référence sans souvent en valoriser les principes ni en discerner l'intérêt : les travaux de génie civil (construction des ponts, routes, voies ferrées...) commandés par les Européens pour faciliter les communications commerciales et « moderniser » la Chine sont souvent refusés par l'administration chinoise ou la population car ils ne respectent pas le feng shui : ils sont jugés néfastes lorsqu'ils menacent les « veines du dragon » (configuration énergétique propice) ou la qualité de l'habitat des autochtones par leurs formes trop rectilignes. C'est un moyen habile de s'opposer à l'installation des puissances étrangères sur le sol chinois.

À cette époque, pour parler de feng shui, les Occidentaux emploient le terme « **géomancie** », qui reflète une méconnaissance de son sens profond. Ce mot, qui met l'accent sur « la divination par la terre » (du latin *geomancia*), n'est pas approprié, car il fait plutôt référence à une technique de divination d'origine arabe qui consiste à observer des figures composées par des points, des traits tracés sur le sol, des cailloux, des osselets ou des dés jetés au hasard sur une surface plane et dont les combinaisons sont ensuite interprétées par un devin (voir la divination, p. 67).

Le choix de ce terme est sans doute attribuable au fait que le feng shui est une observation de la terre, de son relief, de ses caractéristiques, associée ou confondue avec la méthode divinatoire du Yi jing.

L'arrivée de Mao

Avec l'arrivée de Mao au pouvoir et la mise en place de la République en 1949, la Chine prend un nouveau virage qui l'éloigne de ses traditions ancestrales. La révolution culturelle s'installe en 1966 et, avec elle, la propagande communiste. Tout ce qui rappelle l'ancien régime des empereurs et des mandarins doit disparaître.

C'est le sens du mot d'ordre lancé par Lin Biao (fidèle de Mao, rédacteur du *Petit Livre rouge* et acteur majeur de la révolution culturelle) : *« Po si jiu »* exhorte les étudiants et les collégiens rassemblés sous la casquette des gardes rouges à « détruire les quatre vieilleries », les « vieilles idées », la « vieille culture », les « vieilles coutumes », les « vieilles habitudes ». Le feng shui n'échappe pas à cette révolution, tout comme les taoïstes qui sont envoyés dans les camps ou exécutés. Les maîtres de feng shui trouvent refuge à Hong Kong, Singapour et Taïwan, et cette pratique reste en activité dans la plupart des pays d'Asie du Sud-Est. Les méthodes du feng shui traditionnellement réservées aux paysages sont alors adaptées aux grands espaces urbains.

Renouveau en Chine et perte de substance en Occident

Dans les années 1980, on assiste à un regain d'intérêt pour le feng shui, tandis que sa forme superstitieuse est toujours perpétuée dans les campagnes chinoises. Les grands noms de l'industrie et de la finance font appel aux maîtres pour construire leurs sièges de société, pour définir les meilleures dates d'inauguration ou établir les thèmes astrologiques de leurs collaborateurs à Hong Kong, Shanghai ou Séoul.

Parallèlement, le feng shui débarque en Occident par le biais des Anglo-Saxons, aux États-Unis et au Royaume-Uni, puis en France et dans les autres pays d'Europe. En réalité, le feng shui était déjà connu des Occidentaux qui avaient séjourné en Chine (par le biais de Marco Polo, des missionnaires jésuites puis des Anglais et des Français au XIXe siècle).

En arrivant en Europe, les Chinois expatriés apportent avec eux leurs traditions culturelles et les rendent visibles et rassurantes : l'acupuncture, la médecine traditionnelle, l'herboristerie, le chi gong, le taïchi, l'art culinaire, la calligraphie connaissent un succès grandissant qui ne se dément pas à ce jour. Le feng shui n'échappe pas à cette dynamique.

Malheureusement, de tous les arts chinois, c'est probablement celui qui a souffert le plus de la mauvaise interprétation qui en a été faite. Assimilé à d'autres techniques new age de développement personnel, le feng shui est devenu à la mode malgré lui sous la forme d'une version édulcorée censée promettre le bonheur, l'amour et la richesse par l'application de recettes à la portée de tout un chacun à base de carillons, de rubans rouges et de fontaines…

Adapté aux goûts des Occidentaux, simplifié pour une meilleure compréhension et, par là même, vidé de sa substance, il a été assimilé à une technique de décoration agrémentée de grigris, d'ailleurs revendiqué par le folklore chinois mais pas par le feng shui taoïste authentique.

Le retour à un feng shui authentique

Dans les années 1990 s'opère un retour à un feng shui allégé de tous ses artifices et recettes incohérentes. De grands maîtres détenteurs de la vraie connaissance tels que le Grand Maître Yap Cheng Hai, au rayonnement international, forment des praticiens en Europe. De nouvelles écoles dispensent un savoir théorique et pratique respectueux de la tradition de cet art.

Deux grands courants sont actuellement étudiés dans ces écoles. La méthode du **Li qi pai**, qui concerne la gestion du *chi* (communément appelée « école de la Boussole »), et celle du **Xing shi pai**, qui s'intéresse particulièrement à l'observation du terrain ou de la topographie (communément appelée « école de la Forme »). Les deux écoles utilisent la boussole.

De **grandes marques industrielles ou commerciales**, tous secteurs confondus, font appel au feng shui pour le choix de leur siège, la construction ou l'aménagement de leurs locaux ou magasins, ou même le recrutement de leurs collaborateurs. Le développement des échanges commerciaux avec la Chine, un acteur majeur de la scène internationale, oblige d'ailleurs les entreprises occidentales à sortir de leur zone de confort en abandonnant leurs clichés sur la culture chinoise pour en découvrir les subtilités, ou même à embaucher du personnel parlant chinois.

Partie 2

Les principes du feng shui

La maîtrise du feng shui nécessite, dans un premier temps, de bien assimiler la pensée taoïste et son principe central, le Tao (*dao*, en chinois), qui régit la nature, l'homme et l'univers tout entier.

Selon le taoïsme, le Tao est une source : nous naissons, vivons grâce au Tao, puis notre corps, au moment de notre mort, retourne vers lui. Car tout est énergie ! Chaque chose statique ou dynamique, chaque être est une manifestation de l'énergie.

Le Tao nous relie également les uns aux autres : l'harmonie de chacun réside dans le respect et l'acceptation de ses lois, qui conditionnent notre bonheur. Suivre la voie du Tao, c'est accepter la logique de la nature, se fondre dans son courant pour être heureux. Les arts taoïstes, dont fait partie le feng shui, n'ont qu'une finalité : mieux comprendre la nature et l'univers pour mieux se connaître soi-même.

Ce chapitre est donc consacré à la définition du Tao et aux principes taoïstes d'où sont issus l'ensemble des outils du feng shui. En partant de la conception du monde selon la pensée chinoise, vous découvrirez ce qu'est le *chi*, ce souffle originel qui nourrit toutes choses, puis le yin et le yang, les trigrammes et les cinq éléments.

CHAPITRE 1

LE TAOÏSME

« ***On ne triomphe de la nature qu'en lui obéissant.*** »
F. Bacon, *Novum Organum*

UNE PHILOSOPHIE DE L'HARMONIE ET UN ART DE VIVRE ANCIEN

Cette philosophie de vie prend son origine dans un texte fondateur de la civilisation chinoise : le ***Dao de jing***, le *Livre de la voie et de la vertu*, attribué selon la tradition à Lao Zi, un sage qui aurait été contemporain de Confucius (VIe-Ve siècle av. J.-C.), mais dont on n'est pas sûr qu'il ait réellement existé (voir Lao Zi et Tchouang Zi : les grands maîtres du taoïsme, p. 50).

Cet ouvrage majeur du taoïsme explique comment vivre en harmonie avec les lois universelles, comment placer son cœur et ses actions dans le **Tao**, la « voie » de la nature, le principe incontournable qui régit l'homme, le monde et l'univers tout entier.

Selon le taoïsme, l'homme a tout intérêt à s'inscrire dans ce principe d'ordre pour atteindre l'harmonie plutôt que dans les valeurs « matérialistes » de la société humaine. Le but de la doctrine est donc de vivre à l'écart du monde et de ses mirages, qui nous éloignent de notre être profond.

Dans cet esprit, ni l'État ni l'homme ne doivent bouleverser la logique des événements naturels, sous peine d'en subir les conséquences désastreuses. Pour exemple, nos sociétés ultra-industrialisées et urbanisées paient le prix de leur développement excessif : déforestations, pollutions de l'air et des océans, extinction progressive des espèces animales, raréfaction de l'eau et bouleversements climatiques, violences sociales sont là pour nous rappeler que nous aussi – par cette **relation d'interdépendance** – nous sommes une pièce de ce grand tout dont il est préférable de respecter le fonctionnement.

Traditionnellement, le sage taoïste se met en retrait du monde pour mieux être à l'écoute du Tao et prendre ainsi conscience du lien qui l'unit à l'univers. En fuyant toute responsabilité sociale, toute question métaphysique et tout conflit, l'homme « intelligent » adopte l'attitude du non-agir, se libère des contraintes, ce qui lui permet d'opérer un retour sur lui-même, puis vers le Tao dont il puise sa force.

UNE FORME DE LÂCHER-PRISE

Le **principe du non-agir** (le ***wu wei*, en chinois**) consiste à laisser faire, à suivre le cours naturel des choses sans le contraindre, y mettre un cadre, des limites ou des obstacles quels qu'ils soient. C'est vaincre en cédant. Agir sans intention, sans but prédéfini, sans direction. C'est aussi accepter les choses telles qu'elles sont, voir la réalité telle qu'elle est sans la soumettre à ses propres fantasmes. Se mettre en état de réception plutôt qu'imposer par la volonté une action qui relève de l'homme et non du cours naturel des choses.

AGIR ET NON-AGIR

Le ***wu wei***, l'action qui suit le cours des choses, relève du Tao ou du Ciel. C'est « l'agir qui épouse » la nature.

Au contraire, le ***wei*** concerne l'action qui relève de l'homme, c'est « l'agir qui force » les choses : tout ce qui fait appel à l'ego, à la volonté, au fait de nommer, d'établir des différences, de surenchérir sur la violence d'un autre, de s'imposer par la force. Autant d'attitudes qui ne tardent pas à se retourner contre soi-même.

Pour reprendre la métaphore de l'eau qui revient souvent dans les écrits taoïstes, l'homme qui lâche prise est comme le nageur qui va dans le sens du courant, en totale confiance, tandis que celui qui cherche à contrôler est comme un poisson pris dans une nasse.

Car la souplesse de l'eau lui permet de s'adapter aux reliefs, de s'écouler naturellement vers le bas et, telle une force tranquille, de venir à bout des matériaux les plus résistants.

Le non-agir est une attitude très éloignée de la passivité ou de la soumission. Bien au contraire, c'est une action concrète de mise en adéquation avec la nature des choses et des êtres. Une forme de spontanéité, oui, mais à rapprocher du terme chinois « ***ziran*** », qui désigne la nature (littéralement, « de soi-même, ainsi »).

L'homme est invité, pour entrer dans le courant du Tao, à se dépouiller du langage et de l'intellect afin de se mettre sur le chemin de l'apprentissage, d'une pratique ascétique longuement répétée, éprouvée par le temps, nécessitant une énergie pure.

Comment être heureux en suivant la voie du Tao ?

Le sage Lao Zi nous livre sa recette du bonheur :

« J'ai trois trésors que je détiens et auxquels je m'attache :

Le premier est amour.
Le deuxième est économie.
Le troisième est humilité. »

1re clé : aimer inconditionnellement ce que l'on est, la vie, les autres, l'univers tout entier, accepter son fonctionnement, s'imprégner du Tao, être dans sa joie.

2e clé : (s')économiser, c'est-à-dire respecter le rythme de la nature sans gaspiller ni consommer inutilement, retenir son envie d'agir, thésauriser son énergie pour vivre longtemps et en bonne santé.

3e clé : être humble, être soi sans chercher à être quelqu'un d'autre ou à être devant les autres, car la force est en soi-même.

Une tradition culturelle aux origines lointaines

Cette conception naturaliste n'est pas née du jour au lendemain : ses ferments étaient déjà présents dans **la tradition chamanique**, à une époque où les hommes vivaient davantage en harmonie avec les éléments naturels, qu'ils respectaient tout en cherchant à se préserver à tout prix du chaos au moyen de rituels divinatoires et de sacrifices (voir p. 22 et 67).

Le taoïsme en tant qu'école *(daojia)* apparaît réellement sous les Han (IIe siècle av. J.-C.) : il s'agit du courant *huang-lo*, intéressé par les stratégies de pouvoir et la recherche de l'immortalité.

Cette manière de penser imprègne encore aujourd'hui la mentalité et la pensée chinoises.

Lao Zi et Tchouang Zi : les grands maîtres du taoïsme

Bien que sa notice biographique apparaisse dans les *Mémoires historiques (Shiji)* de Sima Qian (145 à 86 av. J.-C.), il semblerait qu'elle ait été inventée de toutes pièces. **Lao Zi** serait un pseudonyme signifiant « vieux sage », mais aussi « vieil enfant », car il serait né après soixante-deux ans de gestation avec des cheveux blancs ; quant à son vrai nom (Li Er), il renvoie au fait qu'il aurait eu des oreilles aux lobes très longs, caractéristiques de la sagesse dans la culture chinoise… La simplicité de l'enfant alliée à la sagesse du vieillard, voilà qui définit parfaitement le taoïsme.

Originaire du pays de Chu, au sud de la Chine, près du bassin du fleuve Bleu, archiviste à l'époque des Zhou, il aurait abandonné ses fonctions pour partir vers l'ouest à dos de buffle. Avant de quitter le royaume de Zhou, Yin Xi, le « gardien de la passe », lui aurait demandé de composer un texte : « Puisque vous allez vivre en ermite, veuillez écrire un livre pour mon édification. » C'est ce que fit Lao Zi, puis il disparut on ne sait où.

Lao Zi allant vers l'ouest à dos de buffle.

En fait, le ***Dao de jing***, qu'on appelle aussi, du nom de son auteur, le *Laozi*, n'est attesté qu'à partir de 250 avant notre ère (à la fin de la période des Royaumes Combattants). Dans sa forme originale, le texte était composé d'une succession de petits poèmes très concis faits d'aphorismes et de métaphores. Il était peut-être destiné à être psalmodié pour être mieux mémorisé dans le cadre d'une pratique ésotérique.

Le texte original, qui compte plus de 5 000 caractères, propose, à l'époque où il a été écrit, alors que les royaumes chinois s'affrontaient entre eux, une solution face à un contexte belliqueux : suivre le Tao est une manière de désamorcer la violence en fuyant le combat ; il s'agit de lâcher prise, de renoncer à toute riposte pour se mettre à l'écoute du Tao.

Lao Zi est vénéré comme un dieu en Chine. Il n'est pas rare de trouver sa statuette à côté de celle de Bouddha sur les autels, dans les temples ou les maisons.

Lorsque l'on parle de taoïsme, on fait également référence à un second auteur principal : **Zhuang Zi** (fin IVe - début IIIe siècle av. J.-C.). Son texte en prose empreint d'humour, le *Zhuangzi*, vante les bénéfices d'une vie retirée loin des contingences sociales. Connu également sous le titre *Le Vrai Classique de Nanhua*, il réunit une compilation de textes appartenant en réalité à différents auteurs.

Comme Lao Zi, Zhuang Zi est originaire du pays de Chu. Après avoir occupé des fonctions administratives, il se serait mis en retrait de la société pour vivre une existence de simplicité.

Si Zhuang Zi est présenté comme un successeur historique de Lao Zi, certains chercheurs n'hésitent pas à affirmer son antériorité. Son texte ne fait en effet pas référence au *Dao de Jing*, mais développe le concept du Tao conçu comme le cours naturel des choses.

Zhuang Zi insiste sur la relativité des mots qui, en qualifiant les choses, les enferment dans une définition relative et subjective. L'acte de nommer entretient une vision fausse du monde. Discourir sur la réalité ne permet pas à l'homme d'accéder à l'essence du Tao, indéfinissable, insaisissable et seulement accessible par le non-agir. Zhuang Zi conseille donc de ne plus parler : « Le meilleur usage que l'on puisse faire de la parole est de se taire. » En se taisant, l'homme sage accède à la connaissance intérieure et au Tao : « Celui qui sait ne parle pas, celui qui parle ne sait pas. »

Le texte de Zhuang Zi se différencie du *Laozi*, car il prône une forme d'anarchisme et d'inaction mystique tournée vers soi-même. Au contraire, dans le texte de Lao Zi, le non-agir trouve un sens en s'incarnant directement dans la vie politique, comme moteur du changement.

FOCUS : LE PRINCIPE TERNAIRE

Le **principe ternaire** ou « trinité taoïste », ou encore « triade » (à ne pas confondre avec la mafia chinoise…), imprègne fortement les valeurs de la civilisation chinoise, son origine précédant même l'arrivée du taoïsme. Pourquoi ce concept est-il aussi important ?

La trinité taoïste fait intervenir trois entités bien séparées : **le Ciel, l'Homme et la Terre**, qui forment une unité indissociable. Elle peut être représentée par une verticale reliant trois plans (supérieur, médian et inférieur).

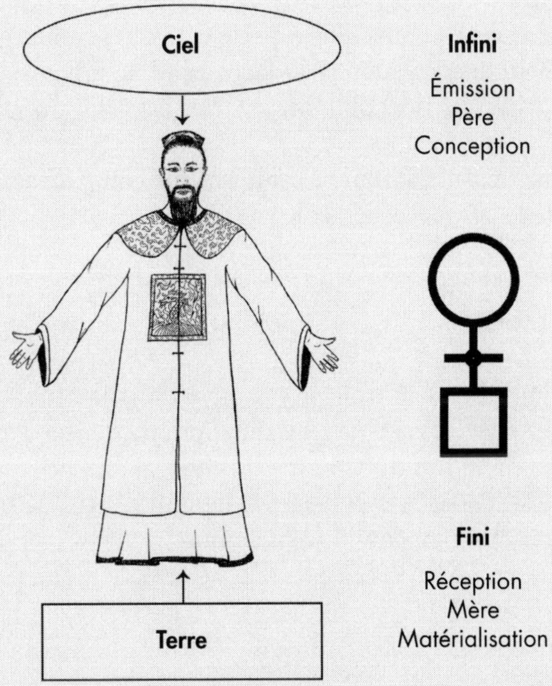

Pour maintenir l'équilibre du système cosmologique, l'Homme devient l'intermédiaire entre le bas et le haut, entre le monde manifesté et fini, et le monde des idées infini et non manifesté.

Le Ciel est positionné sur le **plan supérieur** de la verticale. Il est représenté comme un couvercle en demi-sphère recouvrant la terre. La forme qui lui est associée est le cercle. Parce que tout provient de ce réservoir avant d'arriver sur la terre, sa fonction est d'émettre, de produire des idées et des concepts, d'inséminer. **C'est le lieu sans limites où rien n'est encore manifesté**, où tout est en potentiel. Sa nature, parce qu'elle s'inscrit dans une action créatrice, est donc yang.

Sur le plan inférieur de la verticale, **la Terre** a pour vocation de « porter » : elle accueille, nourrit et protège. **C'est le lieu de la matérialisation où se manifestent les choses réelles.** Sans la terre, les idées ne pourraient pas se réaliser ni s'incarner. Sa nature réceptrice est yin et la forme qui lui est associée est le carré.

Enfin, **au milieu de la verticale**, **l'Homme** participe, par ses actions et sa présence, à maintenir coûte que coûte l'équilibre entre les deux. Il est représenté par la croix entre le cercle et le carré, qui renvoie aux quatre points cardinaux autour d'un point central.

Dans la conception chinoise antique, l'empereur, le représentant de l'Homme sur Terre, est un médiateur entre le niveau céleste (et divin) et le niveau terrestre. Le caractère *wang* 王, qui signifie « roi », « souverain », porte d'ailleurs en lui cet aspect trinitaire : le trait horizontal inférieur correspond à la Terre, celui du milieu à l'Homme, et le trait supérieur au Ciel. Le trait vertical qui relie les trois est celui du souverain.

Reproduction du macrocosme, l'homme est lui-même comparé à une unité composée de trois sous-unités : le corps, l'esprit et le souffle.

L'unité par le trois

Ce principe de l'unité par le trois se retrouve dans la plupart des schémas, diagrammes et systèmes utilisés en feng shui pour modéliser les lois cosmiques. Par exemple, dans la figure dynamique du ***taiji***, le yin et le yang associés au souffle (le *chi*) produisent le mouvement. Le chiffre trois introduit l'idée de transformation au sein d'un équilibre cosmique.

Pour aménager l'espace, les Chinois utilisent la forme géométrique à quatre côtés du carré. Mais, là encore, c'est en le divisant en 9 carrés égaux (3 lignes × 3 colonnes) qu'ils introduisent à nouveau la dynamique du trois.

Ce principe se retrouve dans la plupart des domaines : **en architecture** notamment, le module fondamental d'un bâtiment est également le trois (voir l'architecture chinoise, p. 270), chiffre impair, yang et générateur de dynamisme et de mouvement. Ainsi, pour éviter l'inertie et la monotonie, une disposition asymétrique ou par trois (ou un de ses multiples) permettra de créer une impression d'équilibre en évitant la réplique symétrique d'un côté à l'autre.

CHAPITRE 2
LE TAO

LA CRÉATION DU MONDE À PARTIR DU TAO

Le Tao, indéfinissable et mystérieux

Le Tao est un concept mystérieux pour nous, Occidentaux, d'autant qu'il ne se laisse pas facilement définir à cause de ses caractéristiques liées à l'infini.

Ce **tout indifférencié** est impossible à décrire ou à saisir, et lorsque Lao Zi, le père du taoïsme, tente de le faire, il emploie des tournures de phrase paradoxales pour en décrire le plus justement possible la qualité impalpable.

Unité infinie, le Tao représente ce qui existait avant la création de l'univers et de la terre. « Ce qui est avant Ciel-Terre, c'est le Non-avoir, le Rien, le Vide », nous dit François Cheng, éminent spécialiste de la culture chinoise.

C'est pour cela qu'il est impossible de le définir. Son essence absolue et unique est par définition innommable, elle nous échappe parce qu'elle ne s'est pas encore manifestée. Tenter de la nommer par le biais du langage, ce serait du même coup introduire la **différence** et la **relativité**, deux caractéristiques appartenant à notre monde terrestre tout relatif. Dire « il y a » impliquerait « il n'y a pas », nommer le blanc serait sous-entendre le noir.

Voici ce que nous disent les premières lignes du *Dao de Jing* :

> « Le Tao qu'on tente de saisir n'est pas le Tao lui-même.
> Le nom qu'on veut lui donner n'est pas son nom adéquat.
> Sans nom, il représente l'origine de l'univers.
> Avec un nom, il constitue la mère de tous les êtres… »

Première étape : le Tao est la source de tout

Le Tao est le principe qui organise et gouverne le monde, l'homme et l'univers : c'est la mère de tous les êtres et choses, la source originelle. Il contient ainsi toutes les choses que nous connaissons, mais celles-ci ne sont pas encore « séparées », manifestées comme elles le sont dans notre monde. Elles sont donc invisibles. Ce qui a une forme dans notre réalité naît du Tao « indifférencié ». **Le Tao est donc à la fois vide et plein.** Il n'est pas comparable au chaos car les choses y sont présentes de manière indistincte : elles baignent dans une « eau » primordiale.

La première représentation du Tao est un cercle vide appelé ***wuji***, forme qui n'a ni début ni fin. Le Tao est une source riche de possibilités, c'est un potentiel.

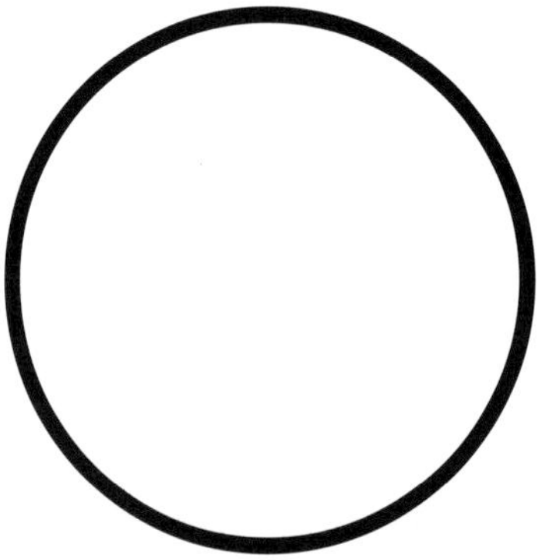

Le *wuji*.

De l'unité au multiple...

Pour passer de l'unité à la diversité infinie, le cercle a besoin d'être divisé en deux. Il existe trois façons de rompre l'unité : par division (méthode du camembert), par polarisation (la formation du yin et du yang) ou par duplication (la rosace chrétienne).

→

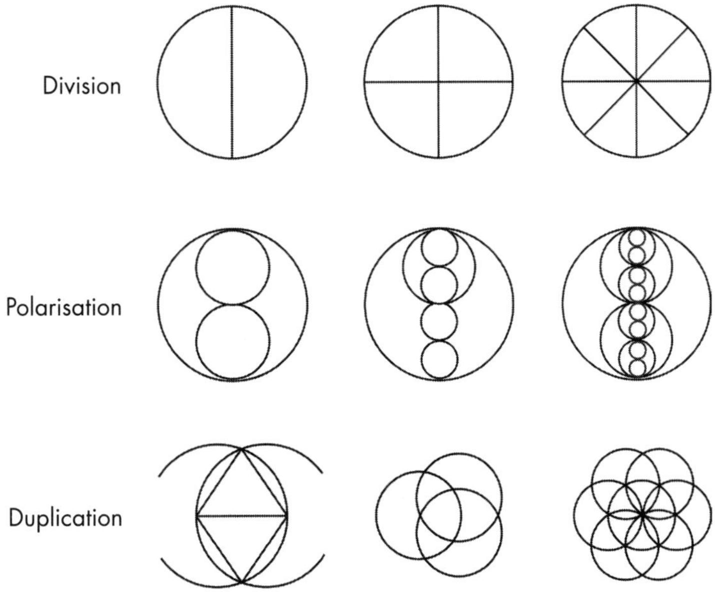

« Le Tao engendre Un.
Un engendre Deux.
Deux engendre Trois.
Trois engendre tous les êtres du monde. »
Dao de jing[4]

Seconde étape : le *taiji* ou la manifestation de la polarité dans l'unité

Puis il y a eu une étincelle qui a séparé ce grand Tout : le monde s'est alors manifesté, et avec lui la différence. À partir du Tao naît le un, puis le deux.

Tel un souffle, le Tao se polarise et se divise en alternant, sur le mode du va-et-vient et du souffle (le *chi*), deux mouvements illustrés par la figure du *taiji* :

- mouvement d'inspiration et de contraction (la partie noire associée au pôle **yin**) ;
- mouvement d'expiration et d'expansion (la partie blanche associée au pôle **yang**).

4. *Tao-Tö King*, poème 42, Lao-tseu, Gallimard, Connaissance de l'Orient, 1967.

Ce qui était pur et léger s'envole pour créer le ciel, et ce qui était lourd et trouble se solidifie pour former la terre.

Représentation traditionnelle du *taiji* apparue à l'époque de l'imprimerie, sous les Song.

Le dessin du *taiji* contient les deux pôles yang (mouvement) et yin (repos), qui mettent en branle la création du monde. Les combinaisons du yin et du yang vont ensuite se multiplier et créer ainsi toutes les variations à l'infini, dans un jeu permanent de transformation. Il faut voir cette figure du *taiji* non pas de manière statique, mais comme le dessin animé d'un mouvement.

L'ORIGINE DU TERME

Taiji (太极) contient *ji* (极), la poutre faitière de la charpente d'une maison, et *tai* (太), la notion de très grand, d'extrême (littéralement, « extrêmement extrême »). *Taiji* est donc la poutre faitière du cosmos, la clef de voûte qui soutient la structure de l'univers.

L'idée de poutre pourrait être perçue comme statique, mais la poutre faitière correspond avant tout au point le plus haut du toit, à l'intersection du changement de sens de la toiture : elle représente l'idée que, arrivée au point le plus extrême, toute chose se transforme en son contraire.

On doit une autre représentation du *taiji* à Zhou Dunyi (1017 à 1073, dynastie Song), un philosophe chinois spécialisé dans l'étude du cosmos. Ses écrits font le lien entre la pensée naturaliste taoïste et les valeurs morales du confucianisme. Son ***Traité du taiji*** (ou ***Taiji Tushuo***), qui contient sa théorie de la création du monde, est particulièrement connu pour avoir rendue populaire dans le monde entier la figure du *taiji*, symbole du yin et du yang.

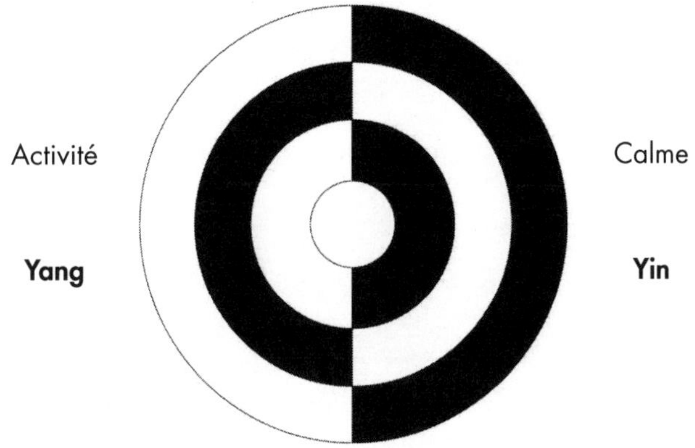

Le premier cercle extérieur contient l'ancien yang (blanc) et l'ancien yin (noir) ;
le cercle intermédiaire, le grand yang et le grand yin ;
le dernier cercle (le plus près du centre), le petit yang et le petit yin.

Une troisième représentation du *taiji* figure dans le ***Zhouyi jizhu***, écrit en 1598 par **Lai Zhide**, un taoïste de l'époque Ming.

Le *taiji* de Lai Zhide décrit l'imbrication dynamique des deux formes complémentaires yin (noire) et yang (blanche) à partir du vide (le cercle au centre) sous l'impulsion du souffle-énergie, le *chi*.

DESSINER SON PROPRE *TAIJI*

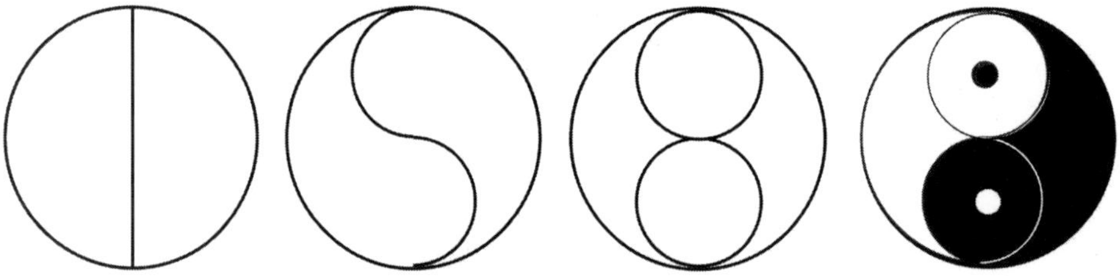

Dessiner la figure du *taiji*, c'est comprendre toute la subtilité et l'intelligence de son principe.

Le *taiji* symbolise le mouvement à l'intérieur du cercle, comme une cellule qui se diviserait.

Le trait sépare le cercle en deux parties égales. Sa forme en S inversé suggère l'idée du souffle (le *chi*) et d'un mouvement naturel qui croît ou décroît progressivement. Le trait de séparation vertical relie le haut (Ciel) avec le bas (Terre), indiquant ainsi l'origine première de toutes choses et êtres dans la Source. Il sépare et réunit en même temps, les deux virgules constituant une unité au sein d'un même espace, le cercle.

La virgule blanche, la plus lumineuse, est la partie yang ou active, la virgule noire est la partie yin ou passive. Chacune des virgules contient dans sa partie la plus dense un point de la couleur opposée, suggérant ainsi le **principe de la mutation** : une fois arrivé à son apogée, le yin commence à devenir yang, une fois que la croissance du yang a atteint son apogée, le yang commence à devenir yin, et cela dans un cycle sans fin.

Le *taiji* donne naissance :

- au mouvement et à la transformation ;
- à l'espace (les « quatre orients » ou quatre points cardinaux) ;
- au temps (les quatre saisons).

Troisième étape : les 10 000 Êtres ou la multiplicité

Avec le trois, apparaît ensuite le multiple. Dans cette dynamique énergétique produite par le *taiji*, les **10 000 Êtres** ou **« Existants »** *(wanwu)* font leur apparition : ils sont tout ce qui compose le monde, êtres et objets statiques et dynamiques.

À noter que les **10 000 Êtres** sont représentés également par les **huit trigrammes**, ces huit catégories de *chi* : Ciel, Terre, Feu, Eau, Montagne, Lac, Tonnerre et Vent (voir chapitre 4, p. 87 et 5 p. 97), associées aux **cinq éléments** : le Bois, le Feu, la Terre, le Métal et l'Eau (voir chapitre 7, p. 127). « Les essences du Ciel et de la Terre se propagèrent pour constituer le yin et le yang, celles du yin et du yang confluèrent pour former les Quatre saisons et celles des Quatre saisons se disséminèrent pour produire les Dix mille êtres » (*Huainanzi*, IIe siècle avant notre ère).

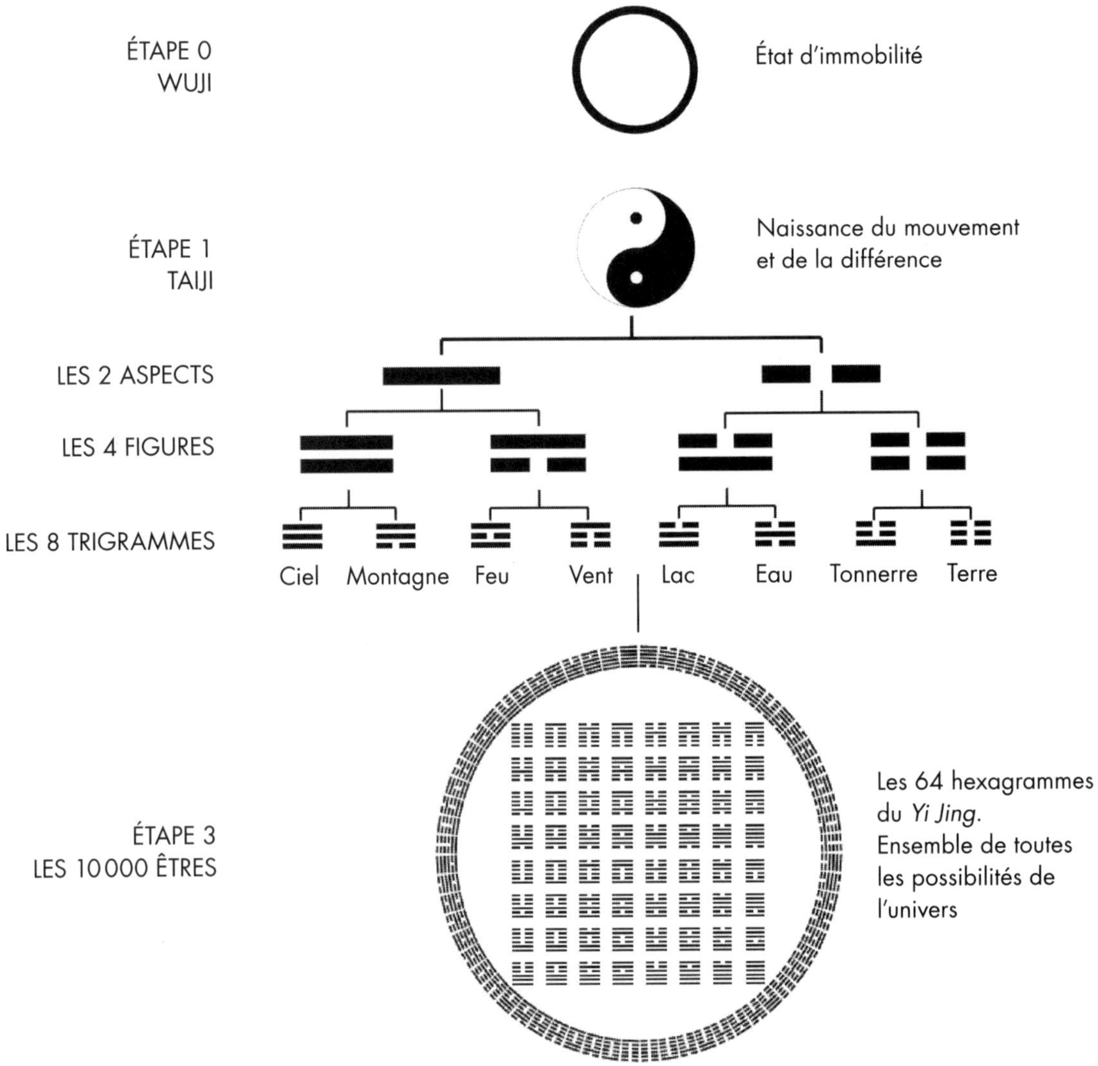

Les différentes étapes de la Création depuis le *wuji* jusqu'aux 10000 Êtres.

LES NOTIONS D'ENGENDREMENT ET DE TRANSFORMATION

Dans la conception chinoise, le monde ne naît pas de rien, c'est une création qui **s'engendre** et se transforme au fur et à mesure. À la différence du Dieu chrétien créateur de l'univers, le Tao permet ce déploiement et ces mutations, car il reste au cœur du processus de transformation et subsiste également après (comme l'illustre, par exemple, le cycle des saisons).

Il existe donc deux états différents mais étroitement liés que l'on retrouve dans certains diagrammes utilisés en feng shui (voir p. 101) : **un état latent ou « antérieur »** appartenant au domaine de l'**invisible** ; **un état manifesté ou « postérieur »**, caractéristique du domaine du **visible**.

Le tableau ci-dessous présente les différentes caractéristiques de ces deux états.

ÉTAT LATENT (Tao, principe originel)	ÉTAT MANIFESTÉ (Tao, principe organisateur)
stade antérieur	stade postérieur
incréé, non-être	créé
indifférencié, indéterminé	différencié, limité
il n'y a pas	il y a
en potentiel, en devenir	réalisé, manifesté
invisible	**visible**
immobilité	mobilité
fixe, parfait	mutations, changements, mouvements
eau primordiale	eau terrestre
sans cause	relativité, cause et effet

Chaque forme de notre réalité est donc déjà présente dans le Tao indifférencié.

L'ŒUF OU LA POULE ?

Le récit de l'apparition du monde apparaît dans trois textes classiques chinois : le *Laozi* (ou *Dao de jing*), le *Zhuangzi* et le *Liezi*, qui mentionnent quatre étapes successives dans l'origine du monde, au sein desquelles on retrouve les principes d'indéterminé et de transformation. **Étape 1** : un grand indéterminé ; **étape 2** : un grand commencement ; **étape 3** : un grand début ; **étape 4** : une grande transformation (cf. l'excellent ouvrage de Gérard Dupuy *Monter haut, regarder loin*).

Une légende chinoise sans doute plus récente et étrangère au taoïsme, probablement d'origine tibétaine car elle introduit le principe d'un être créateur du monde, illustre à merveille la notion de transformation et d'engendrement : le monde serait né d'une étoile en forme d'œuf qui naviguait dans un espace sans nom et sans bruit, semblable au Tao.

Cet œuf abritait depuis toujours un géant nommé Pangu. Il s'ennuyait tellement qu'il prit un jour sa hache pour briser la coquille.

Les éléments les plus légers (le blanc de l'œuf) formèrent le *chi* de l'air, qui monta pour créer le ciel, tandis que les éléments les plus lourds et les plus visqueux (le jaune) descendirent pour créer la terre, le *chi* de la matière. Cela prit, dit-on, dix-huit mille ans. Lorsque Pangu disparut, tout son corps se transforma et donna naissance à l'univers : son souffle devint le vent, sa voix le tonnerre, son œil gauche le soleil, son œil droit la lune, ses cheveux les astres, les poils de son corps se changèrent en végétation, sa sueur en pluie, et la vermine sur son corps créa les hommes...

L'HARMONIE UNIVERSELLE : UN PRINCIPE À SUIVRE

Difficile d'aller à l'encontre du Tao et des lois fondamentales de l'univers, me direz-vous... Pourtant, combien d'entre nous s'évertuent chaque jour à emprunter le chemin inverse en produisant davantage, en surconsommant, en transformant les données naturelles (par la génétique, par exemple) ou en construisant des habitations sans respecter les règles élémentaires de la nature (constructions dans des zones à risques), nature qui recrée son équilibre à nos dépens.

L'idéogramme *tao* (道)

L'idéogramme 道 est composé de 2 parties :

- à droite : le caractère qui désigne la tête, 首 (*shou*) ;
- à gauche : le radical 辶 (*chuo*) qui représente l'idée de marcher, de cheminer, d'accomplir un voyage.

Dans l'idéogramme de tête 首, on reconnaît 自 (*zhi*, le soi, la nature profonde), lui-même composé de l'œil (目, *mu*). Le trait séparatif au-dessus indique qu'il y a une connexion avec ce qui est en haut, le ciel.

Dans la notion de tête, il y a également l'idée ancienne du chef dont il faut suivre la conduite, qui devient ensuite le principe conducteur ou la conduite à suivre, la voie à suivre.

Par l'association de ces deux caractères, *tao* nous parle d'observation (observation de la nature, observation de soi aussi) et d'action réelle (à travers l'acte de marcher).

L'univers a un rythme régulier, à l'image des cycles planétaires, de l'enchaînement des saisons ou encore du rythme biologique : impossible d'inverser cette horloge et de vivre en dehors de ces cycles régis par une force supérieure que les Chinois ont appelée Tao. Il convient d'être en adéquation avec ce système où chaque chose est à sa place.

Les Chinois restent particulièrement attachés à ce que leurs actes soient en adéquation avec la nature et la société dans lesquels ils vivent : ne pas faire de vagues, ne déranger ni leur environnement ni leur entourage, quitte à « se fondre dans le paysage », est la condition pour préserver une certaine harmonie.

LE FENG SHUI ET LE TAOÏSME

Tout comme l'astrologie et la divination permettent à l'homme de vérifier s'il est **en adéquation** avec le Ciel, le feng shui permet de vérifier qu'il l'est également avec la Terre.

Le feng shui, imprégné des valeurs taoïstes, permet à l'homme de :

- recouvrer bien-être et équilibre en restaurant une harmonie naturelle entre son habitation et son environnement ;
- se recentrer sur sa vraie nature et se réconcilier avec lui-même, avec les autres hommes et avec le monde dans lequel il vit.

FOCUS : LA DIVINATION

Avec les arts de la destinée et ceux de la **physionomie**, la **divination** est l'une des trois techniques traditionnelles chinoises utilisées pour interpréter la réalité et prendre la bonne décision.

Domaine traditionnel de la connaissance en Chine, c'est l'art de voir et d'interpréter **les signes de la réalité** afin d'obtenir une réponse à une question posée, une solution à un problème. De nature prédictive, la divination permet de faire des pronostics.

Les ossécailles

La plus ancienne forme de divination chinoise remonterait au début de l'époque historique (1600 à 221 av. J.-C.). On a, en effet, retrouvé à Anyang, la capitale des Shang, des omoplates de bovidés et des carapaces de tortue sur lesquelles étaient inscrites des divinations effectuées pour les rois de la dynastie Shang (1600 à 1046 av. J.-C.). Ces premières inscriptions, appelées « ossécailles » (*jiaguwen*, en chinois : « inscriptions sur écailles et os »), seraient à l'origine de l'écriture chinoise, les pictogrammes.

Peu après la découverte par des paysans chinois de 160 000 fragments d'os dans une crevasse du sol en 1898, ces « os oraculaires » que l'on croyait être des os de dragon et dotés d'effets thérapeutiques furent broyés en fine poudre pour être vendus dans les pharmacies pékinoises.

Les signes écrits, parce qu'ils ont un lien originel avec la divination, sont investis d'un pouvoir magique et incantatoire qui reste présent dans certaines formes littéraires telles que la poésie et la calligraphie.

Poser sa question au ciel

Le devin, ou chamane, intermédiaire entre le monde des hommes (**visible**) et celui des ancêtres ou du dieu (**invisible**), organisait le rituel de divination au nom de l'empereur. Parfois c'était l'empereur lui-même qui était en charge de l'opération. Tous les thèmes pouvaient être interrogés pour connaître l'origine des maux et découvrir une solution curative permettant de rétablir l'ordre naturel perturbé. Décisions politiques importantes, catastrophes naturelles, expéditions militaires, événements au sein de la famille royale (naissance, mariage ou décès) ou problèmes personnels de l'empereur (maladie ou autres) étaient soumis aux oracles.

Le souverain d'en haut

Tian (« le ciel ») ou **Shangdi** (« souverain d'en haut ») est la divinité toute-puissante qui commande à l'univers. Elle émerge sous la dynastie Shang. Ce n'est pas une divinité créatrice – au sens du Dieu des chrétiens –, mais plutôt un axe, un centre, une force garantissant l'équilibre et l'harmonie entre le monde des hommes et le monde de l'invisible, peuplé d'entités et d'énergies.

La technique, une forme de **pyromancie**, faisait appel au feu. Une fois la question gravée sur l'os, un tison était appliqué sur des cavités creusées sur la carapace de tortue. Les craquelures et fissures formées par la chaleur étaient ensuite interprétées. À la différence des oracles grecs dont le sens pouvait être sibyllin et sujet à interprétation, les questions étaient simples : « Les récoltes seront-elles bonnes ? » Les réponses divines étaient claires et se présentaient sous la forme binaire : oui / non. Ainsi que l'explique Anne Cheng (dans *Histoire de la pensée chinoise*), « le dialogue entre l'humain et le divin reste très terre à terre et c'est l'humain qui a l'initiative, c'est lui qui propose, les dieux n'ayant d'autre possibilité que de disposer ».

La question posée, la date de la divination, le nom de la personne qui a porté la carapace, celle qui l'a nettoyée pour réaliser le rituel ainsi que les commentaires sur la prédiction étaient inscrits sur la carapace.

Toutes ces divinations faisaient l'objet d'un classement et d'un archivage chronologique et thématique, qui constitue pour les scientifiques contemporains une mine d'événements historiques et astronomiques (des constellations et des éclipses y sont également consignées).

La scapulomancie

Appelée aussi plastromancie, elle aurait été pratiquée, selon les textes, jusqu'à la dynastie des Tang (618 à 907). L'utilisation de la tortue n'est pas anodine. Selon de nombreux anthropologues, la forme de sa carapace et sa longévité seraient une métaphore du cosmos, et le rituel viserait à reproduire l'interaction des deux forces naturelles mises en contact : le feu (du tison) et l'eau (représentée par l'écaille). Par conséquent, agir sur une partie du cosmos (la carapace) équivalait à agir sur une échelle plus grande, sur le Tout, afin d'obtenir le résultat attendu. Une manière détournée d'influencer les esprits invisibles.

Les autres formes de divination chinoise…

- L'**achilléomancie** est la divination par les jets de tiges d'Achillée, une herbacée de la famille des astéracées. Cette technique a donné naissance à l'écriture du *Yi Jing*, *Le Livre des mutations*, un manuel qui décrit toutes les situations changeantes que l'on peut rencontrer dans la réalité (voir p. 115). Le tirage au sort des bâtons permet de développer une réflexion sur la situation, son origine, ses blocages, son devenir, et l'attitude juste à adopter.

- Le ***Qi men dun jia***, ancien outil utilisé dans les arts de la guerre, permet de faire des prévisions et d'en tirer une stratégie.

- Le ***Da liu ren*** est utilisé pour une divination au quotidien.

- Le ***Tai yi shen shu*** pour les événements macroscopiques : péripéties politiques ou catastrophes naturelles.

… et d'autres méthodes pour interpréter la réalité

Les arts de la physionomie :

- **L'interprétation de l'apparence physique** des êtres vivants ou de la forme et des traits du visage, des lignes de la main.

- **L'observation des phénomènes astraux** (astrologie).
- **L'observation des phénomènes naturels terrestres** (le feng shui).

Les arts de la destinée :

- Le ***Bazi*** (8 signes ou 4 piliers), fondé sur l'étude de la date de naissance (année, mois, jour, heure) à travers l'analyse des cinq éléments soumis aux cycles temporels récurrents.
- Le ***Zi wei dou shu*** (« astrologie de l'étoile pourpre »), une forme d'astrologie à l'occidentale qui donne plus d'importance aux astres.
- La **prévision des jours fastes et néfastes** sous forme de calendrier.

CHAPITRE 3
LE *CHI*, LE SOUFFLE-ÉNERGIE[5]

Souvent traduit à tort par le terme « **énergie** », qui est une simplification occidentale, le *qi* ou *chi* (prononcer « tchi ») est le **souffle** qui **nourrit** la vie, la **substance** qui traverse l'univers, lui assurant ainsi une cohérence. C'est la condition *sine qua non* de la vie.

Dans la cosmologie chinoise, le concept de *chi* est étroitement lié à celui du Tao : sans le *chi*, le Tao ne pourrait pas exister. Le Tao est le principe qui organise, le *chi* est l'essence même du Tao. Il existe avant et après la création du monde, avant l'apparition du yin et du yang (voir chapitre 4, p. 87), qui sont deux expressions différentes du *chi*.

Le *chi* concerne toutes les pratiques taoïstes chinoises liées au corps et à l'esprit dont le but est de prolonger la vie et d'entretenir la santé. Nous verrons comment.

L'IDÉOGRAMME DU *CHI*

Pour mieux comprendre ce qu'est le *chi*, regardons de plus près son caractère, dont la graphie traditionnelle a été fixée à l'époque de la dynastie Song (960 à 1279).

L'idéogramme représente un grain de riz qui cuit dans un chaudron, dégageant ainsi de la vapeur.

5. Traduction proposée par Javary dans son *100 mots pour comprendre les Chinois*.

Il contient plusieurs informations :

- **L'idée de nourriture** (le riz) nous indique que le *chi* est la nourriture essentielle au développement de la vie et que son absorption produit de l'énergie. Le *chi* est « nourricier », c'est **l'énergie** produite par l'air et l'alimentation. C'est pour cela qu'on dit qu'il est le « **souffle vital** » qui initie la vie, lui assure une cohérence et une transformation.

- **L'idée de transformation dynamique (yin-yang) et de mouvement sous l'effet de la chaleur.** La partie supérieure de l'idéogramme occupée par les lignes horizontales représente les courants atmosphériques, la vapeur et les brumes, et figure aussi le nombre trois qui renvoie au principe du *taiji* (la figure liée au mouvement, voir p. 67) et au principe ternaire (Terre-Homme-Ciel, bas-médian-haut). Cette graphie apparaît sur les *jiaguwen*, écritures divinatoires pratiquées sur les carapaces de tortue à l'époque des Shang. Le *chi* permet une transformation dynamique de la matière, qui peut changer de forme sous l'effet de la température, passant ainsi de l'état solide à l'état liquide pour atteindre l'état le plus subtil : l'état gazeux. L'idéogramme nous montre dans sa construction verticale deux états d'une même matière : la matière la plus dense, la plus lourde, positionnée en bas (sur le plan de la Terre, caractéristique yin) et, séparée par le trait horizontal, la matière la plus subtile en haut (sur le plan du Ciel, caractéristique yang).

- **La notion de souffle et de circulation.** Le *chi* peut donc être visible dans sa forme la plus concrète, ou invisible dans sa forme la plus éthérée, **tel un souffle : il renvoie d'ailleurs à l'action de respirer**. Cette notion de souffle apparaît dans d'autres civilisations : c'est le *ki* pour les Japonais, le *prana* chez les hindous, le *pneuma* chez les Grecs (qui a donné « poumons » ou « pneumatique »). Le *chi* est donc mobile, et on parle d'ailleurs de « circulation » du *chi*. Un *chi* est sain lorsqu'il est en mouvement. Il circule selon un rythme binaire sur les modes inspiration/expiration et condensation/dissolution.

UN *CHI* OMNIPRÉSENT ET PERMANENT

Matière et énergie ne peuvent être ni créées ni détruites. Elles ne disparaissent jamais, puisqu'elles sont sans cesse en train de se transformer, passant d'une forme yin à une forme yang. L'eau dans la casserole de riz, sous l'effet de la chaleur, se transforme en vapeur. Au contact de l'air plus froid, la vapeur se condense en gouttes, puis au contact d'un air encore plus froid prend une forme solide, la glace. Le *chi* en tant qu'énergie est indestructible.

Mais alors peut-on voir le *chi* ?

Le *chi* habite des formes qui le rendent repérable, mais, une fois que ces formes disparaissent ou meurent, ce « souffle-énergie » retourne à la source.

- **Dans la nature**, il se transforme au gré des reliefs qu'il traverse, du magnétisme terrestre et des souffles venant du ciel (le vent, la pluie, les aléas climatiques, etc.).

Sur une côte, le *chi* est en transformation permanente sous l'interaction des reliefs terrestres, de la mer et de l'atmosphère. Les nuages se transforment en eau. Les plantes et le sol absorbent l'eau. Les eaux, en surface et sous terre, ruissellent vers la mer. La vapeur d'eau se dégage des plantes. L'eau se condense sous forme de nuages.

- **Le *chi* de l'homme** : dans sa version la plus matérielle, c'est le corps physique, les tissus, les organes, et dans sa version immatérielle, ce sont les pensées et les émotions. Le corps physique lui-même peut être découpé en éléments matériels et éléments plus subtils porteurs de *chi*. La médecine traditionnelle chinoise et l'acupuncture, parce qu'elles ont compris comment il chemine dans le corps, permettent d'améliorer sa circulation. Lorsque le *chi* est vicié ou que sa circulation est entravée, il se rend visible à travers des dysfonctionnements du corps (hausse de la température, sensation de froid, éruptions cutanées, faiblesse, etc.).

- **Les activités artistiques et physiques qui sollicitent le mouvement et le souffle,** telles que la calligraphie ou le chi gong, permettent d'améliorer la circulation de notre *chi* intérieur. Les Chinois parlent d'ailleurs du *chi* d'une calligraphie ou d'une peinture pour la qualifier de spontanée, de naturelle et de vivante.

Les trois types de *chi*

À tous les niveaux et sur les trois plans de la trinité chinoise taoïste (le Ciel, la Terre et l'Homme, voir p. 53), les *chi* communiquent entre eux, s'influencent et se transforment : le *chi* humain entre en résonance avec le *chi* de la maison, qui interagit lui-même avec le *chi* de l'environnement terrestre et céleste. Rien n'est statique, car tout est en mouvement permanent.

- Le ***chi* céleste**, comme son nom l'indique, provient du ciel, de l'influence des planètes (l'énergie cosmique), du soleil, mais aussi de l'action de la lune sur la nature ou de la pluie. À ce titre, l'astrologie tient une place importante dans le feng shui.

- Le ***chi* terrestre** est influencé par le magnétisme (la pesanteur, mais aussi les champs magnétiques naturels ou artificiels). Il peut être modifié par les montagnes, les collines, les cours d'eau…

- Le ***chi* de l'homme** est le *chi* dont nous héritons et qui nous caractérise en tant que personnalité, avec un patrimoine génétique, familial et social.

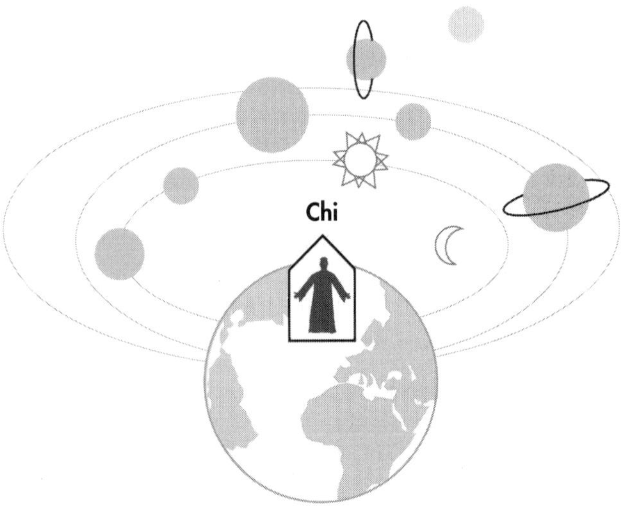

UNE PENSÉE HOLISTIQUE

La pensée taoïste affirme par conséquent que **tout est interdépendant et a la même essence, de l'infiniment petit à l'infiniment grand, sans jamais être identique**. Tout provient de la même source indifférenciée (le Tao), se transforme selon les cycles naturels de l'univers pour finalement retourner à la source. Ce principe s'applique à la vie et à la mort : il n'existe pas de différence entre l'être humain et le reste de l'univers, car toutes les choses ne sont constituées que d'un matériau principal, le *chi*, sous une forme plus ou moins condensée. **Zhang Zai** (1020-1077), un cosmologiste chinois, écrit, dans sa ***Théorie des changements*** : « Chaque naissance est une **condensation**, chaque mort est une **dispersion**. La naissance n'est pas un gain, la mort n'est pas une perte... Lorsqu'il se condense, le Qi donne l'être humain ; lorsqu'il se disperse, il devient le substrat des changements. »

Les différentes qualités du *chi*

Le *chi* peut revêtir plusieurs aspects, bons ou mauvais.

Un *chi* bénéfique, appelé ***sheng chi***, est celui qui favorise la vie humaine, animale ou végétale. Il est associé au développement, au bien-être et à la santé parfaite.

Le ***sheng chi*** ou ***chi* de croissance** rend la vie possible, permet à la nature de croître correctement et de s'épanouir sans contrainte. Guan Zi, homme d'État chinois et philosophe de la période des Royaumes Combattants (475 à 221 av. J.-C.), disait, à propos du *chi* : « Pour le genre humain, si on le perd, c'est la mort ; si on l'obtient, c'est la vie. »

On reconnaît aisément un terrain nourri par le *chi* : la vie végétale et animale s'y épanouit naturellement. Au contraire, le *chi* pourra être nuisible, vicié ou mort (***si chi***) : sur un sol aride, dépourvu d'eau, aucune plante ne pourra pousser ni aucun animal survivre.

Le *chi* dans la médecine chinoise

La médecine traditionnelle distingue deux types de *chi* :

• Le ***chi* inné** (dit du Ciel antérieur) : c'est l'énergie qui nous est donnée à la naissance. Sa quantité est limitée et sa réserve se dilapide petit à petit et plus ou moins vite jusqu'à notre mort. Elle ne peut pas se reconstituer.

• Le ***chi* acquis** (dit du Ciel postérieur) peut être renouvelé en permanence par le biais de l'air qu'on respire, de la nourriture qu'on ingère, de nos passions ou de nos relations.

Toutes les activités humaines, qu'elles soient physiologiques ou psychologiques, ont besoin de ces deux types d'énergie. Il est donc important de veiller à respirer de l'air sain, d'avoir une alimentation équilibrée et riche, et d'entretenir son corps grâce au souffle et au mouvement afin de conserver ces deux *chi* le plus longtemps possible. Dans le cas contraire, une mauvaise circulation du *chi* peut entraîner maladies et déséquilibres de toutes sortes.

LA CIRCULATION DU *CHI*

Le rôle du feng shui est de favoriser une meilleure circulation du *chi* dans un espace après avoir identifié s'il est de nature bénéfique ou néfaste. Une habitation qui bénéficie d'un bon *chi* est celle où la vie est harmonieuse et profite à ses habitants.

La manière dont le *chi* circule dans l'environnement proche, puis à l'intérieur de la maison, joue un rôle déterminant sur la qualité de vie. Son flux pénètre par l'ouverture principale appelée **bouche du *chi*** et emprunte les couloirs et les escaliers pour se répandre dans toutes les pièces. Semblable à un courant d'eau, il est canalisé par les murs et les cloisons.

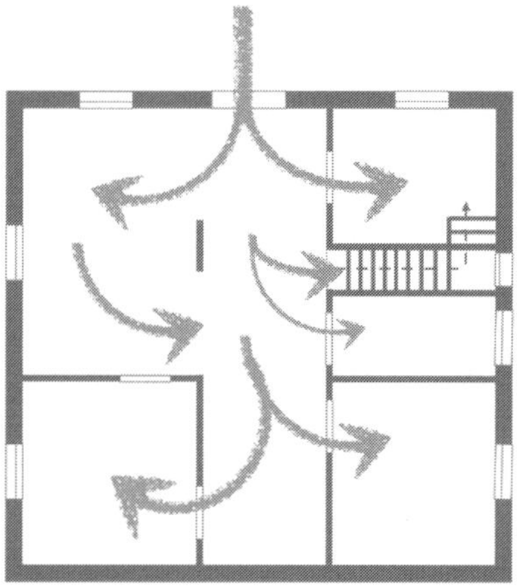

Lorsque la circulation du *chi* est fluide dans la maison, il améliore la santé et stimule les projets de vie.

Flux du *chi* : forme et rythme

- **Le *chi* favorable : la sinuosité et la régularité.** Le *chi* doit être à l'image d'un cours d'eau dont les courbes serpentent harmonieusement dans le paysage. Son trajet épouse les formes de la terre en ondulant. Le *chi* est de meilleure qualité quand il est sans précipitation, la courbe facilitant son écoulement régulier et son ralentissement. L'énergie bénéfique a ainsi le temps de s'accumuler dans les courbes du cours d'eau.

- **Le *chi* à éviter : la ligne droite.** Le *chi* peut devenir néfaste lorsqu'il suit une ligne droite (un long couloir, une pièce dont la forme est très allongée, une route sans virage…). Plus le chemin est étroit et droit, plus l'accélération du *chi* est forte et comprimée ; au contraire, plus la route est large, plus le *chi* peut se libérer sur les côtés. Dans les conditions extrêmes de la ligne droite, le *chi* trop rapide et trop vif ne peut pas être retenu car il s'écoule trop vite. De même, la **forme en zigzag** provoque une avancée erratique du *chi*.

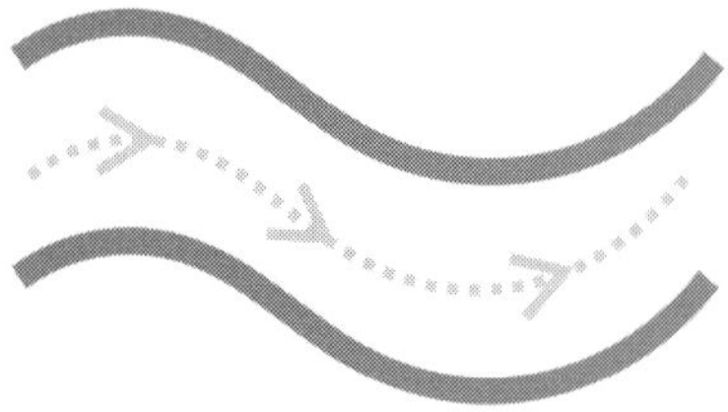

Le flux du *chi* ondule naturellement.

La ligne droite accélère le *chi* et le rend néfaste.

La fluidité et les obstacles

La circulation du *chi* est meilleure lorsqu'elle est **fluide et sans obstacle**. Imaginez sur la circulation du sang l'effet d'un caillot obstruant une artère.

Le *chi* est comme l'eau, il circule de haut en bas. Sa **vitesse** ne doit être ni trop rapide, à l'image d'une chute d'eau ou d'une route à forte circulation, ni trop lente, ni stagnante (une pièce d'eau croupie) car il devient malsain, l'eau ne pouvant s'écouler ni se renouveler.

CHI LENTS ET RAPIDES : EFFETS SUR LA SANTÉ

	***CHI* STAGNANT (MORT) TRÈS YIN**	***CHI* LENT YIN**	***CHI* NORMAL (VIVANT) YANG**	***CHI* RAPIDE TRÈS YANG**
ENVIRONNEMENT NATUREL	Mare, cuvette profonde, absence de soleil.	Terrain plat avec un relief monotone.	Reliefs harmonieux, vallonnés, complémentarité des creux (vallées) et des pleins (hauteurs).	Chute d'eau, précipice, route pentue, falaise, pente sans arbres.
ENVIRONNEMENT ARTIFICIEL	Cimetière, arbre obstruant la lumière (la maison ne bénéficie d'aucune lumière).	Obstacles ralentissant la venue du *chi* (maison voisine, murs, haie, succession d'habitations), jardin qui ne dynamise pas la maison.	Route sinueuse, jardin favorisant la retenue du *chi* pour la maison.	Route droite à forte circulation, autoroute, voie ferrée, piste aéroportuaire, route, carrefour, centre commercial, trop proches de la maison.

	CHI STAGNANT (MORT) TRÈS YIN	*CHI* LENT YIN	*CHI* NORMAL (VIVANT) YANG	*CHI* RAPIDE TRÈS YANG
MAISON	Encombrement, désordre important qui ralentit la circulation, mauvaise circulation à l'intérieur de la maison, mauvaise distribution des pièces, des ouvertures ou des cloisons, absence de lumière.	Mauvaise orientation de la maison, source de lumière naturelle trop faible, forte présence du carré dans le mobilier, aspects statiques dans la décoration, couleurs sombres.	Orientation de la maison adaptée à ses occupants, bonne circulation énergétique du *chi*, équilibre lumière/ombre, bonne répartition des zones yin et yang dans l'habitation.	Allée étroite partant d'une route très active, ouvertures se faisant face (porte avant / porte arrière de la maison), trop de fenêtres dans une pièce, baie vitrée donnant dans le vide, matériaux aux surfaces lisses et brillantes (plastique, sols en carrelage, plan de travail en corian...).
EFFETS SUR LA SANTÉ	Engourdissement, apathie, passivité, manque de tonus, absence d'activité, repli sur soi, enfermement, relationnel en berne, santé en danger.	Retard dans les projets de vie, haut et bas dans le dynamisme, déploiement d'efforts vains, irrégularité dans les résultats, fatigue.	Sentiment de sécurité et d'équilibre, harmonie, ressourcement, entretien du *chi*, bonne santé, ressource.	Dermatose, stress, migraines, nervosité et anxiété, insomnie et difficultés de récupération, déprime.

Les deux méthodes feng shui pour étudier le *chi*

La première méthode (***xing fa***) étudie et observe la forme des paysages et leur influence sur les habitations : c'est une méthode concrète pour appréhender le *chi*, qui met en avant l'espace ; la seconde (***li fa***) utilise des calculs qui permettent de voir comment les *chi* interagissent avec nous ; la notion de temps y est plus importante (voir les différentes écoles, p. 157).

Les *sha chi*

Sha chi signifie « souffle tueur » ou « flèche empoisonnée » en chinois. Les *sha chi* peuvent être produits soit par la nature, soit par la main de l'homme : ils n'auront pas les mêmes effets ni la même intensité.

Dans l'environnement naturel ou les agglomérations, les *sha chi* sont caractérisés par :

- des formes très anguleuses et vraiment pointues ;
- des formes d'apparence agressive et menaçant l'habitation (rochers découpés, route pointant vers la porte d'entrée, poteaux, etc.).

Les *sha chi* peuvent être visuels, olfactifs ou auditifs (pour plus de détails, voir p. 213).

La proximité de bâtiments imposants générant de l'ombre ou d'un périphérique bruyant peut constituer un *sha chi* qui transformera le *chi* d'une habitation de manière néfaste…

Heureusement des solutions feng shui existent (voir p. 220).

Règles fondamentales :

- Certaines configurations naturelles, certains types de reliefs transportent le *chi* et le canalisent pour le rendre ensuite exploitable pour une maison.
- Le vent transporte le *chi* ; il le disperse également.
- L'eau retient le *chi* et le rassemble.

Modifier le parcours du *chi* chez soi ?

Le feng shui permet de sélectionner les bons *chi* en positionnant la maison dans l'environnement idéal et en l'orientant correctement afin qu'elle bénéficie de toute sa puissance. Il reste ensuite à aligner les habitants sur leurs bonnes directions et à sélectionner leurs bons emplacements dans la maison grâce à la **méthode des Huit Directions ou *Bazhai*** (voir p. 297).

En feng shui, le temps joue un rôle majeur sur la qualité du *chi*, car il le transforme. La **méthode des Étoiles Volantes** permet de déterminer les phases fastes pour construire sa maison, emménager dans un appartement ou de choisir les directions adéquates en fonction d'un projet (voir p. 345).

Ces deux méthodes permettent de :

- sélectionner les zones favorables dans la maison ;
- moduler les cloisons au sein de l'habitat pour orienter le flux du *chi* ;
- définir les bonnes orientations des portes (entrée de la maison et portes secondaires importantes : chambre et bureau) ;
- réagencer le mobilier principal (zone de cuisson, lit, bureau, assise) ;
- positionner l'énergie du feu (plaque de cuisson, foyer de cheminée et source de chaleur), qui impacte la qualité du *chi* en le transformant ;
- déterminer les emplacements favorables des secteurs qui évacuent les énergies viciées (toilettes, salle de bains).

Le feng shui « déco »

À titre d'exemple, et pour mettre en accord sa décoration avec les préceptes du feng shui en jouant sur un plan « micro », voici quelques astuces largement développées par le feng shui « pop » pour rééquilibrer la circulation du *chi* dans l'habitation. Ces conseils donneront plus un sentiment de confort qu'ils n'auront un réel impact sur le plan du feng shui. Ils relèvent plus de la décoration.

- La **fonction paravent** : disposer des plantes d'intérieur devant une ouverture qui laisse passer trop de *chi* ou l'équiper de stores ou de voilages.
- La **fonction ralentisseur** : utiliser des matières texturées ou nervurées qui retiennent le *chi* (velours, lin, feutre, par exemple), poser des tapis sur des sols trop lisses pour ralentir sa vitesse.

- La **fonction suspension** : afin de diminuer la circulation verticale d'un espace trop haut, installer des suspensions ou des éléments décoratifs qui ramènent le regard vers le bas et rééquilibrent les proportions spatiales. Au contraire, diriger les lumières vers le haut permettra de relever un plafond trop bas et de supprimer l'impression d'écrasement et de pesanteur.

- La **fonction zigzag** : pour animer un couloir trop long, y accrocher tableaux et photos en décalage les uns par rapport aux autres, ou juxtaposer à intervalles réguliers des aplats de couleurs afin de créer un rythme.

FOCUS : L'ALCHIMIE INTERNE

L'alchimie du Tao : un retour vers l'origine

Suivre le chemin du Tao sous-entend une dimension spirituelle, celle d'**effectuer un retour** en plusieurs étapes : tout d'abord vers un **état « primitif »** antérieur à la civilisation, dégagé de toute contrainte et agressivité, une époque idéalisée où les hommes vivaient en petites communautés, en accord avec les principes authentiques de la nature perçue comme un refuge.

C'est également un retour vers la **spontanéité**, une forme de sagesse « **naturelle** » où l'on est soi-même, c'est-à-dire dans un **état d'innocence** proche de l'enfance. La vie est vécue dans la joie.

C'est enfin un retour vers l'**origine**, le *wuji*, cet **état où rien ne s'est encore manifesté, où rien n'existe dans la matière** (voir p. 56). Ce retour nécessite de désapprendre ce que l'on a appris, de passer du complexe au simple, de se débarrasser de ses habitudes, de s'alléger matériellement aussi, de « désintoxiquer » corps et esprit.

Pour cela, les taoïstes, sages, moines ou lettrés, allaient se retirer dans les montagnes, là où les énergies du Ciel rencontrent celles de la Terre.

Le pouvoir de la montagne

Ce lieu emblématique conserve dans l'imaginaire chinois l'image de la stabilité, de la longévité et de l'éternité, d'où cette notion d'immortalité associée à la montagne qui parcourt la pensée et la pratique taoïstes.

Concrètement, le chemin de retour vers la source implique d'inverser le processus naturel de la décrépitude pour se maintenir le plus longtemps possible en bonne santé. Pour effectuer ce voyage et augmenter leur longévité, les taoïstes ont inventé de nombreuses techniques. Les alchimies « externes » et « internes » ont pour finalité de faire récupérer à l'homme ses capacités naturelles d'autoguérison pour qu'il puisse, dans un second temps, accéder à un niveau de spiritualité supérieur en développant ses perceptions extrasensorielles.

Alchimie externe et alchimie interne

À l'origine, l'**alchimie « externe »** (*wei dan*), qui s'est développée sous les Han (206 av. J.-C. à 220 apr. J.-C.), avait pour but de créer des élixirs et des pilules d'immortalité ou de longue vie en transmutant des substances externes. En effet, les magiciens taoïstes manipulaient des gaz et des métaux toxiques afin de raffiner le cinabre, un minéral rouge combinant souffre et mercure. Une fois chauffé, le mercure brillant était récupéré sous sa forme liquide : il était recherché, car il incarnait symboliquement la lumière pure du soleil.

Parallèlement à cette recherche alchimique, se sont développées d'autres branches telles que l'herboristerie, la médecine, la botanique, l'astrologie, l'astronomie, mais également des techniques de respiration, de méditation et des pratiques sexuelles destinées à entretenir le *chi* humain. La préparation du breuvage magique, l'emplacement du creuset et du foyer étaient soumis à des règles précises, encadrées notamment par le feng shui et des rituels de purification taoïstes.

L'**alchimie « interne »** (*nei dan*) apparaît à l'époque des Tang (618 à 907) et connaît son apogée sous les Song (960 à 1279).

Le travail sur la matière première et l'expérimentation chimique pratiquée par l'alchimie externe sont petit à petit remplacés par un travail de raffinement effectué à l'intérieur du corps, assimilé au chaudron. Bien qu'elle conserve la terminologie ancienne (chaudron, fourneau, cinabre, plomb, mercure, argent, or), l'alchimie interne se nourrit de la tradition taoïste et de ses principes (le Tao, le yin et le yang, les cinq éléments…) : le corps lui-même devient l'objet de la transmutation. Son système physiologique, ses sécrétions organiques, ses substances (tissus, essence séminale, énergie, émotions…) et son esprit sont purifiés en vue de réaliser l'ascension céleste.

Le chemin alchimique pour accéder à l'immortalité, ne faire qu'un avec l'univers et fusionner avec le vide (le *wuji*) ne peut s'effectuer que dans un seul sens, de la Terre vers le Ciel : la matière doit être sublimée en lumière (l'or).

Les deux métaux alchimiques

Dans l'alchimie, le **mercure** représente l'esprit, dont il a le caractère mobile ; le second métal important est le **plomb**, qui représente le corps, ses capacités à se renouveler, à se reproduire – et, par conséquent – la force vitale et sexuelle qu'il faut préserver.

À ce propos, il existe un courant taoïste qui utilise l'énergie sexuelle et le processus orgasmique comme moyen d'amélioration de notre santé et de dépassement spirituel. Mantak Chia, un maître taoïste contemporain, nous explique dans ses ouvrages comment utiliser au mieux ce potentiel énergétique pour le transformer (*L'Alchimie de l'énergie sexuelle*).

La **méditation** joue un rôle majeur dans le processus de transformation alchimique : le méditant apprend à maîtriser ses émotions, ses habitudes comportementales, ses mémoires qui constituent des empreintes qui l'alourdissent. Par les **techniques du souffle** notamment, il parvient à augmenter le taux vibratoire de son corps et de son esprit. Il est en totale connexion avec l'univers, avec les énergies yang du Ciel et du cosmos, et celle yin de la Terre.

Les trois trésors

Dans l'alchimie « interne », les trois trésors sont les trois médicaments qui permettent à l'homme d'échapper au vieillissement : le *jing* (l'essence), le *chi* (le souffle), le *shen* (l'esprit). Ces trois composants de l'humain doivent être raffinés dans le corps, qui devient le chaudron.

Cette purification du corps et de l'esprit, véritable ascèse, s'opère à travers des techniques très précises, codifiées par les taoïstes, les fangshi, maîtres de magie et de feng shui (voir p. 30) : leur but est de maîtriser le *chi* interne grâce à des exercices de type respiratoire qui demandent une discipline stricte et régulière, tant physique (diététique) que psychique (méditation), et des années d'apprentissage. Ces pratiques peuvent s'avérer dangereuses : c'est pour cela qu'elles sont souvent secrètes et encadrées par un maître.

Les centres de raffinement du *chi*

Le principe alchimique consiste à transformer la matière par une utilisation du *chi*.

Le corps accueille trois centres énergétiques (les *dantian*), où se concentre le souffle du *chi* que le pratiquant peut raffiner et transformer.

- Le premier centre inférieur est situé sous le nombril, c'est là que se fabrique le *chi* et qu'il peut se « travailler », c'est le premier champ d'élixir.

- Le second centre est situé au milieu du corps au niveau du cœur : il transforme le *chi* en un souffle plus subtil.

- Le centre supérieur est situé au niveau de la tête : il transforme le *chi* qui vient du cœur en un souffle encore plus subtil qui permet au pratiquant d'atteindre un niveau spirituel plus élevé, pour être en osmose avec le cosmos.

CHAPITRE 4
LE YIN ET LE YANG

Qui n'a pas entendu parler de ces inséparables ? Le yin et le yang sont les deux forces opposées et complémentaires présentes dans toute chose.

En observant la nature, ses lois et ses cycles, les Chinois ont très vite remarqué que tout ce qui est fort un jour devient faible le lendemain, et inversement que tout ce qui est faible tend à devenir fort. En effet, à l'image de la vie et des saisons, tout est amené à croître puis à décliner, puis à croître de nouveau puis à décliner, etc. D'un extrême à un autre dans un cycle sans fin, le mouvement succède à l'immobilité, le jour à la nuit, l'été à l'hiver, le chaud au froid…

Ainsi, tout phénomène, parce qu'il est en devenir et mû par un jeu de va-et-vient, peut être classé en yin ou en yang.

Selon la cosmologie taoïste, le yin et le yang, représentés par la figure du *taiji* (voir p. 57), sont à l'origine de l'émergence de l'univers, de ses cycles, de sa double polarité, de la vie et de toutes ses possibilités.

UN COUPLE ORGANIQUE

Le yin et le yang forment un couple organique : ils sont les deux faces opposées d'une même chose en changement perpétuel. Pour illustrer cette idée, l'étude des idéogrammes *yin* (阴) et *yang* (阳) est éclairante.

Ces deux caractères ont un radical commun 阝, qui signifie « butte », « colline ». Dans *yang*, 阝 est associé avec 日, *ri*, « le soleil, la lumière », pour représenter le versant ensoleillé de la colline.

Dans *yin*, il est associé à 月, *yuè*, « la lune » : il s'agit donc du versant de la montagne situé à l'ombre, plus froid et humide.

La présence du soleil et de la lune ajoute une information essentielle pour bien comprendre le système du yin et du yang : celle d'un mouvement cyclique imposé par le rythme de l'univers, **croissant** puis **décroissant** : ce qui est au soleil passe progressivement à l'ombre, et inversement, comme le jour fait place à la nuit.

Le couple yin/yang devient ainsi le prototype de toutes les dualités que nous connaissons : la lumière et l'ombre, le ciel et la terre, le dessus et le dessous, le masculin et le féminin, l'été et l'hiver, le haut et le bas…

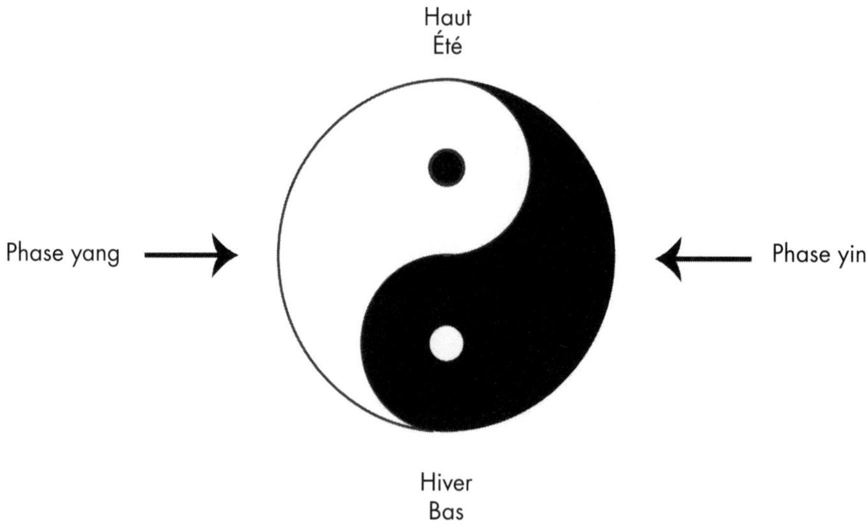

L'été rayonne au point culminant du yang, tandis que l'hiver atteint son paroxysme au point culminant du yin.

Le yang suppose des qualités de créativité, **une phase de progression ascendante** et un phénomène actif ; *a contrario*, le yin implique des qualités de réceptivité, l'inactivité, **une phase de régression (sans jugement)**.

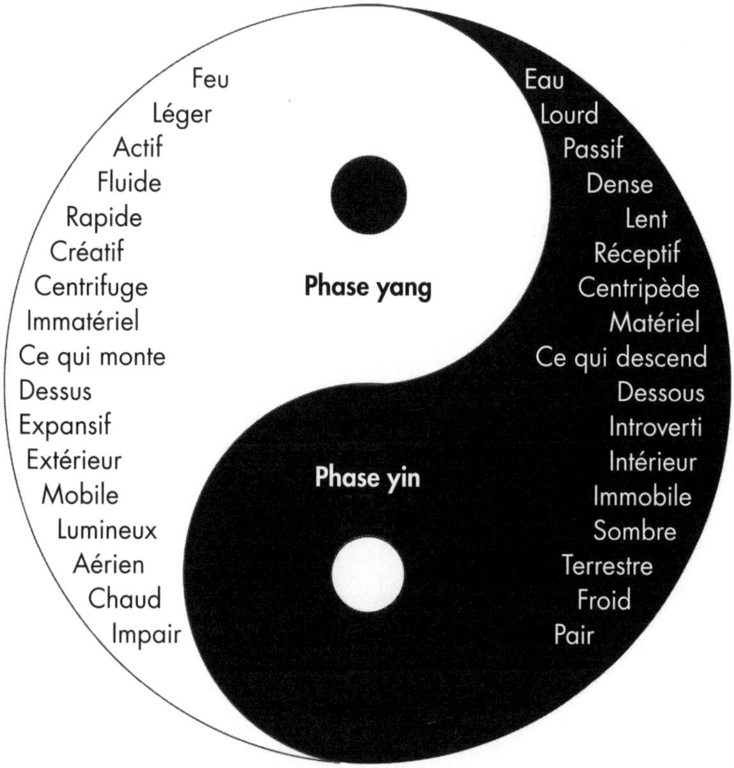

Chaque qualité dans la phase yang trouve son opposé complémentaire dans la phase yin.

Les *yao*

Le yin et le yang ont été symbolisés par des traits ou monogrammes appelés « *yao* » :

- Un trait plein : ▬▬▬ représente le yang.
- Un trait brisé : ▬ ▬ représente le yin.

Trois *yao* superposés forment un trigramme, et deux trigrammes superposés forment un hexagramme de six traits. Ces hexagrammes sont utilisés dans les tirages divinatoires du Yi jing. Dans le chapitre suivant, nous verrons à quoi servent les trigrammes et les hexagrammes.

UNE SOLIDARITÉ DYNAMIQUE

Ce fonctionnement en paires opposées arrange bien notre logique occidentale habituée à tout faire entrer dans des cases bien définies, mais en fait, au sein de cette unité qui nous semble statique en apparence, s'expriment deux principes qui vont et qui viennent : un **principe dynamique** (yang) et un **principe de repos** (yin), alternant sur le **rythme progressif** qui anime la vie.

Dans le couple yin/yang, c'est en réalité une relation à trois qui se joue : le troisième élément, le souffle du *chi*, imprime cette dynamique à ce système qui fonctionne comme une respiration, avec une phase d'inspiration suivie d'une phase d'expiration.

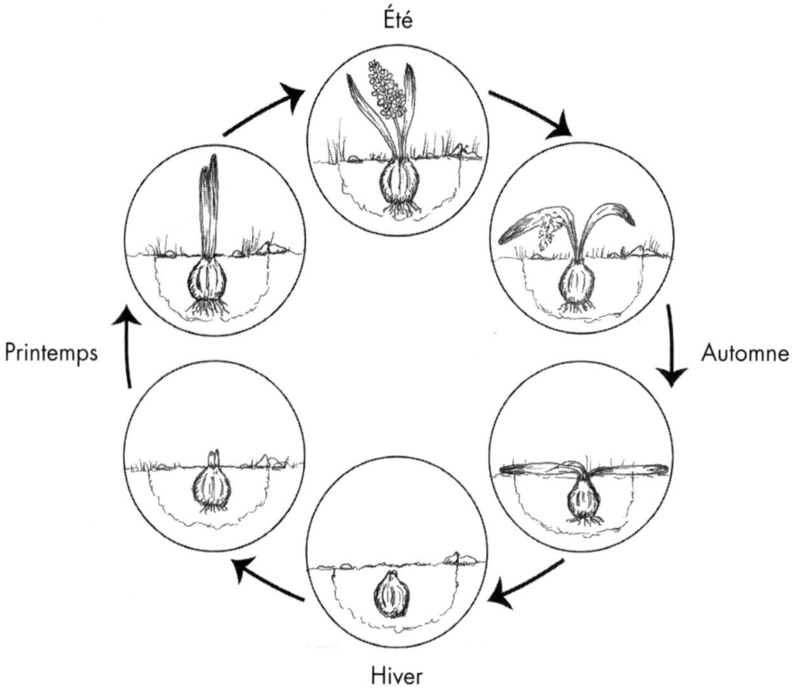

La plante passe par une phase d'épanouissement puis de déclin pour naître de nouveau.

Dans cet équilibre permanent, le yin et le yang sont donc interdépendants, s'attirant et se repoussant comme deux aimants : la présence de l'un suppose l'absence de l'autre, et lorsque l'un est en **croissance**, l'autre est en **déclin**, jusqu'à ce que chacun atteigne son apogée et **se transforme en son contraire**.

Mais rien n'est tout à fait noir ni tout à fait blanc : le yin n'exclut pas totalement le yang, puisqu'il contient en lui son germe (le petit cercle dans la figure du *taiji* (voir p. 58).

Le passage d'un état à un autre peut avoir lieu dans des circonstances physiques extrêmes qui obligent la matière, alors poussée à son paroxysme, à modifier sa structure (exemple de l'eau qui bout).

LA RELATIVITÉ DU YIN ET DU YANG

Le yin et le yang sont deux aspects d'une même chose, **ce qui les rend relatifs en fonction du point de référence choisi.** Lorsqu'on évalue une situation en feng shui, il est donc nécessaire d'effectuer une bonne observation pour ne pas faire de déductions hâtives qui fausseraient un diagnostic.

Prenons quelques exemples de couples pour illustrer la relativité du yin et du yang.

La Terre et le Ciel

Si, à première vue, leur position est relative l'une par rapport à l'autre, le Ciel étant en haut donc yang, et la Terre en bas, donc yin, ils forment dans la conception chinoise un couple indissociable dont les oppositions sont définies par la théorie taoïste de la formation de l'univers.

Le **Ciel** est **yang** pace qu'il est **créateur** : c'est de là que provient la foudre menaçante pour les anciens, la pluie bénéfique, mais aussi la chaleur du soleil, tout ce qui permet l'éclosion de la vie sur la **Terre**, lieu **yin** par excellence qui reçoit la vie et permet à la graine de se développer ; féconde, elle est le **réceptacle nourricier**.

D'un côté, une fonction « masculine » créatrice qui ensemence ; d'une autre, une fonction féminine qui reçoit et participe à la gestation.

Enfin, le Ciel est associé à l'espace qui accueille toutes les possibilités en attente d'être matérialisées sur la Terre. Ciel et Terre sont en interaction.

Le point de référence dans ce système est l'Homme, qui forme avec la Terre et le Ciel une triade ; c'est lui, en tant qu'intermédiaire, qui permet de maintenir l'équilibre (voir la trinité taoïste, p. 53).

Le soleil et la lune / le jour et la nuit

Le soleil est yang car c'est la manifestation directe de la lumière, tandis que la lune reflète de manière indirecte la lumière du soleil. Le jour est donc le temps de l'activité et la nuit celui du repos.

À ce titre, le soleil est classé comme le prototype du feu yang, dont la puissance est inégalée, tandis que la bougie est assimilée à du feu yin.

FÉMININ ET MASCULIN : LE YIN ET LE YANG ONT-ILS UN SEXE ?

La dénomination « féminin/masculin » est préférable à « femme/homme », car elle reflète davantage l'esprit de la pensée taoïste, sans mettre en avant les aspects réducteurs et misogynes présents dans la culture chinoise, qui tendent d'ailleurs à disparaître petit à petit avec l'ouverture de la Chine sur l'extérieur.

Il n'en reste pas moins que cette opposition, qui marque une préférence pour le genre masculin et trouve encore un écho dans nos cultures occidentales, a été largement diffusée par la morale confucianiste, qui a déplacé le point de référence initial sur une échelle sociale.

Le yin et le yang au service des confucéens

Le système yin/yang apparaît pour la première fois dans un manuscrit découvert dans la tombe de **Mawangdui** (168 av. J.-C.), qui liste 22 paires d'opposés yin et yang (par exemple : ministre/souverain, femme/homme, fils/père, roturiers/nobles, élève/maître, nuit/jour…).

Le système binaire qu'il décrit est fortement marqué par la morale confucianiste (voir p. 33) qui servait alors de cadre pour définir les relations hiérarchiques au sein de la société féodale et familiale : le yang est ainsi associé au dominant, au puissant, tandis que le yin est assimilé au soumis, au faible ; chacun doit tenir sa place et respecter son supérieur pour assurer l'équilibre social. Nous verrons ainsi dans le prochain chapitre que chacun des huit trigrammes yin ou yang est associé à un membre masculin ou féminin de la famille.

→

Cette interprétation du yin et du yang par la morale confucianiste reste une adaptation réductrice et statique du principe taoïste qui propose, plutôt qu'un jeu d'opposition hiérarchique, un jeu d'opposition dynamique et complémentaire.

L'Eau et le Feu

Dans le système taoïste, l'Eau et le Feu sont deux éléments qui s'opposent. *A priori*, leur nature yin et yang est facile à déduire (attention, chacun d'entre eux peut être à la fois yin ou yang, et ce, en fonction du point de référence auquel il est comparé).

Le caractère yang du Feu est défini par sa chaleur, sa nature ascendante (la flamme s'élève vers le haut). Au contraire, l'Eau est de nature froide, sa nature est descendante, elle s'écoule vers le bas.

Le Feu sera mis en correspondance avec le sud et les couleurs rouge, orange et jaune, tandis que l'Eau sera associée au nord, au noir et aux couleurs foncées.

À noter, cette différence encore : l'Eau, comme tout ce qui descend vers la terre, le fait sans dépense d'énergie, tandis que le Feu, comme tout ce qui monte, nécessite de la force ascensionnelle.

La montagne et l'eau

Autre couple mythique en feng shui (voir p. 501) : la montagne est considérée comme étant yin car sa densité est plus importante et sa force statique, à la différence de l'eau, élément fluide et léger, mobile et doté d'un mouvement.

Le lac et l'océan

Comparé au lac, l'océan peut être qualifié de yang : sa surface et son volume sont plus grands, ses limites plus élargies, l'eau y est plus puissante, plus mobile, le *chi* y est plus actif. L'eau dans un lac est plus calme, elle le sera encore plus dans un étang ou dans une mare. Il est ainsi possible d'établir une hiérarchie entre les différents espaces qui contiennent de l'eau.

La glace, l'eau liquide et la vapeur

La **glace** (le verglas, le givre, les glaciers), sous sa forme solide, est l'état le plus yin que l'eau puisse présenter.

La **vapeur** est l'état le plus yang, car l'eau, sous l'effet de la sublimation ou de l'évaporation, perd sa densité et devient un gaz invisible.

En suivant cette logique, on peut déduire que **l'eau sous sa forme liquide** (la pluie, les nuages et le brouillard) est plus yang que la glace, mais plus yin que la vapeur.

Une rue et une autoroute

Si l'on prend comme point de référence le flux automobile, une autoroute sera plus yang qu'une route nationale, qui sera également plus yang qu'une route de campagne. En revanche, la présence d'un bouchon qui ralentit la circulation rend le flux densifié et donc yin.

Un quartier d'affaires et un quartier résidentiel

Un quartier d'affaires sera considéré comme plus dynamique, donc plus yang qu'un quartier résidentiel calme.

En revanche, à certaines heures de la journée, et en prenant en compte l'activité humaine et automobile, le quartier résidentiel connaîtra des moments plus yang. La présence d'activités économiques et marchandes pourra également classer certaines de ses zones comme plus actives, donc yang.

Il est aussi nécessaire de tenir compte des caractéristiques de l'environnement, de la présence de relief et d'eau pour bien qualifier un site de yin ou yang.

La tombe et la maison

La construction réservée aux défunts sera yin, à la différence d'une maison habitée par des êtres vivants. À ce propos, il existe un feng shui funéraire destiné à veiller au bon emplacement et à la bonne orientation des tombes, que l'on appelle « feng shui yin ». Le « feng shui yang » concerne les habitations des vivants.

Les pièces d'une maison

Une habitation peut être divisée en pièces yin ou yang en tenant compte de leurs fonctions et de leur caractère « actif ou passif ». Par exemple, une chambre destinée au repos sera considérée comme yin, mais une pièce de réception, une cuisine ou un bureau où l'on pratique des activités seront yang.

Sont considérées comme yang les zones de circulation et de communication avec l'extérieur (fenêtres, portes, baies vitrées, foyers...) ; les murs et les pièces sans fenêtre seront considérés comme yin.

La réunion du yin et du yang doit former un équilibre pour que l'un n'excède pas l'autre : trop de yin peut amener le repli sur soi et la dépression ; trop de yang de l'hypertension. Couleurs, formes et objets permettent de dynamiser le *chi* ou, au contraire, de le ralentir.

Différents points de référence sont utilisés en feng shui pour déterminer la qualité énergétique d'une pièce. En voici trois, par exemple :

- **Le type d'action humaine :**
  - dynamique, physique ou mentale générant des mouvements, la présence de bruit... ;
  - passive, visant au repos ou à la détente.

- **La quantité de lumière :**
  - la part de lumière naturelle par rapport à la lumière artificielle ;
  - la part de lumière par rapport à l'ombre.

- **L'activité extérieure devant les ouvertures :** bloquée par la présence d'un mur devant les ouvertures, le calme d'un jardin, le bon *chi* d'un parc, etc., ou dynamisée par une rue passante, etc.

CHAPITRE 5

LE *BAGUA* (LES HUIT TRIGRAMMES)

Le ***bagua*** est une figure essentielle sans laquelle il n'y aurait pas de pratique du feng shui, ni d'ailleurs d'autres arts traditionnels chinois. Il faut donc la connaître et bien la maîtriser.

Elle est composée de **huit trigrammes** (*ba* signifie « huit » et *gua* renvoie aux caractères divinatoires gravés sur les carapaces de tortue à l'époque des Shang (voir p. 67).

BAGUA, TRIGRAMMES ET *YAO*

À l'origine de ces trigrammes, on trouve le couple yin et yang qui participe, dans la cosmogonie taoïste, à la création du monde (voir p. 57), à son dynamisme, ses cycles changeants et sa multiplicité.

Les huit trigrammes décrivent les huit types de forces adoptées par le *chi* dans la nature. Construit sur le principe de la trinité cosmique **Terre-Homme-Ciel**, chaque trigramme est composé de trois traits (les *yaos*) superposés, qui se lisent de bas en haut.

Dans un trigramme, le yang est représenté par un trait plein et continu (▬▬▬), le yin par un trait brisé par du vide (▬ ▬).

- Le trait inférieur correspond de la Terre.
- Le trait médian correspond à l'Homme.
- Le trait supérieur correspond au Ciel.

Une lecture dynamique

Ces traits se lisent comme s'ils étaient en mouvement :

- le trait yang s'étire jusqu'à son maximum dans un mouvement centrifuge (du centre vers l'extérieur) ;
- les deux traits yin se rapprochent l'un de l'autre dans un mouvement centripète, un peu comme le feraient les deux pans d'une porte coulissante.

Huit combinaisons de trigrammes qui alternent trait yang et trait yin sont possibles : elles traduisent le mouvement perpétuel dans l'univers et décrivent l'ensemble de notre monde changeant composé à la fois de yin et de yang. Ce sont huit forces particulières.

- **Au sommet** : la figure du *taiji* qui réunit le yin et le yang.
- **Au second niveau** : le couple yin/yang se sépare, pour former à gauche les trigrammes découlant du yang et à droite ceux découlant du yin.
- **Au troisième niveau** : en ajoutant un trait yang ou un trait yin, les quatre « aspects » apparaissent.
- **Au quatrième niveau** : suivant la même logique d'ajout d'un trait yang ou yin, les huit trigrammes sont figurés, qui ont été associés aux huit directions cardinales, mais également aux membres de la famille et aux chiffres du *loshu*. Qian, qui est composé de 3 traits yang, est l'expression la plus yang et incarne le père et le nord-ouest. Kun, composé de 3 traits yin, est l'expression la plus yin et représente la mère et le sud-ouest.

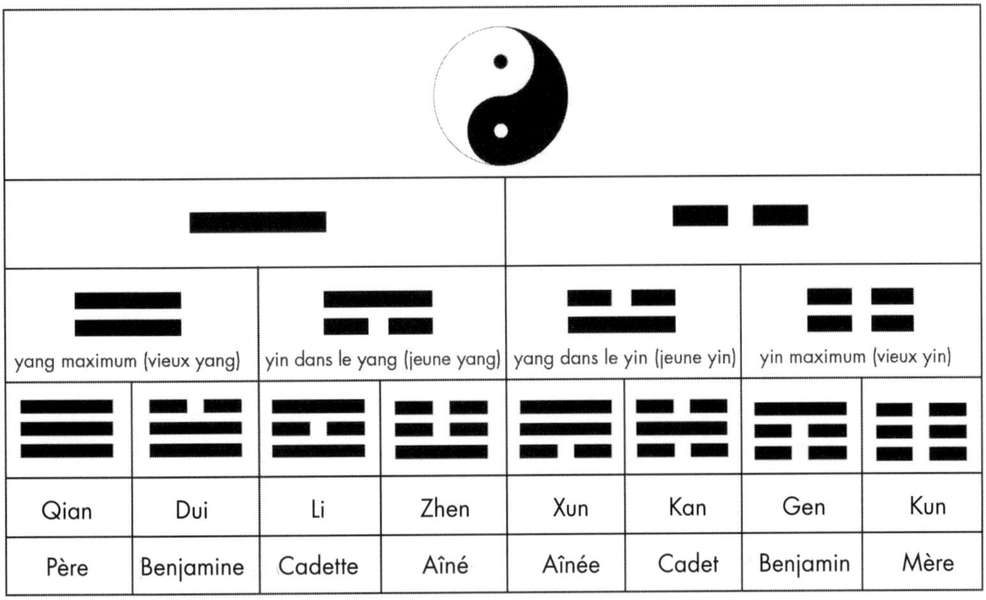

Du *taiji* naissent les huit trigrammes.

Détournement par simplification

Cet outil a été détourné par le feng shui « pop » qui a associé à chaque trigramme une « aspiration » :

- Sud : la renommée.
- Sud-ouest : le couple.
- Ouest : les projets, les enfants.
- Nord-ouest : la chance, les mentors.
- Nord : la carrière.
- Nord-est : la connaissance, le savoir.
- Est : la santé, les ancêtres.
- Sud-est : la richesse.

Cette méthode n'est pas utilisée dans ce livre car elle n'est validée par aucune source chinoise authentique.

Les trigrammes ont-ils un sexe ?

Comme chaque trigramme représente un membre de la famille, il est soit féminin, soit masculin.

Pour déterminer son sexe, rien de plus facile : il suffit d'utiliser le principe du calcul binaire en effectuant un total après avoir remplacé le trait yang par 1 et le trait yin par 0. Un résultat pair indique le féminin, un résultat impair indique le masculin.

Par exemple : Qian : 1 + 1 + 1 = 3. 3 est impair, donc masculin. Qian correspond au père dans la famille. Li : 1 + 0 + 1 = 2. 2 est pair, donc féminin. Li correspond à la cadette.

TRIGRAMME	NOM CHINOIS	SYSTÈME BINAIRE	NOM FRANÇAIS	MEMBRE FAMILIAL
☰	**Qian**	111	Ciel	père
☱	**Dui**	110	Lac	benjamine
☲	**Li**	101	Feu	cadette
☳	**Zhen**	100	Tonnerre	fils aîné
☷	**Kun**	000	Terre	mère
☶	**Gen**	001	Montagne	benjamin
☵	**Kan**	010	Eau	cadet
☴	**Xun**	011	Vent	fille aînée

DEUX SORTES DE *BAGUA*

Les huit trigrammes sont traditionnellement présentés sous la forme d'un octogone qui réunit la forme du carré et celle du cercle. L'octogone est la synthèse du Ciel (rond) et de la Terre (carrée). Ses huit côtés correspondent aux huit directions cardinales.

Il existe deux manières de disposer les huit trigrammes : la première est le ***bagua* du Ciel antérieur**, qui éclaire sur l'origine des choses (aussi appelé « *xiantian bagua* » ou « *xiantan tu* » dans les livres spécialisés ; la seconde est le ***bagua* du Ciel postérieur**, qui éclaire sur les choses manifestées (également nommé « *houtian bagua* » ou « *houtian tu* »).

Bagua du Ciel antérieur

Le premier arrangement représente l'équilibre et l'harmonie parfaite. Il correspond au monde idéal, au domaine de l'invisible, au Tao indifférencié, là où le mouvement n'existe pas, où tout est « statique », en devenir.

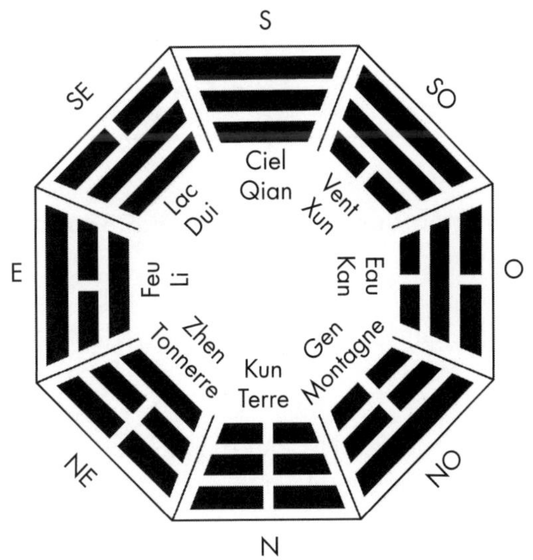

Les trigrammes opposés yang et yin se font donc face de telle manière qu'ils s'annulent.

- **Verticalement :** le trigramme du Ciel (au sud) est disposé face à la Terre (au nord).
- **Horizontalement :** le trigramme du Feu (à l'est) fait face à l'Eau (à l'ouest).
- **Diagonalement :** celui du Tonnerre (au nord-est) est face au Vent (au sud-ouest) ; celui du Lac (au sud-est) fait face à la Montagne (au nord-ouest).

Chaque trigramme a donc son opposé symétrique parfait :

Qian	☰	6	yang	**Kun**	2	☷	yin
Li	☲	9	yin	**Kan**	1	☵	yang
Zhen	☳	3	yang	**Xun**	4	☴	yin
Dui	☱	7	yin	**Gen**	8	☶	yang

Chacun de ces couples exprime une relation d'équilibre parfait et apaisé en incarnant des forces naturelles opposées et complémentaires.

- **L'axe vertical** formé par le couple Ciel/Terre traduit la relation d'équilibre fondamental entre ce qui est en haut et ce qui est en bas.
- **Sur l'axe horizontal**, le Feu et l'Eau ne s'affrontent pas mais incarnent deux éléments puissants qui se complètent.
- **Sur le premier axe diagonal sud-est/nord-ouest**, la Montagne et le Lac entretiennent une relation qui se nourrit : l'eau coule depuis les sommets puis y retourne sous la forme évaporée des nuages.

- **Sur le second axe diagonal nord-est/sud-ouest**, un échange constructif s'établit entre le Tonnerre et le Vent.

Ce *bagua* est davantage utilisé pour le feng shui des tombes, mais aussi en médecine traditionnelle chinoise. Il est à rapprocher du diagramme du *hetu* (voir p. 145).

Bagua du Ciel postérieur

Dans cet arrangement qui date de la dynastie Shang (1600 à 1045 av. J.-C.), les trigrammes sont agencés pour représenter le monde dans lequel nous vivons, avec sa dynamique, ses cycles changeants. À l'opposé du *bagua* du Ciel antérieur, dans lequel les trigrammes sont disposés de manière « statique », le mouvement y est représenté.

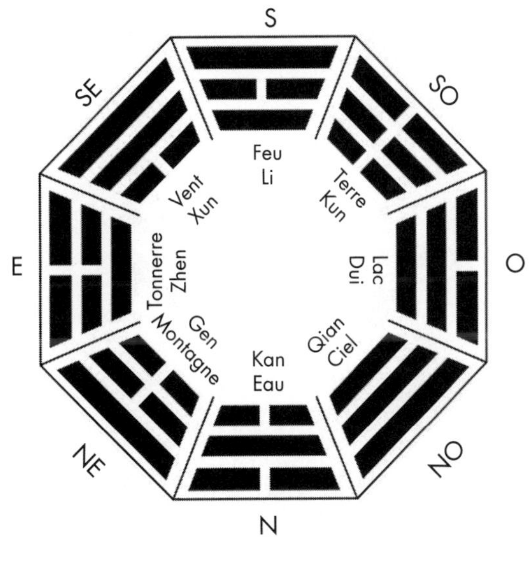

Ce *bagua* est utilisé pour le feng shui yang, celui qui s'occupe de la demeure des vivants. Il est à rapprocher du diagramme du *loshu* (voir p. 149). La disposition des trigrammes ne se fait plus en paire d'opposés, mais elle est en relation avec le temps et l'espace : elle reflète à la fois le mouvement temporel des saisons et l'aspect spatial selon les points cardinaux.

Dans ce *bagua*, les trigrammes s'opposent par leurs éléments :

- **Verticalement** : l'élément Feu (au sud) s'oppose à l'élément Eau (au nord).
- **Horizontalement (à l'est) et diagonalement (au sud-est)** : l'élément Bois s'oppose au Métal à l'ouest et au nord-ouest.
- **Le cinquième et dernier élément, la Terre**, ne s'oppose à rien, puisqu'il représente un axe sud-ouest - nord-est passant par le centre.

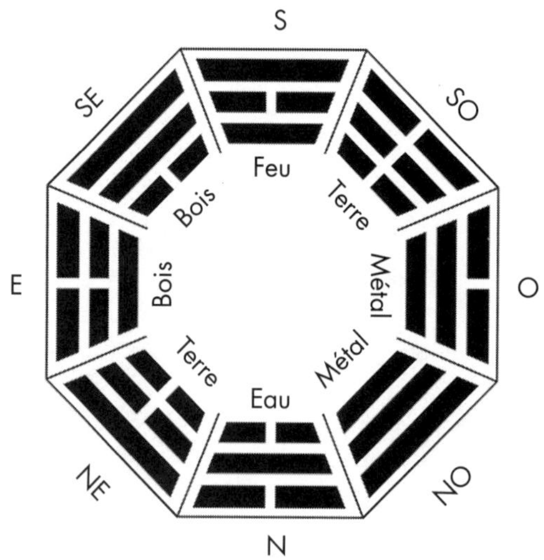

LES HUIT TRIGRAMMES ET LEURS SIGNIFICATIONS

Tous les phénomènes peuvent être représentés par les huit trigrammes, puisque tout est composé de yin et de yang : un point cardinal, un nombre de 1 à 9, une couleur, un membre masculin ou féminin de la famille, une qualité, un âge, un organe ou une partie du corps, une forme de paysage, un trait de la personnalité, etc. Ils sont associés à l'un des cinq éléments (Bois, Feu, Terre, Métal et Eau).

Ces huit trigrammes portent chacun un nom qui les caractérise :

- Qian, le Créateur.
- Kun, le Réceptif.
- Li, le Tenace.
- Kan, l'Insondable.
- Xun, le Gentil.
- Zhen, l'Éveilleur.
- Dui, le Joyeux.
- Gen, l'Immobile.

Chaque trigramme possède une personnalité dotée de plusieurs significations, dues entre autres à la richesse sémantique de l'idéogramme chinois. Il est nécessaire de bien connaître tous les sens pour pratiquer la méthode des Étoiles Volantes, mais également pour faire un tirage de Yi jing (voir p. 115) ou un thème astrologique de *Bazi* (voir p. 387).

Qian

Trigramme le plus yang car les 3 *yao* sont continus. C'est l'idée qui féconde et la force qui protège.

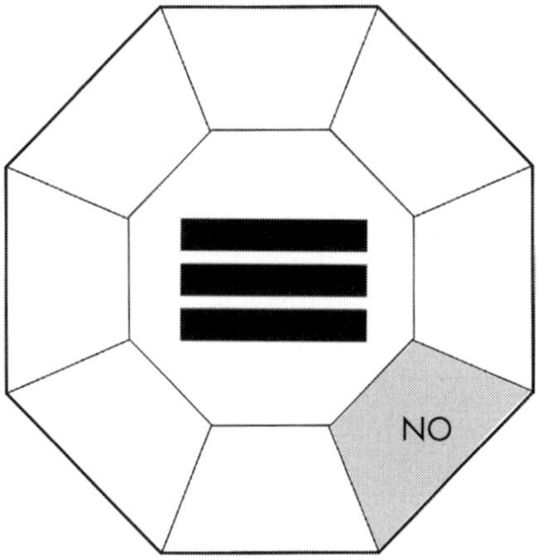

Qian

Élément	Métal
Nom	Le Ciel, le Créateur
Direction	Nord-ouest (292,6° à 337,5°) et sud (Ciel antérieur)
Nombre	6 (*loshu*)
Membre de la famille	Le père, l'homme âgé (aspect référent et protecteur)
Âge	Plus de 60 ans
Organe et entrailles	Les poumons
Corps	La tête, les os
Couleur	Les couleurs vives (vermillon)
Personnage social	Le leader dans la société, une célébrité, un militaire, un président, un roi, un PDG, un gouvernant, la fonction officielle…
Animal	Le cheval, le lion, l'éléphant
Qualité	La force, la loyauté, le développement de la prospérité, l'activité, le pouvoir, la fermeté…
Activité	Le gouvernement, l'administration, le management
Autres	Le temps, l'esprit, les sphères célestes, les objets ronds, la glace, le jade, les capitales, les points touristiques, les montagnes, les endroits haut perchés…

Kun

Le trigramme le plus yin car les 3 *yao* sont interrompus. C'est l'amour à l'état pur, qui nourrit, prend soin et permet de se construire.

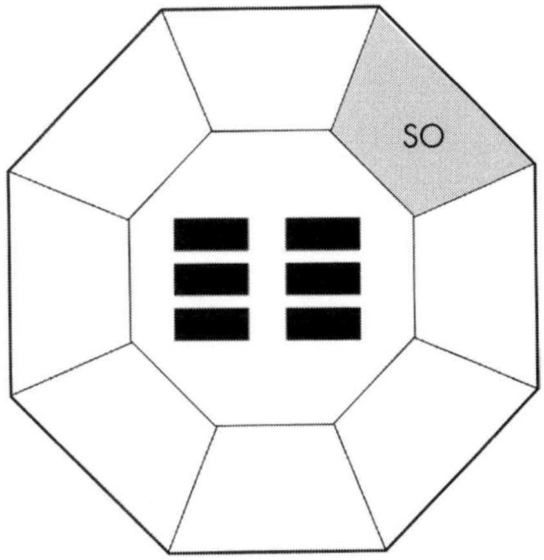

Kun

Élément	Terre
Nom	La Terre, le Réceptif
Direction	Sud-ouest (202,6° à 247,5°) et nord (Ciel antérieur)
Nombre	2 (*loshu*)
Membre de la famille	La mère, la femme âgée (aspect maternel et nourricier)
Âge	Plus + de 60 ans
Organe et entrailles	L'estomac, la rate
Corps	Le ventre, la chair
Couleur	Jaune, noir, couleur de limon
Personnage social	La reine, l'agriculteur, le fermier, la multitude, une personne en surpoids…
Animal	La vache, le troupeau, les animaux en général
Qualité	L'honnêteté, la générosité, la réceptivité, la douceur, la souplesse, la dévotion, la stabilité, la fécondité, la fertilité, la force de concrétisation et de réalisation…
Activité	L'agriculture, l'immobilier, la médecine, le consulting, le service d'aide
Autres	La forme carrée, l'espace, le corps et la matière…

Li

Le trait yin au centre des deux traits yang fait penser au crabe doté d'une carapace solide et rouge qui protège une chair fragile.

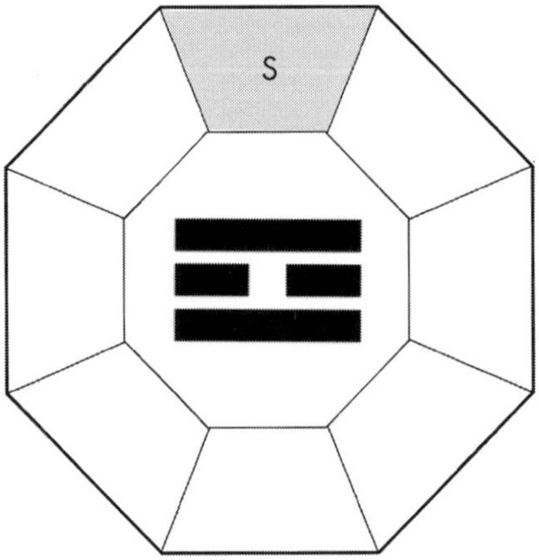

Li

Élément	Feu
Nom	Le Feu, le Tenace
Direction	Sud (157,6° à 202,5°) et est (Ciel antérieur)
Nombre	9 (*loshu*)
Membre de la famille	La fille cadette
Âge	30-45 ans, une jeune femme
Organe et entrailles	Le cœur, les yeux
Corps	Le système cardiovasculaire
Couleur	Violet, rouge, les couleurs solaires
Personnage social	Étudiant, sage, personne ventrue
Animal	L'oiseau, le phénix, le homard, un mollusque
Qualité	Lumineux, collant, liant, solaire, attirant, flambant, pimpant, réputé, studieux, poli, brillant, visible (au premier plan, dans la lumière), l'intelligence, la beauté, le dynamisme, la joie, l'envie, le feu intérieur, la vision claire, la pensée lumineuse, l'aveuglement…
Activité	Le journalisme, la décoration, l'écriture, la culture, les arts et les arts scéniques, la profession administrative
Autres	Le soleil, l'arc-en-ciel, la chaleur, la sécheresse…

Kan

Le trait yang à l'intérieur des deux traits yin indique une force intérieure sous le calme et la légèreté apparente.

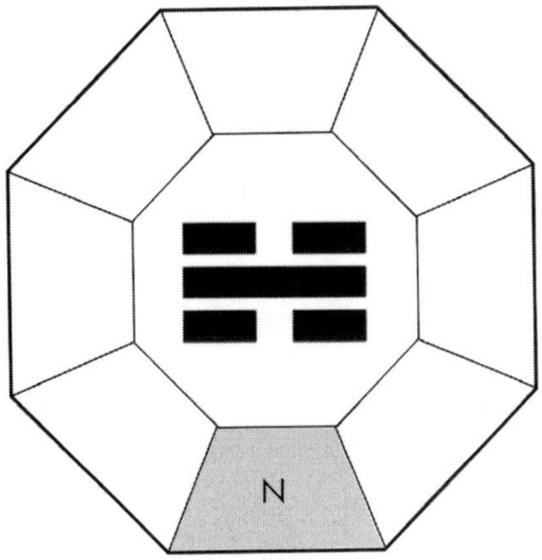

Kan

Élément	Eau
Nom	L'Eau, l'Insondable
Direction	Nord (337,6° à 22,5°) et ouest (Ciel antérieur)
Nombre	1 (*loshu*)
Membre de la famille	Le fils cadet
Âge	30-45 ans, jeune homme
Organe et entrailles	Reins, vessie
Corps	Oreille
Couleur	Noir, couleurs sombres et profondes
Personnage social	Un marin, un maître-nageur, un bandit…
Animal	Le cochon, le poisson
Qualité	Secret (aspect dissimulé), réfléchi, rusé (manipulateur), mystérieux, sage (aspect lié au savoir), l'astuce, la puissance mentale, la profondeur, les ressources cachées, la force vitale innée, les aspects incontrôlables, le dépassement, la folie, l'errance physique, la déprime…
Activité	Intellectuelle, scientifique, aquatique
Autre	L'aspect lunaire…

Zhen

Le vide au milieu des deux traits yin est la marque de la foudre qui traverse le Ciel jusqu'à la Terre, ou celle du Dragon qui monte depuis la Terre vers le Ciel.

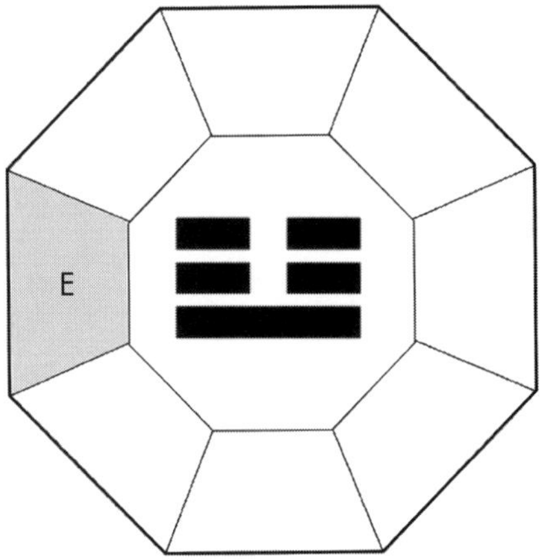

Zhen

Élément	Bois
Nom	Le Tonnerre, l'Éveilleur
Direction	Est (67,6° à 112,5°) et nord-est (Ciel antérieur)
Nombre	3 (*loshu*)
Membre de la famille	Le fils aîné
Âge	45-60 ans, un homme d'âge moyen à mur, un héritier
Organe et entrailles	Le foie, la vésicule biliaire
Corps	Le pied, la jambe
Couleur	Vert, jade
Personnage social	Un homme grand, un manager, un mentor, un supérieur au travail…
Animal	Le dragon, le serpent
Qualité	Le pragmatisme, le dynamisme, une décision rapide, le mouvement, l'impulsivité, une prise de conscience rapide (penser à la foudre qui ne prévient pas et qui fait peur), l'élan instillé depuis l'extérieur, une mise en branle, un réveil printanier…
Activité	Les arts, la musique, le cinéma, l'électricité, le travail du bois, l'aviation…
Autres	Le bruit, le chant, la forêt…

Xun

L'aspect yin (le trait brisé) est réservé au niveau de la Terre, il exprime les changements constants que l'on ne peut saisir.

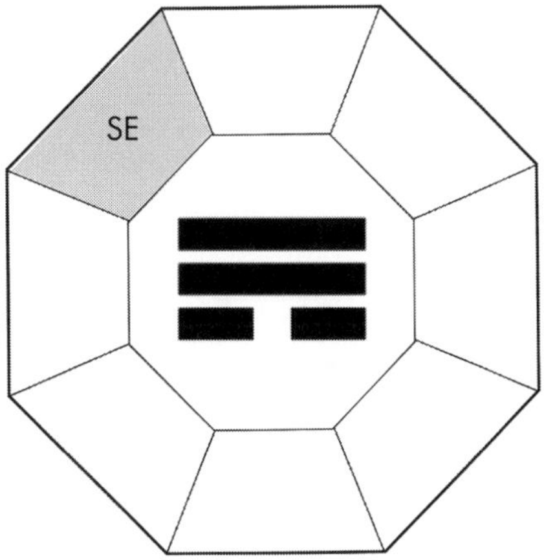

Xun

Élément	Bois
Nom	Le Vent, le Doux, le Gentil
Direction	Sud-est (112,5° à 157,5°) et sud-ouest (Ciel antérieur)
Nombre	4 (*loshu*)
Membre de la famille	La fille aînée
Âge	45-60 ans, une femme d'âge moyen à mur
Organe et entrailles	Le foie, la vésicule biliaire
Corps	Les cuisses, les cheveux
Couleur	Vert, bleu
Personnage social	Une veuve, une personne solitaire, une religieuse, un étudiant…
Animal	Le coq, un oiseau
Qualité	La sociabilité, qui aime bouger, la souplesse, l'indécision, la lenteur et la douceur dans la mise en action, l'aspect insidieux, pénétrant et inexorable comme le vent, aspect lucratif…
Activité	L'édition, la littérature, le mobilier, le voyage
Autres	Le vent, la respiration, un ventilateur, les cheveux…

Gen

Le dernier trait en haut est yang : c'est le niveau culminant qui fait penser au sommet de la montagne, le point le plus haut de la Terre et le plus près du Ciel, le point à atteindre pour le sage taoïste. Entre Terre et Ciel, au-dessus des nuages…

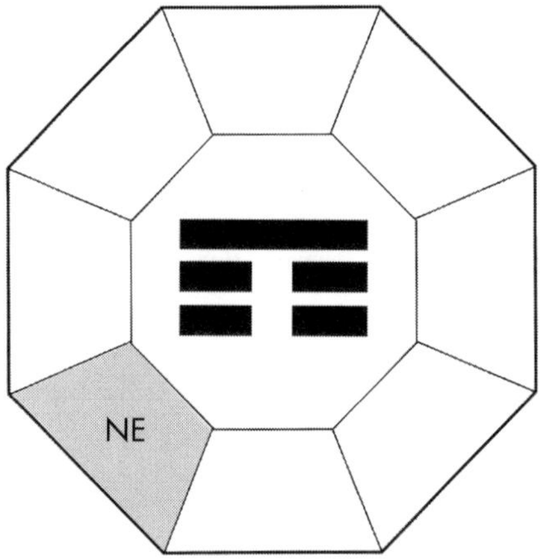

Gen

Élément	Terre
Nom	La Montagne, l'Immobile
Direction	Nord-est (22,6° à 67,5°) et nord-ouest (Ciel antérieur)
Nombre	8 (*loshu*)
Membre de la famille	Le fils benjamin
Âge	Jusqu'à 15 ans, un jeune garçon
Organe et entrailles	Le nez
Corps	Le doigt, la jambe, les os, la colonne vertébrale
Couleur	Jaune
Personnage social	Un jeune homme, un célibataire, un ermite, un moine, un chercheur…
Animal	Le chien
Qualité	Indépendant, méthodique, calme, la stabilité, l'immobilité, l'enracinement, la fiabilité, l'immortalité, la connaissance, la force tranquille (se tenir droit), le point de référence, le développement intérieur, la sagesse…
Activité	L'immobilier, l'architecture, la banque, les arts plastiques
Autres	L'inactivité, le repli, l'asociabilité, les pierres, ce qui est relatif à la montagne…

Dui

Le trait yin au dernier niveau forme un creux que la pluie du ciel vient remplir pour former un lac, mais cette eau ne pénètre pas en profondeur, elle reste en surface.

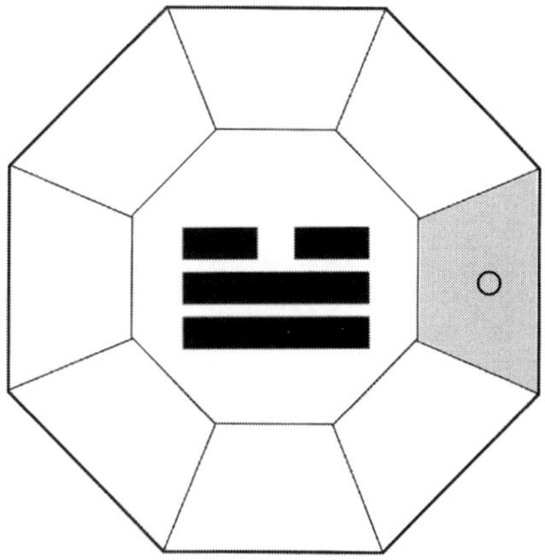

Dui

Élément	Métal
Nom	Le Lac, le Marais, le Joyeux
Direction	Ouest (247,6° à 292,5°) et sud-est (ciel antérieur)
Nombre	7 (*loshu*)
Membre de la famille	La fille benjamine, la plus petite
Âge	Jusqu'à 15 ans, jeune fille, étudiante
Organe	Les poumons, la bouche
Corps et entrailles	La langue, les intestins
Couleur	Blanc
Personnage social	Un chanteur, un acteur, un voyant, un sorcier…
Animal	La chèvre, les animaux des marais
Qualité	L'intuition, l'enthousiasme communicatif, le bavardage, l'élégance extérieure, la sociabilité, la communication facile, les ragots (parole mauvaise et déplacée), la joie, la légèreté, la créativité, l'esprit têtu…
Activité	La communication, la publicité, les relations publiques
Autres	Les disputes, les objets cassés, un bijou, l'énergie morte

CHAPITRE 6

LE *LIVRE DES MUTATIONS* (*YI JING*)

Le Yi jing (également orthographié Yi king et Yi ching) est un art divinatoire qui tire son nom du *Yi Jing* ou *Livre des Mutations*, le traité probablement le plus ancien de la bibliothèque chinoise, puisque ses origines remonteraient à la plus haute Antiquité.

Le *Yi Jing* est un livre culte fondamental, dans lequel ont puisé tous les grands penseurs et intellectuels de la civilisation chinoise. À la fois manuel destiné à la divination et recueil de textes philosophiques d'une grande homogénéité, ce livre a intéressé autant les intellectuels, qui l'ont étudié et commenté, que les chefs d'État chinois de tous les temps, qui y ont trouvé une source intarissable de réponses à leurs questionnements personnels et politiques.

Partant du principe que rien n'est fixe et que tout est mû par une dynamique, le *Yi Jing* est une clef pour comprendre les mouvements de l'univers et leurs interactions avec la vie humaine. Il intéresse tout un chacun à plus d'un titre, ce qui en fait un ouvrage à portée universelle, un véritable livre de vie.

Les classiques

Le *Yi Jing* est appelé également ***Zhou yi*** (« changements de Zhou »), en référence à l'époque de son écriture, sous la dynastie Zhou (1045 à 246 av. J.-C.).

Il fait partie des ***Cinq classiques confucéens*** de l'époque des Han (IIe siècle av. J.-C.) avec *Le Classique des vers (Shi jing)*, *Le Classique des documents (Shu jing)*, *Les Annales des printemps et automnes (Chun qiu)*, *Le Classique des rites (Li jing)*. Il existait un sixième classique perdu : *Le Classique de la musique (Yue jing)*.

HISTORIQUE

L'origine du Yi jing remonte aux divinations effectuées à l'époque des Shang (1600 à 1045 av. J.-C.) à partir des craquelures sur les carapaces de tortue appelées « *gua* », nom qui sera donné aux hexagrammes et aux huit trigrammes (*bagua*) et qui contient cette information oraculaire. À l'époque de la dynastie suivante des Zhou, le tirage divinatoire s'effectuera avec des tiges d'achillée, une herbacée.

L'ensemble des interprétations divinatoires seront classées et archivées dans *Le Classique du Yi Jing* ou *Livre des mutations*.

Trigrammes et hexagrammes

Un **trigramme** est une figure composée de trois traits yin ou yang. Il en existe huit appelés *bagua* (voir p. 97). Cette série est associée aux points cardinaux, aux phénomènes naturels, aux relations familiales, aux catégories sociales, aux qualités, etc.

Un **hexagramme** symbolise un état et ses transitions possibles. Il est composé de la superposition de 2 trigrammes, soit de 6 traits : il existe donc 64 combinaisons possibles (8 × 8). Chacun des trigrammes étant porteur d'informations diverses, la superposition de deux trigrammes permet d'obtenir des possibilités infinies pour interpréter la réalité. C'est cette richesse interprétative de l'hexagramme qui donne à l'art divinatoire du Yi jing toute sa profondeur. Les 64 hexagrammes sont censés contenir toutes les réponses sur le monde, ses forces et ses lois.

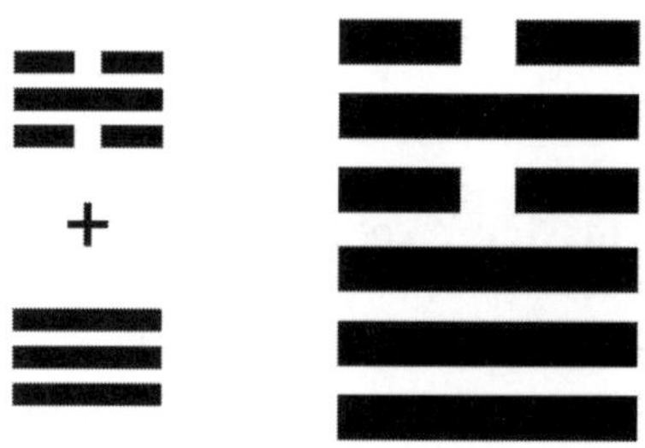

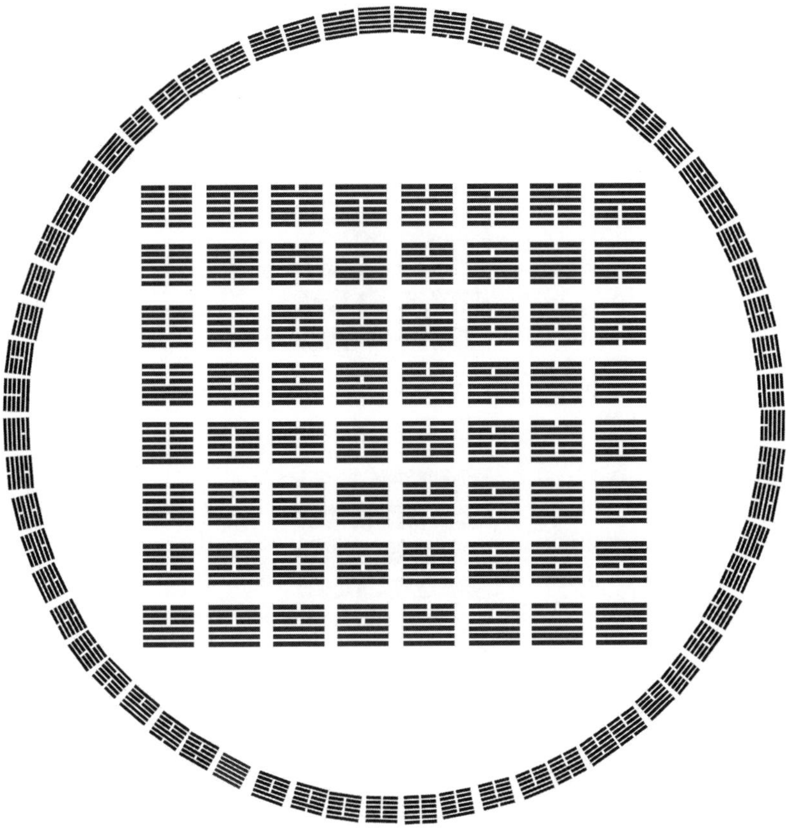

La présentation des 64 hexagrammes fait référence à la dimension cosmologique, le carré représentant la terre et le cercle le ciel.

La légende historique établit quatre étapes d'élaboration du texte du *Yi Jing* à partir de l'invention des huit trigrammes par **Fuxi**, découvreur également de la figure du *loshu*, inventeur de la chasse, de la pêche et de la cuisson (voir p. 23).

- Les hexagrammes composés à partir des trigrammes sont attribués à **Yu le Grand**, fondateur des Xia (2205 à 1766 av. J.-C.). Les 64 hexagrammes sont réunis dans le premier livre du *Yi Jing*, le *Lian shan* (« succession de montagnes »). Il débutait par l'hexagramme **Gen** (la Montagne) :

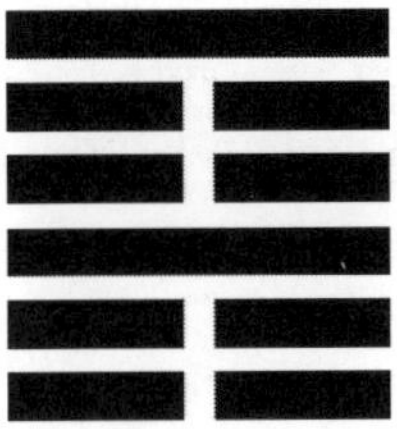

- Sous la dynastie **Shang** (1766 à 1150 av. J.-C.), un second livre des mutations, le *Gui cang* (« canon du retour »), débutait par l'hexagramme **Kun** (la Terre) :

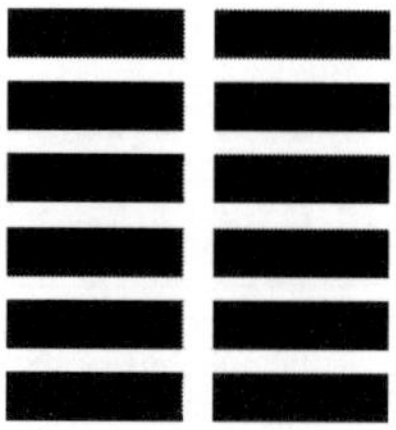

- Le **roi Wen des Zhou** (1150 à 750 av. J.-C.) modifia le classement des hexagrammes en le faisant commencer par **Qian** (le Ciel) :

À cette époque, chaque hexagramme était accompagné ligne par ligne d'une explication (les *guaci*) et de sentences (les *yaoci*), qui seraient l'œuvre du duc de Zhou, le fils du roi Wen. C'est cette version du *Yi Jing* qui a subsisté jusqu'à nos jours, les deux autres ayant disparu.

- Enfin, à l'époque des Printemps et Automnes, **Confucius** (de son vrai nom Gongzi) y ajouta ses commentaires à caractère moral, les 10 ailes (*shiyi*). Au cours des siècles suivants, le *Yi Jing* fit l'objet de nombreux ajouts. Les commentaires permettent d'éclairer le texte, écrit dans un langage parfois difficile à décrypter.

La logique mystérieuse des hexagrammes

C'est le philosophe et mathématicien allemand Leibnitz (1646-1746) qui établit pour la première fois le parallèle entre le système binaire et les hexagrammes du *Yi Jing*, alors qu'il entretenait une correspondance épistolaire avec le père jésuite Joachim Bouvet, en mission en Chine. Il contribua au développement du Yi jing en Occident.

→

Le mystère qui entoure les 64 hexagrammes a fait couler beaucoup d'encre, car ils trouvent de nombreux domaines d'application scientifiques, comme les 64 séquences génétiques de l'ADN (les 64 codons).

UN OUVRAGE QUI PARLE DE LA VIE

Le titre évoque un principe structurant de l'univers : la transformation progressive et naturelle de tout ce qui nous entoure selon le mécanisme d'alternance du yin et du yang.

Chaque hexagramme représente une situation ayant un potentiel énergétique. Le trigramme du dessus est yang : il correspond à ce qui est visible et extérieur, tandis que le trigramme du dessous est yin, il correspond à ce qui est intérieur et caché.

Ainsi, l'hexagramme **Qian** qui ouvre le *Yi Jing* est composé du double trigramme Qian, le Ciel en haut et en bas[6].

Un premier texte poétique décrit chacune des 6 lignes de l'hexagramme.

L'hexagramme représente le **yang suprême** (6 traits yang), c'est le **Ciel** et la **puissance de l'impulsion créative**, le **dynamisme** : la semence qui va fertiliser, l'idée, le concept qui va se réaliser grâce à la convergence des forces. C'est pour cela qu'il est incarné par le **Dragon** dont l'image est utilisée tout au long du texte et dont il faut imiter le comportement lorsque cet hexagramme est tiré.

6. Il existe plusieurs interprétations des hexagrammes (voir bibliographie). Celle présentée ici est inspirée du *Yi jing* selon Cyrille J.-D. Javary et Pierre Faure.

Il signifie qu'il faut faire preuve d'initiative, que le moment est favorable pour agir avec constance sans lâcher prise. Attention : il est indiqué que l'action doit avoir lieu après avoir regroupé toutes ses forces.

- C'est le sens de la **première ligne** de l'hexagramme en partant du bas qui est complétée par ce texte :

« Au début un neuf
Dragon tapi dans l'onde
Ne pas agir »

(en chinois : *Qian long, wu yong*)

Le Dragon quitte les profondeurs aquatiques pour le sol. Chaque ligne décrit ensuite la montée du Dragon vers le Ciel et donne des conseils concernant la conduite à tenir en fonction de la problématique :

- **Ligne 2 :** prendre conseil auprès de quelqu'un pour prendre du recul.

- **Ligne 3 :** agir avec le bon comportement, sans imposer ni hésiter.

- **Ligne 4 :** une dernière hésitation survient avant d'agir ? C'est le moment de franchir le pas.

- **Ligne 5 :** le cinquième se trouve au milieu du trigramme du haut, c'est-à-dire que le Dragon a presque atteint le Ciel, le point le plus élevé. Il faut prendre encore du recul en demandant conseil.

- **Ligne 6 :** la dernière ligne, qui entraîne un renversement de la situation due à une trop grande fermeté. Il s'agit de reconnaître que les limites ont été dépassées et d'accepter que les choses vont changer car rien n'est immuable : après le yang vient le yin… La situation demande une nouvelle attitude.

L'INTELLIGENCE DU YI JING : L'ATTITUDE JUSTE POUR S'ADAPTER AUX CHANGEMENTS

S'il est bien question de « divination », qui signifie, au sens chinois, calcul et probabilité, il n'est pas question de médiumnité ou de voyance au sens occidental.

Le Yi jing est un art qui nous relie à nous-mêmes et à ce qui est juste en nous. Il nous propose d'analyser la situation sous différents angles en faisant preuve d'analyse et en reformulant le problème. Il permet de trouver le comportement à adopter par rapport à une décision à prendre ou un événement que l'on vit et qui pose question.

L'hexagramme tiré ne révèle pas de manière péremptoire ce qu'il adviendra, mais il traduit une situation transitoire qui évolue dans le temps en fonction de moments plus ou moins favorables : l'hexagramme contient une analyse du contexte présent qui contient en germe le futur, et il dessine, parmi les différents chemins qui s'offrent à nous, la meilleure attitude à adopter pour passer à la prochaine étape.

FONCTIONNEMENT

Avant tout tirage, il convient d'être apaisé intérieurement et de se poser la bonne question dans une formulation claire et précise.

La méthode de tirage

Pour composer un hexagramme, le principe est simple : il s'agit de faire des tirages qui permettent d'obtenir un nombre pair ou impair, six fois de suite, pour les transcrire en six traits superposés yang (plein) ou yin (brisé). N'importe quel support peut être utilisé ; cependant, les plus courants sont les tiges d'achillée, les pièces de monnaie, les cartes ou les grains de riz…

Les 50 tiges d'achillée utilisées traditionnellement pour la circonstance peuvent être remplacées par 50 tiges de bambou ou de bois. Nous n'aborderons pas cette technique de tirage dont l'application nécessite plus de temps – temps qui est nécessaire pour pouvoir faire le vide dans sa tête et entrer plus facilement en méditation.

Cette méthode que vous pourrez retrouver dans des ouvrages ou sur des vidéos peut être remplacée par les trois méthodes suivantes, plus rapides mais tout aussi efficaces.

La méthode des *qian*

Les *qian* sont des tiges de bambou sur lesquelles sont gravés les trigrammes. Il suffit d'en tirer deux pour composer un hexagramme. Le premier tiré est le trigramme du bas ; le second, celui du haut. Il ne reste plus ensuite qu'à interpréter le résultat.

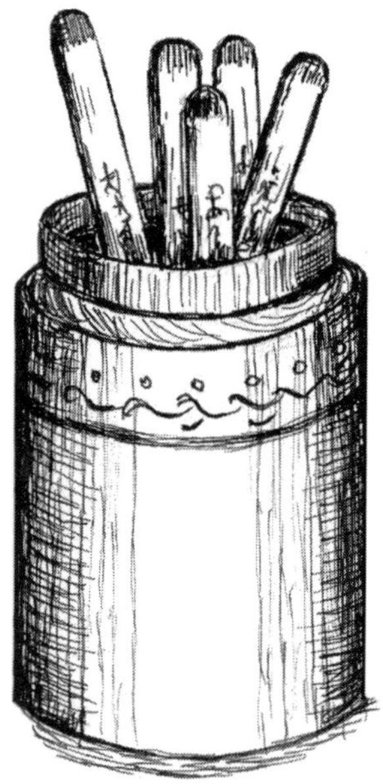

La méthode des pièces

- Munissez-vous de trois pièces. Le côté pile de la pièce vaut 2, est pair : il équivaut au trait yin. Le côté face vaut 3, est impair : il équivaut au trait yang.

- Lancez les 3 pièces comme des dés, transcrivez les résultats dans leur valeur numérique et additionnez. Le tirage donne forcément 6, 7, 8 ou 9.

- 6 et 8 sont yin et sont traduits par un trait yin. Inversement, 7 et 9 sont yang et sont traduits par un trait yang.

- Notez le résultat et recommencez 6 fois de suite jusqu'à l'obtention de l'hexagramme complet.

- Vous obtenez ainsi six traits yin ou yang qui s'écrivent de bas en haut.

- Il suffit ensuite de relever le numéro de l'hexagramme dans le tableau des 64 hexagrammes, puis de consulter les différents commentaires (l'appréciation globale de la figure et l'attitude à adopter) à l'aide des ouvrages de Wilhelm ou de Javary (voir bibliographie).

- L'hexagramme original révèle souvent un hexagramme caché appelé « mutant ». Dans ce dernier, une des six lignes change de polarité : une ligne yang devient yin ou *vice versa*. Les manuels indiquent où elle se trouve et renvoient à l'hexagramme « mutant » correspondant.

Par convention, les chiffres 6 et 9 sont dits « mutants », tandis que les chiffres 7 et 8 donnent des traits « stables ».

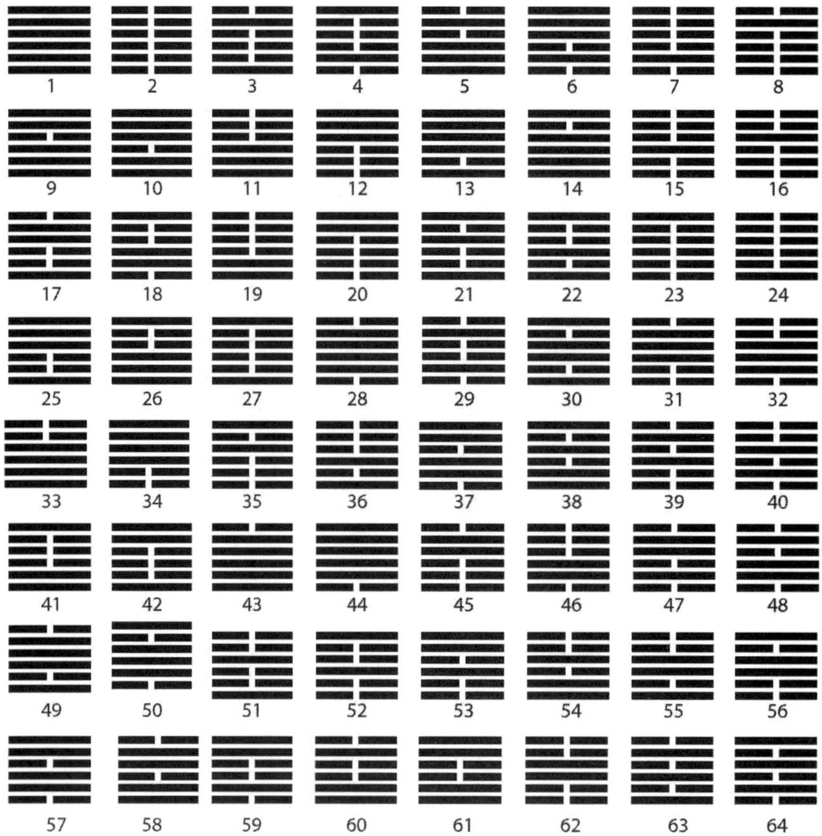

Les hexagrammes classés de 1 à 64.

La méthode des cartes selon Marip

L'institut Marip propose une méthode de tirage à partir de 64 cartes représentant chacune un hexagramme. Les informations essentielles y sont notées et peuvent être complétées par un petit livret explicatif.

Il suffit de battre le jeu de cartes en posant sa question intérieurement ou de vive voix, puis de tirer une carte.

Les questions peuvent être très simples (où ai-je perdu mes clés ?) ou plus complexes (dois-je déménager cette année ? ce travail m'apportera-t-il une évolution d'ici deux ans ?).

La carte présente la situation ainsi que des informations pratiques et techniques qui permettent de se reporter à différents types d'interprétation en fonction de la question posée et de son niveau de difficultés.

- L'**hexagramme générateur** explique le pourquoi de la situation.
- L'**hexagramme nucléaire** révèle ce qui est en jeu, c'est le sens « caché » de la situation.
- L'**hexagramme permuté** propose un autre angle de vue qui permet une prise de recul, une mise à distance nécessaire pour s'ouvrir une autre perspective.
- L'**hexagramme opposé** nous met en garde sur l'attitude à éviter.

Dans le petit livret sont fournies des informations essentielles sur des domaines particuliers : professionnel, santé, relationnel, études et voyages.

CHAPITRE 7

LES CINQ ÉLÉMENTS

Après avoir observé la nature et tous les processus en cours dans l'univers, les penseurs chinois ont répertorié l'ensemble de ses fonctionnements et de ses lois pour les modéliser. Le système le plus connu est sans doute, avec le yin et le yang, celui des cinq éléments, qui permet d'expliquer et d'illustrer toutes les variations des phénomènes naturels.

Bien connaître les qualités des cinq éléments est indispensable dans toutes les méthodes utilisées par le feng shui, notamment celle du *Bazhai* (les Huit Directions, voir p. 297) ou des Étoiles Volantes (voir p. 345).

LA DYNAMIQUE DES CINQ ÉLÉMENTS

L'expression « cinq éléments » est une traduction réductrice du chinois *wuxing*, qui la rend plus compréhensible pour un Occidental mais qui passe à côté de sa signification et induit le risque de le comparer à tort aux quatre éléments du philosophe grec Empédocle (l'air, l'eau, le feu et la terre), qui ne renvoient pas au même référentiel[7]. En réalité, il faudrait plutôt employer les termes de « phases »[8], de « transformations » ou d'« agents », qui rendent mieux compte de la dynamique en jeu, du mouvement et du souffle : l'énergie est un flux en mouvement continuel qui s'accélère, se ralentit, se densifie, se sépare, monte ou descend, un peu à l'image du cycle des saisons.

Les cinq éléments décrivent les cinq mouvements adoptés par le *chi* : le Feu (*huo*, en chinois), la Terre (*tu*), le Métal (*jin*), l'Eau (*shui*) et le Bois (*mu*) sont choisis comme emblèmes pour leur valeur dynamique, que l'on retrouve d'ailleurs dans leur graphie chinoise (voir p. 129).

7. Les Grecs pensaient que le matière était constituée de ces quatre éléments.

8. Une phase est un processus de changement d'un état de la matière à un autre, par exemple de l'état liquide à l'état solide. Pour la science moderne, il existe quatre états de la matière : solide, liquide, gazeux et plasma.

Les éléments de la tradition occidentale

Les cinq éléments chinois n'ont strictement rien à voir avec les **quatre éléments occidentaux d'Empédocle** qui constituent l'univers, « le feu, l'eau, la terre et l'air », éléments indestructibles auxquels Aristote a rajouté l'éther, force baignant toute vie, cinquième élément plus mystique.

Les éléments dans les autres cultures :

- **Hindouisme et bouddhisme** : air/vent, eau, feu, terre et espace.
- **Japon** : air/vent, eau, feu, terre et ciel.
- **Alchimie médiévale** : air, eau, feu, terre (et soufre, mercure, sel).
- **Babylone** : vent, mer, ciel, terre.

Le *wu* (de *wu xing*) représente le chiffre 5, « image du vide central autour duquel tournent les quatre saisons et s'étendent les quatre Orients, emblèmes de tout ce qui fonctionne de manière vivante » (Cyrille J.-D. Javary, *100 mots pour comprendre le chinois*).

Chacun de ces éléments décrit un type d'énergie doté de propriétés spécifiques **et traduit plus la manière dont le *chi* se transforme que le matériau en lui-même** : par exemple, l'élément du Bois sera mieux représenté par les caractéristiques de vitalité d'une plante ou d'un arbre que par une table composée du matériau bois. Cela impacte, bien entendu, directement les remèdes utilisés en feng shui pour rééquilibrer un espace.

Tout est élément

Le système de classement des cinq éléments est donc très ingénieux pour qualifier un objet, une forme, une couleur, une saison, un paysage, un élément décoratif, une activité, un organe du corps, un point cardinal, une personnalité humaine ou toute autre chose.

Dans le cadre de l'étude de l'environnement par le feng shui, il permettra par exemple de qualifier le *chi* d'une montagne par rapport à sa forme (voir p. 188) : une montagne en forme de plateau sera d'élément Terre, une montagne de forme pointue sera Feu.

Propriétés et caractéristiques des éléments

	TYPE D'ÉNERGIE / ACTIVITÉ / CARACTÉRISTIQUES	MOUVEMENT	FORME	COULEUR	SAISON	ORGANE ET CORPS	SENTIMENT ET ÉMOTIONS
BOIS 木	Développement, **expansion**, initiative, nouveauté, **germination**, vitalité, activité, sexualité, souplesse	Dans toutes les directions	Rectangle vertical	Vert (feuillage), bleu, marron (tronc, racines)	**Le printemps** est la saison de la remontée de l'énergie yang	Foie, vésicule biliaire, tendons	Colère
FEU 火	Chaleur, lumière, rayonnement, élévation, ascension, purification, explosion, apogée, zénith, **intensité au maximum**	Vertical, haut	Triangle vers le haut, pyramide	Solaire, rouge, rose, orange vif, jaune, violet	Le feu domine en **été**, la saison la plus yang	Cœur, sang	Joie
TERRE 土	Stabilité, cadre enveloppant, sécurité, fertilité, **fécondité**, nourrissant, réceptivité, transformation, accueil, **récolte**, vase, sol	Stabilisateur	Carré, rectangle horizontal, forme plate, ramassée	Marron, beige, ocre, couleur de la terre, du limon	**Intersaison** (laps de temps entre les 4 saisons)	Rate, estomac	Stress
MÉTAL 金	Contraction, **concentration**, coagulation, cristallisation, **restriction**	Vers l'intérieur	Cercle, ovale	Blanc, gris, doré, bronze, métallisé	**Automne** : début du cycle yin	Poumons, bouche, peau	Tristesse, spleen, déprime
EAU 水	**Écoulement vers le bas**, fluidité, circulation, **adaptation**, émotions, sentiments, mystère, obscurité, ancestral	Vers le bas ou horizontal	Forme irrégulière	Noir, bleu foncé, couleurs foncées profondes	L'eau domine en **hiver**, saison la plus yin	Reins, os	Peur

LA FICHE D'IDENTITÉ DES ÉLÉMENTS

Le Bois

木

L'idéogramme *mu* représente un arbre qui pousse avec ses racines sous la surface de la terre (représenté par le trait horizontal). C'est l'incarnation de la vie, de la joie et de la croissance !

- Le bois suppose une dynamique d'expansion verticale et horizontale dans le sol et les airs, c'est-à-dire dans toutes les directions, pour capter le soleil et l'eau sans lesquels il ne peut se développer. Son développement est tributaire d'un environnement favorable. L'eau est un élément indispensable à la production de bois.

- Sa croissance est sans limite, libre, centrifuge et conquérante : elle part d'une graine pour exploser vers l'extérieur et coloniser le territoire.

- Le bois porte en lui des qualités de force vitale, de résistance et d'enracinement (stabilité), en même temps que de la souplesse.

- En médecine traditionnelle chinoise, l'organe Bois est le foie (et la vésicule biliaire), qui permet une meilleure circulation du *chi* dans le corps. Un trop plein de *chi* dans le foie peut générer de la colère et de la confusion ou du stress.

Le Feu

火

L'idéogramme *huo* représente une flamme qui s'élève vers le haut avec des étincelles.

- Le feu se caractérise par un mouvement dirigé vers le haut, son principe est une combustion qui produit de la chaleur et de la lumière. Son action est rayonnante comme le soleil.

- Le feu, pour se nourrir et se répandre, a besoin d'un combustible qui l'alimente : le bois. Tout comme l'eau, il doit être maîtrisé (dans un foyer, par exemple).

- Le feu est associé à la joie, au dynamisme. Sa chaleur réunit, réconforte, favorise la communication, motive. Il assainit, purifie et maintient la vie. Il permet à travers les feux d'artifice d'éloigner les mauvais esprits en purifiant l'atmosphère.

- Le feu permet de célébrer : il est utilisé dans de nombreux rituels et sacrifices, et participe aux événements marquants et festifs de la vie, aux cérémonies individuelles et collectives. Il permet d'invoquer les esprits tutélaires et accompagne les célébrations liturgiques.

- Il existe deux types de feu : le feu yang à l'état pur, naturel, provenant de la source solaire, un réservoir d'énergie inépuisable, et de la combustion du bois dans un foyer ; le feu yin, plus doux, provenant d'une bougie.

- Le feu nourrit la passion, la flamme intérieure, il aveugle aussi. Ses flammes peuvent faire disparaître toute vie et le feu peut donc également être destructeur, ainsi que l'exprime ce proverbe : « Le feu est un bon serviteur mais un mauvais maître. »

La Terre

土

L'idéogramme *tu* représente une motte de terre.

- La dynamique de cet élément est fixe, stabilisante et rassurante, à l'image du carré avec ses angles ou de la montagne. C'est aussi une dynamique correspondant aux phases de transition, au moment où les énergies se concentrent entre chaque saison.

- La terre est synonyme de fertilité, de nutrition, de soin et de récolte. Elle transforme : sans la terre, la graine ne peut pas germer ni la plante s'enraciner.

- Elle organise de manière logique et naturelle et permet donc la concrétisation. Selon le principe de la trinité cosmique, Terre-Ciel-Homme (voir p. 53), sa dynamique est opposée à celle du ciel, qui porte les idées, les concepts, initie et crée. Sans la terre, aucune idée ne pourrait être concrétisée. La terre porte la matière.

- Les organes Terre sont l'estomac et la rate, qui permettent la transformation des aliments et la filtration du sang. Les émotions associées sont la confiance en soi et le sentiment d'être en sécurité et d'avancer avec des objectifs clairs, loin du stress et des angoisses.

Le Métal

金

L'idéogramme *jin* contient le caractère de la terre (土), recouvert d'un toit (人),avec des éléments qui sont en transformation à l'intérieur, les minerais (丶丿).

- La dynamique de cet élément est double, tendue à la fois vers la concentration (intériorisation) et la restriction.

- À l'automne, la saison associée au métal, le *chi* des végétaux se replie progressivement vers la racine afin de se préparer aux conditions hivernales : les énergies se regroupent et se concentrent.

- Le métal permet également de trancher, il est porteur de justice et d'équilibre : c'est l'épée du justicier et la balance du juge qui amène la clarté, la décision précise et le cadre légal. Il est également associé à ce qui est militaire, à l'autorité inflexible.

- Les organes Métal sont les poumons, qui permettent par un phénomène de compression d'amener l'air vers l'intérieur du corps. Cet élément est associé à une fonction de conservation.

- Contrairement à ce que l'on peut penser, le Métal n'est pas le plus puissant des éléments : il peut fondre à la chaleur et devenir malléable, mais également se corroder au contact de l'eau.

L'Eau

水

L'idéogramme *shui* représente un courant d'eau central qui se sépare avec des bras.

- Comme le feu, l'eau est un élément très puissant. La dynamique de cet élément est de s'écouler vers le bas (à l'inverse du feu) et de circuler. C'est ce qui la rend vivante : une eau stagnante en feng shui est morte.

- La qualité de l'eau est d'être humide, froide, mobile, fluide, elle s'adapte au relief. Sa faiblesse n'est qu'apparente, ainsi qu'il est écrit dans le *Dao de jing* :

  « Rien n'est plus souple et plus faible que l'eau,
  Mais pour enlever le dur et le fort, rien ne la surpasse
  Et rien ne saurait la remplacer. »[9]

- L'eau est sensible aux différences de température. Elle peut se transformer et adopter les formes liquide, solide ou gazeuse.

- Source de la vie, l'eau peut également faire des ravages. Elle est parfois considérée dans le livre du *Yi Jing* comme un danger. Cet élément, une fois contenu, peut s'accumuler et être exploité.

- En feng shui, l'eau permet de conserver le *chi*.

- En médecine traditionnelle chinoise, l'organe eau est représenté par les reins, dans lesquels est stockée l'énergie vitale dont nous héritons à la naissance et que nous devons préserver au mieux (voir p. 76). Elle incarne aussi notre énergie sexuelle. Enfin, l'eau est liée aux émotions qui peuvent submerger, à la peur également. Elle symbolise notre capacité à nous adapter aux changements.

- L'eau symbolise l'argent, le succès et la richesse. Elle joue un rôle important dans les formules de *san he*, le feng shui de l'environnement : la direction d'où elle vient et celle vers laquelle elle va sont donc inspectées à la loupe.

---

9. *Tao-Tö King*, traduit du chinois par Liou Kia-hway, texte LXXVIII, p. 116.

LES CYCLES DES CINQ ÉLÉMENTS

Nous l'avons vu plus haut, les cinq éléments appelés « phases » sont les cinq formes dynamiques adoptées par le *chi*, représentées par :

- **Le Bois** : dynamique d'expansion.
- **Le Feu** : dynamique d'ascension.
- **La Terre** : dynamique de stabilisation et de transformation.
- **Le Métal** : dynamique de concentration et de restriction.
- **L'Eau** : dynamique de circulation et de déclin.

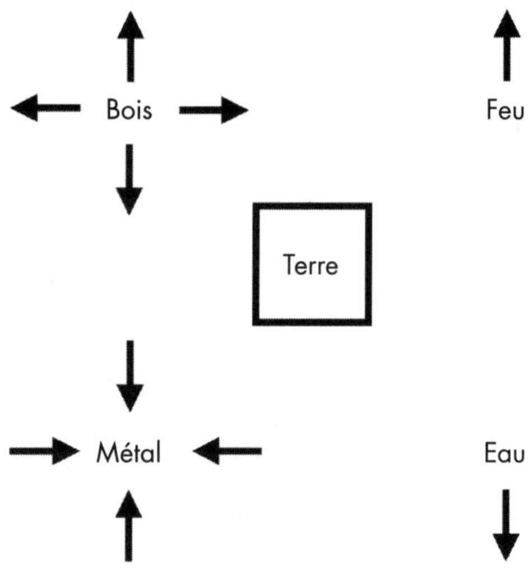

Les cinq éléments interagissent. Leurs interactions, qui **reflètent les lois universelles**, sont schématisées par **trois cycles** :

- Le cycle d'**engendrement**.
- Le cycle de **modération**.
- Le cycle de **contrôle**.

Ce système cyclique est à mettre en correspondance avec les quatre saisons, que les Chinois ont fait fusionner avec les quatre points cardinaux. Le temps et l'espace sont toujours inséparables.

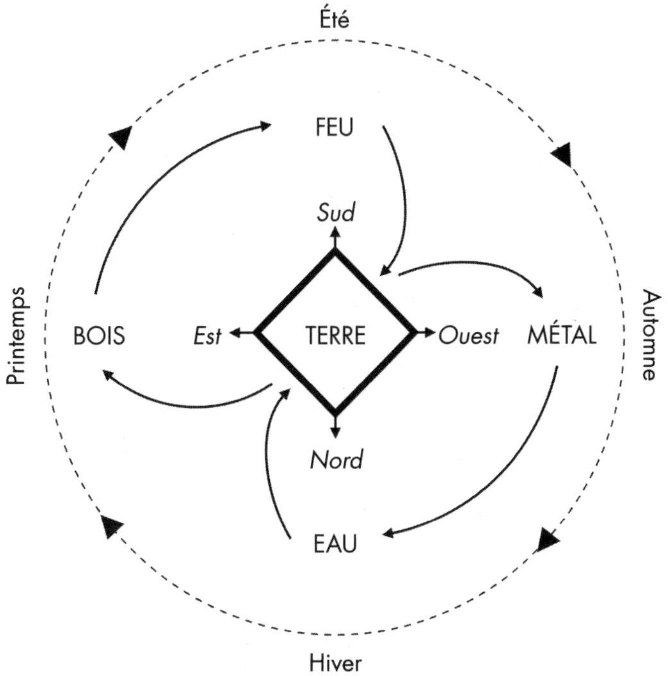

4 saisons, 4 points cardinaux, 5 éléments :
la disposition des éléments suit un schéma spatio-temporel.

Pour faire correspondre les 4 points cardinaux et les 4 saisons avec les 5 éléments, les Chinois ont placé la Terre au centre, en introduisant la notion d'intersaison (voir p. 129).

Le mouvement des cinq éléments comporte donc un retour au centre entre le feu et le métal à la fin de l'été, et entre l'eau et le bois à la fin de l'hiver, au moment où les énergies se trouvent dans une phase stationnaire.

Le schéma évolue ensuite vers la figure traditionnelle correspondant au premier des trois cycles : le cycle de construction.

Le cycle d'engendrement (ou de construction)

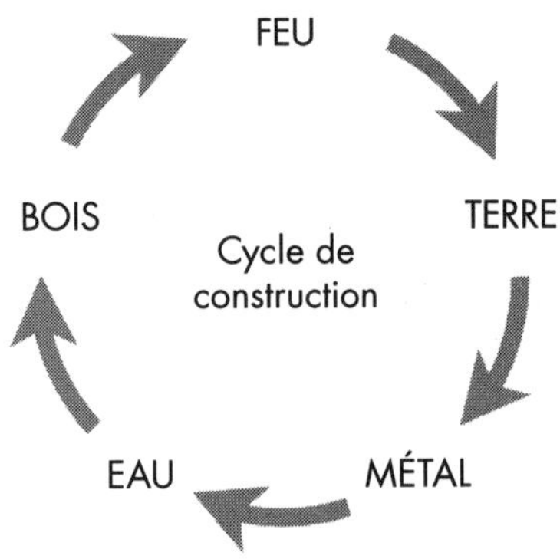

Dans ce cycle, la relation est créative, nourricière et filiale (du parent vers l'enfant) : chaque élément est l'enfant de celui qui le précède.

- Le Bois produit ou nourrit le Feu, car il est son combustible.
- Le Feu renforce la Terre : les friches brûlées régénèrent la terre.
- La Terre produit le Métal : elle permet la formation et la concentration des matières minérales, ou la transformation des cendres en terre.
- Le Métal, matière minérale concentrée, nourrit l'Eau souterraine.
- L'Eau est essentielle pour la croissance du Bois (le végétal).

En feng shui, ce cycle permet d'entretenir un élément ou de le renforcer s'il est trop faible. Par exemple, dans une pièce qui nécessite la présence d'un *chi* chaleureux, deux solutions existent pour ramener de l'élément Feu :

- soit y introduire l'élément Feu lui-même (principe d'identité) : une cheminée, par exemple ;
- soit y placer des plantes, un élément Bois, qui viendront renforcer le Feu (principe de création).

Attention à bien évaluer les proportions pour ne pas générer des effets inattendus et à tenir compte de la destination des pièces. En effet, si l'eau nourrit naturellement le *chi* du bois, trop d'eau serait nuisible, car elle le ferait pourrir ; trop de bois dans un foyer pourrait également étouffer un feu… Ce principe est valable pour tous les éléments.

ACCORDER LE TEMPS AVEC L'ESPACE

Le ***Livre des rites*, dont la compilation a été attribuée à Confucius,** rapporte le fait suivant : en lien avec le calendrier des saisons, l'empereur suivait un rythme de déambulation dans le palais en se positionnant dans les pièces situées aux quatre points cardinaux : au printemps, il occupait la pièce de l'est ; en été, celle du sud ; en automne, celle de l'ouest ; et en hiver, celle du nord – une manière de mettre en correspondance macrocosme et microcosme en accordant la vie des hommes avec le rythme de l'univers.

Cycle de modération (ou d'affaiblissement)

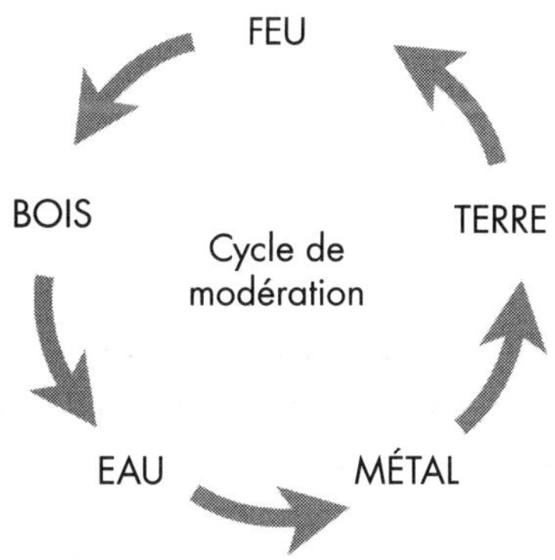

Ce cycle, qui est l'inverse du précédent, régule la force des parents lorsqu'elle est trop puissante.

- Déverser beaucoup de terre sur un feu fera office de couverture en l'éteignant.
- Une épaisse couche de sciure absorbera l'eau d'une flaque.

- Trop d'eau finira par corroder une plaque en métal.
- Dans la méthode des Étoiles Volantes (voir p. 345), un remède Métal (des objets lourds métalliques, par exemple) permettra de réduire les effets néfastes de certaines étoiles Terre.

Le cycle de contrôle (ou de destruction)

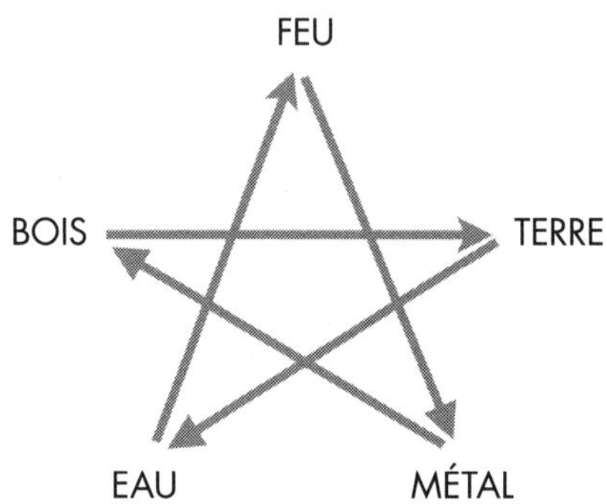

Ce cycle est conçu sur le modèle de la relation d'un grand-parent avec un fils.

- L'Eau (grand-parent) éteint le Feu (fils).
- Le Feu fait fondre le Métal.
- Le Métal tranche le Bois.
- Le Bois permet de retenir la Terre (les racines de l'arbre).
- La Terre évite à l'Eau de se propager en la canalisant et en l'absorbant.

Il existe une autre manière de représenter ce cycle :

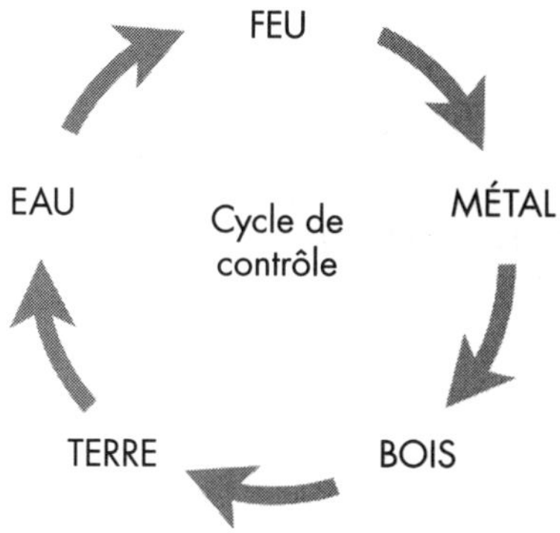

Ce cycle est plus radical que les autres et jugé trop « agressif » en feng shui : les relations entre les éléments sont considérées comme négatives, car l'élément subit une forte pression de la part de celui qui l'agresse.

Il est surtout utilisé en médecine traditionnelle chinoise (en acupuncture, par exemple), mais le référentiel est légèrement différent[10].

En feng shui, il faudra plutôt privilégier la Terre (emploi du cycle de modération) à l'Eau (cycle de destruction).

Tout est question de proportions

L'eau n'éteindra le feu que si elle est en quantité suffisante, de même qu'une paire de ciseaux (élément Métal) sera inefficace pour tailler un arbre (élément Bois) !

Il s'agit donc de bien analyser les forces en action avant d'intervenir chez soi. Je vous conseille de vous reporter autant que nécessaire aux schémas des trois cycles et de vous entraîner à jouer avec les qualités des éléments et leurs interactions avant de commencer à les manipuler.

10. Voir à ce sujet l'ouvrage de Philippe Maslo et Marie Borrel, *Ma Bible de la médecine chinoise*, Leduc éditions, 2016.

« La succession des cinq vertus »

Les historiens chinois ont utilisé le cycle des cinq éléments pour justifier la **succession des cinq premières dynasties chinoises**, associées chacune à un élément **suivant l'ordre du cycle de contrôle.** Avant que le souverain accède au trône, le Ciel envoyait aux hommes des signes favorables, dont l'interprétation permettait de valider la prise de pouvoir, mais également d'affecter les vertus (point cardinal, couleur, qualités, etc.) d'un des cinq éléments, le temps que règne la dynastie fondée par le souverain.

L'Empereur Jaune interpréta l'apparition de fourmis et de vers de terre géants comme la marque du *chi* de l'élément Terre. Il choisit donc la couleur représentative de cet élément, le jaune, et fit attention à mettre en concordance ses activités avec celles de la terre.

Suivant la logique du cycle de contrôle ou de conquête **(Terre-Bois-Métal-Feu-Eau-Terre)**, **chaque dynastie représentée par un élément est remplacée par la dynastie dont l'élément contrôle celui de la précédente** : la dynastie de l'**Empereur Jaune** fut remplacée par les **Xia**, qui adoptèrent comme élément favori le Bois (qui contrôle la Terre) ; la troisième **dynastie des Shang** fut marquée par l'élément Métal (qui contrôle le Bois) ; la **dynastie Zhou**, par le Feu (qui contrôle le Métal) ; la cinquième, les **Qin**, par l'Eau (qui contrôle le Feu) : son empereur Qin Shi huang adopta les qualités et vertus de l'élément associé au nord et à sa couleur noire en gouvernant avec froideur et cruauté.

Cette théorie fut proposée par le philosophe Zou Yan (305 à 240 av. J.-C.), auteur du *Principe de succession des cinq vertus*.

Le cycle d'offense

Il existe une autre façon de faire interagir les éléments, à travers un quatrième cycle dit de « **contre-domination** » ou d'offense. C'est encore là une question de proportions, de quantités.

Si, dans le cycle de domination, le Métal est contrôlé par le Feu (qui le fait fondre), une très grande quantité de Métal réduira systématiquement la puissance et l'efficacité du Feu, qui ne pourra plus jouer son rôle dominateur, il va se trouver « offensé ». L'élément dominé entre alors en rébellion.

Dans cette logique...

- Le Métal peut offenser le Feu.
- Le Feu peut offenser l'Eau.
- L'Eau peut offenser la Terre.
- La Terre peut offenser le Bois.
- Le Bois peut offenser le Métal.

LES 4 INTERACTIONS PRINCIPALES ENTRE LES ÉLÉMENTS

	RENFORCE	AFFAIBLIT	CONTRÔLE	OFFENSE
FEU	Terre	Bois	Métal	Eau
TERRE	Métal	Feu	Eau	Bois
MÉTAL	Eau	Terre	Bois	Feu
EAU	Bois	Métal	Feu	Terre
BOIS	Feu	Eau	Terre	Métal

Le feng shui est pragmatique et concret !

Pour une réelle efficacité, il est nécessaire d'utiliser **l'élément dans sa forme vivante** ! Ainsi, le *chi* du Feu sera bien plus présent grâce à une source de chaleur telle qu'un feu de cheminée ou un radiateur qu'avec une affiche représentant un soleil ou un objet en forme de pyramide, qui exerceront un effet placebo et symbolique mais pas réellement authentique. Bien que certains maîtres chinois travaillent sur des niveaux plus abstraits, rien ne vaut les solutions naturelles. En Chine, ces dernières sont mêlées de croyances superstitieuses dont le sens échappe aux Occidentaux et qui trouvent leur origine dans les mythes et l'histoire. Utiliser une grenouille à trois pattes pour activer la richesse dans votre maison fait référence à un égrégore qui parlera davantage à un Chinois qu'à un Français… Après, rien ne vous empêche de vous connecter aux références que vous souhaitez (pour les remèdes traditionnels chinois, rendez-vous p. 583).

Évidemment, vous pouvez utiliser tous les niveaux (du plus concret au plus abstrait), mais l'impact ne sera pas garanti – surtout pour la méthode des Étoiles Volantes (voir p. 345). Dans cet ouvrage, nous n'utilisons pas la méthode de l'École Occidentale (voir p. 160), dont l'efficacité n'est pas prouvée. Libre à vous de choisir…

Couleurs et éléments

Chaque couleur peut être associée à un élément. Utiliser une couleur comme remède efficace est sujet à caution chez les experts en feng shui.

L'efficacité d'une couleur en feng shui serait en effet tributaire de sa durée d'action : les couleurs ayant des longueurs d'onde différentes (situées en 400 et 700 nanomètres pour celles qui sont visibles), elles n'auront pas les mêmes effets. Sur un côté de l'arc-en-ciel, le rouge, associé à l'élément Feu, agira et donnera des résultats plus vite qu'une autre couleur en raison de sa longueur d'onde. C'est pour cela que, en feng shui – et aussi parce que c'est une couleur importante dans la culture chinoise –, le rouge est un remède Feu utilisé très couramment.

Il serait réducteur de penser que la couleur fait tout en feng shui.

Le tableau ci-dessous liste, pour chaque élément, les contre-mesures qui peuvent être utilisées pour apporter des solutions.

	DU PLUS EFFICACE AU MOINS EFFICACE			
	1 **NIVEAU CONCRET, MATIÈRE**	**2** **FORME**	**3** **COULEUR**	**4** **NIVEAU ABSTRAIT, SYMBOLE**
BOIS	Végétation, arbres, arbustes, fleurs, plantes vivantes.	Formes rectangulaires verticales.	Vert, bleu.	Rayures verticales, veines, textures rainurés.
FEU	Cheminée, poêle à bois, bougies, photophores, plaque de cuisson, luminaire (chaud ou rouge). La lumière Led, sans chaleur, ne fonctionne pas.	Formes triangulaires, pointues, coniques, pyramidales.	Couleurs vives de la flamme.	Représentation du feu, symbolique solaire.
TERRE	Minéral, pierre, galet, céramique, argile, terre, brique (en quantité).	Formes carrées, stabilisantes, symétriques, mobilier avec angles droits.	Brun, ocre, marron, beige, taupe, tabac.	Représentation de montagnes (forme de plateaux).
MÉTAL	Tous les objets en métal : cadre, statue, luminaire, piano, ustensile de cuisine.	Formes circulaires, ovales, sphériques, rondes, globes.	Blanc, gris, or, argent.	Affiche représentant un cercle argenté.
EAU	Aquarium, bassin, piscine, fontaine, vase d'eau fraîche, humidificateur.	Formes ondulées, courbes (sans angle), sinueuses, irrégulières.	Noir, bleu foncé, marine.	Représentation aquatique, paysage marin.

L'ASTRONOMIE ET LES ÉLÉMENTS

Les Chinois, férus d'astronomie, ont également associé les planètes aux éléments.

- Le Bois : Jupiter.
- Le Feu : Mars, la planète rouge.
- La Terre : Saturne.
- Le Métal : Vénus.
- L'Eau : Mercure.

CHAPITRE 8

LE *HETU* ET LE *LOSHU*

Utilisés dans les arts chinois, le *hetu* et le *loshu* sont deux diagrammes majeurs qui ont chacun leurs spécificités. Ils sont à mettre en relation avec les deux *bagua* vus plus haut : le *bagua* du Ciel antérieur et le *bagua* du Ciel postérieur, car ils sont régis par la même logique.

Le *hetu* est en relation directe avec **ce qui n'est pas encore manifesté, ce qui est en potentiel. C'est l'aspect statique des choses.** Le *loshu*, quant à lui, fait référence à ce qui est manifesté, concret et dynamique. Une manière bien chinoise de définir la réalité, à la fois par ce que l'on voit (**le visible**) et ce que l'on ne voit pas (**l'invisible**), une donnée fondamentale dont il faut tenir compte quand on pratique un des arts taoïstes.

LE DIAGRAMME DU *HETU*

Petite histoire du *hetu*

Hetu signifie « la carte » (*tu*, en chinois) « du fleuve » (*he*, le fleuve Jaune), car il aurait été découvert par Fuxi, le roi chamane qui a su, selon la légende, dompter les eaux.

Se promenant au bord du fleuve, il aurait aperçu un cheval dragon qui portait sur son dos des taches noires et blanches agencées selon une position bien précise (voir p. 25), comme sur la figure ci-dessous.

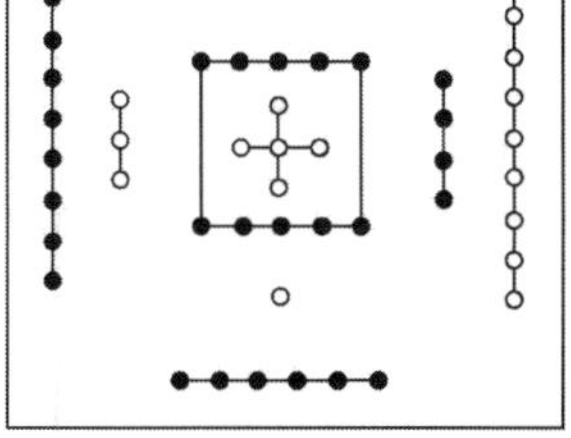

Description

La disposition des points répond à une logique : on effectue un premier passage en partant du bas (1) vers le haut (2) puis de la gauche (3) vers la droite (4) pour revenir au centre (5) ; puis un second de 6 à 10 (2 séries de 5 points noirs au centre).

- Les **points noirs** sont yin et pairs : 2, 4, 6, 8, 10.
- Les **points blancs** sont yang et impairs : 1, 3, 5, 7, 9.

L'agencement des points forme 4 carrés concentriques imbriqués les uns dans les autres, ce qui traduit un équilibre parfait :

- 1er carré : les 5 points blancs au centre (yang).
- 2e carré : les 10 points noirs au centre (yin).
- 3e carré : 1 + 2 + 3 + 4 (2 yang et 2 yin).
- 4e carré : 6 + 7 + 8 + 9 (2 yang et 2 yin).

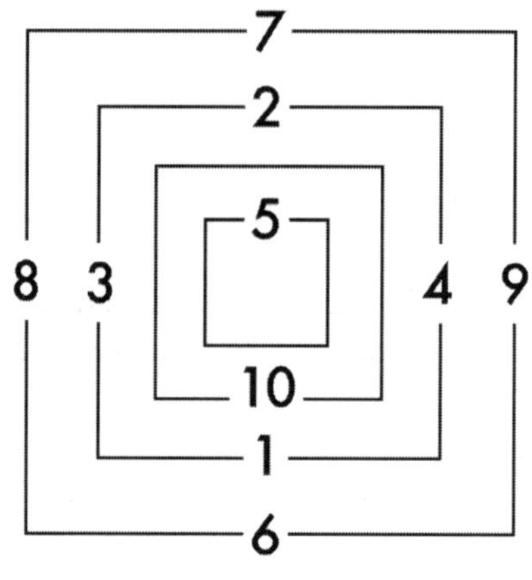

Par la suite, les points ont été transformés en nombres, qui ont été associés à un **élément** et une **direction**, comme sur la figure ci-dessous :

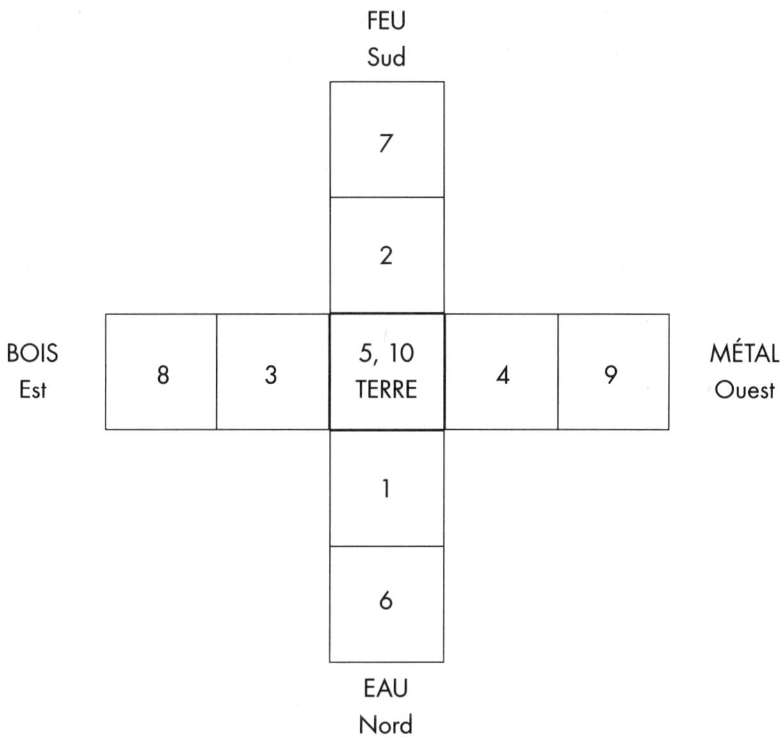

Une figure de l'équilibre primitif des énergies

Avec l'apparition du Ciel et de la Terre, l'**Eau** et le **Feu** sont créés en bas et en haut : chiffre 1 et 6 (au nord) et 2 et 7 (au sud). Puis le **Bois** et le **Métal** à gauche et à droite : chiffre 3 et 8 (à l'est), 4 et 9 (à l'ouest).

Les **chiffres impairs** (1, 3, 5, 7, 9) sont liés à la création et au commencement (yang).

Les **chiffres pairs** (2, 4, 6, 8, 10) correspondent à l'aspect nourricier et à la matérialisation (yin).

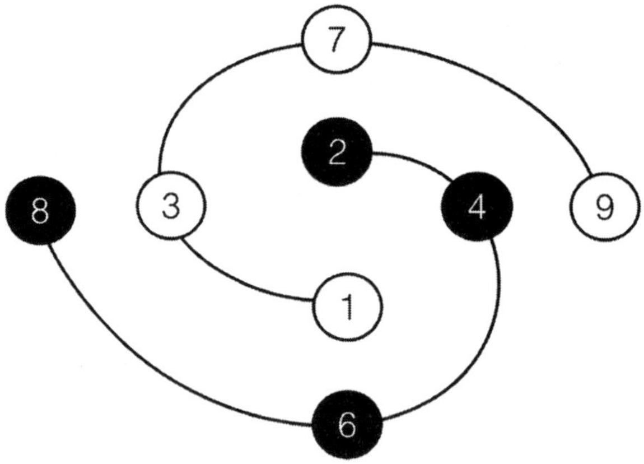

Magique ! L'addition des nombres pairs et celle des nombres impairs (sans le 5 et le 10) donnent 20.

Principe et utilisation

Le *hetu* est utilisé en feng shui, pour le Yi jing, le Qi gong ou la médecine traditionnelle chinoise.

Pour le feng shui, il faut retenir que, au sud, à l'ouest, au nord et à l'est, les chiffres se combinent pour produire un élément. L'utilisation du *hetu* demande de la pratique et de l'expérience. Nous ne l'aborderons pas dans cet ouvrage. Mais notez déjà que, lorsque ces combinaisons apparaissent (dans la méthode des Étoiles Volantes, par exemple), elles caractérisent des situations très propices :

- **Au sud** : l'étoile 7 et l'étoile 2 se combinent pour faire du Feu.
- **À l'ouest** : l'étoile 4 et l'étoile 9 se combinent pour faire du Métal.
- **Au nord** : l'étoile 1 et l'étoile 6 se combinent pour faire de l'Eau.
- **À l'est** : l'étoile 8 et l'étoile 3 se combinent pour faire du Bois.

Attention : les nombres du *hetu* et leur affectation par rapport aux points cardinaux ne sont pas les mêmes que pour le *loshu* ! Le système de référence n'est pas identique. Un tableau récapitulera les particularités (voir p. 176).

LE DIAGRAMME DU *LOSHU*

Ce carré composé de 9 cases a été découvert par le légendaire Yu le Grand (voir p. 26). Une tortue à tête de licorne sortant de la rivière Lo se serait présentée à lui : elle portait sur sa carapace un agencement particulier de points, qu'il interpréta comme étant la description dynamique du cycle du fleuve.

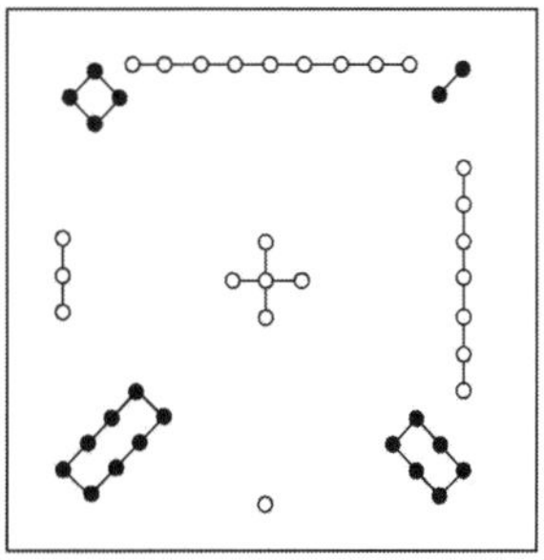

Forme graphique ancienne du *loshu*.

Comme pour le *hetu*, ces points ont ensuite été traduits en chiffres. Leur agencement forme un carré « magique » car la somme des chiffres de chaque ligne horizontale, verticale et diagonale est 15.

4	9	2
3	5	7
8	1	6

Le carré magique du *loshu* est composé de 3 lignes et de 3 colonnes, selon le modèle trinitaire taoïste (voir p. 53), que l'on retrouve également dans les trigrammes et le *taiji*.

Le mouvement du *loshu*

Le mouvement inscrit dans le *loshu* reflète les mouvements cycliques du fleuve. **Il symbolise la manifestation des phénomènes naturels en mutation** permanente et la manière dont les énergies se répartissent dans l'espace, en fonction du temps. Il nous parle de la dynamique de la vie. La position de chaque chiffre est déterminée par un mouvement qui a toujours lieu en partant du centre et en suivant le sens des flèches, comme dans la figure suivante :

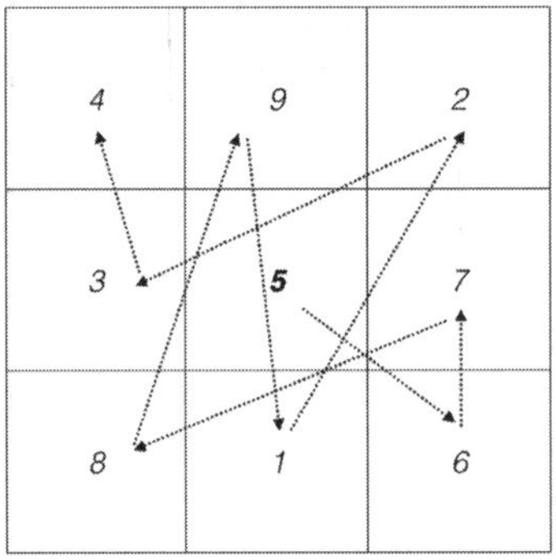

Le *hetu* dans le *loshu*

La présence du *hetu* dans le *loshu* nous informe subtilement que tout ce qui se manifeste sur terre a déjà été imaginé dans le ciel.

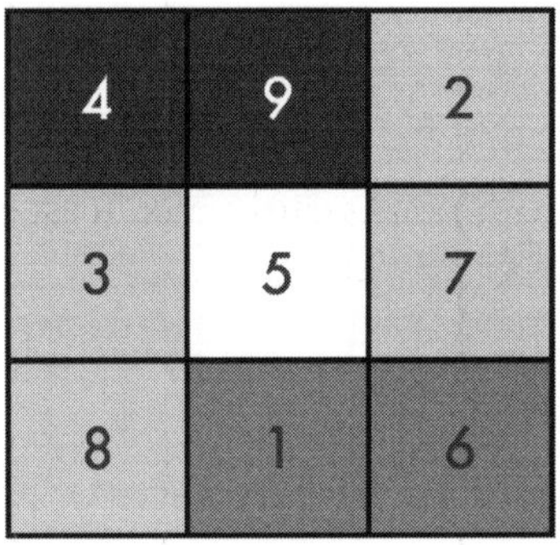

Les chiffres du *hetu* qui forment une combinaison sont positionnés l'un à côté de l'autre.

Chaque nombre du *loshu* a été associé :

- à un point cardinal (à l'exception du 5, puisqu'il est situé au centre) ;
- puis à un trigramme.

Les informations du *loshu* ont ensuite fusionné avec celles du *bagua*, probablement à partir du IIIe siècle de notre ère.

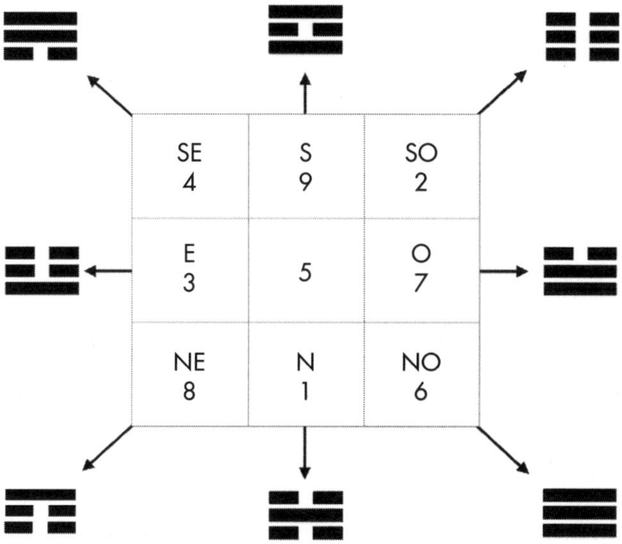

Principe et utilisation

Le *loshu* est utilisé en feng shui : il sert à diviser l'espace de l'habitation en 9 secteurs correspondant au centre et aux 8 points cardinaux. Il est également employé en astrologie, en acupuncture et pour le Qi men dun jia[11].

11. Le Qi men dun jia est un art peu connu destiné à élaborer des stratégies et faire des prédictions. Les données sont présentées selon des règles précises et en fonction d'un calendrier dans les 9 palais d'une grille similaire au *loshu*.

FOCUS : LE CARRÉ OU LA CONCEPTION CHINOISE DE L'ESPACE

« ***L'activité se déploie aux quatre Orients mais la clé est au centre.*** »
Han Fei Zi, IIIe siècle av. J.-C.

Cercle et carré dans la cosmogonie chinoise

Pour représenter l'espace, les Chinois ont, dès l'Antiquité, utilisé le carré. Dans la trinité cosmique chinoise, le **cercle**, figure géométrique sans début ni fin, est réservé au **Ciel** (principe yang qui engendre), tandis que le **carré** symbolise la **Terre** (principe yin, l'espace de la matérialisation). On retrouve ces deux formes dans le sapek, la monnaie chinoise (de forme ronde et percée d'un carré en son centre), mais également dans l'architecture et dans de nombreux arts chinois tels que le feng shui.

Aménager le monde grâce au carré

Le carré apparaît comme la figure idéale pour aménager l'espace, le délimiter, l'organiser et le rendre habitable. Il est utilisé ainsi à partir du IIe siècle avant notre ère.

- Ses quatre angles permettent de délimiter tout en créant une stabilité.
- Sa surface peut être divisée pour former un damier de 9 cases égales, organisées autour d'une case centrale qui devient un point de référence majeur.

Le 4, nombre statique, devient générateur du 3 et du 9, nombres du devenir et de la mutation.

Cette grille est donc appliquée pour organiser l'espace : elle est valable pour tous les territoires, du plus grand au plus petit : le **monde** est ainsi découpé en 9 **provinces**, tout comme les **villes** (telle que Chang'An, la capitale des **Han** puis des **Tang**) et les habitations. C'est le **palais du souverain (le *mingtang*)** qui va servir de matrice.

Le champ

Le caractère chinois du champ à cultiver (*tian*) rappelle ce découpage : 田. Les champs étaient eux-mêmes divisés en 9 carrés égaux. Huit familles se partageaient sa culture. La partie centrale était réservée pour le paiement de la dîme au gouvernement.

Selon la légende, c'est **Yu le Grand**, héros civilisateur et fondateur de la dynastie des Xia, qui, après avoir arpenté la terre, aurait aménagé le territoire pour en délimiter les 9 provinces : une province centrale entourée de 8 provinces disposées aux 8 points cardinaux. Chaque province est ensuite découpée en 9 pays, etc.

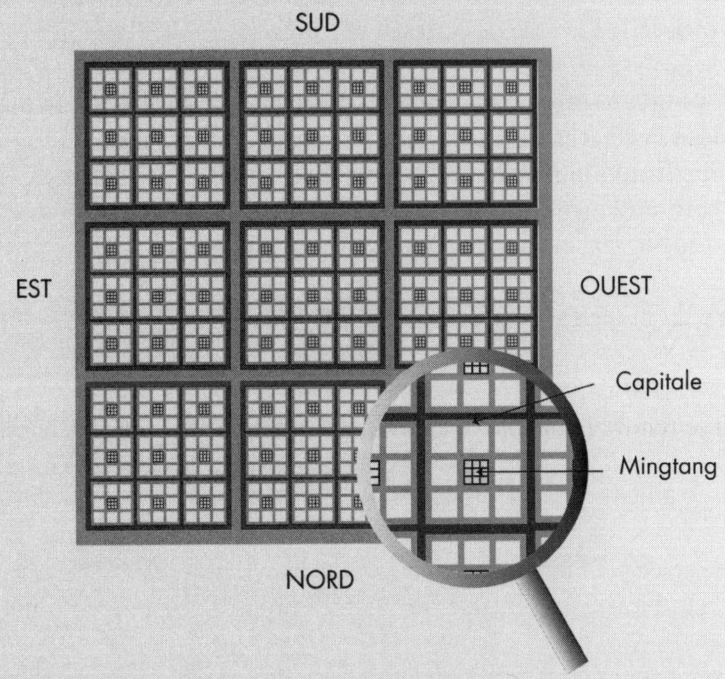

Le carré en damier sert de matrice dès la dynastie Shang : le palais du souverain est une reproduction miniature de la ville, elle-même reproduction du pays, lui-même reproduction de la province, etc.

Le *mingtang* (*ming* = lumière, *tang* = édifice)

Le *mingtang*, le palais des Lumières, daterait de la IIIe dynastie, celle des Zhou (XIe siècle av. J.-C.). Véritable représentation du cosmos, le *mingtang* est un édifice emblématique qui réunit la forme céleste du cercle et celle terrestre du carré : le bâtiment carré est surmonté d'un toit semi-sphérique fait de chaume, soutenu par 8 piliers.

Le plan du bâtiment respecte la forme d'une croix grecque alignée sur les axes sud-nord et est-ouest. Quatre salles sont disposées autour d'une salle centrale construite sur une plateforme surélevée, dont on dit que le second étage aurait été occupé par un observatoire astronomique, ce qui confère au palais son aspect spatial et temporel.

Le souverain est garant du bon fonctionnement cosmique : il représente à la fois le temps et l'espace.

Chacune des quatre salles était associée à une saison (la salle de l'est au printemps, celle du sud à l'été, celle de l'ouest à l'automne et celle du nord à l'hiver). Les ordonnances étaient promulguées par le souverain depuis les ouvertures percées sur les 4 façades tout au long des saisons afin d'aligner les actions humaines (agricoles et économiques) sur les lois de l'univers.

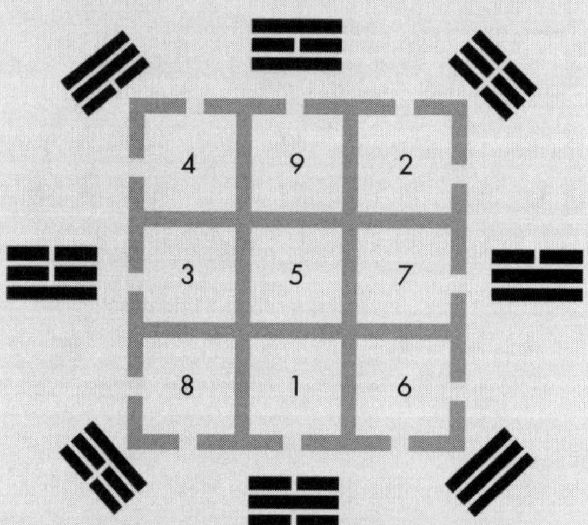

Le carré permet la hiérarchisation

Derrière cette vision cosmologique et trinitaire s'affirme très nettement une volonté centralisatrice et une gestion bureaucratique, afin d'assurer une efficacité économique et une stabilité sociale.

Le carré permet de hiérarchiser, lors des cérémonies importantes, la position des fonctionnaires et des vassaux autour du souverain selon leur appartenance géographique et leur titre.

Le souverain faisant face au sud, l'étiquette exigeait, selon les rituels stricts d'organisation spatiale, que les sujets se tiennent à l'opposé face au nord. Quant aux tribus considérées comme non civilisées par ces rituels de placement, ils se tenaient à l'extérieur du… carré[12].

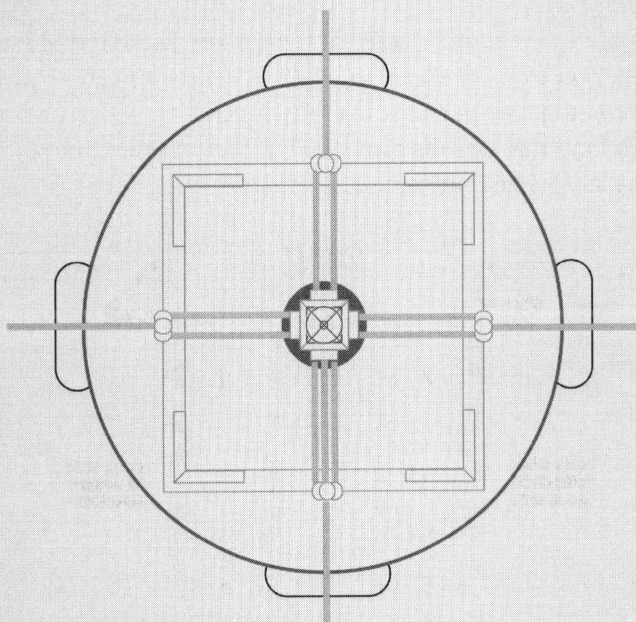

Plan du Palais de la clarté.

12. Pour en savoir plus sur le carré, se référer à la conférence d'Anne Cheng au Collège de France (« Universalité, mondialité, cosmopolitisme, Chine, Japon, Inde ») et à l'article « La notion d'espace dans la pensée traditionnelle chinoise » paru dans *Asies 2 (Aménager l'espace)*, Presses de l'Université de Paris-Sorbonne, 1994.

DES CARRÉS « MAGIQUES » DANS TOUTES LES CIVILISATIONS

Les carrés dits « magiques » – il en existe en effet plusieurs – recèlent bien des mystères, à commencer par le fait qu'on les retrouve dans des cultures aussi différentes que la culture asiatique, européenne ou arabe.

Le caractère magique qui leur est conféré provient du fait que les sommes des nombres placés dans les cases d'une même ligne ou d'une même colonne sont toujours identiques, et de la correspondance qui est faite avec les planètes du système solaire.

Pas étonnant qu'ils aient été utilisés sous forme d'amulettes pour porter chance ou réaliser des vœux. Le plus célèbre des carrés utilisés en magie arabe est celui du carré triple d'Al-Ghazâlî, similaire au carré *loshu*. Abu Hamid Muhammad Al-Ghazâlî (1058-1111), philosophe et théologien soufi d'origine perse, explique qu'il était utilisé lors des accouchements difficiles. L'accouchée devait fixer du regard deux morceaux de papier posés sous ses pieds sur lesquels était représenté ce carré.

37	78	29	70	21	62	13	54	5
6	38	79	30	71	22	63	14	46
47	7	39	80	31	72	23	55	15
16	48	8	40	81	32	64	24	56
57	17	49	9	41	73	33	65	25
26	58	18	50	1	42	74	34	66
67	27	59	10	51	2	43	75	35
36	68	19	60	11	52	3	44	76
77	28	69	20	61	12	53	4	45

Le carré le plus complexe associé à la lune est composé de 9 cases verticales et horizontales. Le somme des cases de chaque ligne et de chaque colonne est 369.

CHAPITRE 9
COURANTS ET MÉTHODES DE FENG SHUI

Concernant les écoles et les grandes dates du feng shui, les informations sont souvent contradictoires étant donné la part de mystère qui entoure la discipline, due à la fois à la complexité historique chinoise et au fait que le feng shui était tenu sous le sceau du secret et que de nombreux textes ont également été détruits par le pouvoir.

Ce dont on est sûr, c'est que la transmission de ce savoir unique se faisait de maître à disciple à la manière d'un héritage, à travers les enseignements dispensés dans les écoles. Ainsi se sont créées des lignées d'experts garants de l'authenticité du savoir, qui ont couru sur plusieurs générations. Le disciple était sélectionné pour sa capacité à garder secrets les enseignements qu'il recevait.

Cela explique aussi que de nombreux savoirs se sont perdus à la mort de certains maîtres, faute d'avoir été écrits ou transmis oralement – les maîtres préférant emporter dans leur tombe tous leurs secrets.

Les maîtres ont parfois fait évoluer les techniques et les outils en les adaptant à leurs desiderata, et, selon les époques, de fausses écoles, des manuscrits fallacieux et de faux maîtres ont fleuri. Pourtant, les fondements du feng shui traditionnel ont perduré jusqu'à nous tels qu'ils étaient à l'origine.

L'ÉCOLE DE LA FORME (*XING FA PAI*)

La plus ancienne méthode datant de l'époque des Han est probablement la plus concrète et la plus simple à comprendre. Elle met en avant l'observation des paysages et des formes visibles. Son analyse porte donc sur la forme des reliefs, en particulier des montagnes et des cours d'eau, afin de définir les lieux pourvoyeurs de *chi* pour le choix d'un site funéraire, d'une cité, d'un palais ou d'une maison.

Nous aborderons certains de ses principes dans le chapitre consacré à l'environnement, à travers les formes des routes, la position des bâtiments, les éléments agressifs dans l'environnement proche (voir p. 179).

L'ÉCOLE DE LA BOUSSOLE (*LI CHI PAI*)

Sous cette dénomination occidentale[13] sont regroupées en réalité toutes les écoles qui utilisent un *lopan* pour leurs calculs afin d'analyser l'interaction du temps et de l'espace sur les habitations. Ces méthodes sont donc plus abstraites que celle de l'École de la Forme, car elles utilisent les relevés des orientations des bâtiments ou des reliefs, et tiennent compte de formules liées à la temporalité, à l'astrologie et à la numérologie. La méthode des **Trois Cycles** (*San yuan*), les **Étoiles Volantes** (*Xuan kong fei xing*), **les Trois Harmonies** (*San he*), le **San yuan xuan kong** ou les **Huit Directions** (le *Bazhai*) sont quelques-unes de ces écoles.

> **TERMINOLOGIE SAVANTE**
>
> Les méthodes de feng shui qui utilisent l'observation des choses visibles sont regroupées sous l'appellation « *Xing fa pai* », *pai* signifiant « école », *fa*, « méthode », et *xing*, « formes visibles ». L'École de la Forme en fait partie.
>
> Celles qui s'intéressent à ce qui est invisible et qui utilisent des calculs sont appelées « *Li chi pai* » : école des formes invisibles.

Le **San he (méthode des Trois Harmonies ou des Trois Portes)**[14] date de l'époque des Tang. Il s'intéresse aux **énergies du visible** de l'environnement extérieur à travers la forme des montagnes et des cours d'eau, à leurs directions et à l'influence qu'elles peuvent exercer sur les tombes et les habitations. C'est une méthode qui fait appel à des formules savantes et plutôt complexes utilisant les troncs célestes et les branches terrestres, les 9 étoiles qui ne sont pas celles de la Grande Ourse (voir p. 183) et d'autres données

13. La dénomination appropriée est « École des combinaisons du *chi* ou du calcul des énergies invisibles » (*Li chi pai*).

14. Les trois harmonies sont la porte, la montagne et l'eau.

qui pourraient faire l'objet d'un ouvrage entier. Elle utilise son propre *lopan*, qui nécessite une formation adaptée. Cette méthode ne sera pas abordée ici, mais sachez qu'elle existe et qu'elle est très performante.

Le **San yuan (méthode des Trois Cycles)** apparaît également à l'époque des Tang. Cette technique permet de définir les emplacements des tombes (voir le feng shui yin, p. 95) et l'évaluation des environnements. Ce système concerne les **énergies de l'invisible**, qui ne sont pas perceptibles par l'observation visuelle et qui font appel à la temporalité : comment le temps influence-t-il la qualité du *chi* dans un espace ? Dans cette méthode, le temps est découpé en 3 cycles de soixante ans, eux-mêmes découpés en périodes de vingt ans (voir p. 347).

Cette méthode utilise les 64 hexagrammes, les 9 étoiles de la Grande Ourse, les troncs célestes et les branches terrestres...

Par la suite, elle a été adaptée aux habitations des vivants à l'époque des Ching. Ce sont les fameuses Étoiles Volantes (*Xuan kong fei xing*).

L'ÉCOLE DES ÉTOILES VOLANTES (XUAN KONG FEI XING)[15]

L'origine de cette école remonterait à la dynastie des Jin occidentaux et orientaux (265-420). C'est une méthode très élaborée et plus complète qui propose de cartographier l'organisation des énergies en un lieu et un temps donnés : les énergies étant fluctuantes, il s'agit de profiter de leurs qualités lorsqu'elles sont présentes afin de les adapter à nos projets. Le mobilier principal, les ouvertures, emplacements et orientations sont calculés afin d'en tirer parti au maximum. Cette technique tient compte de l'influence de l'environnement extérieur et de ses configurations, auxquelles les étoiles sont sensibles. Elle entre parfaitement en résonance avec l'adage chinois « agir au bon moment et au bon endroit ».

Cette méthode qui interroge les aspects « karmiques » de manière prédictive est développée au chapitre qui lui est consacré (voir p. 345).

15. Vous trouverez aussi la dénomination *flying stars* en anglais.

Étymologie

Xuan Kong signifie « vacuité mystérieuse » et renvoie au pouvoir à la fois créatif et mystérieux du Ciel, qui se manifeste dans le « vide » réceptif de la Terre. Les Étoiles Volantes (*Fei Xing*) nous révèlent quels types d'énergie, de *chi* sont en jeu dans une habitation, et ce de manière prédictive.

LA MÉTHODE DES HUIT DIRECTIONS (*BAZHAI*)

La méthode des Huit Directions (ou Palais, ou Demeures) est centrée uniquement sur l'espace et l'intérieur de l'habitation. Elle daterait du XVIIe siècle. Le principe est de localiser les meilleurs emplacements et orientations pour chacun des membres de la famille.

La grille du *loshu* est utilisée pour diviser le plan de l'habitation en 8 secteurs, auxquels s'ajoute le centre. La boussole permet de positionner le nord dans un des 8 carrés, puis les autres points cardinaux. Chaque point cardinal est associé à un flux de *chi*, dont les caractéristiques sont bénéfiques ou néfastes aux habitants en fonction de leur date de naissance.

Ouvertures, zones de circulation, pièces principales, mobilier : tout peut être positionné selon cette cartographie.

La méthode est développée dans le chapitre qui lui est consacré (voir p. 297).

LA MÉTHODE OCCIDENTALE DU *BAGUA*

De toutes les méthodes de feng shui, la plus connue est sans doute celle qui a été popularisée sous le nom des Huit Aspirations de Vie, à ne pas confondre avec la méthode des Huit Directions. Cette méthode est apparue dans la valise du new age dans les années 1970-1980 en même temps que s'est popularisé le Vastu Shastra, la science de la construction indienne qui serait à son origine. Les symboles et le pouvoir de l'intention y jouent un rôle important : ils ont remplacé les calculs et les formules du feng shui traditionnel.

Cette méthode n'est attestée par aucun document chinois et son efficacité laisse à désirer. C'est une technique purement occidentale, faite par des Occidentaux pour des Occidentaux.

La technique consiste à diviser la maison en 8 secteurs en utilisant la grille du *loshu*. Dans chacun de ces secteurs s'exprime une aspiration (la renommée au sud, la carrière au nord, les finances au sud-est, les projets et mentors à l'ouest, etc.). Pour réaliser un projet, il suffit tout simplement d'activer la zone en question en y positionnant un objet, un meuble, une couleur, une forme relative à l'élément de la zone. Par exemple, un tableau rouge ou des diplômes dans la zone sud (Feu) de l'habitation pour les questions relatives à l'image sociale, la renommée, la distinction. Des symboliques de richesse (corne d'abondance, objets dorés) dans la zone sud-est pour garantir des rentrées abondantes... La symbolique joue donc ici un rôle essentiel.

Dans cette méthode, l'emplacement de la porte principale détermine parfois un nord arbitraire, autour duquel sont disposés les autres points cardinaux, à la manière de l'école abstraite de feng shui tibétaine. L'analyse de l'environnement est résumée à l'étude des quatre animaux célestes (voir p. 183) situés à gauche du bâtiment (dragon), à droite (tigre), à l'arrière (tortue) et devant (phénix).

Cette méthode ne tient pas compte de la dimension temporelle, puisqu'elle met en place des préconisations censées agir de manière permanente, ce qui va à l'encontre du principe fondamental taoïste selon lequel tout est en mouvement perpétuel.

SUD-EST Prospérité, finances	**SUD** Célébrité, réputation, image de soi	**SUD-OUEST** Relations, couple
EST Santé, ancêtres	**CENTRE** Taï chi, équilibre	**OUEST** Enfants, créativité
NORD-EST Éducation, développement personnel, étude	**NORD** Carrière, dharma	**NORD-OUEST** Mentors, amis, soutien

CHAPITRE 10

LA SCIENCE ET LE TAOÏSME : VOIR AU-DELÀ DE LA MATIÈRE

« Les sciences sont maintenant des filiales qui appartiennent à la vision matérialiste du monde. »
Rupert Sheldrake[16]

Dans les sociétés occidentales, science et spiritualité, matière et esprit (ou conscience) sont souvent considérés comme inconciliables. Probablement parce que notre environnement, nos croyances et notre éducation nous conditionnent à penser de cette façon pragmatique et non autrement.

Pourtant, parallèlement à l'évolution majeure des mentalités que nous connaissons, un nouveau courant de pensée émergent se revendiquant de la science « post-matérialiste » fait éclater la frontière entre ces deux mondes repliés sur eux-mêmes depuis le début de l'ère industrielle. Cette frontière n'existait pas avant le XIXe siècle, car la dimension spirituelle – le fait de se sentir relié à une force supérieure – était prise en considération par les scientifiques et la société. Le matérialisme est passé par là, qui a bouleversé la donne… Dès lors, la science est devenue, ainsi que le dénonce le ***Manifeste pour une science postmatérialiste***, toute-puissante et imperméable aux idées nouvelles, préférant camper sur ses postulats qui affirment que :

- tout n'est que matière, et matière seulement ;
- la nature est mécanique, les êtres vivants et les objets sont des machines ;
- l'esprit est une production neurochimique du cerveau, qui disparaît en même temps que le corps meurt ;

16. Conférence TedX, « L'Illusion de la science ».

- l'univers est dénué de conscience ;
- les lois de la nature sont fixes.

La science classique serait devenue au cours du temps un dogme idéologique, s'éloignant ainsi de sa mission originelle qui est d'expliquer le monde et ses mystères en restant ouverte à toutes les hypothèses.

Les découvertes postmatérialistes qui s'appuient sur des travaux de recherche sérieux de scientifiques et d'intellectuels renommés :

- réinterrogent notre perception de la réalité, du temps et de l'espace ;
- redéfinissent la relation de l'homme avec la nature et les méthodes d'investigation scientifique ;
- redonnent à l'esprit une place centrale, renouant ainsi avec les traditions spirituelles ancestrales et en particulier avec la pensée taoïste.

Le manifeste pour une science postmatérialiste

Ce texte a été élaboré par un comité de scientifiques et d'intellectuels (spécialistes en biologie, neurosciences, psychologie, médecine, psychiatrie…) en conclusion du **Sommet international sur la science postmatérialiste, la spiritualité et la société** organisé par Gary E. Schwartz et Mario Beauregard, docteurs de l'Université de l'Arizona, et par Lisa Miller, docteur de l'Université de Columbia. Ce sommet a eu lieu en Arizona du 7 au 9 février 2014. Vous pourrez retrouver le texte du manifeste par le lien suivant : https://www.inrees.com/articles/Manifeste-science-Beauregard/

Ce texte fondateur propose notamment :

- une alternative à la science classique dite « matérialiste » devenue une idéologie dominante et délivrant une conception rationnelle du monde, jugée dépassée ;
- une autre vision de l'esprit qui serait bien plus qu'une simple conscience produite dans le cerveau par un processus neurochimique ; →

- de considérer que l'esprit et le monde physique sont interconnectés ;
- le retour en grâce de la spiritualité, considérée comme « un aspect central de l'existence humaine ».

LA RÉALITÉ N'EST PAS CE QUE L'ON CROIT

La matière n'est pas « figée », ni aussi solide que nos sens nous le font croire. Lorsqu'on regarde une table ou une pierre, c'est difficile de l'imaginer, mais, en réalité, tout objet est une matière qui vibre. Les atomes et les particules qui la composent sont en mouvement perpétuel dans le vide. La surface d'un objet qui nous semble rigide est formée d'atomes oscillants tellement rapidement qu'elle trompe nos sens lorsqu'on la touche. C'est **Einstein** qui le dit : la matière n'est qu'une manifestation de l'énergie. Un peu plus tard, la **physique quantique** ira plus loin en montrant que les atomes et les particules plus infimes ne sont pas des objets solides et durs, mais de la matière « au ralenti » sous forme d'ondes délocalisées.

Le principe taoïste de l'énergie cosmique ne dit pas autre chose : dans l'univers, tout existe en un état de flux. Le ***chi*** se transforme sans cesse, passant du yin au yang et du yang au yin, et adopte les caractéristiques dynamiques des **cinq éléments** qui incarnent les différentes phases que prend l'énergie : le Feu, la Terre, le Métal, l'Eau et le Bois. Cette modélisation traduit les lois de l'univers, qui régissent la matière animée tout comme la matière inanimée. Dans ce système, aucune constante, aucune fixité, tout n'est que mouvement, évolution permanente…

LE VIDE N'EST PAS VIDE…

Le vide est immatériel, mais il est plein d'informations et rempli d'énergie invisible. Il est pareil au **Tao**, la source originelle de toutes choses, incarnée par la figure du ***wuji***, ce cercle vide (voir p. 56) qui contient en germe toutes les possibilités avant qu'elles ne se manifestent dans la réalité concrète.

LA RÉALITÉ MANIFESTÉE ET LA RÉALITÉ INVISIBLE

« ***Le matérialisme est lié à l'ignorance de l'information présente dans le vide.*** »
Philippe Guillemant

Philippe Guillemant, ingénieur physicien, docteur en physique du rayonnement et spécialiste de l'intelligence artificielle, fait la différence entre, d'un côté, la **réalité visible** (le manifesté que l'on connaît) et, de l'autre, la **réalité quantique** (ce qui n'est pas manifesté et invisible), rejoignant ainsi le physicien américain **David Böhm** (1917-1992), qui affirme que cette « réalité quantique » contiendrait toutes les informations qui nous parviennent dans notre monde.

La pensée taoïste évoque également un ailleurs invisible qui serait une source d'informations. Certains outils utilisés en feng shui nous permettent de révéler les secrets de cette réalité cachée : ce sont le diagramme du ***hetu*** et le ***bagua* du Ciel antérieur**, liés tous deux à un état primordial, parfait et invisible des choses qui ne sont pas encore manifestées (voir p. 63).

LE TEMPS, UNE INVENTION DE L'HOMME ?

Le temps n'existe pas. C'est plutôt la sensation du temps qui existe, l'impression qu'il s'écoule. En réalité, l'espace, le temps et la matière tels que nous les percevons ne sont que des illusions fabriquées par notre cerveau. Le temps agit de concert avec l'espace, sinon il n'existe pas. Espace, temps et position de l'être sont interdépendants.

La matière peut être définie par les trois dimensions de l'espace (hauteur, largeur et longueur) et par une quatrième, le temps. Le temps se manifeste parce qu'il y a un espace : c'est le continuum espace-temps dont parle Einstein.

À ces quatre dimensions, la théorie quantique ajoute une dimension supplémentaire : une dimension « 5D » invisible qui, selon la théorie des cordes[17], contiendrait les

17. Découverte dans les années 1980, la théorie mathématique des supercordes, ou théorie du tout, considère qu'il y aurait en réalité 10 dimensions spatiales dans l'univers : 3 dimensions par mesure spatiale (longueur, largeur, hauteur), la 10e dimension étant temporelle. Ces dimensions ne sont pas visibles car elles seraient « enroulées ».

informations subtiles, « quantiques », échappant à nos sens et à l'analyse, mais appréhendables par d'autres moyens tels que la méditation (voir p. 85).

LE *LOPAN*

La boussole utilisée en feng shui est un outil permettant de mesurer à la fois l'espace et le temps. Sur son disque, figurent les **24 montagnes**, qui sont à la fois les 24 sous-directions cardinales permettant de se repérer dans l'espace et des informations d'ordre temporel liées au calendrier chinois.

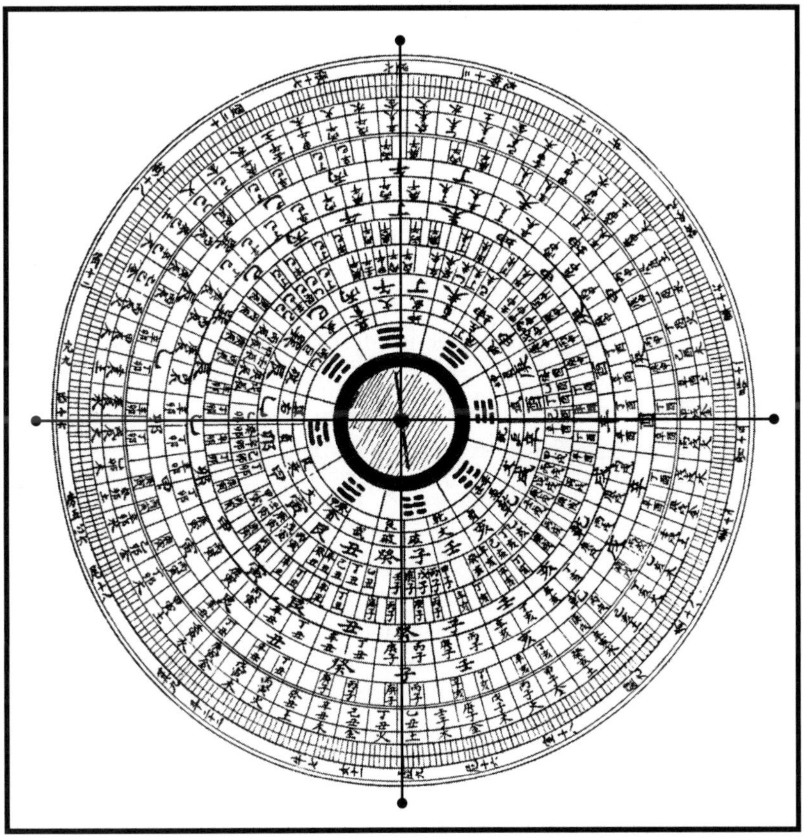

La forme du *lopan* réunit le carré pour l'espace et le rond pour le temps.

L'ESPRIT, LE CERVEAU ET LA MORT

« ***J'ai existé depuis l'éternité et voilà, je suis là ;***
et j'existerai jusqu'à la fin des temps,
car mon être n'a pas de fin. »
Khalil Gibran (1883-1930)

Pour la science matérialiste, l'**esprit** en tant que tel n'existe pas. Il est réduit à une conscience produite par le cerveau, résultat de mécanismes neurochimiques. Selon ce postulat, la notion d'âme survivante au corps est impossible à formuler.

Pour la vision postmatérialiste, au contraire, **l'esprit est ce qui maintient le corps en vie** et il n'est point mécanique, il est fait d'informations quantiques situées en dehors de l'espace-temps.

La conscience et l'activité cérébrale sont deux choses différentes : le cerveau est le véhicule qui permet à l'esprit ou à la conscience de se manifester. C'est l'idée que l'on retrouve dans la notion du ***chi***, cette **force vitale** dispensatrice de vie (voir p. 71).

Post matérialisme et taoïsme se rejoignent aussi autour de l'idée que l'esprit survit à la mort, dans un « au-delà », comme une conscience immortelle. **Le culte rendu aux ancêtres** (voir p. 586) et l'importance du feng shui dans l'orientation et l'emplacement des tombes (voir p. 95) en sont des illustrations parlantes.

LE CHAMP MORPHIQUE

S'opposant au postulat que les lois de la nature seraient fixes, le biologiste Rupert Sheldrake, qui partage les idées du courant postmatérialiste, affirme au contraire qu'une force holistique guide le développement des organismes quels qu'ils soient, et qu'ils héritent ainsi d'un schéma invisible qui dicterait leurs formes et les habitudes de l'espèce : par exemple, le développement d'un oiseau, de l'œuf à l'adulte, suivrait une information ayant déjà existé. Telle une trame invisible, ce champ morphique conditionnerait également le comportement social coordonné entre insectes ou la sensation, chez un amputé, d'un membre fantôme.

Ce concept de « **résonance morphique** » (du grec ancien *morphe* signifiant « forme ») est à rapprocher de la notion d'**inconscient collectif** chère à Jung, psychiatre suisse (1875-1961) : les humains seraient tous reliés entre eux car ils partageraient – sans le savoir, de manière inconsciente – un bagage commun de figures imaginaires, quels que soient les lieux et les époques, une sorte de mémoire collective. Par exemple, les mythes autour de l'origine du monde sont souvent identiques d'un continent à un autre, la symbolique des figures géométriques également (le cercle, le carré, la croix).

Nous retrouvons cette idée d'un univers parallèle, concepteur et créateur, d'un modèle en filigrane de notre monde, extérieur à notre réalité, dans la pensée taoïste et dans les outils du feng shui. Ainsi, l'utilisation du carré par les Chinois et en feng shui du ***loshu*** est une manière de reproduire un schéma subtil et ancestral afin de faire entrer en résonance, d'accorder les différents espaces entre eux en utilisant une figure archétypale (voir p. 152).

LA SYNCHRONICITÉ

Suivant ce principe, les formes et les pensées produits à un endroit X du globe peuvent se répéter à l'identique à un endroit Y sans qu'il y ait de cause apparente qui relient les deux. Celles-ci peuvent être corrélées. Selon le principe d'intrication en physique quantique, tout est connecté, relié par une force invisible.

Il en est de même des **coïncidences** d'événements reliés par un sens, ces fameuses **synchronicités** dont parle la théorie quantique (et encore une fois Jung, ce psychiatre pionnier de la psychologie des profondeurs, selon lequel le monde de l'invisible communique avec nous au moyen des synchronicités).

Qui n'a pas vécu ce sentiment étrange produit par la rencontre symétrique de deux événements qui ne présentent pas de cause commune mais ont un sens pour celui qui le perçoit ?

Si la pensée rationnelle occidentale n'y voit qu'un fait de hasard ou une intervention de la subjectivité, les Chinois prêtent une attention particulière aux coïncidences, car **elles émaneraient du monde de l'invisible**. Signes et messages sont chargés de sens : ils nous permettent de rester connectés à notre destinée, de nous remettre sur notre chemin de vie.

LE POUVOIR DE LA PENSÉE

Autre découverte de la physique quantique : **l'esprit peut influencer le monde physique et le transformer**. C'est le pouvoir de l'intention, de la pensée capable d'exercer une action salutaire sur le système physiologique humain en le guérissant ou en le rendant malade. De nombreuses études scientifiques actuelles ont révélé les effets de la méditation sur l'activité cérébrale, qui modifie le fonctionnement du cerveau, sa structure et celle du corps tout entier : **Antoine Lutz**, chargé de recherche au CRNL de Lyon, a observé les impacts des thérapies méditatives sur la dépression. La méditation joue un rôle positif sur la douleur et le stress et nous permet de nous ouvrir davantage aux autres.

Les travaux d'**Emuru Emoto**, bien que controversés par l'intelligentsia scientifique, ont permis de prouver que les cristaux composant les molécules d'eau peuvent modifier leur structure en fonction de la musique, des mots, des émotions ou des pensées.

La journaliste américaine **Lynne Mc Taggart**, spécialisée dans l'étude de la conscience humaine et auteure de *La Science et l'Intention*, démontre que la pensée peut influencer la réalité matérielle.

ALLER AU-DELÀ DE LA MATIÈRE

> « ***Notre âme est jetée dans le corps, où elle trouve nombre, temps, dimension. Elle raisonne là-dedans, et appelle cela nature, nécessité, et ne peut croire autre chose.*** »
>
> Blaise Pascal (1623-1662)

Dans ses ouvrages, Philippe Guillemant (voir bibliographie) nous explique que les coïncidences sont des messages du monde invisible qui nous permettent de nous reconnecter à notre mission de vie, à ce que nous sommes vraiment : des êtres spirituels. Ces signes surviennent bien souvent à des moments cruciaux de notre vie où nous attendons des réponses, où nous devons amorcer un changement fondamental et prendre des risques.

Car cela nous coûte souvent d'essayer de **nous connecter au monde de l'invisible**, nous qui sommes englués dans le monde matériel, conditionnés par nos problèmes, pollués par notre mental, cause de stress et de maladie…

Alors, comment se brancher sur la bonne longueur d'ondes ? Il faut d'abord se rendre disponible et réceptif et sortir de l'analyse qui nous embourbe en nous ramenant dans la réalité : la méditation permet de se déconnecter de l'ego et de l'espace-temps pour se fondre avec cette cinquième dimension qu'est le grand tout, cette force supérieure qui nous permet de nous accorder avec notre vraie destinée.

Le message est identique chez les taoïstes : en parlant de cette communication avec le monde invisible, le grand sage **Zhuangzi** écrit, au IVe siècle av. J.-C. : « La relation avec le corps et ses éléments disparaît. Les organes des sens sont laissés de côté. Ainsi, quittant la forme matérielle et disant adieu à mon savoir, je deviens uni à l'omniprésent. Cela, je l'appelle s'asseoir pour oublier tout. »

Transhumanisme et taoïsme : devenir immortel

Le transhumanisme est un mouvement qui cherche à nous faire croire que la science peut satisfaire toutes les aspirations humaines, jusqu'à nous rendre immortels. L'intelligence artificielle et la nanotechnologie permettraient à l'homme de « s'augmenter ». Le but est de supprimer la vieillesse, de pérenniser le métabolisme biologique, sous couvert d'un mieux-vivre.

Le projet porté par la science matérialiste est ambitieux et généreux parce qu'il peut améliorer certains aspects de la condition humaine en remplaçant des membres amputés ou en réparant certains handicaps ou organes malades.

Cependant, les dérives peuvent être nombreuses : la vieillesse, la souffrance, la maladie ou la mort ne sont pas des tares qu'il faut à tout prix supprimer. Elles font partie de notre condition. D'ailleurs, il y a fort à parier que le processus de transformation de l'homme en « machine », déjà bien engagé, ne supprimera pas les inquiétudes liées à l'existence humaine.

La recherche de la longévité et de l'immortalité occupe une place centrale dans la pensée taoïste. C'était une philosophie qui touchait tous les domaines : tech-

→

niques physiologiques et mentales, phytothérapie et régime culinaire, médecine, massages, acupuncture, chi gong, méditation, feng shui et autres arts taoïstes avaient pour mission de maintenir la vie, cette force vitale intérieure, à son degré le plus élevé afin de vivre au mieux le passage sur Terre, doté d'une éternelle jeunesse.

Atteindre l'immortalité comportait également une dimension magique et mystique : pour l'atteindre, il fallait se procurer des élixirs spéciaux, œuvres d'alchimistes souvent mortifères…

Les premiers taoïstes organisaient des voyages pour découvrir le jardin de la Reine mère d'Occident (Xiwangmu) où étaient cultivées les pêches de longévité destinées à la survie des Immortels.

Selon les principes chinois, l'immortalité concerne avant tout l'âme qui, une fois qu'elle a quitté l'enveloppe terrestre au moment de la mort, doit pouvoir subsister dans l'au-delà. Un culte lui est ensuite rendu par les membres vivants de la famille, qui s'assurent aussi que la sépulture du défunt ait un bon feng shui.

Enfin, les pratiques du souffle, notamment la « respiration embryonnaire[18] », permettaient d'atteindre ces états de conscience particuliers (voir p. 85), un des moyens pour ouvrir la porte sur le monde invisible et pour s'unir avec « le principe éternel », le Tao, la voie, pour devenir immortel (voir p. 83).

18. La respiration embryonnaire emmène le souffle au niveau du nombril.

FOCUS : SYNTHÈSE DES PRINCIPES ET OUTILS TAOÏSTES

La **connexion au Tao**, c'est être en **harmonie avec la nature** en tenant compte du rythme des saisons, de la nourriture qu'on ingère, de la manière de respirer, de méditer, d'entretenir son corps ou d'habiter un espace pour ne faire qu'un avec son environnement. Une manière d'atteindre l'**immortalité** chère au taoïsme en préservant son éternelle jeunesse...

Le **modèle trinitaire** chinois, qui relie le Ciel, la Terre et l'Homme entre eux, nous rappelle que :

- tout ce qui se manifeste sur terre a déjà été imaginé dans le ciel (principe d'antériorité) ;

- les cycles planétaires étudiés par l'astronomie et l'astrologie (1 sur l'illustration p. 175) ne sont que la représentation en plus grand du mouvement des atomes (identité entre le microcosme et le macrocosme et entre la partie et le tout) ;

- tout est interconnecté, relié par un fil invisible selon le principe de cause à effet, mais également sur un autre plan plus subtil qui relie la réalité visible à une réalité invisible.

À l'image de l'octogone qui fusionne le cercle (forme du Ciel) avec le carré (forme de la Terre), le temps et l'espace ne font qu'un. Ces deux dimensions inséparables sont prises en compte par chacun des concepts et principes taoïstes utilisés par le feng shui[19] :

- Lorsque **le yin et le yang (2)** interagissent, ils donnent naissance aux **cinq éléments (3)**, qui décrivent les forces en jeu dans l'univers, les différentes phases de transformation du *chi*, l'énergie qui compose la matière et lui fait changer d'état.

- Créés à partir du yin et du yang, les **trigrammes** sont la représentation codifiée de tous les êtres et choses (personnalité, organe, saison, forme, membre de la

19. Tout au long de cet ouvrage, d'autres outils seront également abordés qui n'appartiennent pas à la sphère taoïste.

famille…) ; superposés, ils forment les **hexagrammes** du **Yi jing**, une méthode divinatoire ancestrale pour questionner n'importe quel événement du réel.

- Le ***bagua*** (4), de forme octogonale, associe chaque trigramme à une direction cardinale ou semi-cardinale. Il en existe deux sortes, comme il existe un monde visible et un monde invisible. Le ***bagua* du Ciel antérieur,** lié à un état primordial, parfait et invisible dans lequel les choses ne sont pas encore manifestées, où tout est statique, en devenir, nous rappelle que, avant la naissance du monde et de ses différences, tout était indifférencié. Le ***bagua* du Ciel postérieur** représente le monde dans lequel nous vivons, avec sa dynamique et ses cycles changeants. C'est une figure qui parle de mouvement.

Loshu* et *hetu sont construits selon ce même principe.

- Le ***loshu*** (5), de forme carrée, avec ses 9 chiffres, décrit les forces en jeu dans l'espace, la dynamique du mouvement : il sera appliqué sur le plan de la maison pour sectoriser les espaces bénéfiques et néfastes selon la méthode des Huit Directions ou celle des Étoiles Volantes.

- Le ***hetu*** (6) traduit un équilibre primitif des énergies. Il est en relation directe avec **ce qui n'est pas encore manifesté, ce qui est en potentiel.** Derrière la réalité **visible**, le *hetu* nous donne accès à ce que l'on ne voit pas (l'**invisible**), une donnée fondamentale pour les arts taoïstes.

- Le ***lopan*** (7), la boussole très élaborée du feng shui, est l'instrument qui permet de relever d'un simple coup d'œil les informations liées au temps et à l'espace.

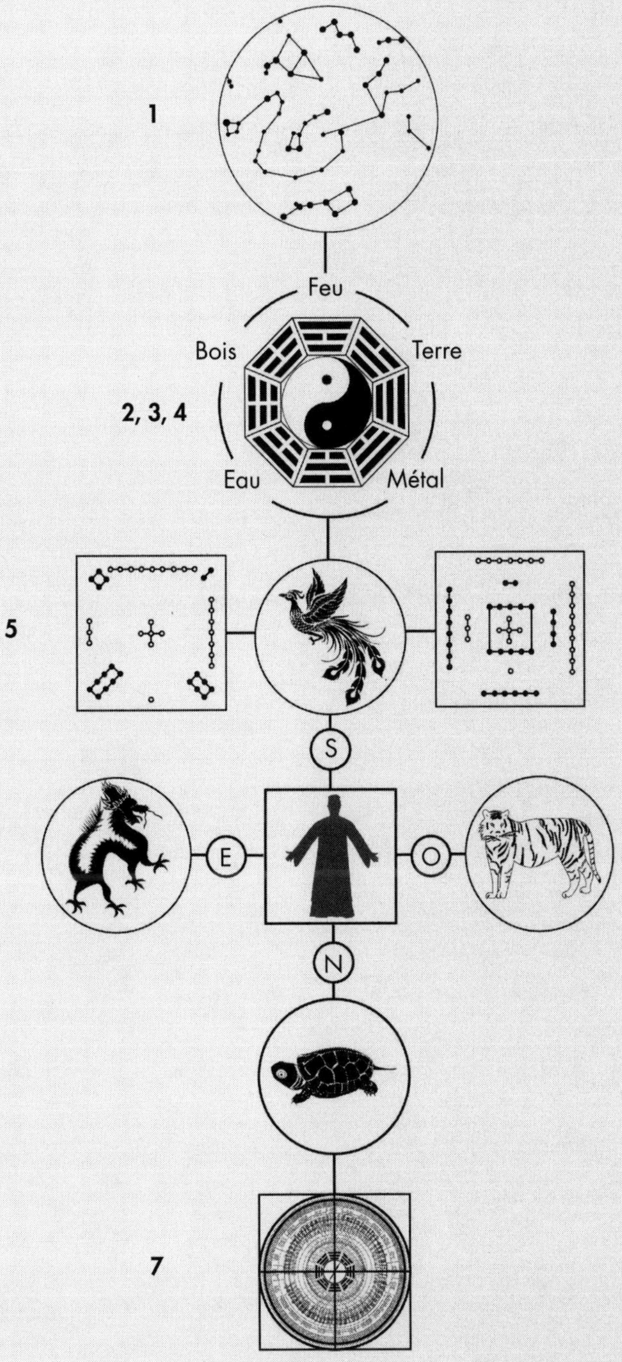

L'homme est placé au centre de l'espace figuré ici par les animaux célestes : le phénix au sud, la tortue au nord, le dragon à l'est et le tigre à l'ouest.

LES CINQ ÉLÉMENTS ET LEURS CORRESPONDANCES

	BOIS	FEU	TERRE	MÉTAL	EAU
DIRECTIONS	Est et sud-est	Sud	Centre, nord-est et sud-ouest	Ouest et nord-ouest	Nord
PAYSAGES	Plateau	Montagne	Plaine	Colline	Lac, relief irrégulier
ANIMAUX CÉLESTES	Dragon vert	Phénix rouge	Serpent jaune	Tigre blanc	Tortue noire
COULEURS	Bleu, vert	Rouge, orangé, jaune	Jaune, beige, marron	Blanc, or, argenté	Noir, bleu foncé, turquoise
SAISONS	Printemps	Été	Intersaisons	Automne	Hiver
TEMPÉRATURES	Tiède et humide	Chaud	Tempéré	Froid sec	Froid
MOMENTS	Lever du soleil	Midi	Après-midi	Soir	Minuit
MOUVEMENTS	Croître	Engendrer	Transformer	Collecter	Conserver
ODEURS	Acide	Amer	Sucré, doux	Acre, fétide	Pourri, salé
PLANÈTES	Jupiter	Mars	Saturne	Vénus	Mercure

LES CINQ ÉLÉMENTS ET LES GRANDS PRINCIPES TAOÏSTES

	BOIS	FEU	TERRE	MÉTAL	EAU
LOSHU	3, 4	9	2, 5, 8	6, 7	1
HETU	3, 8	2, 7	5, 10	4, 9	1, 6
TRIGRAMMES	Tonnerre (Zhen), Vent (Xun)	Feu (Li)	Terre (Kun), Montagne (Gen)	Lac (Dui), Ciel (Qian)	Eau (Kan)
YIN ET YANG	Yang naissant	Yang à son apogée	–	Yin naissant	Yin à son apogée
TRONCS CÉLESTES	Bois yang (*jia*) Bois yin (*yi*)	Feu yang (*bing*) Feu yin (*ding*)	Terre yang (*wu*) Terre yin (*ji*)	Métal yang (geng) Métal yin (xin)	Eau yang (*ren*) Eau yin (*gui*)
BRANCHES TERRESTRES	Tigre (*yin*), lapin (*mao*)	Serpent (*si*), cheval (*wu*)	Bœuf (*chou*), dragon (*chen*), chèvre (*wei*), chien (*xu*)	Singe (*shen*), coq (*you*)	Cochon (*hai*)

Partie 3

L'environnement est la clef de tout !

Avant même d'étudier la forme de la maison ou son agencement, la première donnée à prendre en compte en feng shui est l'environnement, dont dépend la chance des habitants : les forces énergétiques en jeu dans le paysage naturel ou urbain ont une incidence directe sur l'habitation, et cela constitue une donnée incontournable que vous ne pourrez pas esquiver, quelles que soient les solutions feng shui que vous mettrez en place dans votre habitation.

La pratique du feng shui commence par une observation de la configuration du terrain et de sa topographie : c'est la spécialité de l'école de la Forme et du *San he*, une version plus élaborée de l'étude de l'environnement.

Il est par conséquent essentiel, avant d'entreprendre quoi que ce soit dans votre maison ou votre bureau, de commencer par analyser les caractéristiques de l'environnement proche et d'évaluer si l'habitation est connectée à une bonne source de *chi*.

Comme si vous dressiez un cahier des charges, il s'agira de repérer, pour les évaluer, les données suivantes :

- les caractéristiques climatologiques et géographiques ;
- la topologie (présence de pentes et de dénivelés, hauteurs et creux) : le fameux couple dynamique « eau et montagne » est-il favorable au *chi* bénéfique ?
- les zones à éviter parce qu'elles comportent des *chi* néfastes ;
- en zone urbaine, la présence ou non d'espaces verts à proximité ;
- les différents accès à la propriété et les voies de circulation : chemins, routes, rue, etc. ;
- l'emplacement et l'orientation de la maison et de sa porte d'entrée ;
- la forme de l'habitation, son plan, les différents niveaux et ouvertures, etc.

CHAPITRE 1
LE SITE IDÉAL

LES QUATRE ANIMAUX CÉLESTES

En feng shui, pour définir l'emplacement d'une ville ou d'une habitation, le choix du site est primordial. Il est conditionné par les principes de la **protection** et de la **rétention**, incarnés traditionnellement par les « **quatre animaux célestes** » positionnés aux quatre directions cardinales : la Tortue noire au nord, le Phénix rouge au sud, le Dragon vert à l'est, le Tigre blanc à l'ouest.

UNE ORIGINE CÉLESTE

Le nom des animaux célestes provient de l'observation astronomique et correspond à la position et à la forme des 4 macro-constellations (contenant les 28 constellations du zodiaque chinois) visibles en fonction des saisons. La Grande Ourse jouait un rôle déterminant au milieu de la voûte céleste, divisée en 5 régions selon les points cardinaux chinois : au centre, la région du pôle symbolisée par la Licorne jaune ; à l'est, le Dragon vert ; à l'ouest, le Tigre blanc ; au sud, le Phénix rouge ; au nord, la Tortue noire.

La protection est le premier principe

Le lieu doit être protégé à l'arrière et sur les côtés par des reliefs plus ou moins hauts qui font barrage au vent en le canalisant, et permettent au *chi* de l'eau de descendre jusque dans la plaine. La ville ou la maison sont ainsi abritées, sécurisées naturellement. Un bâtiment « solitaire », sans protection, sera soumis aux vents qui dissiperont son énergie vitale et celle de ses habitants.

En Chine, la **Tortue noire** est située géographiquement au nord, d'où viennent les vents froids. Elle est composée de hauts reliefs.

En feng shui, la Tortue noire positionnée à l'arrière de l'habitation protège son dos à la manière d'un paravent naturel. À l'image de sa carapace, elle garantit une bonne santé, des relations riches et des assises financières solides pour les habitants.

Lorsqu'on est dos à la montagne, la Tortue noire se prolonge sur les côtés, à droite (c'est le **Tigre blanc** à l'ouest) et à gauche (c'est le **Dragon vert** à l'est), l'ensemble formant un croissant autour du site. Avec la Tortue noire, le Dragon vert et le Tigre blanc sont les deux autres protections.

Quand la Tortue noire se fait menaçante

La Tortue noire, surnommée « Le Guerrier noir à la robe pourpre et aux cheveux noirs de jais », ne doit pas être trop proche du site, sinon elle deviendra une menace pour l'habitation : possibilité d'éboulis, absence de lumière, pentes raides, etc. (voir p. 213).

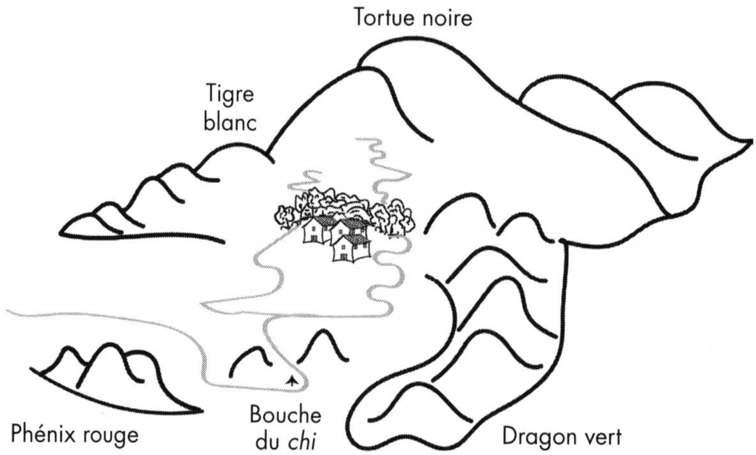

L'emplacement du site idéal, la tanière du dragon (le village au centre de l'illustration), est choisi par le maître en feng shui après l'analyse des caractéristiques des montagnes (les dragons) et des cours d'eau, afin que le *chi* lui soit bénéfique. La présence de l'eau est indispensable, car elle permet de retenir le *chi* et évite qu'il ne soit dispersé par le vent. Le *chi* est alors « nourricier ».

Le **Dragon vert,** situé à gauche de l'habitation, a des proportions plus hautes ou plus longues que le Tigre. Il incarne la concrétisation, les aspects financier et paternel.

Le **Tigre blanc,** situé à droite, est plus petit ou plus court que le Dragon. Il concerne davantage les aspects féminins et créatifs. Dans les mythes, il représente le paradis de l'Ouest chinois, protégé des démons par les tigres.

UN MODÈLE DICTÉ PAR LA GÉOGRAPHIE CHINOISE

En Chine, le territoire est occupé par des montagnes à l'est et au nord, d'où proviennent les vents froids, et il s'arrête à l'ouest, là où commence la mer. Ces principes, perfectionnés par le feng shui, ont été adaptés aux différents types de situations paysagères et ont influencé l'art des jardins. Ils sont restés présents dans l'inconscient chinois sous la forme de symboles placés dans l'espace de la maison : une peinture de dragon sur le mur est, qui servait de protection, et des objets en rapport avec l'eau (rivière, océan) sur le mur ouest, pour renforcer la fertilité de la maison.

Le second principe est la rétention

L'eau qui descend de la montagne pour irriguer les plaines de la vallée permet de retenir le *chi*, de le concentrer afin d'éviter qu'il ne se dissipe.

Le **Phénix rouge**[20] (l'Oiseau de feu) représente le soleil et la chaleur, l'ouverture vers le sud : c'est la face yang située à l'opposé de la Tortue noire. Cela signifie que le site doit s'ouvrir légèrement sur une perspective dégagée à l'avant, tout en permettant – grâce à de légers reliefs – de retenir le *chi*, une source de bienfaits.

La présence d'un Phénix devant une habitation (ou même devant des fenêtres) représente une possibilité de se projeter en évitant les obstacles, de réaliser ses projets, mais aussi de pouvoir communiquer correctement avec l'extérieur.

20. Ne pas confondre le Phénix rouge (ou *feng huang*) avec le phénix, oiseau mythique qui renaît de ses cendres après avoir été consumé par le feu.

Les **quatre animaux célestes** abritent en leur centre un environnement protecteur et chargé en énergie vitale. Ce lieu appelé **Xué**, où convergent le *chi* de la montagne et celui de l'eau, est l'endroit idéal où s'accumule l'énergie. L'espace dégagé qui se trouve devant s'appelle le ***mingtang***.

Les règles générales

Voici les principaux enseignements à tirer du principe des quatre animaux célestes… Il faut rechercher :

- un site protecteur et sécurisant, nourri en énergie vitale ;
- des reliefs équilibrés (rapport harmonieux yin et yang) ;
- une dynamique montagne-eau : plein-vide, hauteur-creux, haut-bas.

Le but étant toujours de profiter des avantages de l'environnement tout en préservant ses qualités.

Les veines du dragon

Le *chi* qui circule dans le relief de la terre est semblable au sang qui circule dans nos veines. Chez les taoïstes, le paysage est apparenté au corps humain. Le dragon est un animal divin qui incarne les forces de la nature et du Ciel, et le *chi* qu'il transporte charrie la vie. Il existe deux types de dragon : le dragon assimilé à la montagne, dont on peut voir le déplacement en suivant les lignes de crête, et le dragon d'eau, correspondant aux fleuves qui serpentent.

Pour en découvrir plus sur le dragon, sa représentation et sa symbolique, voir p. 192.

Sur la carte ci-dessous, les trois dragons principaux correspondent aux bandes de terre situées entre les quatre grands fleuves, qui jouent le rôle de séparateurs : le **dragon septentrional** est situé au nord du fleuve Jaune, le **dragon central** entre le fleuve Jaune et le fleuve Bleu, le **dragon méridional** entre le fleuve Bleu et la rivière des Perles.

→

Le dragon s'arrête là où la terre s'arrête, c'est-à-dire dès que l'eau apparaît.

Dans son traité de feng shui, Guo Pu relate que l'énergie venant du dragon ne peut être utilisée que lorsqu'elle est retenue. À l'endroit où l'eau apparaît, la montagne ou la terre s'arrête, c'est là que l'énergie se condense et qu'elle devient exploitable. Le plan d'eau situé à l'avant du site est l'endroit où vient boire le dragon.

L'eau permet d'accumuler le *chi* transporté par les « dragons montagnes ». Ces endroits de jonction terre-eau sont particulièrement propices à l'établissement de la vie humaine. L'embouchure de la rivière des Perles, à la fin du dragon du sud, collecte une énergie puissante qui a été propice au développement de la cité de Hong Kong.

LA FORME DES MONTAGNES

Pour évaluer la viabilité d'un paysage pour l'érection d'une ville ou d'une habitation, les montagnes font l'objet d'un classement typologique selon le principe des cinq éléments. Observer la forme des chaînes de montagnes est un excellent exercice que vous pouvez pratiquer :

- La montagne **Bois** a une forme haute, ses pentes raides descendent depuis un sommet plat. Elle est associée au rectangle et à la planète Jupiter.
- La montagne **Feu** est pointue et élancée vers le ciel (type chaîne alpine), avec une pente raide. Elle est associée au triangle et à la planète Mars.
- La montagne **Terre** a une forme plate dotée de pentes régulières. Elle est de forme plutôt carrée et massive.
- La montagne **Métal** a une forme arrondie avec une pente douce.
- La chaîne de montagnes **Eau** a des sommets érodés par le vent et l'eau. Elle présente donc une forme irrégulière.

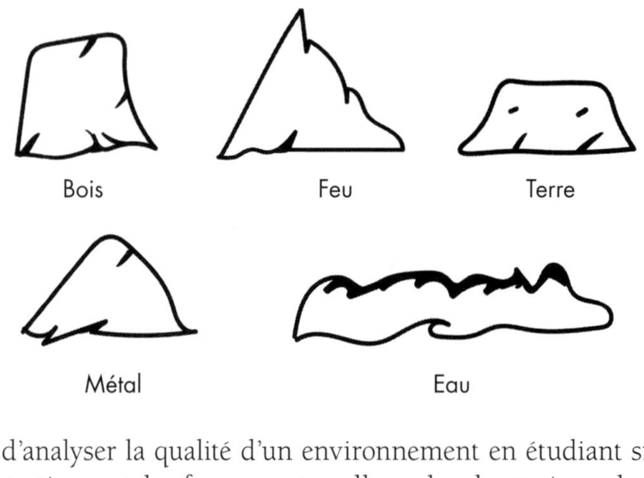

Il est possible d'analyser la qualité d'un environnement en étudiant simplement les relations qu'entretiennent les formes entre elles selon les trois cycles élémentaires (construction, contrôle et affaiblissement). Fruits de leurs observations, des catalogues dressés par les maîtres en feng shui présentent les modèles favorables et défavorables de chaînes de montagnes et de cours d'eau sous forme de croquis annotés.

Ces modèles ont été ensuite adaptés au paysage urbain : la ville de Hong Kong est ainsi entièrement conçue comme un jeu de dominos très précis, où chaque gratte-ciel a été pensé et élaboré en fonction des bâtiments qui l'entourent et de la protection qu'ils apportent.

Pour un immeuble avec une forme Bois, par exemple (haute et plutôt rectangulaire), les formes de l'environnement placé à l'arrière seront protectrices lorsqu'elles sont de type Eau, qu'elles soient naturelles (montagnes, collines…) ou construites. Si ces formes sont elles-mêmes soutenues à l'arrière par des formes de type Métal, la situation sera encore meilleure, car selon le cycle des éléments, la relation entre les formes est productive : le Métal nourrit l'Eau qui nourrit le Bois.

Un très ancien héritage

Tout au long de l'histoire de la Chine, de nombreux travaux ont été réalisés, tels que des canaux, afin de domestiquer et d'aménager les fleuves dans le but de les rendre exploitables et de contrôler leurs crues. Grâce à leur connaissance approfondie, les anciens avaient catalogué les différentes configurations terrestres et aquatiques dans des traités dont nous avons gardé la trace. Ces structures ont servi de modèles et de règles pour définir les emplacements des maisons par rapport aux voies d'accès.

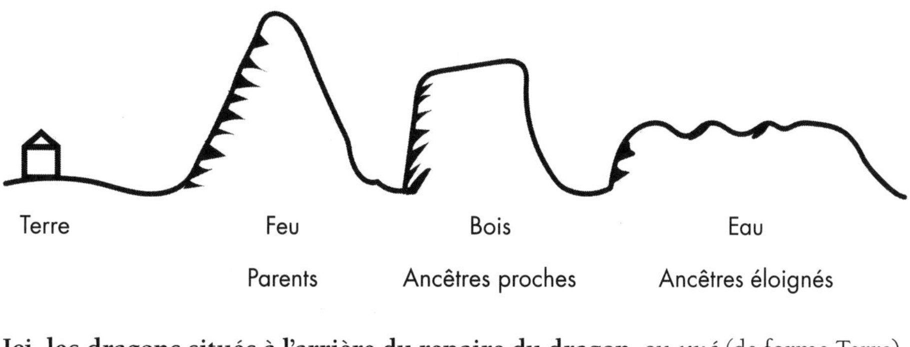

Ici, les dragons situés à l'arrière du repaire du dragon, ou ***xué*** (de forme Terre), ont une relation productive parent/enfant : chaque forme de montagne incarnée par un élément nourrit celle qui est devant. La première montagne (ou chaîne de montagnes) située à l'arrière du site est appelée « montagne parents » puis, par ordre de succession, « montagne des ancêtres proches » et « montagnes des ancêtres éloignés »…

→

La montagne Feu nourrit le site Terre situé devant elle. La montagne Feu est elle-même nourrie par une chaîne de montagnes Bois, elle-même nourrie par une chaîne Eau.

Les montagnes sont reliées entre elles par un canal qui ne doit pas être rompu, afin que l'énergie puisse se transmettre.

QUE SE PASSE-T-IL EN MILIEU URBAIN ?

Le modèle adopté pour la lecture des paysages a été transposé aux configurations urbaines : les courants d'eau ont été remplacés par les voies de circulation, qui transportent les énergies du mouvement, ou les espaces ouverts (places, stades, parc...), dans lesquels viennent s'accumuler les énergies. Quant aux bâtiments (maisons, immeubles, tours, etc.), ils ont été assimilés aux montagnes et aux reliefs.

	VERSION NATURELLE	VERSION URBAINE
EAU (MOUVEMENT)	Fleuve, rivière, ruisseau, lac, étang...	Autoroute, route, rue, impasse.
MONTAGNE (ÉNERGIE STABLE, PROTECTION)	Colline, butte, dénivelé, pente.	Immeuble, gros bâtiment, entrepôt, fortification.

Gardez à l'esprit que **rien ne pourra jamais remplacer la nature**, l'énergie de l'eau et la puissance de la montagne. Ainsi, dans une ville, il est préférable d'élire domicile dans un quartier qui sera énergisé par des structures naturelles. Cela impactera davantage la qualité de votre feng shui.

Veillez à ce que votre habitation soit protégée à l'arrière et que la porte principale soit à proximité d'un réservoir de *chi* tel qu'un jardin public, une place, un parc, un environnement boisé ou aquatique.

TRANSPOSITION DES ANIMAUX CÉLESTES EN MILIEU URBAIN

	ANIMAL CÉLESTE	À LA CAMPAGNE	EN VILLE
DEVANT	Phénix rouge	Vue dégagée sur des hauteurs au loin.	Petits immeubles, place, parc, rue.
DERRIÈRE	Tortue noire	Montagnes, monts, collines, buttes.	Haies d'arbres, immeubles massifs ou hauts.
À GAUCHE	Dragon vert	Forêts, bois, bosquets, jardins.	Bâtiments hauts en forme de tour.
À DROITE	Tigre blanc	Arbres argentés aux formes rondes, rochers.	Immeubles aux surfaces blanches plus petits que ceux du Dragon.

Dragons des villes

Si, dans le paysage, une montagne est considérée comme un dragon, dans le milieu urbain, les constructions massives, les grands objets sont eux aussi des « dragons-montagnes », dont la forme statique est opposée à l'Eau, élément dynamique. Plus largement, le dragon correspond à la terre comprise entre deux espaces d'eau.

FOCUS : LE DRAGON

Incontournable dans la civilisation chinoise, le dragon est l'animal de la transformation et du dynamisme universel par excellence. Ses aspects symboliques sont essentiels pour comprendre le feng shui.

Un animal fétiche

La première représentation du dragon remonterait au néolithique chinois (culture du Yangshao moyen ou tardif, 5000 à 3000 av. J.-C.). Dans la tombe de Xishuipo située au nord du Henan, dans la région du fleuve Jaune, le corps d'un homme, probablement un chamane, a été inhumé entre deux compositions faites de mosaïques de coquillages blancs représentant un dragon à sa gauche et un tigre à sa droite (voir les quatre animaux célestes, p. 183).

C'est surtout à l'époque des premières dynasties Xia, Shang et Zhou qu'il devient le thème fétiche des bronzes, des céramiques ou du mobilier. Il a alors une valeur de protection prophylactique.

La tombe de Xishuipo

La tombe a été découverte en 1987-1988. C'est la plus ancienne représentation chinoise du Ciel. Le corps est orienté sur l'axe sud/nord, la tête vers le demi-cercle qui représente la voûte céleste (direction sud), et les pieds vers la forme carrée qui symbolise la Terre (direction nord).

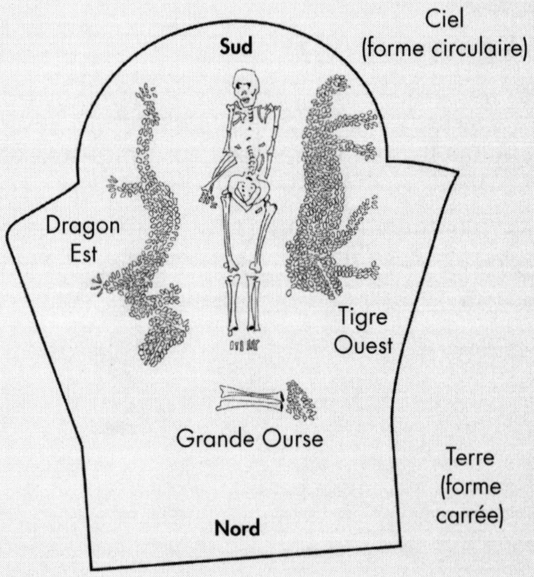

Un mythe animiste

En ces temps primitifs, le dragon est l'incarnation des forces de la nature, bénéfiques ou néfastes : pluie qui fertilise les cultures, il prend également la forme d'intempéries qui les ravagent. Il est vénéré et craint à la fois, et fait l'objet de superstitions. Afin que rien ne vienne troubler le cours harmonieux des choses, des sacrifices humains lui sont consacrés. Les cérémonies seront petit à petit ritualisées et orchestrées par l'empereur, son seul et unique représentant sur terre.

En effet, lorsqu'ils se battent entre eux, les dragons provoquent des intempéries : tempêtes, orages, inondations, cataclysmes, tremblements de terre… Ces manifestations indiquaient aux hommes que le souverain avait mal agi, qu'il n'était plus digne d'exercer son mandat. Ce dernier avait donc tout intérêt à s'attirer les bonnes grâces de l'animal céleste.

Shenlong, le dragon impérial

Shenlong commande aux éléments naturels : il fait tomber la pluie en marchant sur les nuages, mais peut aussi provoquer des tempêtes en maîtrisant les vents. Mieux vaut ne pas l'offenser, sous peine d'en subir les foudres.

Shenlong, « le dragon spirituel », est associé à l'empereur, son représentant sur terre. Il est facilement reconnaissable avec ses écailles bleues et ses serres munies de 5 griffes. La représentation de ce dragon est réservée à l'empereur : elle orne ses vêtements et son mobilier, tel un estampillage représentatif de sa position. Toute personne utilisant cet emblème était punie de mort. Les autres dragons à 3 ou 4 griffes, moins prestigieux, sont réservés aux dignitaires de la cour en fonction de leur rang.

Le dragon… et les autres !

Trois autres animaux étaient considérés comme de bon augure : la licorne, le phénix (ou la grue) et la tortue. Seul l'empereur avait le droit de les domestiquer dans ses jardins.

Heureux présage et porte-bonheur

Représentation de l'empereur, le dragon symbolise aussi les grands hommes : il apparaît lors de naissances illustres, jouant le même rôle que l'ange de l'annonciation chrétien. Ainsi, selon une chronique historique, la mère de Confucius aurait reçu la visite du Dragon céleste avant la naissance de son fils… Mythes et réalité sont souvent confondus dans la culture chinoise.

Le dragon a fini par intégrer le calendrier zodiacal chinois et la plupart des calendriers asiatiques comme symbole du bonheur, de réussite et de puissance. Il est souvent représenté tenant une perle, signe d'abondance, de sagesse et de connaissance. Voilà pourquoi les années Dragon ont un taux de natalité très élevé.

Une morphologie complexe

À la différence du dragon occidental qui crache le feu, le dragon chinois est surtout un **dragon aquatique**, amphibie, et il peut également voler dans le ciel. Les Chinois ont en effet répertorié trois genres de dragons : les dragons célestes (*long*), les dragons marins sans corne (*li*) et les dragons palustres (*jiao*), qui habitent les marais et les cavernes.

Leur **corps** est multiforme, composé de parties appartenant à neuf autres animaux. Leur tête de chameau est surmontée de cornes de cerf, leurs yeux exorbités sont ceux d'un lièvre ; ils ont des oreilles de bœuf et un cou de serpent… Leur ventre a la forme d'une palourde, tandis que leur dos est recouvert d'écailles de carpe. Enfin, leurs pattes sont similaires à celles d'un tigre et se terminent par des serres d'aigles.

Autre détail sonore : leur gueule barbue émet un son tonitruant et effrayant proche du tonnerre. À noter : le dragon est sourd ! C'est pourquoi les Chinois appellent « dragons » les personnes qui n'entendent pas bien.

Source de la transformation

Selon la légende, le dragon se réveille au printemps d'un long sommeil hivernal. Sa lumière créatrice et ses pluies permettent l'éclosion et l'épanouissement de la nature, qui entre ainsi dans sa phase d'**expansion** (yang) pour six mois. Puis vient l'automne, et le dragon se retire alors dans les profondeurs obscures, au moment où l'énergie de la végétation se replie dans ses racines (phase yin).

Le trigramme Zhen

Dans les huit trigrammes du *bagua* (voir p.110), le dragon est associé au trigramme Zhen (le Tonnerre), qui incarne le renouveau printanier, le commencement, l'est, point cardinal d'où naît le soleil, le chiffre 3 et l'énergie du Bois, liée à la croissance. L'ouverture au milieu du trigramme traduit l'éclair de la foudre qui transperce l'atmosphère et touche le sol.

En apparaissant et en disparaissant cycliquement, le dragon traduit, par ses allées et venues, le mouvement perpétuel de la nature. Dans le ***Dictionnaire des graphies simples et composés***, le ***Shuowen Jiezì***[21], écrit au début du IIe siècle de notre ère, Xu shen décrit cette métamorphose et ce va-et-vient : « Le dragon est capable aussi bien de disparaître dans l'invisible que d'éclater en pleine lumière, de devenir minuscule ou gigantesque, de rapetisser ou d'allonger son corps à volonté : au printemps, il monte au Ciel ; à l'automne, il descend dans les profondeurs… »

Le dragon : mythe ou réalité ?

L'esturgeon est un poisson migrateur qui va frayer au printemps en remontant le fleuve Jaune. Il se transformerait en dragon lorsqu'il franchit les rapides de la porte du dragon (Longmen, dans le Hunan). Il existe une variante de cette légende avec les carpes, qui remontent également le cours du fleuve à la même saison. À y regarder de plus près, l'esturgeon, qui peut atteindre jusqu'à 5 m de long et est pourvu de quatre barbillons et de petites nageoires costales, aurait pu inspirer la légende… →

21. Le *Shuowen Jiezi*, rédigé par Xu shen (58-147), est le premier dictionnaire de caractères chinois.

Le corps de l'esturgeon a peut-être inspiré les formes du dragon.

L'origine astronomique : c'est également au printemps que la constellation du Dragon apparaît dans le ciel, où elle reste visible pendant six mois, ce qui explique son association au printemps et à l'est, tandis que celle du Tigre apparaît en automne pour les six mois suivants et est associée à l'ouest.

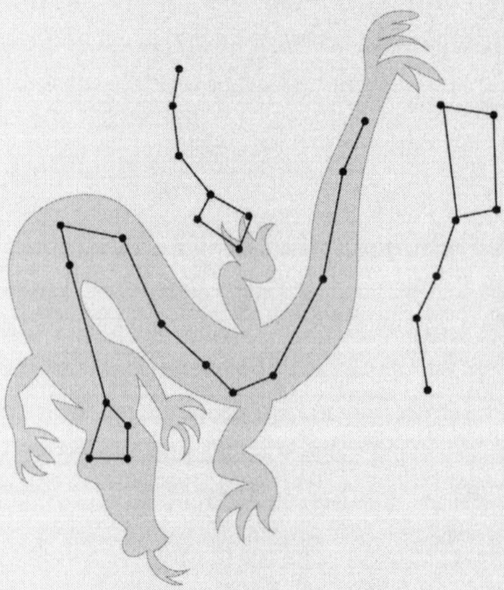

La constellation du Dragon est facilement repérable entre la Grande Ourse et la Petite Ourse.

龍

L'IDÉOGRAMME DU DRAGON

Le caractère le plus ancien (le plus à gauche des quatre) fait apparaître distinctement les ailes, ainsi que le corps avec les écailles[22].

22. Tiré du livre d'Édouard Fazzioli, *Caractères chinois, du dessin à l'idée. 214 clés pour comprendre la Chine.*

Dans la **méthode du *San he***, qui s'intéresse en particulier à la forme et à la direction des montagnes et des cours d'eau, le dragon correspond à une chaîne de montagnes (*long*) dont on peut repérer la tête, la queue et la colonne vertébrale. Elle est donc en mouvement sous la forme d'un serpent qui ondule dans le paysage : les énergies telluriques sont transportées par les veines du dragon, porteuses du souffle du dragon. Force terrestre, il représente également les chutes d'eau et les cascades dont la source est localisée dans ces montagnes ; enfin, le dragon est concerné quand il s'agit de vent.

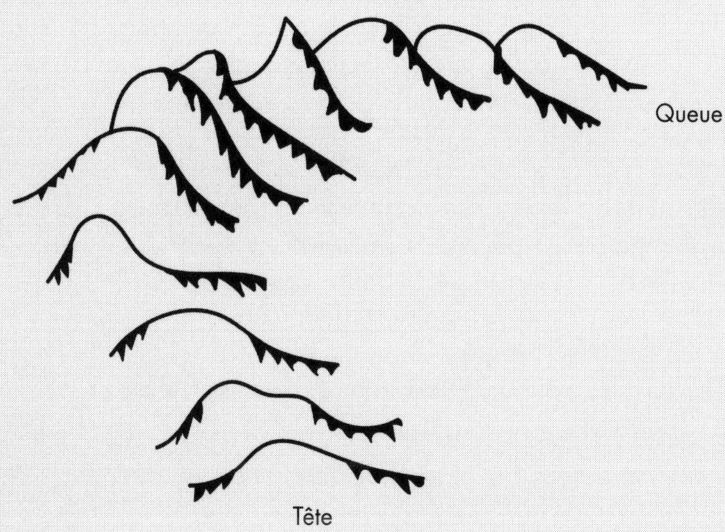

Le dragon numérologique

Le 9 est un chiffre yang favorable associé au dragon et à l'empereur. Le corps de l'animal a donc 117 écailles dont 81 mâles (9 × 9) + 36 femelles (6 × 6).

L'hexagramme Qian dans le *Yi Jing*

La première mention littéraire du dragon apparaît dans le premier hexagramme (voir p. 116) du *Livre des mutations (le Yi Jing)*, l'un des Classiques chinois servant de manuel de divination. Cet ouvrage répertorie les 64 hexagrammes qui décrivent toutes les situations de la vie.

Les commentaires expliquent que les six traits de l'hexagramme figurent les étapes de la manifestation du dragon à travers le cycle de la végétation.

L'hexagramme se lit de bas en haut :

Dragon planant : c'est l'esprit qui ordonne le tout, le roi dragon céleste.
Dragon volant : graines et pollen qui essaiment.
Dragon bondissant : la plante croît et donne des fruits.
Dragon visible : germe apparaissant hors de terre.
Dragon des champs : germe qui croît.
Dragon invisible : la semence enterrée non encore exprimée.

CHAPITRE 2
L'OBSERVATION

Évaluer le bon feng shui de votre habitation passe par un examen correct de l'environnement. Il ne faut jamais perdre de vue que l'observation part toujours de l'extérieur vers l'intérieur et du plus éloigné vers le plus proche. Lors de cette première étape, ne vous contentez donc pas de faire le tour du quartier ou du village : inspectez aussi l'environnement éloigné. C'est particulièrement important dans le cadre d'une étude que vous réalisez pour votre logement, mais également pour un projet d'achat, de location ou de construction.

À pied, à vélo ou en voiture, il est nécessaire de couvrir un rayon d'au moins 5 km. Ainsi, vous pourrez vous rendre compte de la dynamique énergétique du lieu.

L'OBSERVATION DIRECTE

Établir la dynamique du lieu, c'est vérifier la présence ou l'absence d'« eau » et de « montagne » – autrement dit, de relief quels qu'ils soient. Pour cela, vous pouvez vous aider des critères des quatre animaux célestes, des cinq éléments et du yin et du yang.

Placez autour du plan de votre habitation les animaux célestes présents, en évaluant leurs proportions et leur force, afin d'en tirer une première analyse.

- L'environnement procure-t-il une **protection** efficace à l'habitation ? Autrement dit, la Tortue noire joue-t-elle pleinement son rôle ?

- Les **dénivelés**, **hauteurs** et **creux** sont-ils propices à la circulation d'un *chi* harmonieux ?

- L'**élément aquatique** est-il présent ? Comment sont les cours d'eau à proximité ? Sous forme de rus, rivières, fleuves ? Ont-ils une vitesse lente, rapide ou normale ? L'eau apparaît-elle sous forme de plans d'eau calmes ou sinueux comme un long serpent ? Sont-ils étroits ou larges ? Vivants ou stagnants ? Utilisés ou sauvages ? Calmes ou menaçants ? Sains ou pollués ? Les lits sont-ils à sec ? Y a-t-il des crues possibles ? À quelle distance de la maison se situe l'eau ? Est-elle devant, sur les côtés, à l'arrière ?

- Et les **voies de circulation** : quelles sont leur taille et leur flux ? Sont-elles placées à une proximité raisonnable ?

La technique de l'« homme-dragon »

Stephen Skinner décrit dans ***Feng-shui, terre vivante*** la méthode du maître fengshui, l'« homme-dragon », qui permet de déterminer la position de l'antre du dragon (sa tanière), c'est-à-dire le site idéal dans la nature où convergent les flux de *chi* bénéfiques à l'installation d'une habitation.

Le site était tout d'abord analysé, les configurations du terrain faisaient l'objet d'observations que le maître en feng shui répertoriait.

Puis il se rendait en palanquin sur les lignes de crête pour y suivre les courants du *chi*. De là-haut, perché sur l'échine du dragon, il inspectait les vallées, les ruisseaux, les sentes, qu'il relevait soigneusement sur une carte. Son compas lui servait à déterminer le point de départ des flux de *chi* en partant de la crête, et les directions qu'ils prenaient. Pour déterminer le point d'arrivée du flux, l'homme-dragon dévalait la pente aussi vite qu'il le pouvait en suivant les sentes naturelles choisies par les animaux jusqu'à ce qu'une cavité, une dépression l'arrête. Cela signifiait que l'endroit accumulait du *chi*. Il réitérait ces descentes plusieurs fois afin de déterminer l'emplacement de l'antre du dragon, le point d'intersection idéal de tous ces courants énergétiques, là où se concentrait le *chi*. Ce point appelé tanière du dragon ou *xué* en chinois serait l'endroit idéal pour y établir une habitation.

Une fois le croisement déterminé, le maître de feng shui sortait sa boussole pour procéder à ses calculs divers et voir si la tanière était favorable, si elle était exempte de *chi* nocif.

Cette première étape **pragmatique et concrète** requiert une reconnaissance physique « sur le terrain » et peut être complétée par une vérification sur les sites de cartographie virtuelle, qui offrent la possibilité d'avoir accès rapidement à des vues aériennes. Il s'agit de pouvoir identifier la qualité de l'interaction entre l'environnement et l'habitation de la manière la plus précise.

L'observation virtuelle

Certains logiciels permettent de consulter à distance des vues aériennes afin d'évaluer les potentiels de l'environnement. Cela ne remplacera pas une visite *in situ*, mais c'est très utile pour préparer votre visite. La consultation des vues aériennes sur Google Earth ou Google Maps permet de repérer la forme des reliefs, la présence de bâtiments importants à proximité de l'habitation, les zones à risques et les formes agressives, mais également tout ce qui retient le *chi*, comme les plans d'eau, les parcs, les jardins, etc.

Le site www.geoportail.gouv.fr propose différentes catégories de cartes qui peuvent s'avérer utiles pour juger de la topographie, mais aussi des infrastructures routières et de l'évolution du bâti au cours du temps :

- la carte routière indique les axes principaux et secondaires, les voies d'eau, les zones boisées ;
- la carte topographique révèle les reliefs et l'altitude avec des courbes de niveau, ce qui est utile pour évaluer une pente ou un dénivelé autour de l'habitation, afin de localiser d'où provient le *chi* (le *chi* suit le sens de la pente) ;
- la carte satellite permet de voir la forme des bâtiments autour de la maison ;
- la carte cadastrale fournit les limites de la propriété ;
- d'autres cartes permettent de suivre l'évolution du site (vues aériennes 1950-1965, carte de Cassini ou carte de l'état-major 1820-1866).

La **méthode du *San he*** (traduit par « Les Trois Harmonies » : l'harmonie du Ciel, de la Terre et de l'Homme) s'intéresse à l'impact des reliefs (montagnes, collines…) et des cours d'eau sur le lieu de vie, en tenant compte de leur position et orientation : ainsi, quel effet produit une colline placée au sud-est de l'habitation ? Quelle influence exerce un cours d'eau qui circule du sud-est vers le nord-ouest ? La porte d'entrée est-elle correctement orientée par rapport aux reliefs ? Les formules sont établies par rapport à la « bouche du ***chi*** », c'est-à-dire l'endroit précis d'où provient le *chi*.

Cette méthode permet, selon les préceptes taoïstes, de ne pas bouleverser l'ordre de la nature, mais plutôt de s'accorder avec lui et de faire en sorte que le Ciel, la Terre et les Hommes soient en harmonie et toujours connectés. (voir chapitre sur le Tao, p. 55, et encadré sur l'idéogramme de Ziran, p. 519).

Nous n'aborderons pas cette méthode, car elle nécessite au préalable l'intégration des bases et une formation dans une école spécialisée en feng shui traditionnel. Vous y apprendrez ce que sont les 72 dragons de la montagne perçante, les 60 dragons pénétrants, les 8 forces tueuses, ainsi que les différentes formules de l'eau, et bien d'autres choses encore…

La méthode de la Forme

Également appelée *Xing fa*, de son nom chinois, cette méthode qui utilise l'observation et l'analyse de la topographie est certainement la méthode de feng shui la plus ancienne. Elle est relatée dans le *Classique du dragon aquatique* (VIIe siècle). La première compilation des informations concernant cette méthode a été ensuite rédigée par Yang Yin Sun vers 850.

Ce feng shui authentique nous met directement en relation avec les énergies du *sol*, les forces de la nature et l'énergie du dragon. De type rural à ses débuts, il a été ensuite adapté à l'environnement urbain.

L'école des Formes concerne les formes physiques des objets, mais également leur couleur ; elle tient compte aussi de la configuration des montagnes et de l'eau.

Cette école se différencie de l'école de la Boussole et des méthodes du *Li chi*, plus abstraites et qui font intervenir des calculs relatifs aux énergies directionnelles et temporelles. De nos jours, les deux méthodes sont utilisées pour réaliser une étude complète.

L'OBSERVATION PAR LES SENS

Une fois les caractéristiques du relief repérées, n'hésitez pas à faire intervenir **le yin et le yang** pour détecter les déséquilibres éventuels. **Utilisez vos sens !**

Humez l'air ! Goûtez-le ! Sa **qualité** est primordiale. C'est d'ailleurs un critère qui commence à entrer de plus en plus en ligne de compte dans les diagnostics immobiliers : l'air est-il humide ou sec ? sain ou pollué ? léger ou chargé ? odorant ? Vous convient-il ?

S'il est chargé d'une odeur indésirable, vérifiez quelle peut en être la cause à proximité. La présence d'un funérarium, d'une pollution industrielle, d'une zone de retraitement, d'un élevage porcin en campagne ou tout simplement d'une fosse septique peut en être à l'origine. Les bords de mer présentent parfois des odeurs iodées très fortes, que certains ne supportent pas. De même, certaines atmosphères aseptisées sont spécifiques au milieu urbain.

N'hésitez pas à effectuer plusieurs visites à différents moments de la journée : vous vous rendrez compte que l'atmosphère change en fonction du moment.

L'humidité et la sécheresse

L'excès d'humidité n'est pas favorable pour la santé, notamment pour les bronches et les problèmes de peau. Elle favorise aussi les états dépressifs.

Vous ressentez de l'humidité ? Confirmez par l'observation : vérifiez la présence de certaines végétations sur les murets et sur le sol (mousses, fougères…), renseignez-vous sur la présence de cours d'eau autour de la maison – ou sous la maison –, qui peuvent faire remonter l'eau par capillarité. Le matin, notez la présence de brumes et de brouillard, et soyez attentif à l'impression de froid qui tombe sur les épaules en fin de journée. Le taux d'humidité de l'air est souvent visible à l'œil nu : plus l'humidité est élevée, moins la visibilité est bonne.

Vérifiez que la maison n'est pas située dans une cuvette manquant de soleil, à l'ombre d'une montagne, près de terrains humides insalubres ou de bâtiments hauts qui peuvent faire écran aux rayons du soleil.

À l'inverse, un environnement trop sec n'est pas non plus forcément adapté : il indique une pénurie en eau qui se traduit par une végétation clairsemée et brûlée. Ces milieux, lorsqu'ils sont extrêmes, se caractérisent par l'absence d'animaux et par la présence d'un silence pesant. Poussière et vents indiquent que les sols sont érodés et friables…

N'hésitez pas à toucher la terre pour vérifier sa composition, et renseignez-vous sur le type de végétation qui y pousse : cela vous donnera des informations précises sur la qualité du terrain et sa richesse.

Les perturbations sonores

Dans un lieu, les perturbations sonores dépendent souvent de la proximité d'une activité yang telle qu'une rue animée et commerçante, une ferme agricole, une autoroute, un aéroport. Dans le milieu naturel, il peut également s'agir d'un torrent ou de la présence de vents importants. Cela impactera la qualité de votre espace de vie et jouera un rôle non négligeable d'activateur, dont il faudra tenir compte en feng shui de la Forme, mais également pour les Étoiles Volantes (voir p. 345).

Le voisinage peut également constituer une source de bruit gênant ; à l'inverse, un lieu sans bruit également nous informe d'un excès ou d'un manque (de vie, par exemple).

La lumière et l'ombre

Une habitation peut être dépourvue de luminosité lorsqu'elle est enclavée dans un village, un quartier historique aux rues étroites, ou dans l'ombre d'un bâtiment plus élevé. Parfois, c'est une végétation épaisse qui empêche la lumière de pénétrer dans la maison, renforçant le caractère yin.

Au contraire, un excès de lumière dû à une exposition plein sud peut vite devenir invivable si aucune protection n'est aménagée. Heureusement, de nombreuses solutions feng shui permettent de rétablir l'équilibre entre le yin et le yang.

Vous pouvez utiliser d'autres couples de contraires pour évaluer l'équilibre d'un lieu en zone rurale ou urbaine :

- le haut ou le bas : hauteur des bâtiments autour de l'habitation, ville haute / ville basse ;
- la présence ou l'absence de mouvement ;

- la vision agréable ou agressive : un jardin / un pylône ;
- la présence de mouvement ou son absence ;
- la part du naturel et de l'artificiel (du construit) ;
- l'équilibre de la faune et de la flore ;
- l'ouverture ou la fermeture : les facilités d'accès au site.

LES INDICES D'UN *CHI* RICHE

- Un relief harmonieux composé de dénivelés tels que des collines et incluant la présence de plans d'eau (les deux éléments indispensables du feng shui).
- Des abords verdoyants.
- Un climat tempéré pour éviter les trop grands contrastes de température.
- Un air sain, un sol non pollué.
- L'équilibre yin/yang entre le sec et l'humide, l'ombre et la lumière.
- La présence des éléments aquatiques, minéraux (roches, rochers...) et végétaux.
- Un sol fertile avec des plantes en bonne santé, propice à la vie (présence de fleurs, d'oiseaux, de papillons, d'abeilles).
- La présence de petits mammifères, qui dénote un lieu sain et non pollué.
- L'absence de formes agressives aux alentours.

LES INDICES D'UN *CHI* FAIBLE

- L'herbe est asséchée par le soleil ou le vent. Les terres sèches sont ravinées : cela peut entraîner un manque de vie et un risque d'inondations dues à l'absence de végétaux.

- L'absence d'arbres.
- Une végétation épaisse, qui empêche le soleil de pénétrer dans la maison.
- Une trop grande présence de constructions bétonnées (qui favorise les inondations).
- La terre meuble, la vase et les zones de marais (favorisant de nombreux insectes et de mauvaises odeurs).
- Les zones inondables.
- Une importante pluviosité.
- Les endroits humides qui prédisposent à la stagnation du *chi*.

Ces caractéristiques favorisent l'apparition de maladies.

MENER UNE ENQUÊTE POUSSÉE

Parfois, lors d'une visite immobilière, on éprouve un coup de foudre. Cela n'est pas forcément signe que le lieu est idéal pour vous. Ce que l'on croyait être un coup de cœur peut se transformer en un véritable cauchemar dès qu'on l'habite…

Renseignez-vous auprès des vendeurs ou des locataires pour savoir pourquoi ils quittent le lieu que vous convoitez. Cela vous permettra d'en savoir plus sur les véritables raisons de leur départ, qui peuvent être dues à un mauvais feng shui : problèmes de voisinage, maladies récurrentes, couples qui se séparent, perte de travail… Et, pour des entreprises : perte subite de chiffre d'affaires, turn-over inattendu, arrêts maladie en grand nombre, accidents, problèmes électriques…

N'hésitez pas à poser des questions aux voisins si vous avez un doute. Parfois, c'est quelques mois après l'emménagement que l'on découvre des vices cachés nécessitant des travaux, ou des projets d'aménagement d'infrastructures préjudiciables à l'environnement de l'habitat (installation d'un parc éolien, d'une usine, construction d'une voie rapide ou de chemin de fer…).

Observer autrement ?

Pour certains défenseurs du feng shui, les ressentis intérieurs et l'intuition n'ont pas leur place face à l'analyse logique d'un système qui donne beaucoup de place aux calculs.

Pourtant, il est probable que les anciens maîtres en feng shui taoïstes, adeptes de méditation et de recherche spirituelle, tenaient également compte de leur for intérieur.

D'ailleurs, logique yang et intuition yin peuvent parfaitement être associées. La distinction entre les deux, assez récente et décrétée par le matérialisme scientifique, tend à disparaître avec l'arrivée de nouvelles approches scientifiques.

Être à l'écoute de ses ressentis et en tenir compte permet souvent d'aller plus rapidement au cœur du problème. Un sentiment de malaise dans une maison ou dans une pièce, des sensations corporelles de froid ou de chaud qui envahissent le corps subitement, des picotements, une pression à la tête, le cœur qui s'emballe, les oreilles qui se bouchent, les doigts qui s'engourdissent, des odeurs nauséabondes, de l'électricité qui parcourt le corps, les poils qui se hérissent, des visions étranges ou des sons inhabituels… Certains indices valent la peine d'être reconnus.

Notre corps est une antenne qui capte les informations de notre environnement et peut nous indiquer des dysfonctionnements énergétiques : perturbations électromagnétiques, cours d'eau sous la maison, émanations provenant du sous-sol ou phénomènes paranormaux, comme il m'a déjà été donné d'en connaître lors des consultations effectuées sur place ou à distance sur plan.

Toutes ces informations peuvent paraître subjectives ou insignifiantes, mais elles ne sont pas uniquement le fruit de notre imagination. Elles valent la peine d'être entendues. Il est donc parfois nécessaire de prendre un temps pour permettre l'émergence de ressentis que l'on a occultés au cours de la visite du lieu. En cas de doute, demandez l'avis d'un spécialiste, géobiologue ou médium capable d'entrer en relation avec ces formes d'énergie particulières. Il pourra évaluer leur éventuelle nocivité ou intentions (voir p. 563).

Et gardez bien à l'esprit que ce n'est pas parce qu'on se sent bien dans un lieu qu'il nous est bénéfique !

FOCUS : LA CARTOGRAPHIE CHINOISE

Les premières cartes géographiques remonteraient, selon certains textes chinois, à 1100 avant notre ère.

Les trois cartes dessinées sur de la soie qui ont été retrouvées sur le site de Mawangdi (province du Hunan) datent de la dynastie Han :

- la première est une carte géographique à proprement parler, représentant trois provinces de l'actuel Hunan ;
- la seconde est une carte militaire très détaillée avec des couleurs ;
- la troisième est le plan d'une ville cernée de murailles, avec ses portes et ses maisons.

Jusqu'à la Renaissance, les cartes chinoises sont restées supérieures par leur qualité et leur justesse aux cartes occidentales : certaines allaient même jusqu'à indiquer avec précision la force des courants des rivières.

La conception des cartes a été pensée par le célèbre historien chinois **Sima Qian** au Ier siècle avant J.-C. puis théorisée par **Pei Xiu**, ministre des Travaux publics au IIIe siècle de notre ère. Géographe et cartographe, ce dernier est considéré comme le véritable père de la cartographie chinoise.

Un relevé précis sur le terrain

Ces cartes sont élaborées grâce à un quadrillage de l'espace effectué sur le terrain à partir de relevés topographiques, de mesures d'angles et de distances.

Les données observées et recueillies permettent de recenser les terres, de localiser l'emplacement des villages, des routes (avec leur largeur), des cours d'eau, des montagnes, des bois, des accidents de terrain, des préfectures et des villes.

Plus qu'une carte... un instrument de pouvoir

Les cartes deviennent des supports indispensables pour une meilleure **gestion administrative** du territoire impérial (perception des impôts) et pour une **plus grande efficacité** stratégique et militaire en cas de guerres invasives. Les cartes sont des instruments de pouvoir qui permettent à la fois de contrôler à distance et d'anticiper.

Durant les époques de réunification de la Chine et d'affirmation du pouvoir impérial, les besoins en cartographie se développent. Par exemple sous les **Han**, puis sous les **Tang**, les cartes cadastrales sont réalisées pour actualiser les données en relevant :

- les changements intervenus sur le territoire, concernant par exemple l'hydrographie, dans le but de mieux faire face aux crues ;
- l'édification de sites urbains, de nouvelles routes ou ponts, etc.

Des informations astronomiques...

La carte, d'une précision toute scientifique, avec ses notations typographiques et ses références, utilise pour la première fois des symboles légendés à l'époque des Ming.

Elles révèlent, pour certaines d'entre elles, l'extraordinaire avancée des Chinois sur les Occidentaux en matière de données astronomiques, puisqu'elles mettent en relation les constellations célestes et la topographie terrestre.

Des cartes sous toutes les formes

Différents supports sont utilisés au cours du temps : soie, bambou, bois ou pierre ; sous les **Song**, Chen Guo (1031 à 1095) réalise des cartes en relief en bois aggloméré de sciure ou en cire d'abeille, dont chaque partie pouvait être séparée comme un puzzle. Une manière d'illustrer l'unité de l'empire composé de provinces.

Des cartes sous influence étrangère

La cartographie chinoise, si elle conserve ses caractéristiques et son originalité, s'inspire également des influences scientifiques étrangères – arabe ou occidentale.

Sous la **dynastie Mongole**, un atlas de la Chine et des pays voisins est réalisé, enrichi par l'expérience musulmane. À la fin du XVIe siècle, les cartographes chinois profitent des connaissances géographiques des Jésuites en mission d'évangélisation en Chine.

Pourquoi le sud figure-t-il en haut de la carte ?

Le fait de placer le sud en haut sur les cartes est une spécificité chinoise.

Le mot « orientation » provient de l'habitude, dans les cultures occidentales, d'orienter la carte vers l'est, le point le plus important de la civilisation chrétienne étant Jérusalem, la ville sainte du christianisme.

En chinois, l'orientation (*xiang*) implique l'idée de « **face** » opposée à « **dos** ».

En Chine, les cartes impériales étaient traditionnellement – mais pas toutes – orientées vers ce point cardinal pour des raisons qui tiennent à la préférence accordée au sud : le trône de l'empereur était avantageusement orienté face au sud, l'exposition qui reçoit le plus de lumière et de chaleur. Le sinogramme de « dos » (背) porte d'ailleurs en lui l'indication qu'il s'agit de la partie du corps (月) tournée vers le nord (北) .

En outre, ce modèle est en accord avec les caractéristiques géographiques (reliefs montagneux au nord et mer au sud) et climatiques du pays (froid et venteux au nord et chaud au sud).

Cartes, plans, diagrammes du *loshu* et *hetu*, *bagua* (les huit trigrammes) sont présentés par conséquent avec le sud en haut.

La Chine, le pays du centre

Le fait de placer la Chine au centre de la carte ou d'un planisphère est une particularité chinoise, bien qu'on la retrouve aussi parfois chez les Occidentaux pour d'autres raisons. Elle exprime une vision du monde érigé autour d'un axe central, représenté par la forme du carré et le chiffre 4 : la terre, au centre, est entourée de 4 mers, 4 montagnes, 4 portes et 4 orientations.

La terre elle-même est un espace divisé en quatre parties disposées en forme de croix, correspondant aux 4 points cardinaux majeurs (le sud, l'ouest, le nord et l'est).

Notons que, en mandarin, « Chine » se dit *Zhongguo*, qui signifie littéralement « pays du milieu »…

Cet axe, pilier central, est souvent incarné par **Kunlun**, **la montagne primordiale** qui relie le Ciel à la Terre, située dans l'axe de l'étoile polaire. Autour d'elle, 4 pics sacrés fixent l'espace et définissent le territoire chinois, au-delà duquel vivent les barbares.

Cette conception a influencé l'architecture des maisons carrées ou oblongues, avec leur cour centrale autour de laquelle s'ordonnent symétriquement les bâtiments (voir p. 270).

Elle se traduit également sur les premières cartes chinoises par une représentation insulaire : l'espace chinois est semblable à une île entourée de déserts ou de mers, et relativement éloignée des autres pays.

Les cartes et le feng shui

Les **fangshi**, qui pratiquaient le kan yu (l'ancêtre du feng shui), ont probablement été les premiers à utiliser la boussole pour définir les orientations et établir des cartes. Ils effectuaient des relevés de terrain pour noter la forme des montagnes et leur direction, le parcours du *chi* (les veines du dragon) et l'orientation des cours d'eau. Leurs cartes étaient complétées par des notes destinées à préciser les spécificités des sites et leurs qualités. Les instruments utilisés pour réaliser les cartes ont tous été inventés par les Chinois : le gnomon (forme de cadran solaire), le fil à plomb, les règles graduées, le compas, l'équerre et la trigonométrie. Quant à la boussole, elle est apparue au début du xe siècle de notre ère.

Ces arpenteurs étaient capables de relever les variations de l'ombre solaire sur le territoire. Yi Hin, un moine bouddhiste mathématicien et astronome (692-727), a effectué cette tâche sur 3 500 km du nord au sud, réalisant ainsi ce qui fut probablement la première expédition scientifique.

CHAPITRE 3
LES *SHA CHI*, LES SOUFFLES TUEURS

LES ENVIRONNEMENTS À RISQUES

Certaines formes d'environnements ne favorisent pas les *chi* sains (ou ***sheng chi***, vecteurs de bonne santé) mais leurs pendants, les ***sha chi***, ces « souffles tueurs », ces flèches qui constituent une menace pour les habitations et les personnes et provoquent des maladies.

Les facteurs de perturbation peuvent être naturels, d'origine géographique (climatique, topographique) ou artificiels (causés par l'homme par une modification du relief, des constructions, des pollutions, etc.). Ils ne permettent pas au *chi* de circuler normalement ni de s'accumuler. Au contraire, ils l'agressent, l'abîment, le ralentissent ou l'accélèrent.

Cela peut sembler évident : les environnements à risques potentiels élevés sont à éviter à tout prix, car ils sont difficilement maîtrisables. Pourtant, force est de constater que de nombreux habitats sont construits à l'encontre de ces règles élémentaires. Une prise de conscience souvent tardive, sous forme de rappel à l'ordre, peut être déclenchée par les aléas climatiques.

Les climats défavorables

Les régions du globe balayées par les ouragans ou sujettes aux intempéries, les climats trop secs ou trop humides empêchent la vie de s'épanouir harmonieusement. Les sites où il fait bon vivre bénéficient d'une hygrométrie et d'un ensoleillement équilibrés et le vent y est modéré par la configuration du relief.

L'homme a toujours su s'adapter aux conditions de vie extrême, que ce soit dans le désert, aux pôles, dans la jungle ou sur l'eau… Il a su ainsi concevoir des habitations qui le protègent et qui répondent aux caractéristiques climatiques. Cependant, face à certains déchaînements naturels qui sévissent régulièrement (typhons et cyclones), aucune construction humaine n'est épargnée.

Climat et santé

L'influence du climat sur la santé a été prise en compte par la médecine traditionnelle chinoise. L'homme devant maintenir sa température interne aux alentours de 37 °C, des températures supérieures ou inférieures, conjuguées à l'action du vent, peuvent nous rendre malades.

Si le faible taux d'**humidité** en hiver favorise le dessèchement de la peau et les dermites, une trop forte humidité est propice aux affections chroniques de la sphère ORL, aux problèmes arthritiques et peut également affecter notre comportement en favorisant la déprime.

Les **climats chauds et secs** fatiguent le cœur et amènent de l'hypertension, tandis que les **vents** printaniers qui pénètrent notre corps sont sources de rhinites allergiques, vertiges, courbatures, tremblements, migraines et asthme. La chaleur favorise la prolifération des virus et des maladies par manque d'hygiène. De même, les **climats trop froids** ou les hivers trop rudes exercent une pression artérielle amenant des problèmes de circulation sanguine. Il est alors nécessaire de ménager nos efforts, d'autant que la résistance aux maladies infectieuses est amenuisée. Les vents violents et froids fragilisent le système immunitaire.

D'où la nécessité d'évoluer dans un environnement présentant un équilibre yin/yang propice à la santé.

Les sites naturels dangereux

- À l'aplomb d'une falaise, d'une montagne ou d'un relief accidenté : les risques d'éboulis sont possibles et, selon les cas, le manque de lumière amène trop de yin.
- Sur les berges d'un fleuve : les crues peuvent être importantes.

- Les sécheresses régulières dans certaines régions ont pour conséquences d'altérer la terre, en la transformant en poussière, et d'enflammer la végétation en provoquant des incendies.
- Sur une trop forte pente, le *chi* ne peut pas être canalisé.
- À proximité d'un volcan : attention, ça chauffe !

Eau et route impitoyables

Les voies d'eau et de circulation dotées d'un flux énergétique trop puissant emportent le *chi* loin de l'habitation, le brisent ou le compriment.

L'eau est dite impitoyable lorsqu'elle se présente sous forme de cascades tombant avec fracas, de cours d'eau vifs dévalant une pente ou accélérés par une ligne droite étroite, ou lorsqu'elle coule entre des berges rapprochées formant un goulot d'étranglement. Les routes trop rapides, les voies ferrées, etc., sont classées dans la même catégorie. Elles chassent les bonnes énergies.

Les situations créées par l'homme

- Les sites pollués ou marqués par la décomposition : zones de décharges, de traitements chimiques ou phytosanitaires agricoles, stations d'épuration, industries de type SEVESO, zones d'épandage…
- Certaines zones commerciales et résidentielles peuvent présenter des risques importants dus à la bétonisation, qui assèche les sols.
- Les zones de pollution à particules fines (ville, périphérique).

Lors de l'achat d'une maison, certaines de ces informations doivent obligatoirement figurer dans les diagnostics joints au compromis de vente !

Et les lignes à haute tension ?

Le feng shui traditionnel ne s'embarrasse pas des supposés effets négatifs sur la santé des lignes à haute tension et antennes relais. Et pour cause : cette technologie est très récente. C'est plutôt la hauteur de l'objet (au même titre qu'un clocher ou un poteau) qui constitue une menace pour la maison. C'est pourquoi les pagodes chinoises étaient élevées à des endroits énergétiques définis par les autorités religieuses, qui tenaient compte des conséquences pour le feng shui.

De nombreuses associations ont cependant démontré que cette technologie pouvait présenter un danger sanitaire (voir p. 248). Les riverains sont en effet exposés à un champ magnétique alternatif permanent, qui rayonne de manière concentrique autour des lignes, puis retombe sur les habitations. En Suède, il est recommandé de ne pas construire à moins de 75 m d'une telle ligne. Par précaution, il est préférable d'éviter ce genre de voisinage, source de pollutions électromagnétiques.

Et le bruit ?

Le bruit est un facteur de stress. On pense souvent aux aéroports et aux voies ferroviaires ou routières fréquentées, mais certains bruits du quotidien peuvent également devenir gênants au point de peser sur les nerfs, surtout lorsqu'ils se manifestent la nuit.

Voici un tableau récapitulant les différents niveaux de bruit et de leurs effets en plein jour. L'unité de mesure est le décibel pondéré, ou dB.

DB (EN JOURNÉE)	ORIGINES
140	Orchestre symphonique, course de Formule 1, pétard de fête.
120	Avion militaire.
110	Tonnerre.
100	Marteau-piqueur, route à circulation dense.
90	Aboiements.
85	Tondeuse à gazon.
70	Route très fréquentée, voix normale (chant), restaurant bruyant.
65	Aspirateur.
60	Hurlements.
40	Rue résidentielle.
35	Voilier.
20	Conversation à voix basse.
10	Vent dans les arbres, bruits ambiants du désert, tic-tac d'une montre.

LES *SHA CHI* DE L'ENVIRONNEMENT PROCHE

Pour que certains objets « menacent » votre habitation, ils doivent :

- être visibles depuis l'habitation ;
- pointer la porte d'entrée ;
- avoir une forme agressive, menaçante ou dotée d'angles très aigus ;
- comporter une structure haute, verticale ou longue ;
- être porteurs d'un *chi* mort ou dégradé (arbres, souches, ruines, vieil objet rouillé, cimetière…).

La maison est écrasée par l'immeuble.

L'habitation ne doit pas être « coupée » ou « percée » (penser à une lame de couteau ou une aiguille), surplombée par un bâtiment qui l'écrase ou une route, comme si elle était regardée d'en haut, ou « visée » comme une flèche tendue sur un arc. Ce genre de situation laisse d'emblée une impression désagréable au visiteur, qui le remarque.

Exemples de *sha chi* :

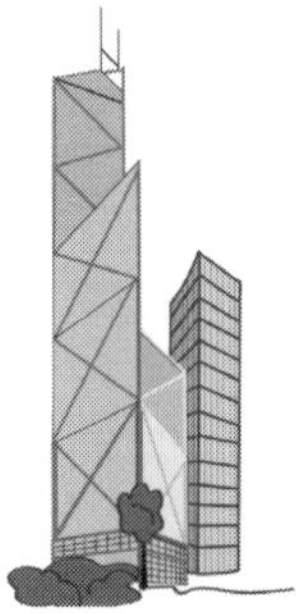

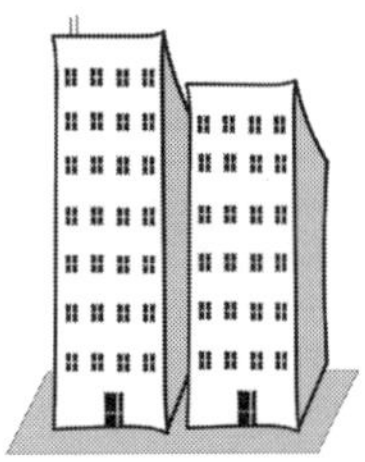

- Angle de murs ou pente de toit, de maison ou de bâtiments voisins. L'angle présente une menace réelle s'il est inférieur à 90°, car il prend la forme d'une flèche de lance (sur le modèle de la China Bank à Hong Kong).
- Objets longs et fins, antennes, pylônes, flèche d'église.
- Structures droites, rectilignes et étroites (voie ferrée).
- Formes triangulaires ou pyramidales.
- Bâtiments de formes irrégulières.
- Bâtiments hauts séparés par un couloir étroit.
- Certains types de routes (voir p. 227).
- Les obstacles qui empêchent le *chi* d'entrer devant la porte d'entrée : arbre mort, lampadaire, objets...
- Structure métallique à proximité qui constitue une menace (pont suspendu, grues portuaires...)
- Formes irrégulières étranges et menaçantes (rochers, bâtiment...).
- Prenez garde aussi aux façades des bâtiments en verre ou en métal réfléchissant une lumière aveuglante, ou introduisant une image sur les murs de votre domicile.

LES *SHA CHI* « SPIRITUELS »

Certains experts considèrent que des énergies nuisibles peuvent être produites par des lieux à cause de leur activité ou de leur fonction, générant ainsi des effets stressants (commissariats, caserne de pompiers), ou amenant une énergie trop yang (cours d'école), ou trop yin, associée à la maladie et la mort (hôpitaux et cliniques, abattoirs, cimetières, funérariums, pompes funèbres), ou les deux à la fois selon le moment : un stade ou une cour d'école, par exemple.

UN FENG SHUI OFFENSIF : L'UTILISATION VOLONTAIRE DU *SHA CHI*

Le siège de la HSBC, à Hong Kong.

Dans le secteur commercial et financier, les entreprises utilisent le feng shui sur le mode offensif dans le but de se protéger de la concurrence.

Cette pratique est courante dans les grandes métropoles asiatiques. Elle concerne avant tout le domaine commercial et financier, car elle va à l'encontre des principes taoïstes qui préconisent une attitude pacifique.

À Hong Kong, la HSBC a fait poser sur sa toiture des structures rappelant des canons dirigés vers les concurrents. Quant à la China Bank, de forme triangulaire, elle présente des arêtes acérées comme celle d'une hache dirigées vers des bâtiments bien précis de la cité. Sur le toit, deux antennes symbolisent deux bâtons d'encens funéraires (voir deuxième illustration, p. 218).

Le *chi* harmonieux a une circulation fluide, sinueuse et régulière. Le relief qu'il traverse, le tracé qu'il emprunte peut l'affecter et le rendre inhospitalier.

- La **ligne droite** entraîne une accélération du *chi* lorsque la voie est rectiligne, longue et étroite, mais également lorsqu'elle est en pente.
- Un mode de circulation **en zigzag** crée une irrégularité dans sa circulation.

- Une circulation **en U** amène une perte d'énergie, car celle-ci est obligée de contourner un obstacle (l'énergie fait marche arrière).

QUELLES SOLUTIONS APPORTER FACE À UN *SHA CHI* ?

Le plus simple : le paravent !

Lorsque les *sha chi* ne sont pas visibles depuis les fenêtres ou la porte d'entrée, ils n'exercent aucun effet sur la maison ! C'est une règle essentielle en feng shui. Il suffit donc de placer un écran naturel (haie d'arbres, arbustes…) ou artificiel (mur, muret, palissade…) entre l'objet menaçant et la maison.

Équiper la maison de voiles, rideaux, stores ou de verre opaque permet également de minimiser l'impact de la flèche en la masquant.

Retirer l'obstacle

Il est souvent possible de retirer un obstacle placé devant l'entrée (poteau, rocher…). Des solutions sont possibles pour aménager une allée rectiligne et rendre accueillant le devant de la maison (voir p. 230).

Les solutions ésotériques

Parfois, aucune solution ne s'avère efficace. Adressez-vous alors à un expert qui pourra évaluer l'impact réel de la flèche. Il vous préconisera par exemple d'utiliser le principe des cinq éléments : placer un objet Métal pour contrer une flèche Bois ou le fameux « miroir bagua » qui aurait la faculté de repousser les énergies nocives. Pour en découvrir davantage sur cet objet « magique » qui fait couler beaucoup d'encre, voir p. 588.

FOCUS : CRITÈRES À PRENDRE EN COMPTE POUR L'ENVIRONNEMENT

Pour vous aider à bien évaluer la situation, voici un tableau des critères à vérifier lors d'une visite immobilière. Pour plus d'informations, référez-vous aux pages du chapitre précédent. Si les points négatifs sont en majorité et qu'il n'est pas possible de les corriger, tournez-vous vers un autre projet.

CHECK LIST ENVIRONNEMENT				
CRITÈRES À VÉRIFIER	**ÉLÉMENTS OBSERVÉS**	**POINTS POSITIFS**	**POINTS NÉGATIFS**	**VOIR PAGE**
PROTECTION DU SITE				
Arrière				
Avant				
Gauche				
Droite				
TYPE DE RELIEF				
> Montagne, colline, butte,plaine, vallée > Relief accidenté et environnement agressif				
CIRCULATION DU *CHI*				
> Flux énergétiques puissants (cours d'eau, autoroute, voie ferrée, etc.) > Flux trop lent (site isolé, sans vie)				

CHECK LIST ENVIRONNEMENT				
CRITÈRES À VÉRIFIER	**ÉLÉMENTS OBSERVÉS**	**POINTS POSITIFS**	**POINTS NÉGATIFS**	**VOIR PAGE**
TYPE D'EAU				
> Naturelle ou virtuelle > Vivante ou stagnante > Débit lent, normal ou rapide				
PENTE				
> Devant la maison, derrière > Absente, légère, abrupte				
RISQUES D'ORIGINE NATURELLE				
> Sismique, volcanique, etc. > Climatique, zone inondable, falaises, relief accidenté				
RISQUES D'ORIGINE HUMAINE				
> Pollution, épandage, épuration, produits phytosanitaires, traitement de déchets, industrie polluante > Aéroport, voie ferrée, autoroute…				

CHECK LIST ENVIRONNEMENT				
CRITÈRES À VÉRIFIER	**ÉLÉMENTS OBSERVÉS**	**POINTS POSITIFS**	**POINTS NÉGATIFS**	**VOIR PAGE**
POLLUTIONS GÉOBIOLOGIQUES				
> Champ de pylônes électriques, cours d'eau souterrain, nœud de Hartmann > Présence d'indicateurs (végétation torsadée, fissures murales…)				
PROPORTION D'ÉLÉMENTS NATURELS				
> Flore (forêt, bois, parc, jardin, square, autre végétation) > Faune, insectes				
BRUIT (NATUREL OU ARTIFICIEL)				
> Cascade, voie ferrée, rue bruyante > Intensité				
QUALITÉ DE L'AIR				
> Sec, humide > Léger, chargé				

CHECK LIST ENVIRONNEMENT				
CRITÈRES À VÉRIFIER	**ÉLÉMENTS OBSERVÉS**	**POINTS POSITIFS**	**POINTS NÉGATIFS**	**VOIR PAGE**
QUALITÉ DES SOLS				
> Fertile, aride > Marécageux > Rocailleurs, sablonneux > Calcaire, acide… > Type de plantes bio-indicatrices				
VOISINAGE				
> Distance (proche, éloigné) > Protecteur > Forme inharmonieuse				
ANIMATION				
> Commerces, activités socio-culturelles…				
***SHA CHI* NATURELS OU ARTIFICIELS**				
> Arbre mort, obstacle, forme agressive, pointue				
***SHA CHI* SPIRITUELS**				
> Bâtiments et lieux présentant un *chi* particulier (commissariat, hôpital, cimetière, école…)				

CHECK LIST ENVIRONNEMENT				
CRITÈRES À VÉRIFIER	**ÉLÉMENTS OBSERVÉS**	**POINTS POSITIFS**	**POINTS NÉGATIFS**	**VOIR PAGE**
FORME DU TERRAIN				
> Régulière ou irrégulière > Butte/cuvette > Plat, en espalier > Coupé en deux > Situation par rapport à la maison (devant, derrière, sur les côtés)				

CHAPITRE 4

L'EAU ET LES ROUTES

LA VIBRATION DE L'EAU, VECTEUR D'ÉNERGIE

L'eau et la montagne forment un **binôme indissociable** (voir p. 501), symbole de l'équilibre des forces yin et yang. Ce principe sert d'ailleurs de fondement à la plupart des arts taoïstes chinois.

Dans le système du feng shui, l'eau est une **source primordiale de vitalité**. Dans le paysage, elle transporte l'énergie des montagnes vers les plaines pour les fertiliser. Force puissante caractérisée par la fluidité, elle est donc recherchée pour ses qualités essentielles.

Symboliquement, l'élément de l'Eau est associé à la prospérité des habitants, à l'aisance matérielle.

Une eau vivante et sentimentale

Pour qu'elle puisse dispenser ses qualités, l'eau doit être « **vivante** », propre (non polluée) et sans cesse en **mouvement**. C'est la condition pour que les plaines soient nourries par sa vitalité. Rivières et fleuves doivent circuler de manière sinueuse, sans être contraints, leurs cours formant des boucles larges et « **sentimentales** ».

L'eau doit être sans cesse **vivifiée et renouvelée par le mouvement** et la flore aquatique, même lorsqu'elle se présente sous la forme d'un plan d'eau fermé (étang ou lac). Une eau stagnante, comme dans une plaine inondable, est déconseillée, car elle est porteuse d'un *chi* délétère peu propice à son environnement : elle favorise la stagnation du mauvais *chi* qui ne peut se disperser, l'humidité et la prolifération des maladies.

Le **débit** doit être **régulier**, ni trop lent ni trop rapide. En effet, un torrent, des rapides emportent l'énergie au loin, ne laissant pas la possibilité au limon de fertiliser les terres, ni au *chi* de s'accumuler pour accueillir la vie. Le *chi* produit par l'eau peut ainsi devenir plus ou moins bénéfique pour l'établissement d'une habitation, selon que cette dernière est située face à la mer, près d'un lac ou d'un étang, aux abords d'une cascade ou d'un ruisseau.

L'**environnement** autour du cours d'eau joue donc un rôle important et il est essentiel d'observer la qualité des sols, l'orientation des pentes, le type de rochers et de végétaux, mais également le climat... Un simple dérèglement et l'eau peut devenir destructrice. Les anciens l'avaient bien compris : c'est pour cela qu'ils veillaient au respect de l'équilibre environnemental et qu'ils respectaient l'eau tout en la redoutant.

Quelques précautions sont à prendre

- Bâtir une maison **trop près d'un cours d'eau** peut s'avérer dangereux, car l'habitation manquera de protection. Cette configuration dite « le torse trempé » favorise l'humidité dans la maison, la porosité des sols, les infiltrations dans les murs. Elle amènera insécurité matérielle et problèmes de santé. Il est conseillé de positionner la maison à bonne distance de l'eau, afin que le *chi* puisse se stocker sur la bande de terre située devant la maison.

- Il faut éviter de bâtir une maison sur la **partie convexe** d'un cours d'eau, qui agit comme une lame de couteau.

- **L'eau stagnante, polluée ou trop vive** à proximité ou à l'arrière de la maison est néfaste.

- Malgré de nombreuses informations figurant dans les livres, **il n'existe pas de configuration optimale « automatique »** en ce qui concerne l'emplacement de l'eau par rapport à l'habitation, car tout dépend des caractéristiques de l'environnement naturel ou artificiel, mais également d'autres facteurs tels que le sens de circulation de la voie d'eau ou les données temporelles. En effet, la présence de l'eau peut activer certaines énergies contenues dans les Étoiles Volantes (voir p. 345).

- L'eau jouant le rôle de condensateur énergétique comme réservoir de *chi*, il faudra que les **ouvertures de la maison** puissent être dirigées vers elle pour que l'intérieur de l'habitation en bénéficie. L'impact sur la vie des habitants en sera d'autant plus positif.

- Pour obtenir des résultats en feng shui, une **eau naturelle** (plan d'eau ou cours d'eau) est plus efficace qu'une **eau artificielle** – bassin, fontaine ou piscine dans un jardin –, car son tracé et son mouvement répondent à une logique naturelle. L'emplacement d'une piscine dépend davantage d'une logique de circulation énergétique que d'un souci d'ordre esthétique, même si les deux ne sont pas incompatibles.

- L'eau sous forme de pièce d'eau (bassin ou piscine) n'a pas sa place au **centre** de la maison – ni même à l'**intérieur** pour des raisons d'humidité, de confort et d'hygiène –, le centre étant un espace privilégié ne supportant pas l'élément Eau (voir p. 322).

- Les **eaux souterraines** ne sont pas prises en considération dans la pratique du feng shui, conformément au principe selon lequel « ce qui ne se voit pas n'agit pas ». Cependant, par mesure de précaution et parce que leur aspect néfaste a été démontré, notamment en géobiologie, il est conseillé de ne pas placer votre habitation à l'aplomb d'un cours d'eau souterrain et en particulier les pièces où l'on passe le plus de temps comme les chambres. Le cas échéant, des solutions de rééquilibrage existent, qu'un géobiologue pourra vous conseiller (voir p. 248).

Pour aller plus loin...

En ***San he***, méthode de feng shui environnemental plus élaborée, la direction du cours d'eau, entrant ou sortant, est importante ! Chaque cas est particulier : selon sa configuration, l'eau peut être génératrice de prospérité en nourrissant l'habitation, ou au contraire la priver de ses bienfaits. L'étude des différentes structures permet de faire une analyse approfondie.

LES VOIES DE CIRCULATION

En feng shui, toutes les voies de communication routières sont interprétées comme des voies d'eau virtuelles qui transportent le *chi* nourricier. Leur forme (longueur, largeur), leur tracé (droit, sinueux…), le réseau qu'elle compose (routier, autoroutier), leur inclinaison, le type de circulation (automobile ou ferrée…) jouent un rôle essentiel dans la qualité du *chi* qui parcourt l'environnement jusqu'à l'habitation.

Voici quelques exemples de configurations favorables ou défavorables par rapport à une habitation. Elles s'inspirent directement des traités anciens sur les voies d'eau. Certaines situations sont à proscrire, notamment lorsque la route **en forme de T ou de Y** débouche devant la maison et constitue une flèche de Bois (un *sha chi*) plus ou moins menaçante, selon le flux automobile. La maison se trouve alors placée en position de fragilité, ainsi que ses habitants, dont la chance et la santé peuvent être affectées.

Configurations de voies de circulation à éviter

Cas 1 : la flèche de Bois

La route est une ligne droite qui transporte le *chi* de manière trop directe et linéaire vers la porte d'entrée. C'est un *sha chi* de type flèche de Bois (sachant qu'une flèche de Bois caractérise aussi tout objet long apparenté, par sa forme, à l'élément Bois).

Le *chi* est accéléré par la ligne droite formée par la route ou l'allée qui se connecte directement à la maison, sans transition.

La solution consiste à :

- recréer une zone tampon entre la maison et la route à l'aide d'un espace ouvert et d'une protection végétale ;
- disposer sur l'allée des éléments végétaux pour ralentir le *chi* ;
- décaler le portail sur le côté pour obtenir un tracé sinueux.

En ville, les **impasses longues et étroites** deviennent des flèches préjudiciables pour les immeubles situés au fond, qui sont plus impactés que ceux situés sur les côtés.

Cas 2 : les routes en T et en Y

La maison n'est pas protégée du *chi* qui arrive de face. Dans le cas du Y, la maison est coincée à une bifurcation. Selon le contexte, ces maisons sont sources de problèmes divers. Elles finissent par être désertées, des incendies ou des maladies peuvent s'y déclarer plus facilement, les entreprises y sont fragilisées.

La solution consiste à placer un « paravent » végétal (arbres ou haies) pour réduire l'impact et renforcer la protection.

Cas 3 : le carrefour

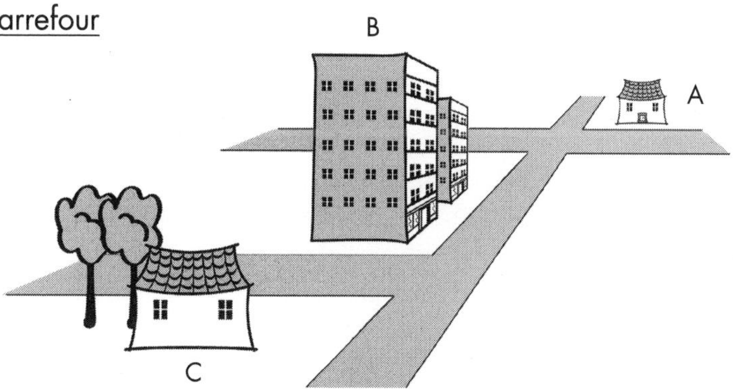

L'habitation A située à l'angle d'un carrefour très actif subit de plein fouet le brassage d'énergie dû au trafic. L'entreprise B a sa porte d'entrée positionnée dans la rue à l'écart du carrefour : cela peut constituer un point positif qu'un expert pourra évaluer en fonction des règles du *San he* (voir p. 202).

La maison C se trouve dans une rue adjacente, à l'écart du trafic du carrefour, elle est donc davantage protégée tout en profitant – en écho et de manière plus douce – de l'activité yang du carrefour.

L'ANIMATION N'EST PAS NÉCESSAIREMENT NÉFASTE

En feng shui, une route très animée (très yang) ne représente pas automatiquement une source de difficultés pour une habitation ou une entreprise ! Parfois, cette activité intense est recherchée dans le système des Étoiles Volantes (voir p. 345), notamment pour activer des énergies nécessaires à la réalisation des objectifs que l'on s'est fixés. Le feng shui est un art subtil…

Cas 4 : la route en arc de flèche

Une habitation placée à l'extérieur d'un virage reçoit l'énergie de plein fouet, comme si la route la coupait.

Une haie d'arbres ou d'arbustes peut servir de paravent afin de recréer un espace tampon et de protéger la maison du danger que représente le flux des voitures.

Cas 5 : les voies rapides

Les voies trop rapides longues et rectilignes à proximité de la maison produisent un stress régulier et un *sha chi* sonore puissant qui peuvent nuire à l'harmonie des habitants.

Des arbres ou l'érection d'un mur permettent de protéger l'habitation de la circulation en ligne droite tout en créant une isolation phonique.

Cas 6 : les voies à pentes raides

Elles sont également néfastes pour l'établissement d'une habitation, d'autant plus qu'elles sont étroites.

Cas 7 : le nœud coulant

Les maisons encerclées par une route sur 3 ou 4 côtés sont étranglées comme dans un nœud coulant. Remplacez la route par un cours d'eau rapide et vous pouvez imaginer les impacts sur la maison : isolement, perte d'énergie, *chi* qui tourne en rond… Cette situation, à éviter, bien sûr, est source de problèmes d'équilibre et d'ancrage, selon l'intensité de la configuration.

Cas 7 : le cul-de-sac

De même, dans un cul-de-sac, les maisons les moins bien situées (maisons grises) sont placées :

- au point de jonction de la route et du cul-de-sac, là où l'énergie est la plus instable ;
- en face de la route.

Cas 8 : le labyrinthe

Une imbrication de ruelles qui favorisent les multiples détours dans un quartier ne permet pas au *chi* de circuler de manière fluide.

Cas 9 : le pont

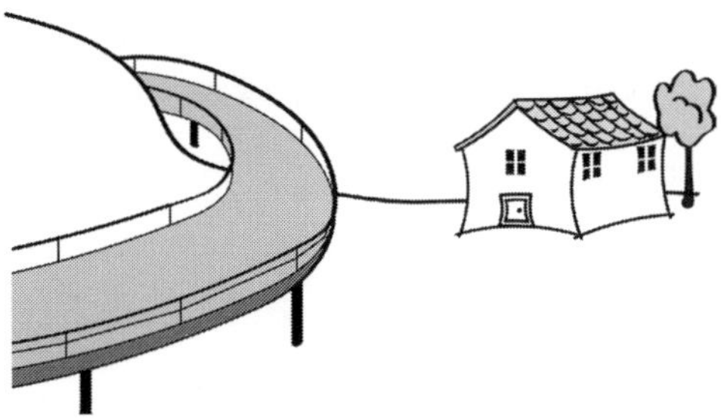

Les maisons situées en face d'un pont (à proximité d'une voie rapide, par exemple) avec une forte activité subissent l'énergie de plein fouet. Selon les cas, les ponts peuvent présenter également un caractère agressif, notamment lorsqu'ils sont métalliques.

Le pont coupe l'immeuble comme une lame de couteau.

LES ROUTES SONT COMME DES COURS D'EAU

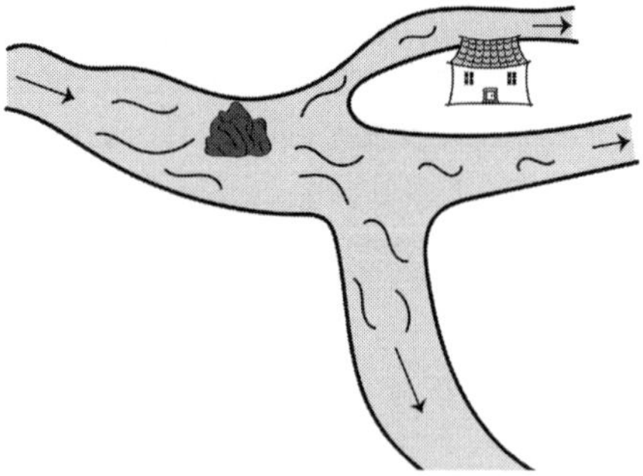

Les configurations aquatiques ont inspiré l'emplacement des maisons par rapport au tracé routier. Ici, la maison placée entre deux bras de rivière qui ont la même direction ne bénéficie pas d'une bonne situation au regard du *chi*. Les textes chinois disent que cela entraîne des morts accidentelles et une durée de vie plus courte.

Configurations de voies favorables

À l'inverse, les situations suivantes sont à privilégier, car elles amènent une énergie bienfaisante.

- Les **rues et routes sinueuses**, où le *chi* s'écoule à bonne vitesse, reproduisent la même qualité de *chi* que celle des cours d'eau qui serpentent.

- Les **routes aux nombreuses boucles** sont bénéfiques, car elles favorisent une meilleure circulation du *chi* en le ralentissant. Les boucles ne doivent toutefois pas être trop rapprochées, car le *chi* subirait alors une accélération préjudiciable.

- Les **ronds-points**, étant donné leur forme circulaire, favorisent une circulation harmonieuse et lente dont les habitations profiteront si elles en sont légèrement éloignées et si la circulation n'y est pas trop rapide.

- L'**intérieur de la courbe** d'une route ou d'un cours d'eau est bénéfique, car elle se comporte comme un bassin de rétention du *chi* (on parle alors d'étreinte).

Le bassin de rétention

Cette maison capte l'énergie reccueillie par le lac.

Le schéma ci-contre présente la situation favorable d'une maison au bord d'un plan d'eau qui recueille l'énergie provenant des différents bras de rivière : le plan d'eau fait office de bassin énergétique : il ralentit la circulation de l'eau et permet à la maison d'en recueillir le bénéfice.

Attention cependant à ce que la maison soit à bonne distance du cours d'eau, protégé d'éventuelles inondations…

CHAPITRE 5
À LA RECHERCHE DU TERRAIN IDÉAL

En feng shui, l'environnement est important parce que c'est de lui que dépend la qualité énergétique de l'habitation. Comme l'un et l'autre sont en interaction, il y a plus de chance qu'un environnement sain et équilibré favorise le bien-être.

Certaines conditions doivent être réunies pour réaliser cet équilibre particulier. L'environnement idéal doit être **protecteur**, suivant la configuration des quatre animaux célestes (voir p. 183), qui préconise une harmonie des reliefs permettant de se protéger des vents et de drainer le *chi* jusqu'au lieu d'habitation. Montagne et eau jouent un rôle essentiel dans ce système, où la circulation du *chi* ne doit pas être entravée par des formes naturelles ou artificielles agressives (les fameux ***sha chi***, voir p. 213).

L'observation du site idéal commence par l'environnement éloigné, pour s'intéresser ensuite à l'environnement proche, c'est-à-dire au terrain sur lequel est construit la maison.

À quoi doit ressembler le terrain idéal ? Sa forme a-t-elle un impact ? Quels sont les accès de la propriété à privilégier ? Quel est le rôle joué par la pente ?

UNE MAISON SITUÉE SUR LA BONNE PENTE

Certaines pentes sont à éviter d'office lorsqu'elles sont trop abruptes, difficiles d'accès ou trop complexes à aménager pour la construction d'une habitation. Certains architectes contemporains implantent leurs projets de construction sur des sites parfois inhospitaliers dotés de relief extrêmes et sensationnels. Cette démarche relève plus du défi architectural que de la volonté d'élaborer un habitat qui réponde aux critères du bien-être.

Il est en effet impossible au *chi* de s'accumuler sur une pente trop inclinée : il la dévalera jusqu'en bas. Pensez à l'eau de pluie qui ne trouvera aucun creux à remplir.

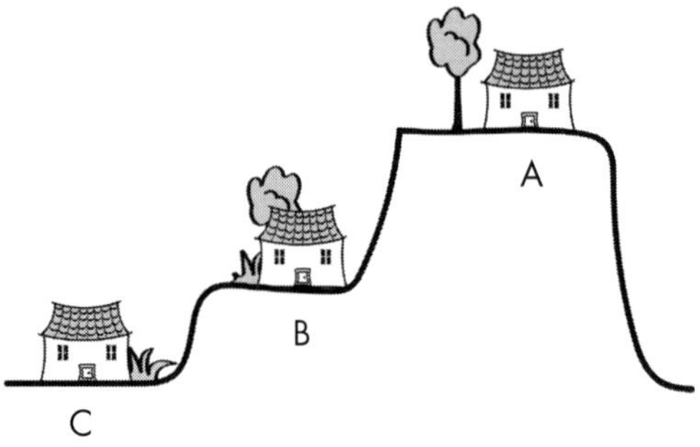

Les pentes sans végétation seront davantage ravinées par les eaux de pluie et leurs sols susceptibles d'être plus instables.

Sur une pente qui monte (ou descend) progressivement, le chi sera davantage abondant et assurera prospérité matérielle et vitalité. **Trois cas de figure sont possibles.**

Situation A

Une maison située sur un sommet est à la merci des vents, car sans aucune protection. Les événements climatiques y sont le plus forts. Plus le sommet est pointu, plus la situation sera compliquée : des difficultés liées au stress et à l'argent peuvent en découler, sans compter les risques pour les matériaux du bâtiment (pierre, bois et métaux), qui peuvent s'éroder rapidement. Les caractéristiques extrêmes de cette situation correspondent davantage aux lieux de retraite spirituels destinés à mettre le corps et le mental à l'épreuve. Dans les montagnes de Chine, on y trouve souvent des monastères.

Si vous vous trouvez dans ce cas, la solution consiste à recréer une protection autour de la maison en l'entourant d'un mur ou d'une épaisse barrière végétale à l'arrière et sur les côtés, pour l'abriter du vent. Votre maison doit disposer d'un espace adéquat à l'avant pour y accueillir le *chi*.

Situation B

Si la pente est raisonnable, un système d'aménagement en terrasses, entre la rue et la maison ou dans le jardin, permettra de retenir le *chi* et l'empêchera de descendre trop vite.

Situation C

Tout dépend de l'inclinaison de la pente, qui doit être douce et progressive, et ne pas arriver sur la maison comme une flèche à 90°. Lorsque la montagne est trop rapprochée, le dragon est dit négatif : l'endroit où la montagne rejoint la terre accueille des énergies trop fortes. La maison devra être située à une distance suffisante de la montagne pour éviter d'être écrasée.

L'INFLUENCE DES RELIEFS SUR LE CLIMAT

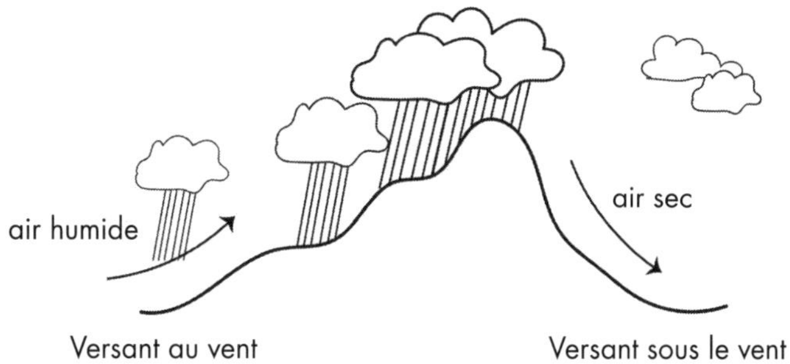

Les hauts reliefs ont un effet sur les dépressions et en particulier les précipitations. Lorsqu'une dépression se rapproche du versant soumis au vent, elle monte jusqu'au sommet, l'air subit un refroidissement et sa force se ralentit : l'air se condense alors et des nuages se forment. Les précipitations tomberont sur le sommet ainsi que sur le versant soumis au vent (aux latitudes moyennes, l'air se déplaçant vers l'est, il rencontre le versant ouest des montagnes).

Puis la dépression redescend, ramenant naturellement de l'air plus chaud sur l'autre versant des montagnes et entraînant des changements brusques de température et d'humidité, ainsi que des vents chauds (le chinook dans les montagnes Rocheuses aux États-Unis, le foehn en Suisse, le santa ana en Californie ou la balaguère dans les Hautes-Pyrénées, par exemple) : en raison de l'air sec qui redescend en bas du versant, les précipitations y sont faibles.

LA DYNAMIQUE DE LA PENTE

La pente est nécessaire pour amener le *chi* vers la maison. Voici les quatre configurations possibles.

- **De l'arrière vers l'avant.** C'est la formation la plus favorable ! La maison est positionnée sur une pente douce qui permet au *chi* de s'écouler de l'arrière vers l'avant. Elle est donc protégée à l'arrière par un dénivelé plus haut. Cela correspond au modèle des quatre animaux célestes : Tortue noire à l'arrière et Phénix dégagé à l'avant.

- **De l'avant vers l'arrière.** C'est la situation inverse de la précédente. La porte d'entrée fait face à une pente qui remonte, le *chi* s'échappe par la pente descendante à l'arrière, déclenchant un sentiment d'insécurité. Cette fuite énergétique peut être atténuée à l'aide d'une barrière végétale épaisse ou d'un mur qui retiendra une partie du *chi* à l'arrière de la maison.

- **Du côté gauche vers le côté droit.** Conformément aux quatre animaux célestes, le Dragon vert à gauche est plus haut que le Tigre blanc à droite. Cette configuration serait préférable à la suivante, car le Dragon domine le Tigre, animal féroce et violent. Cela reste évidemment un schéma théorique, qu'il faut savoir remettre en question en fonction du contexte environnemental.

- **Du côté droit vers le côté gauche.** Le Dragon vert est dominé par le Tigre blanc : selon certains traités, cette configuration serait préjudiciable pour les membres masculins de la famille, contrôlés par les aspects yin du Tigre (principe intuitif et créatif). À l'époque de la Chine ancienne où, selon les principes confucéens, il était interdit aux femmes de la haute société de travailler, ce type de relief était jugé défavorable. Actuellement, le feng shui « pop » réinterprète ce schéma en opposant le principe d'action yang situé à gauche de l'habitation au principe intuitif et créatif situé à sa droite, sans obligatoirement faire intervenir l'interprétation misogyne.

Et lorsqu'il n'y a aucun relief ?

Faire du feng shui nécessite un minimum de relief ! Selon ce principe, un terrain plat qui accueille de légers dénivelés (creux et bosses) rend déjà le feng shui possible. Cependant, les effets seront plus lents à se mettre en place.

→

Il est possible de booster le site en renforçant la protection en cas de vent à l'aide d'arbres, et en créant une retenue énergétique de *chi* à l'aide d'un plan d'eau, mais les effets obtenus resteront tout de même limités, car, même si les Chinois ont pu le faire dans leur histoire, remodeler les paysages pour obtenir une configuration idéale reste du domaine de l'utopie. Et cela comporte toujours le risque de modifier l'ordre naturel des choses…

LA FORME DU TERRAIN

Une règle fondamentale : les quatre points d'or

Le terrain autour de la maison est comme un réceptacle qui va retenir le *chi*. Si sa situation est importante dans l'environnement, sa géométrie l'est tout autant : les formes les plus harmonieuses sont celles du carré et du rectangle, parce qu'ils possèdent quatre côtés reliés entre eux par quatre angles droits : les « quatre points d'or » caractérisent les formes parfaites en feng shui.

Ces formes stabilisantes, associées à l'élément Terre (voir p. 129), permettent une répartition et une circulation régulière et harmonieuse du *chi*.

Quatre points d'or et nombre d'or

Les **quatre points d'or** n'ont rien de commun avec le **nombre d'or** ou section dorée *phi* (1,618), qui caractérise le pentagone et dont les propriétés se retrouvent dans certaines formes harmonieuses de la nature comme la spirale. Ses propriétés géométriques ont été largement utilisées dans les arts et l'architecture, avec notamment le rectangle d'or, qui est construit à partir du milieu du côté d'un carré. Sans doute les Chinois connaissaient-ils ce nombre d'or, leur architecture témoignant d'une harmonie calquée sur la symétrie quintuple et sur le modèle de la nature.

Le rectangle et le carré

Un rectangle bien proportionné est préférable à un rectangle allongé (maison de type « longère », par exemple), qui comprime l'énergie et réduit considérablement les cases du *loshu* posé sur le plan (voir p. 295) : il est, dans ce dernier cas, moins aisé d'analyser la qualité du *chi*.

Un terrain de forme carrée est idéal également pour un ensemble de bâtiments ou un lotissement.

Il est préférable de laisser suffisamment de terrain à l'avant, qui fera office de zone tampon avec la rue, et à l'arrière pour permettre à l'énergie de faire le tour de la maison et pouvoir y installer une protection si nécessaire (haie, muret, arbustes, etc.).

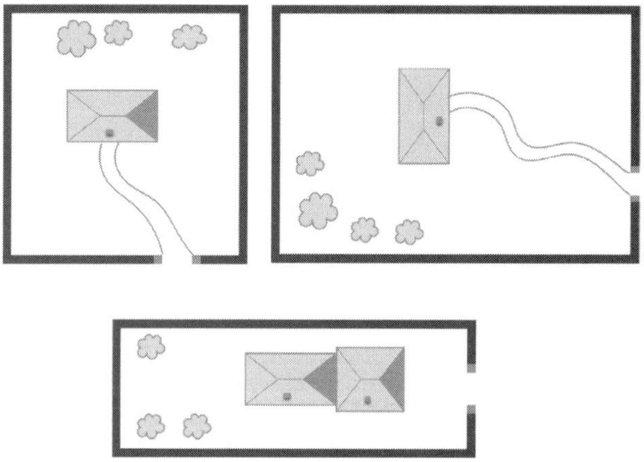

Les deux premières formes peuvent facilement être divisées en 9 cases égales du *loshu*. La troisième forme (le rectangle allongé), qui comprime le *chi*, peut être aménagée pour optimiser la circulation du *chi* en créant deux zones d'habitation.

Le jardin traditionnel chinois

Dans la tradition chinoise, la limite de la propriété est de forme quadrangulaire, entourée par un mur d'enceinte. Les habitations ont également un plan régulier et symétrique. Seul le jardin à l'intérieur de l'enceinte peut adopter une forme irrégulière, qui vient en contrepoint.

Triangles et trapèzes

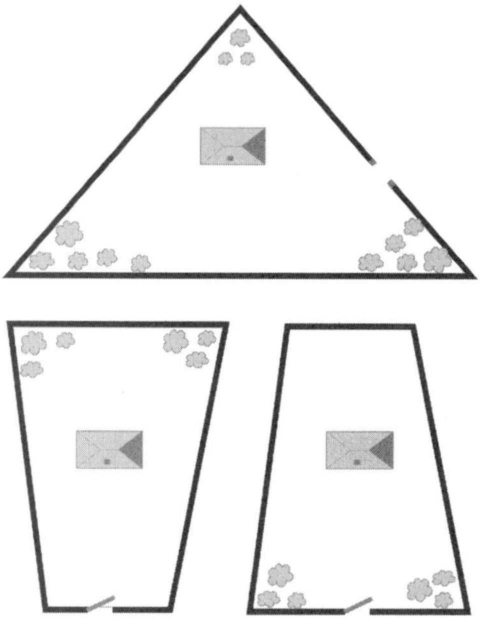

Ces formes sont moins intéressantes, car la règle des quatre points d'or n'est pas respectée. Or les géométries imparfaites nuisent à la bonne circulation du *chi*. Les plans en forme de triangle sont déconseillés, car ils renvoient à l'élément Feu à cause de leurs angles agressifs qui se comportent comme des *sha chi*. Leur surface irrégulière est vue d'un mauvais œil par les spécialistes, car elle nuirait à l'harmonie des habitants. Afin de rétablir un équilibre, il est possible de recréer une géométrie carrée en camouflant deux angles, que vous pourrez réserver à un jardin potager, par exemple.

De même, les plans en forme de trapèze créent un déséquilibre dans la circulation énergétique, surtout dans la version avec un avant large et un arrière étroit, dans laquelle le *chi* perd de sa puissance. En effet, ce dernier entre par le côté large devant la maison et atteint péniblement le bout du terrain à l'arrière. Dans le cas d'un avant étroit et d'un arrière large, le *chi* subit une compression, mais il a suffisamment de place à l'arrière pour se développer. Il est possible de rééquilibrer ces deux surfaces en végétalisant les angles du côté le plus large, afin de récupérer la forme parfaite du rectangle.

La forme en L

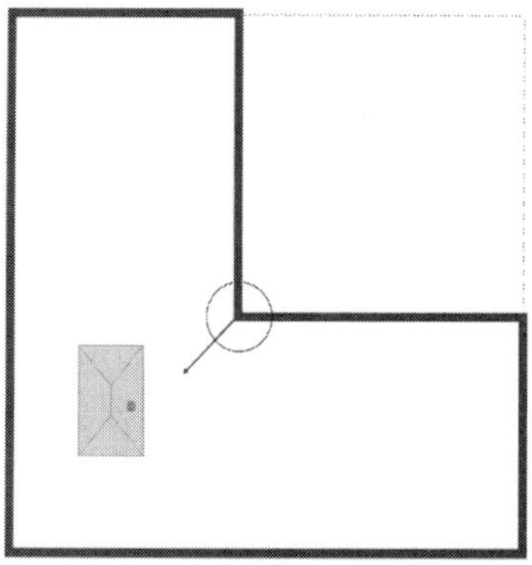

Le plan en L correspond en fait à un carré ou un rectangle amputé d'une partie. Il présente des inconvénients : sur le schéma, la circulation du *chi* y est irrégulière, et l'angle qui pointe vers l'intérieur constitue une flèche si le terrain est clôturé d'un mur. S'il est dirigé vers la maison, veillez à mettre une protection tel qu'un écran végétal pour réduire son impact.

LE SOL ET SES CARACTÉRISTIQUES

N'oubliez pas d'inspecter les sols et de tenir compte de leurs caractéristiques : cela peut avoir des incidences sur le feng shui de votre jardin, autant que sur celui de votre maison. Pour cela, fiez-vous à différents indices artificiels et naturels : un aménagement humain pour compenser un défaut, la couleur, la texture, l'odeur de la terre. Jetez aussi un coup d'œil sur les plantes bio-indicatrices.

Un sol peut présenter différentes caractéristiques.

Trop sec

Un déficit en eau est caractérisé par un environnement pauvre en végétation, une érosion du terrain, un affaissement des sols qui peut causer des fissures le long des murs de la maison, surtout si les sols sont **argileux**. En général, ces désagréments peuvent apparaître quelque temps après une période de forte sécheresse, sur les pignons, autour des fenêtres ou dans les angles du bâti.

Lors d'une visite immobilière, soyez attentifs à la présence d'armatures métalliques en forme de X qui consolident certains bâtiments anciens…

En zone rurale, il existe des solutions pour irriguer les sols argileux et les maintenir humides en profondeur, mais elles sont difficiles à mettre en œuvre (stabilisation par pieux d'acier) du fait de la dureté des sols ou de la végétation se trouvant à proximité, qui peut accélérer le processus de dessèchement, provoquer des problèmes d'humidité, d'infiltrations et de moisissures à l'intérieur du bâtiment ou sur les façades, et des problèmes de santé. Elles sont donc peu recommandables.

Trop humide

Construire une habitation sur un sol humide ou un sol meuble est également déconseillé : la présence d'eau stagnante est notable sur un terrain en forme de cuvette, situé à proximité d'un cours d'eau ou traversé par un cours d'eau souterrain. Des remontées d'eau dans la cave de la maison et le long des murs par capillarité peuvent apparaître.

Reconnaître les sols

Sol argileux / sol sableux

Si le sol contient plus de 25 % de particules argileuses, il est dit argileux. S'il contient 70 % de sable, c'est un sol sableux.

Un sol sableux est léger et friable. Il se dessèche rapidement.

- Couleur marron.
- L'eau descend vite en profondeur.
- Type de végétation : chiendent, armoise, citronnelle, mauve sauvage, amourette…

Un sol argileux est alcalin et retient l'eau.

- Couleur foncée.
- L'eau de pluie forme une flaque en surface, la terre devient collante au toucher, mais, par temps sec, la terre se couvre de fentes.
- Végétation : bouton d'or, jonc, grande prêle, oseille commune, liseron…

Sol calcaire / sol acide

Un sol est dit très calcaire lorsqu'il contient plus de 50 % de calcaire. Il est en général fertile, à la différence d'un sol acide, qui est toxique pour **le développement de l'activité biologique**.

Un sol calcaire est alcalin également, mais fertile et sec s'il est profond.

- Couleur claire et blanchâtre (composée de craie).
- Texture caillouteuse, sèche en été et collante lorsqu'elle est mouillée.
- Végétation : fumeterre, trèfle blanc, genévrier, sureau, coquelicot, bleuet…

Un sol acide est souvent le signe d'une grande richesse organique.

- Couleur brune.
- Frais au toucher et souvent porteur d'humidité.
- Végétation : fougère, pensée sauvage, spergule des champs, camomille romaine, genêt à balai, grande oseille…

Repérer les plantes bio-indicatrices

Les plantes sauvages nous donnent beaucoup d'indications sur la nature des sols. En effet, leur présence traduit des carences ou des excès qui peuvent être dus à l'environnement, au climat (ensoleillement, présence ou absence d'eau), mais également à la composition des sols. Ces informations peuvent s'avérer fort utiles pour l'agriculture, mais également pour le jardinage et le feng shui.

Qualifiées à tort de mauvaises herbes, ces plantes régulent la nature du sol. Comprendre les raisons de leur présence, c'est pouvoir diagnostiquer comment le sol fonctionne, quelle est sa composition, s'il est argileux, acide, calcaire, asphyxié… en bonne santé ou non.

Pour être bio-indicatrice, une plante doit être « **dominante** » par rapport aux autres espèces. Pour cela, elle doit occuper une surface importante sur le terrain ou le futur jardin.

Par exemple, la **chélidoine** (un remède de grand-mère contre les verrues) indique la présence de nitrate dans le sol ; celle du **lierre terrestre**, que le sol est lessivé, c'est-à-dire qu'il est pauvre en éléments nutritifs, ceux-ci étant emportés par les eaux de pluie vers les nappes phréatiques.

Le **chiendent** est le symptôme d'un sol fatigué.

Les **orties** en grande quantité peuvent indiquer la présence dans le sol de pièces métalliques de machines ou d'objets cassés : peut-être le sol recèle-t-il des remblais ?

Le **lotier corniculé** pousse sur des terrains riches en humus et équilibrés, tandis que le **plantain lancéolé** évolue sur un sol asphyxié et est un indice précieux : la vie végétale va revenir.

Des champs de **luzerne** à proximité ? Cela signifie que les sols ont un pH élevé, supérieur à 8, donc avec beaucoup de calcaire. En revanche, la **luzerne tachetée** est une autre variété qui indique que la matière organique est stable.

La **véronique à feuille de lierre** révèle un fort taux de carbone, tandis que la **véronique de Perse** est le signe d'un sol riche en azote…

Le **liseron des champs** marque un sol lourd et argileux, trop riche en azote.

La **pâquerette** caractérise un sol argileux, qu'elle enrichit en calcium.

Le **grand plantain** dénote un sol tassé qui ne laisse pas de place à l'activité bactérienne.

La **spergule des champs** signe un sol pauvre en argile.

La **grande prêle** est la preuve d'un sol instable très argileux et très humide, avec la présence d'une nappe d'eau.

Le **lamier pourpre** colonise les sols engorgés par l'azote, dont l'origine est principalement la pollution des pluies par les gaz industriels et automobiles. Malheureusement, cet azote n'est pas assimilable par les plantes.

FOCUS : LA GÉOBIOLOGIE ET LE FENG SHUI

> ***« Celui qui veut se perfectionner dans l'art de guérir considérera comment l'endroit est disposé et s'informera du sous-sol, concurremment avec la constitution des êtres vivants. »***
> Hippocrate

La géobiologie, qu'est-ce que c'est ?

La géobiologie (contraction de *geo*, « la terre », *bios*, « la vie », et *logos*, « l'étude ») étudie l'influence de l'environnement sur les êtres vivants (plantes, animaux, humains).

Elle s'intéresse en particulier à l'impact des ondes et des courants produits par les **pollutions souterraines qui remontent à la surface du sol** (les failles et réseaux telluriques, les cours d'eau, les cheminées cosmo-telluriques), mais également à **celles qui sont produites par notre environnement technologique et nos moyens de communication** (appareils électromagnétiques, pylônes électriques, ondes radio, etc.).

Bien qu'elle fasse appel à des notions de biologie, de géologie et de physique, elle n'est pas encore reconnue comme une science sérieuse. De nombreux détracteurs la considèrent comme ésotérique, et ce, parce qu'ils nient l'influence du magnétisme sur la santé. Pourtant de nombreuses entreprises font appel aux géobiologues pour rééquilibrer leurs espaces de travail, et constatent une amélioration des performances après leur passage. Certains grands vignobles charentais et bordelais leur font confiance pour optimiser la plantation de leurs ceps de vigne afin de rentabiliser leur production vinicole.

Et le feng shui dans tout ça ?

Le feng shui et la géobiologie sont deux pratiques qui n'utilisent pas les mêmes techniques, mais leur finalité est la même, celle de préserver le bien-être de l'homme dans son environnement.

L'expert en feng shui peut se faire accompagner par un géobiologue lorsqu'il n'a pas les compétences nécessaires pour réaliser des projets d'écoconstruction, tant pour le choix du bon emplacement du terrain sur la base d'un relevé précis des cours d'eau, failles et réseaux, que pour l'emploi des matériaux ou des formes.

À mon avis, l'analyse feng shui ne peut pas faire l'impasse sur le diagnostic géobiologique, surtout lorsque des problèmes de santé ou de sommeil sont en jeu : il s'agit alors de relever la présence de perturbations magnétiques ou de cours d'eau à l'aplomb des lits ou des sièges de bureau. Les pathologies sont nombreuses, surtout chez les personnes qui subissent un stress important : impression d'être vidé de son énergie, apathie, fatigue, maux de tête, vertiges, jambes lourdes, problèmes rénaux, osseux, etc.[23]

Les instruments de détection

Les champs électriques externes viennent interférer et perturber le métabolisme des êtres vivants qui sont animés d'une énergie électrique. Des outils manuels appelés « radiesthésiques » permettent de les repérer : pendule, rad-masters, lobe antenne, antenne de Lecher et la fameuse baguette de sourcier en noisetier pour localiser les sources d'eau souterraines.

Des appareils électroniques plus élaborés corroborent les perceptions physiques en effectuant des mesures très précises des champs magnétiques basses et hautes fréquences. Ils mesurent également les champs électriques alternatifs, la résistance de prise de terre, la teneur en radon 222, les hyperfréquences, les ondes émises par les antennes de téléphonie mobile, les radars, etc. À titre indicatif, certaines marques proposent des appareils à des prix abordables, telles que les sociétés allemandes Gigahertz Solutions, Aaronia et Rom Elektronik, la française Comelec, l'américaine Cornet ou la taïwanaise Tes. Cependant, les appareils réellement efficaces coûtent très cher, car ils sont plus précis dans leurs mesures.

23. Deux grands spécialistes de la question le relatent parfaitement : le médecin militaire Guy Laplane dans son livre *Médecine et habitat : ces ondes nocives qui menacent votre santé* et Alain de Luzan, ingénieur systèmes, dans *Votre santé en lieu sûr : des solutions pratiques grâce à la géobiologie*.

Le biomètre de Bovis

Cet outil qui sert à évaluer le taux vibratoire d'une personne ou d'un lieu est une échelle graduée de 0 à 10000 unités Bovis, 6500 étant la limite séparant la santé de la maladie. L'échelle des graduations peut être différente. Il est utilisé avec un pendule qui oscille sur la bonne valeur.

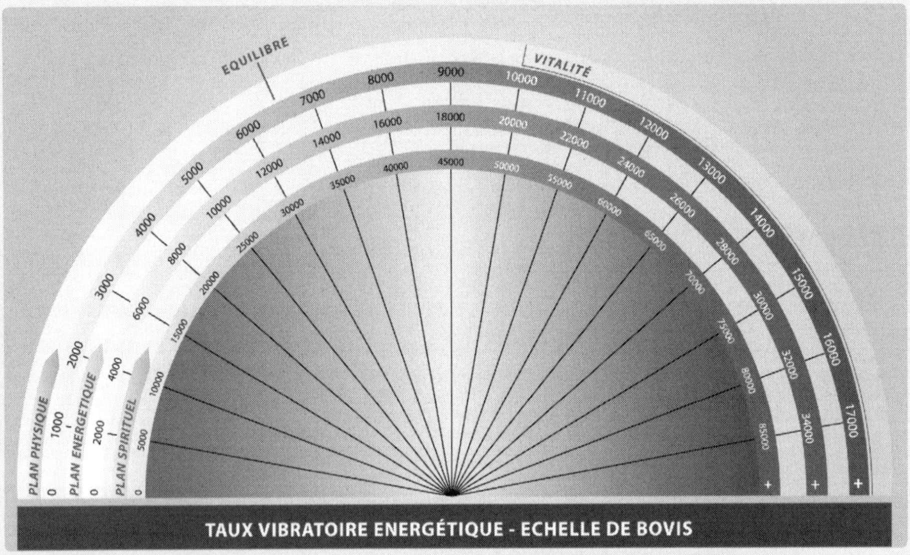

Les réseaux telluriques

La géobiologie part du postulat que l'ensemble du globe terrestre est recouvert d'un maillage de rayonnements magnétiques d'origine souterraine qui se dresse verticalement sous forme de cloisons invisibles.

Les réseaux les plus connus portent le nom de leurs découvreurs : Curry, Peyré, Romani, Palm, Wissmann, etc. Chacun a des caractéristiques particulières : orientation, forme, largeur des bandes, effets sur l'organisme…

Le croisement de ces lignes entre elles créerait des nœuds, dont certains peuvent être nocifs pour les êtres vivants s'ils stationnent longtemps à leur aplomb, au niveau d'un lit, par exemple, ou d'un siège de bureau. La station prolongée au-dessus de l'un de ces croisements pourrait affecter le fonctionnement normal d'un organe.

Les anciens construisaient leurs édifices sacrés et leurs habitats en tenant compte de ces réseaux souterrains, mais également des failles, ces discontinuités du sous-sol émettrices de gaz radioactifs tels que le radon 222 (surtout dans les sous-sols granitiques du Massif central, par exemple), et des cours d'eau. Ce que j'ai pu vérifier dans de nombreux villages du Sud-Ouest de la France.

Le réseau cardinal Hartmann

Le médecin allemand Ernst Hartmann (1915-1992) est, avec son frère, le fondateur de la géobiologie moderne. Il a découvert que la surface du globe terrestre est recouverte d'un quadrillage énergétique qui se présente comme une immense toile d'araignée. Elle sort verticalement de la Terre et est orientée cardinalement selon les pôles géomagnétiques du globe, c'est-à-dire nord/sud et est/ouest. Elle est formée de bandes de 21 cm de large. En plaine européenne, au 45e parallèle, les bandes nord/sud sont espacées d'environ 2 m, tandis que les bandes est/ouest sont distantes de 2,50 m. À l'intérieur des rectangles délimités par les bandes se trouvent des zones neutres.

Le réseau traverse donc les habitations et les dalles en béton armé et forme des nœuds lorsque les lignes se croisent.

Le réseau Hartmann serait particulièrement sensible à l'électricité, et notamment à un appareil électrique défectueux. Il se déforme, ses bandes pouvant se rétrécir ou s'élargir sous l'influence de la Lune, avant les séismes et également sous l'action des installations électriques domestiques (compteur, télévision, etc.), mais aussi à proximité des cours d'eau.

Le réseau diagonal de Curry

Ce réseau a été découvert en 1952 par le docteur allemand Curry. Son quadrillage est formé de bandes de 40 cm de large orientées nord-ouest/sud-est. La distance entre les bandes est variable et oscille entre 3 et 16 m.

Le réseau Curry se déforme en fonction des masses métalliques ferromagnétiques qui l'attirent. Ainsi, il vaut mieux éviter de dormir au-dessus d'un garage.

Le croisement du réseau Hartmann avec le réseau Curry perturberait le fonctionnement des cellules, selon les spécialistes de la question.

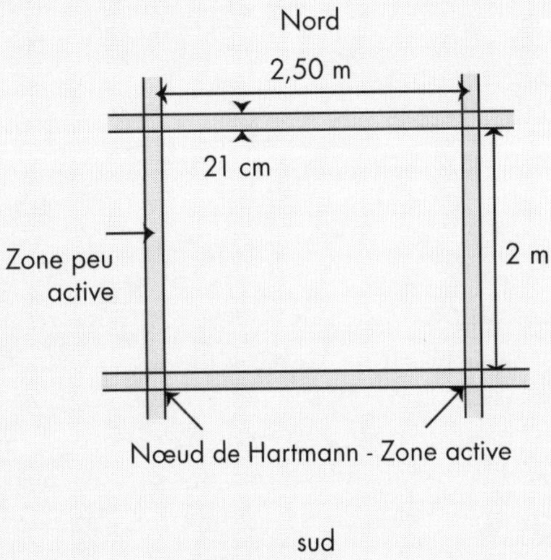

Réseau Hartmann

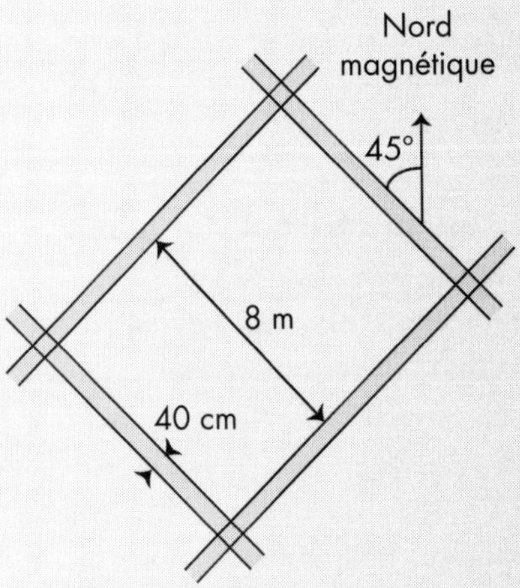

Réseau Curry

Le réseau « sacré » était connu des bâtisseurs...

Dans les églises et cathédrales des XIIe et XIIIe siècles bâties par les Templiers, l'autel est toujours positionné au-dessus d'un croisement de réseau sacré orienté nord/sud. Le lieu de culte était ensuite construit autour. Le réseau sacré dit « solaire » décuplerait les forces et la vitalité de ceux qui se trouvent au-dessus. Les arbres qui sont soumis à ce réseau sont toujours exceptionnels.

Pour en savoir plus :

- Stéphane Cardinaux, *Géométries sacrées. Du corps humain, des phénomènes telluriques et de l'architecture des bâtisseurs*, Trajectoire, 2004.
- Jacques Bonvin et Paul Trilloux, *Église romane, lieu d'énergie. Pour une géobiologie du sacré*, Dervy, 2012.

Les failles géologiques souterraines

Les failles sont la conséquence de la tectonique des plaques et sont produites par suite d'un glissement de terrain qui met en contact deux couches de terrain différentes. Il s'agit d'une discontinuité du sous-sol parfois épaisse de quelques centimètres seulement. Les failles peuvent être sèches ou humides si elles croisent un cours d'eau. Le champ de rayonnement est alors perturbé à la surface des sols. Ces failles peuvent canaliser des gaz radioactifs et des rayons gamma, qui seraient préjudiciables au dormeur en multipliant les radicaux libres selon Alain de Luzan, éminent spécialiste de la question.

Les cours d'eau

Les cours d'eau souterrains provoquent, en circulant, un courant électrique qui affecte le système endocrinien (action sur les glandes surrénales, la thyroïde et la production hormonale), en particulier lorsqu'ils croisent des réseaux telluriques ou des failles.

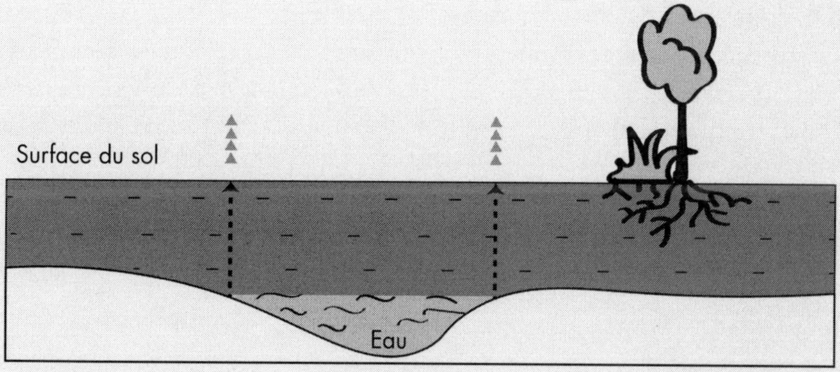

Une modification du champ magnétique peut être détectée à l'aplomb des deux rives d'un cours d'eau souterrain.

Les cheminées cosmo-telluriques

Nos ancêtres les appelaient les « ronds de sorcières ». Elles sont composées d'un tube cylindrique tourbillonnaire qui s'élève verticalement, avec un diamètre variable de 30 cm à 30 m, le diamètre le plus courant allant de 1 à 3 m.

Telle une respiration, leur mouvement est dynamique, alterné, régulier et vertical autour d'un axe, oscillant tantôt de droite à gauche, tantôt de gauche à droite, avec un temps d'arrêt entre les deux.

Elles sont repérables par les surfaces rondes ou ovales qu'elles laissent dans les champs, parfois auréolées de champignons. La couleur de l'herbe peut changer à cet endroit.

Leur action sur l'homme peut être pathogène selon les cas et générer de la fatigue.

Comment neutraliser ces pollutions ?

Aujourd'hui, il est possible d'acheter du matériel censé harmoniser l'habitat et le débarrasser des influences négatives des champs électromagnétiques. On peut trouver :

- Des procédés dits « **techniques** » : solénoïde (bobine composée de spires de fils de cuivre…), piquets métalliques pour dévier certains réseaux, pierres dressées, fil de cuivre autour du lit ou d'une maison…

- Des procédés « **ésotériques** » : objets aux formes et couleurs fondées sur le nombre d'or (décagone), objets utilisant des métaux particuliers et des symboliques pseudo-religieuses ou alchimiques, bols et céramiques en terre cuite...

Ces objets peuvent donner de bons résultats en améliorant le sommeil ou l'état de santé des personnes, sans que cela puisse être démontré scientifiquement. D'aucuns parleront d'effet placebo et subjectif. Il suffit parfois d'être convaincu pour que cela fonctionne…

Attention cependant aux charlatans qui proposent tout un attirail d'« **harmoniseurs** » chers et pas forcément efficaces.

Pour pallier efficacement les effets négatifs de ces réseaux, failles ou cours d'eau, il suffit tout simplement de soustraire le lit ou les sièges dans lesquels nous passons le plus de temps à l'influence de ces perturbations en les déplaçant. Les effets sur le bien-être sont alors assez rapides.

Un expert pourra vous proposer d'autres solutions.

Comment reconnaître une zone à risque ?

Voici quelques indicateurs :

- les arbres se plient en spirale, s'inclinent ou sont couverts de nœuds et de boursouflures : ils sont plantés à l'aplomb de cours d'eau souterrains, de failles ou de réseaux telluriques ;
- les haies sont interrompues brutalement par des zones mortes ;
- la présence de pommiers, poiriers, sureaux, noisetiers ;
- la présence de fourmis ;
- les parasites sur les plantations ;
- les fissures à l'intérieur d'une maison, les lézardes sur les façades ou les murets, les affaissements de terrain, les déchaussements, les cassures de carrelage.

L'ASTUCE EN PLUS

Pour détecter les champs électromagnétiques artificiels des matériels électriques (EMF) en l'absence d'appareils de mesure scientifiques, prenez une radio, réglez-la sur les bandes d'ondes AM et approchez-la des appareils. Lorsque vous entendez un bruit de « friture », vous êtes en présence d'un champ électromagnétique.

Causes et symptômes

Quelques symptômes liés à un **déséquilibre électromagnétique** :

- les troubles du sommeil ;
- la nervosité ;
- les crampes nocturnes ;
- les infections des voies respiratoires, l'asthme ;
- les étouffements.

Quelques symptômes liés à l'influence des **courants d'eau souterrains** :

- une fatigue anormale ;
- l'angoisse, l'anxiété ;
- la spasmophilie ;
- la modification de la tension artérielle (céphalée) ;
- les douleurs rhumatismales ;
- les problèmes rénaux ;
- la leucémie ;
- l'énurésie.

Quelques symptômes liés à l'influence des **failles** :

- l'arthrose ;
- le ralentissement de la croissance végétale.

CHAPITRE 7
ET LE BÂTIMENT ?

Le plan, la structure et la forme du bâtiment répondent à différents critères feng shui : équilibre, stabilité, solidité et simplicité. Il doit se dégager de son aspect général un sentiment d'harmonie visuelle et d'osmose avec son environnement.

L'ACCÈS À LA PROPRIÉTÉ

Si votre environnement présente un *chi* de qualité, il faut maintenant favoriser son arrivée jusqu'à la porte d'entrée, la « bouche du *chi* », afin qu'il nourrisse l'intérieur de la maison.

Une zone tampon

Il est parfois nécessaire de privilégier une « zone tampon » entre les voies d'accès extérieures à la propriété et l'habitation pour calmer le *chi*, surtout lorsqu'il est trop actif (rue très animée, circulation automobile intrusive) : un jardinet, quelques marches agrémentées de pots de fleurs, un muret symbolique peuvent marquer une coupure suffisante.

Cela est parfois difficile à réaliser lorsque la maison donne directement sur la rue : il faut alors renforcer l'intimité des pièces contiguës à cette dernière, ou parfois même doubler les murs pour les insonoriser, mais cela ne modifiera pas la qualité du *chi*.

Inversement, cette zone intermédiaire peut servir à énergiser un *chi* trop faible : un bassin d'eau, des mobiles, des objets réfléchissants, des plantations peuvent créer un mouvement dynamisant.

Attention à ne pas obturer l'accès de la lumière dans la maison avec un écran végétal trop dense : la qualité du *chi* en serait également affectée.

Une allée sinueuse et douce

L'allée principale qui amène le *chi* doit être sinueuse ou suffisamment large pour qu'elle ne l'accélère pas, sinon elle deviendra une flèche menaçante (voir les *sha chi*, p. 213). Des plantations le long du chemin peuvent adoucir les effets néfastes de la flèche.

Voici comment procéder :

- Postez-vous sur le pas de la porte et relevez les éléments perturbateurs.
- Observez la courbe de l'allée passant devant la maison : il est préférable qu'elle soit incurvée vers l'extérieur plutôt que vers le bâtiment pour éviter l'effet « lame de couteau ».
- Pour une meilleure circulation, le portail du jardin peut être décalé de la trajectoire de la porte d'entrée et positionné en calant son orientation et son emplacement en fonction du *gua* du propriétaire ou du chef de famille (le *gua* correspond aux quatre meilleures orientations et emplacements d'une personne (voir le *Bazhai*, p. 297).

Un portail à la bonne taille

Le portail joue un rôle important : il marque physiquement et symboliquement le passage dans votre propriété. Ses dimensions sont proportionnées à la surface de votre terrain. Il ne doit pas être positionné en face d'un *sha chi* : poteau, réverbère, bouche d'incendie ou autre élément agressif. Selon les experts, un seul portail est préférable à deux, pour éviter les divisions familiales…

LA FORME DE L'HABITATION

Les formes idéales, c'est-à-dire celles qui possèdent les meilleures qualités énergétiques, sont carrées ou rectangulaires, car elles sont régulières et harmonieuses, dotées de quatre angles droits : le *chi* peut donc y circuler à son aise.

Toutes les **formes irrégulières** (en L, en U, en T) font apparaître des manques ou des extensions par rapport aux formes parfaites du carré ou du rectangle. Le centre est souvent déporté à l'extérieur du plan, ce qui est l'**indication d'une dysharmonie** en feng shui.

De même, les **rectangles trop allongés** (composés de petites habitations reliées entre elles) compriment le *chi* et ne permettent pas d'effectuer une analyse de feng shui pertinente.

Les **plans et** les **volumes triangulaires** ne sont pas retenus car ils seraient générateurs de *sha chi*, source de vie courte et de mauvaise santé.

Et les plans circulaires ?

Les plans circulaires, les formes sphériques ou cylindriques, également parfaits, sont plutôt réservés aux édifices religieux, à l'exception de certaines habitations primitives ou nomadiques telles que les tipis nord-amérindiens, les igloos des Inuits, les yourtes des Mongols, dont la forme a peut-être une origine spirituelle...

En Chine comme dans d'autres cultures du monde, la forme du cercle, une ligne continue qui n'a ni début ni fin, rappelle ce qui est céleste et divin, tandis que la forme du carré s'apparente au domaine du terrestre et de l'humain (voir le carré, p. 152).

En France, notamment dans le Gard, certains villages datant du Moyen Âge, appelés « circulades » ou « villages ronds », sont construits en forme d'escargot. Leurs rues sont bordées de maisons mitoyennes tournant autour d'un élément central (une église, un château fort), pour des raisons qui ne sont pas encore élucidées : protection défensive, dimension énergétique et sacrée liée à la forme, disposition imposée par une famille de Carcassonne-Béziers, les Trencavel ? Une manière, en tout cas, de se démarquer des villages voisins plus classiques... Le mystère reste entier.

De nos jours, avec l'engouement pour les maisons passives et les préoccupations liées au développement durable, de nouveaux habitats circulaires ont fait leur apparition. Pivotant autour d'un axe, ils permettent de s'approcher au plus près de la source de chaleur solaire. Si l'intérêt de cet habitat réside dans les économies d'énergie et le confort lumineux, il est en revanche difficile d'y appliquer réellement les principes du feng shui. Car où se trouve l'arrière et le devant du bâtiment ? Comment utiliser le principe des directions dans un espace sans cesse en mouvement ?

L'habitat en L

Le plan en L apparaît dès qu'il y a modification d'un plan carré ou rectangulaire ou lorsque deux bâtiments adjacents sont reliés entre eux par une ouverture.

Ce type de plan induit un manque par rapport à la forme parfaite, ainsi qu'un centre déporté. Le L se compose de deux espaces dotés de qualités énergétiques distinctes, puisque le bâtiment a de multiples orientations.

En effet, une des deux ailes sera logiquement moins lumineuse que l'autre et donc plus yin et moins bien nourrie par le *chi*. Elle est en général facile à reconnaître et c'est celle qui est également « la moins habitée ».

La solution consiste à séparer les deux ailes en condamnant leurs ouvertures communes pour créer deux espaces non communicants, dont la géométrie sera ainsi équilibrée. Sinon, réservez une aile aux activités yang nécessitant de la lumière, et l'autre aux activités yin en la réservant plutôt aux activités secondaires (chambre d'amis, pièces de détente, ateliers, rangements, bibliothèques...).

L'habitat en U

Les bâtiments en forme de U sont un autre exemple à éviter. En effet, leur plan présente une absence de centre et des différentiels énergétiques entre les trois ailes, qu'il est difficile de rééquilibrer lorsqu'elles communiquent entre elles par des ouvertures.

Certains praticiens considèrent que la version du U ouvert vers l'arrière est plus déséquilibrée, car le bâtiment se trouve alors sans protection.

L'idéal serait de reconstituer l'aile manquante en recouvrant le centre d'un toit pour obtenir un espace unique. Cela correspond davantage à une configuration adaptée aux entreprises.

Comme pour le plan en L, chaque aile peut être traitée comme un espace unique et clos, en condamnant les voies de passage ou en créant des activités spécifiques dans chacune, mais cette dernière solution s'éloigne des règles du feng shui, car elle reste avant tout symbolique.

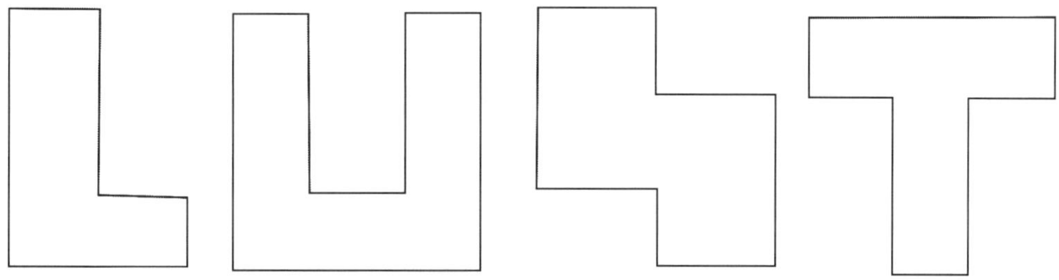

Les plans biscornus

Souvent dus à des architectures fantaisistes, les bâtiments de forme biscornue sont à exclure, car ils compliquent la circulation du *chi* : multiplication des corridors, angles perdus, plan tournant autour de différents puits de lumière ou de courettes, structure mélangeant différentes formes (carré et rond), plan en zigzag…

De même, les habitations coupées en deux parties par un long couloir sont également déconseillées car elles génèrent des problématiques de vie : avec un centre décalé à l'extérieur de l'habitation apparaissent des problèmes d'ancrage et d'harmonie familiale (pour le calcul du centre, voir p. 266).

UN HABITAT EN HARMONIE AVEC SON ENVIRONNEMENT

Idéalement, un habitat feng shui doit s'accorder avec son environnement tant sur le plan de ses matériaux et de sa forme que sur celui de son volume.

Équilibre et symétrie

Le bâtiment est équilibré lorsque son toit présente deux pentes symétriques identiques, (un côté n'est pas plus haut que l'autre) et sans décalage (un premier étage saillant, un rez-de-chaussée en retrait). Il ne présente ni protubérances, ni renfoncements trop prononcés : façade percée (type **pont** ou **arc de triomphe**) laissant passer une route ou une fenêtre faisant apparaître le vide. Les formes inclinées (**tour de Pise**) ou découpées bizarrement ne présagent rien de bon, tout comme les formes agressives ou offensives, les angles aigus qui pointent depuis les murs vers l'extérieur (type **pics de hérisson**).

La règle des quatre points d'or s'applique aussi pour la façade, qui doit présenter quatre angles : le plan est mis en adéquation avec la façade.

Le bâtiment dans sa structure, avec ou sans étages, doit inspirer la stabilité et la connexion avec le sol. La solidité apparente de la maison reflète un équilibre énergétique intérieur : posé sur des pilotis allumettes (version **château de cartes**), le bâtiment fragilisé n'offrira pas de stabilité suffisante à ses habitants, et encore moins si le rez-de-chaussée de l'habitation est occupé par un emplacement pour les voitures.

Pour pallier ce problème, une haie d'arbustes pourra être plantée pour camoufler les piliers.

Les étages en extension par rapport au rez-de-chaussée s'avancent généralement au-dessus du vide : cela procure un effet d'écrasement pouvant provoquer des difficultés pour se réaliser, des maux de dos et des céphalées.

DES FONDATIONS ÉTANCHES

Les fondations sont le socle sur lequel repose votre habitation et qui garantit son étanchéité. La moindre fissure peut être lourde de conséquences en affaiblissant la structure du bâti et en amenant des infiltrations d'eau et d'air.

Différentes causes peuvent en être à l'origine :

- **Des causes naturelles** : affaissements et mouvements de terrain, failles telluriques, maisons construites sur d'anciennes carrières. Ces aspects géobiologiques peuvent être détectés par un expert (voir p. 248).

- **Des causes techniques** : si les matériaux qui constituent le mur (le mortier, par exemple) se sont rétractés en séchant, le problème est dû à une mauvaise technique de pose et de séchage.

- **Des causes thermiques** : les variations de températures au cours des saisons provoquent la dilatation des matériaux puis leur contraction, et des différences très nettes apparaissent à la jonction de matériaux différents.

- **Des défauts de fabrication** : les linteaux, appuis et allèges, lorsqu'ils sont mal réalisés, peuvent créer des fissures aux angles des fenêtres.

Lors d'un achat ou d'une location, détectez les signes d'une fissure de fondation :

- Humidité plus élevée au sous-sol, avec formation de flaques sur le plancher.
- Taux d'humidité élevé (plus de 50 % dans l'habitation).
- Odeur de moisi, odeur terreuse (fissure de fondation).
- Moisissures vertes en bas des murs qui peuvent affecter la santé (irritation des yeux, toux, asthme et allergies...).
- Couche de poudre blanche sur le béton, qui expulse les sels avec l'humidité.

DES MATÉRIAUX ADAPTÉS POUR UN HABITAT DURABLE ET SÉCURE

Concernant la construction de la bâtisse et les matériaux employés, veillez à **accorder votre maison avec votre environnement naturel en le respectant** :

- Privilégiez les matériaux de construction de la région où vous habitez, car ils seront plus durables, adaptés au climat, à l'environnement, auront une empreinte carbone faible et seront bénéfiques pour votre santé.
- Les matériaux signalés « développement durable non polluant » – la pierre et le bois – respectent les normes HQE (Haute Qualité Environnementale), Nature-plus (label européen) ou la certification FSC (Forest Stewardship Council), qui s'applique au bois et garantit sa traçabilité.

Une couverture végétale ?

Les plantes grimpantes sur votre façade présentent des inconvénients et des avantages qui dépassent le cadre du feng shui, bien que cette couverture naturelle joue un rôle non négligeable sur la température à l'intérieur de l'habitation et la qualité de l'air.

Veillez cependant à bien l'entretenir en la taillant pour éviter qu'elle occulte la lumière, endommage le toit en soulevant ardoises et tuiles, bouche les gouttières ou agrandisse les fissures murales...

Attention : les racines du lierre anglais peuvent endommager les murs. La vigne vierge et le lierre de Boston sont, quant à eux, inoffensifs. Faites-vous conseiller par un spécialiste !

Si vous mangez sur une terrasse à l'ombre d'une treille rafraîchissante, veillez à la tailler régulièrement et à la débarrasser des bois morts envahissants qui peuvent renforcer l'humidité à l'intérieur des pièces situées à proximité.

Pensez également à choisir une variété à feuilles persistantes ou à l'associer avec une variété à feuilles caduques, car, lorsque votre couverture végétale aura perdu ses feuilles en hiver, la façade de votre maison prendra un tout autre aspect, beaucoup moins avenant…

Vous pouvez opter pour :

- la vigne vierge ou l'ampélopsis (qui a des feuilles larges et s'accroche par des vrilles) ;
- la glycine (qu'il faut guider) ;
- la bignone (belle, mais très envahissante et qui demande beaucoup de travail d'entretien) ou la viorne obier (variété plus sauvage), qui sont caduques ;
- le chèvrefeuille ou le jasmin étoilé semi-persistants ou persistants, qui fleurissent de juin à octobre. Ils présentent l'avantage – ou le désagrément, selon les goûts – d'être très odorants.

Les murs végétalisés

En ville, ils sont esthétiques et constituent également d'excellents isolants thermiques et acoustiques. Les plantations se font dans de la sphaigne du Chili, une sorte de mousse imputrescible qui retient l'eau, ou dans de la fibre de coco. Ces supports demandent peu d'entretien et l'eau y circule en circuit fermé.

Les bénéfices sont nombreux et respectent l'équilibre de la nature : régulation thermique du bâtiment, isolation des murs de la pluie, assèchement du sol à proximité des habitations grâce aux racines, production d'oxygène, fonction antistress et biotopes privilégiés pour les insectes.

DES OUVERTURES ADAPTÉES !

La bâtisse en elle-même est importante, il est vrai, mais les portes et porches d'accès le sont également. La porte d'entrée est considérée comme la bouche du *chi*, car c'est par là que le souffle énergétique s'introduit. Ses dimensions doivent être proportionnelles à la façade et à la taille humaine, ni trop étroites, ni trop larges, ni trop hautes, ni trop petites. Il en va de même pour toutes les ouvertures, assimilées aux yeux pour prolonger l'analogie.

En ville, la porte de l'immeuble doit elle aussi être de taille raisonnable, placée au même niveau que la rue ou plus haut, mais jamais plus bas.

LE CENTRE FÉDÉRATEUR

En feng shui, le centre est le cœur énergétique du lieu. Il est donc très important qu'il soit situé dans l'enceinte de l'habitation et non à l'extérieur.

Dans la conception chinoise, il est la « **cinquième direction** », les autres étant les quatre points cardinaux ou « quatre orients ». Le centre est l'axe autour duquel s'organisent l'espace et l'harmonie. On retrouve cette notion dans l'idéogramme de la Chine « Zhongguo », « le pays du milieu » (voir p. 210), dans le carré *loshu* avec les huit palais positionnés autour d'un carré central (voir p. 146), mais aussi dans l'organisation de la société chinoise, au centre de laquelle rayonne le souverain impérial, garant de la stabilité et de l'harmonie de tous.

RESSENTIR LE CENTRE

Il existe une approche plus sensible : les maîtres taoïstes perçoivent un halo lumineux au centre de l'espace, qui correspondrait au cœur énergétique de l'habitation. Ce halo a une forme, une couleur, il est vivant, en bonne ou mauvaise santé. Avec de la pratique, vous pourrez, vous aussi, le percevoir et le ressentir à l'intérieur de vous.

Cœur de l'habitation, ce point correspond davantage au barycentre d'un volume.

La méthode de calcul

Pour le trouver, rien de plus simple : munissez-vous d'un plan en 2D. Le centre d'une **forme parfaite** se trouve au croisement des diagonales du carré, d'un rectangle, d'un parallélogramme ou du diamètre d'un cercle. Pour un triangle, c'est le centre des trois médianes passant par le sommet et rejoignant le côté lui faisant face.

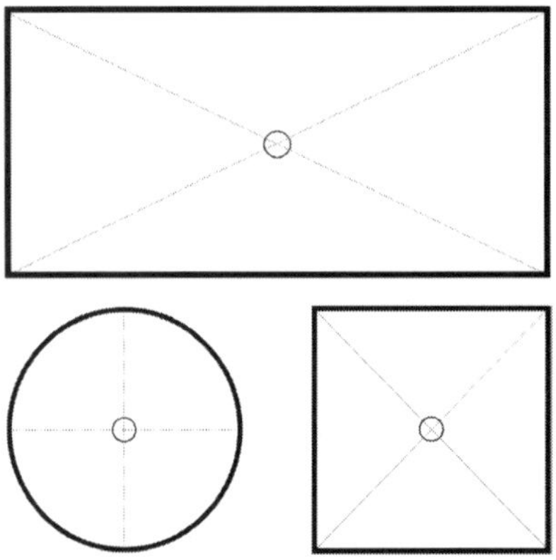

Pour les surfaces incomplètes, différentes méthodes existent :

- Divisez la surface en plusieurs carrés ou rectangles, calculez le centre pour chacun d'eux, reliez les centres par une droite. Le centre de la surface totale se trouve au milieu de la droite.

- Intégrez le plan irrégulier dans un rectangle puis tirez les diagonales.

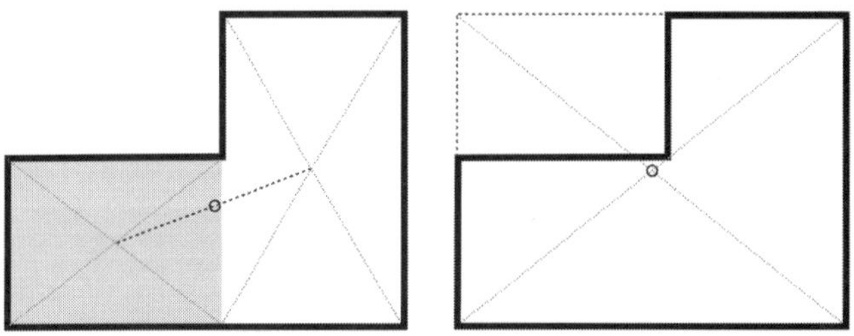

Les deux méthodes de calcul du centre donnent un résultat différent : la première, la plus courante, correspond davantage à l'emplacement du centre de gravité, tandis que la seconde correspond au centre si la forme était complète.

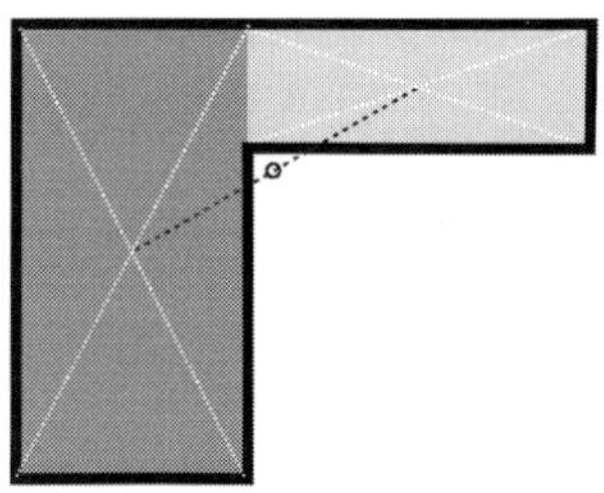

Le centre d'une forme irrégulière se trouve parfois déporté à l'extérieur, ce qui n'est pas favorable.

Pour une forme en U, le centre est systématiquement à l'extérieur des bâtiments, comme sur l'illustration.

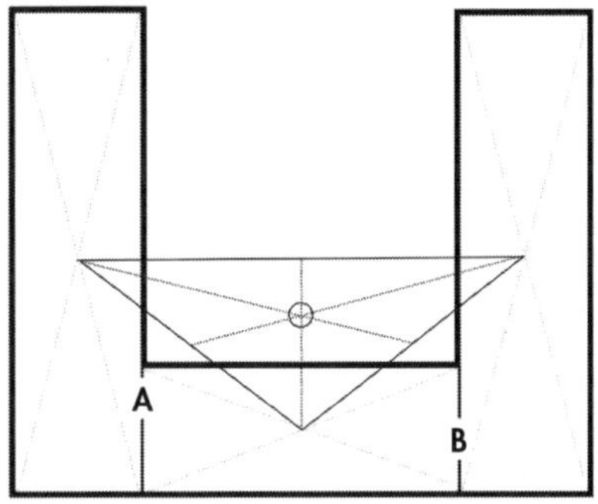

Pour éviter ce désagrément (la surface possède trop d'espaces manquants), il suffit de condamner les portes (A et B sur le schéma) reliant les différentes ailes entre elles, qui retrouveront de ce fait chacune un centre et une forme équilibrée.

Pour les plans trop complexes, imprimez votre plan sur une feuille A4, découpez-le en suivant les limites et essayez de le faire tenir en équilibre au-dessus d'une épingle. L'endroit où l'équilibre se réalise représente le centre.

Laissez le centre vacant !

Éviter d'y placer ce qui a une trop grande activité : feu, eau, évacuation, machine à laver… « Désaménagez-le » si nécessaire et entretenez-le avec soin, car les conséquences d'un centre absent (situé à l'extérieur des murs) ou surchargé peuvent être multiples : problèmes d'ancrage, de stabilité, difficultés pour développer des projets, sentiment d'asphyxie, pathologies à la rate, à l'estomac et au pancréas, des organes liés à l'élément Terre (voir p. 129).

Gérer les plans irréguliers

Si le carré et le rectangle sont les deux formes idéales en feng shui, rares sont les plans de maison ne présentant pas de manque ou d'extension. En effet, lorsque l'on désire augmenter la surface habitable, en rajoutant un garage, par exemple, ou en raccordant un bâtiment à sa maison, le plan devient dans certains cas irréguliers car il manque alors un ou plusieurs secteurs.

La règle

Lorsque la longueur de l'excroissance est supérieure ou égale au tiers de la longueur totale, il y a création d'un manque. Dans ce cas, on introduit le manque dans la grille du *loshu*, comme sur la figure A du schéma ci-après.

Dans le cas contraire (figure B), l'excroissance est considérée comme une extension ; elle reste à l'extérieur du *loshu*. On n'en tiendra donc pas compte.

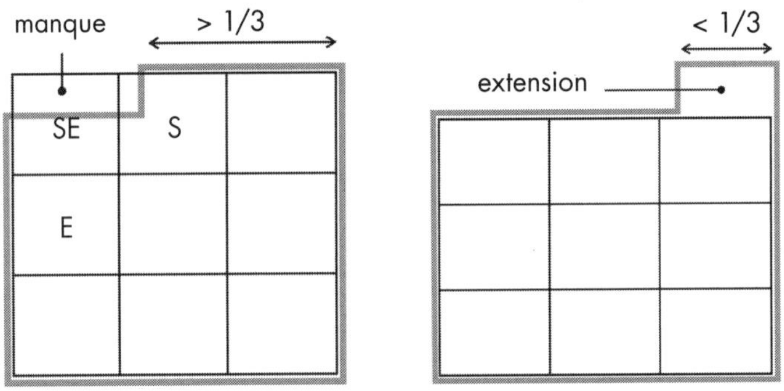

A B

Quel impact ? Quelles solutions ?

La présence d'un manque implique qu'un ou plusieurs secteurs peuvent être privés de leur énergie (comme sur la figure A, où le secteur sud-est est incomplet).

En cas de manque, la règle des 4 points d'or n'est plus respectée, puisque la surface se trouve amputée d'un angle : le *chi* n'y circule plus. Cela pourrait affecter l'équilibre énergétique du lieu, ou d'un membre de la famille si le secteur le concerne en particulier (voir la méthode des Huit Directions, p. 297, et les trigrammes, p. 97).

Planter des arbres à l'extérieur pour remplacer l'angle manquant, installer des luminaires pour recréer l'angle comme on peut le lire parfois, ou poser un miroir qui recréerait visuellement l'espace manquant sont des actions symboliques et illusoires sur le plan de l'efficacité.

Le miroir aux alouettes

« L'utilisation des miroirs en feng shui occidental vise aussi à pallier un problème largement inexistant : le miroir est utilisé pour sauver le client terrifié à l'idée d'avoir "un coin manquant" dans son appartement, d'autant plus que le feng shui occidentalisé dans la méthode dite du *Bagua* associe une thématique unique à chacune des neuf cases : si une case est absente, l'énergie associée à la case est dite manquante… »

Marie-Pierre Dillenseger, *La Voie du feng shui*, InterEditions, 2016.

La seule solution efficace serait de recréer un plan parfait et de faire disparaître le manque en construisant des murs dotés d'un toit.

Une autre solution plus facile à mettre en place est la méthode de compensation avec le micro *loshu*, qui consiste à valoriser le secteur manquant dans le reste de l'habitation en agissant sur une échelle plus petite (voir p. 318).

FOCUS : L'ARCHITECTURE TRADITIONNELLE CHINOISE

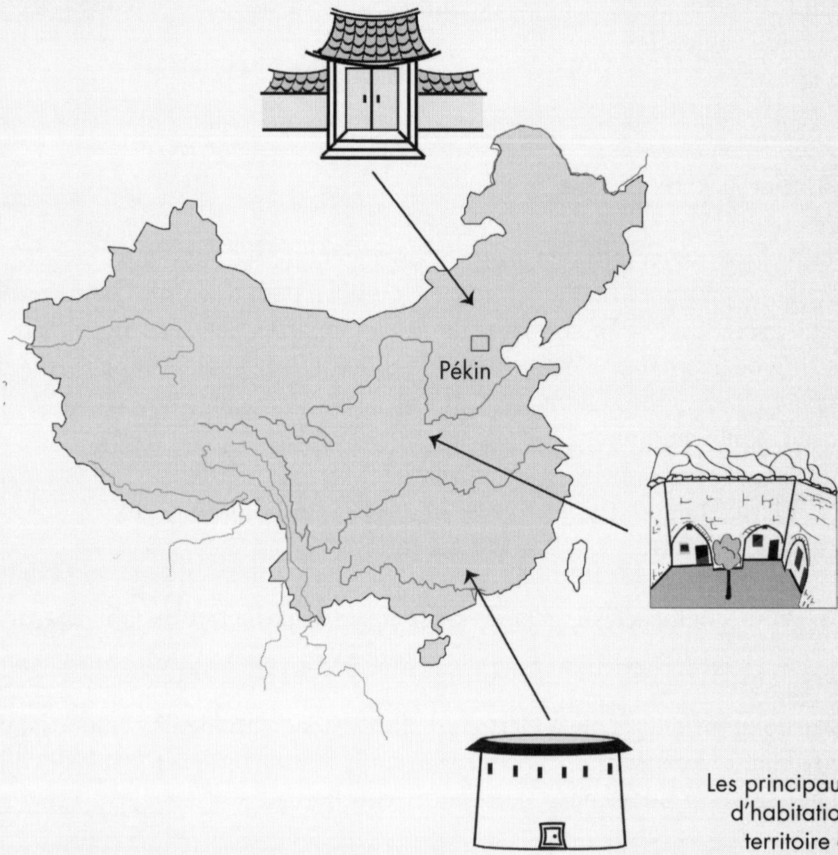

Les principaux types d'habitation sur le territoire chinois.

Un modèle d'architecture prédominant

La diversité stylistique des habitations est à l'image de la richesse ethnique de la Chine. Plusieurs types d'architectures, très différentes les unes des autres selon les régions, se sont développées qui continuent à coexister de nos jours : de la maison troglodytique de la province du Henan à la maison à cour carrée de Beijing, en passant par les bâtiments circulaires en pierre du Fujian, les habitations fortifiées du Jiangxi, les yourtes mongoles ou les maisons sur pilotis du Yunnan…

On en dénombre au moins 18 principales, construites selon des caractéristiques régionales qui répondent chaque fois de manière intelligente aux conditions géographiques, climatiques et à un environnement souvent peu propice.

L'histoire complexe de la Chine, ses courants de pensée ont également inspiré les modèles architecturaux : la maison chinoise intègre ainsi les principes de l'art taoïste du feng shui, mais également ceux de la pensée confucéenne.

Examinons plus en détail trois de ces habitats (indiqués par des flèches sur le plan) :

- le *siheyuan* (maison à cour de la région de Pékin) ;
- l'habitat troglodytique du nord et du nord-ouest ;
- les maisons forteresses du sud de la Chine.

La maison à cour intérieure carrée (*siheyuan*, en chinois)

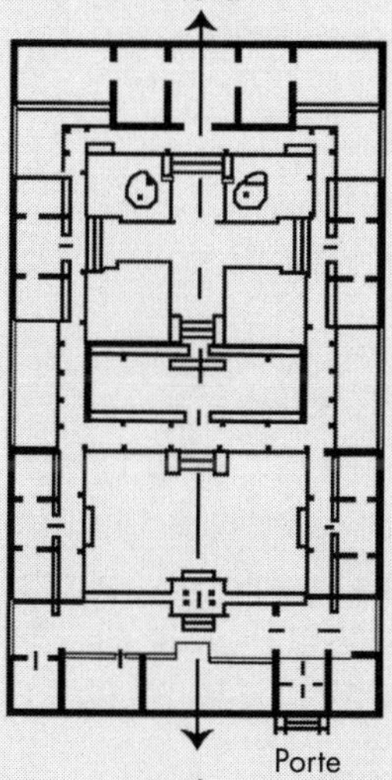

Cet habitat originaire du nord de la Chine s'est développé autour de Pékin. Il est fortement marqué par l'empreinte technocratique et les valeurs confucéennes de la dynastie Tang, tout en prenant en compte certains principes du feng shui. Il a trouvé son apogée à l'époque des dynasties Ming et Qing.

Le principe est simple : les pièces de vie entourent une cour à ciel ouvert.

Cet habitat a peu évolué au cours du temps et est devenu l'archétype de la maison résidentielle, influençant les autres types d'habitation sur l'ensemble du territoire chinois, et ce, jusque dans les années 1980.

Le plan de cette maison présente trois cours le long de l'axe nord-sud.

Les caractéristiques de cet habitat :

- Un mur d'enceinte protecteur sépare l'extérieur social de l'intérieur familial.
- Les bâtiments s'organisent autour d'une cour centrale selon :
  - le schéma des animaux célestes tel un U ouvert sur le sud, où est positionnée la porte principale ;

– le modèle du *loshu* : le *loshu* sert de matrice pour élaborer le plan, le carré central étant occupé par la cour principale.

- Axe et symétrie : les bâtiments sont disposés le long d'un axe transversal nord/sud, qui coupe un axe longitudinal est/ouest, et plusieurs cours intérieures. **Cela fait référence à des données astronomiques** : à l'image des villes traditionnelles chinoises, l'extrémité de l'axe nord/sud est orientée vers l'étoile polaire, qui est le symbole de la suprématie du souverain chinois dans le Ciel.

- La priorité peut être donnée à l'axe est/ouest, comme dans la région du bassin inférieur du Yangtsé (le fleuve Bleu).

- Les différentes zones de la propriété sont séparées par des murs : elles sont réservées aux activités sociales, familiales et domestiques. Elles permettent de séparer tout en hiérarchisant les espaces : réserve, ateliers, cuisine… Chaque génération de la famille possède ses propres quartiers.

- L'entrée est située à l'angle sud-est.

- Le sud est la direction la plus importante : la chambre des parents est toujours exposée face au sud, plus lumineux et plus chaud.

- La présence d'un mur paravent ou d'un écran décoré à l'extérieur devant la porte d'entrée (*zhaobi*) et derrière à l'intérieur (*yinbi*) est indispensable pour écarter les mauvais esprits, qui se heurtent aux murs, car ils ne peuvent avancer qu'en ligne droite. En réalité, ils bloquent la vue sur la cour principale au visiteur lorsque la porte est ouverte. Un second mur écran à l'intérieur oblige le visiteur à passer par les côtés, une manière de reproduire le mouvement naturel du *chi*, qui s'apparente à un courant d'eau.

- Les fenêtres ouvrent toutes sur la cour intérieure et jamais sur la rue ou l'extérieur. L'intimité est ainsi préservée, tout autant que la sécurité.

- Selon la richesse, le statut du propriétaire et le nombre de générations, des cours secondaires peuvent se succéder sur l'axe nord/sud. Au fur et à mesure que l'on avance sur cet axe, les cours sont de plus en plus surélevées.

- La première cour est réservée aux activités extérieures ; la seconde, aux occupations privées.

- Un ou plusieurs jardins peuvent agrémenter la propriété. Ces petits parcs ne respectent pas la symétrie ni la régularité imposées aux bâtiments (voir le jardin, p. 497).

- Le principe de la modularité : chaque bâtiment, chaque espace peut être agrandi au rythme de l'élargissement de la famille.

L'habitat troglodytique

Il s'agit d'un habitat primitif creusé dans le lœss, une roche sédimentaire courante dans le nord et le nord-ouest de la Chine (Henan, Shanxi, Shaanxi…) et dont les origines remontent au néolithique.

Les pièces de vie entourent une cour à ciel ouvert. Les maisons peuvent être enterrées ou semi-enterrées en fonction des caractéristiques rupestres.

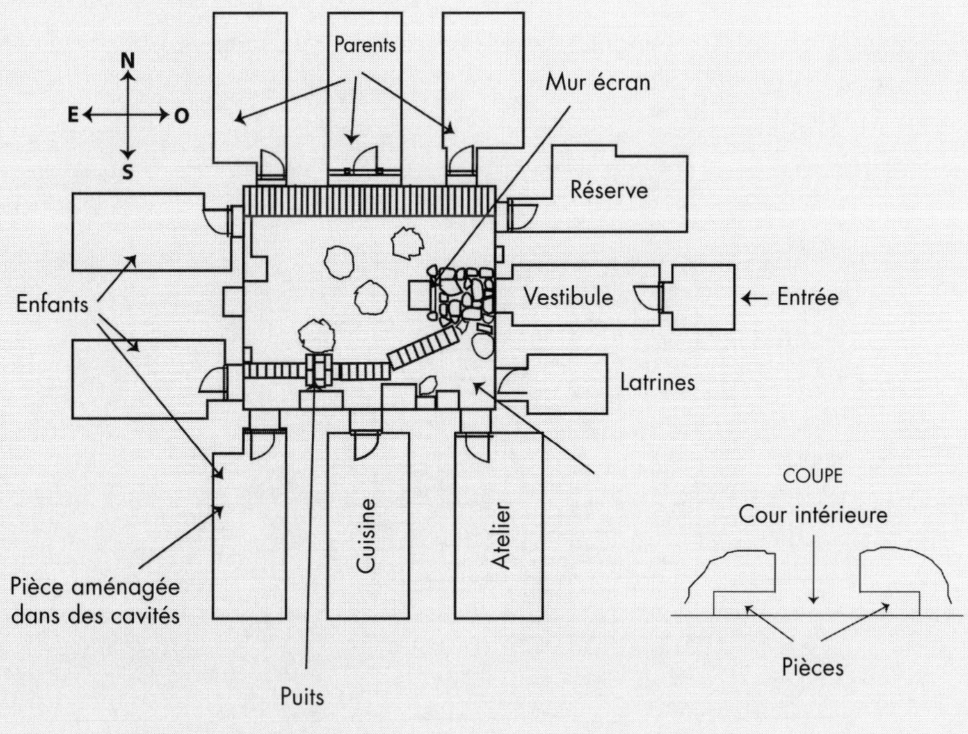

Les pièces de l'habitat troglodytique s'organisent autour d'une cour centrale.

Les caractéristiques de cet habitat :

- Adapté à l'environnement :
  – haute résistance à l'activité sismique ;
  – protection contre les tempêtes de sable.

- Économique et écologique : la terre, moins chère que le bois, est un excellent isolant dont on peut faire des briques et des tuiles, deux matériaux qui viennent compléter cette architecture particulière semi-enterrée toujours plébiscitée.

- L'aménagement des pièces est hiérarchisé conformément aux préceptes confucéens : sur l'exemple donné sur le plan, l'entrée est à l'ouest, la chambre des parents au nord fait face au sud, celle des enfants est située à l'est. Ce schéma peut varier en fonction du nombre de personnes et de générations dans la famille.

Les maisons forteresses

Dans le Sud (Fujian et Guangdong), entre le IVe et le IXe siècle, les populations Han ont construit des bâtiments défensifs, carrés ou circulaires, qui peuvent abriter une centaine de familles.

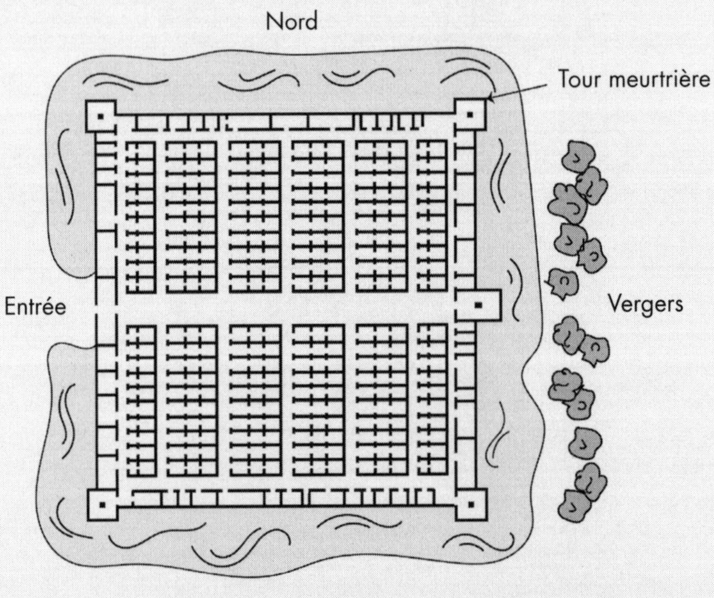

Plan d'un village fortifié de la province du Fujian.

Les caractéristiques de cet habitat :

- L'emplacement du site a été choisi judicieusement, ainsi que l'orientation de la forteresse et des maisons à l'intérieur grâce au kan yu, l'ancêtre du feng shui, afin d'adapter ces bâtiments à leur environnement.

- Le caractère défensif : pour se protéger des voisins (les Japonais notamment) et des intempéries (pluies torrentielles), les villages sont dotés de hautes enceintes et de tours à meurtrières.

- À l'intérieur de l'enceinte, les habitations sont alignées les unes à côté des autres. Elles sont fermées à l'extérieur et ouvertes sur une cour intérieure.

- Le plan répond de manière adaptée aux conditions climatiques extrêmes (excès de chaleur humide et de lumière en été) grâce à l'isolation thermique et à la ventilation : l'épaisseur des murs et des toits, les orientations des ouvertures face au sud permettent de capter un maximum de lumière. Pour une meilleure ventilation, un réseau de ruelles parallèles canalise le vent. Des cours étroites, des espaces ombragés par la végétation ont été pensés afin de ramener de la fraîcheur en été. L'intérieur des maisons est modulable grâce à un jeu de cloisons escamotables.

Confucianisme et taoïsme au service de l'habitat

Les principes du taoïsme et du confucianisme, ces deux pensées qui irriguent la culture chinoise, imprègnent les codes de l'habitat et les techniques de construction des bâtiments, qu'ils soient publics ou privés.

L'influence du confucianisme

Les principes confucéens (piété filiale, intégrité morale, fidélité, respect du fils à son père, du subordonné à son supérieur) sont un des fondements de la société chinoise. Ils se retrouvent dans la conception de l'habitat, qui se doit de représenter l'organisation hiérarchisée et pyramidale de la société (respect de l'autre et de ce qui est au-dessus de soi sur l'échelle sociale) et de la famille (respect du patriarche). Cet équilibre moral se traduit par :

- Un plan symétrique autour d'un axe et d'un centre (cour) : à l'image de la ville et du palais impérial, qui sert d'étalon aux architectes, la disposition symétrique des pièces autour d'un axe central et d'une cour reflète l'ordre hiérarchique familial et social confucéen et respecte les prescriptions architecturales codifiées par l'administration. La maison est un microcosme de la grande ville.

Une architecture centralisée

Pensée sur le modèle hiérarchisé et féodal de la société chinoise, la cour centrale favorise le contrôle des parents sur les enfants, avec, au sommet de la pyramide, les grands-parents qui, à l'image de l'empereur, occupent une place de choix avec des appartements situés dans la plus grande cour. Dans l'ordre familial, les parents viennent ensuite, le père avant la mère, puis les enfants, l'aîné avant les autres enfants, enfin les domestiques au bout de la chaîne.

- Une séparation marquée dans l'espace de la propriété par des murs (pour une meilleure unité au sens chinois, enfant/parent/grands-parents, homme/femme, maître de maison/domestique) et une mise en valeur des oppositions :
  - Supériorité/infériorité : puisque le protocole incarné par les codes de la construction réserve la meilleure orientation (le sud) au souverain, ce principe s'applique également sur le plan de la cellule familiale. La partie nord de l'habitation était réservée aux parents ou grands-parents, car ses fenêtres sont orientées vers le sud, là où la lumière du soleil est la plus présente. Cette situation est une marque de pouvoir (l'empereur qui reçoit ses hôtes est toujours orienté dans cette direction). Chaque espace était dévolu à un membre de la famille en fonction de son rang de naissance, de son sexe et de sa génération. Ce modèle évolue en fonction du nombre de générations présentes dans l'habitation et de l'espace disponible.
  - Intériorité ou extériorité : espace public de la ville / espace privé clos par une enceinte, espace fermé des bâtiments / espace ouvert de la cour… L'espace destiné aux visiteurs était séparé de l'espace familial par un mur, afin d'en préserver le caractère privé.

L'enceinte : une tradition séculaire

Sous la dynastie Tang, l'habitation est entourée de trois enceintes, celle de la ville, celle du quartier et celle de la maison. Les enceintes sont toujours de type quadrangulaire (rarement ovale). Leur fonction est défensive : leur présence joue un rôle de protection contre les invasions en temps de guerre et les intempéries (vent, tornades, inondations…).

L'enceinte est également symbolique, car elle sert à indiquer des limites : qu'elle soit construite autour d'un palais, d'une administration, d'un monastère ou d'une maison, elle est un élément inaliénable et typique de l'habitation traditionnelle chinoise.

En chinois, le caractère 成 (*cheng*) exprime à la fois l'idée de ville et de murailles : c'est dire combien la ville ne se conçoit pas sans de telles protections.

L'influence du taoïsme

La pensée taoïste respectueuse des forces de la nature et des lois universelles imprègne la culture et les arts chinois (voir p. 47). Il est alors logique que l'architecture prenne en compte les principes taoïstes que l'on retrouve dans le feng shui : respect de l'environnement et de ses contraintes, utilisation des cinq éléments, du yin et du yang…

- **L'adaptation à l'environnement** : le choix du site, de l'emplacement et des orientations de la ville et de la maison au regard des conditions **topographique et climatique** (la configuration des terrains, le climat, le vent, l'humidité, l'exposition solaire, etc.).

- **Une architecture en « mouvement :** l'architecture chinoise n'est jamais « statique ». Elle privilégie les lignes ondulantes, les effets de surprise, tout ce qui permet de limiter la vision d'ensemble de l'habitat. À l'image du yin et du yang, qui forment un tout harmonieux et vivant, la maison se conçoit autour d'un jeu d'alternances variées, dynamiques et complémentaires :
  – **le vide et le plein** : l'espace vide et ouvert sur le ciel de la cour ne prend tout son sens qu'associé aux espaces pleins et fermés des bâtiments disposés autour d'elle.

- **l'ouvert, le mobile et le fermé, le statique** (les cloisons mobiles / les murs pleins, les paravents) ;
- **l'intérieur et l'extérieur** (le territoire familial / le territoire social, urbain) ; malgré le fait que la maison est protégée de la ville par une enceinte, la dimension extérieure est recréée, grâce notamment à la lumière du soleil qui, en traversant des murs ajourés ou des ouvertures tamisées, vient former des motifs découpés à l'intérieur de la maison. L'extérieur n'est donc pas secondaire : il est recherché, valorisé, sublimé même. Il vient pénétrer au cœur même de la maison, comme une présence rendue mobile par l'espace et le temps.
- **la lumière et l'ombre**, la chaleur et la fraîcheur (la cour / les pièces) ;
- **l'horizontalité et la verticalité** (la circulation du *chi* horizontal dans les habitations et vertical du haut vers le bas dans la cour) ;
- **l'artificiel et le naturel** (la maison / le jardin)…

Partie 4

Le feng shui de l'intérieur

Si le feng shui de l'environnement extérieur est important, celui de l'intérieur de la maison l'est tout autant, car il multiplie les effets du *chi* bénéfique qui nourrit le bâtiment, afin que toute la famille puisse en profiter, que ce soit en ville ou à la campagne.

En fonction des goûts de chacun et des caractéristiques de l'espace, il existe différentes manières d'aménager son intérieur. Le feng shui propose une **solution dynamique** afin que la **circulation du *chi*** entrant par la porte d'entrée nourrisse correctement l'ensemble de l'habitation.

L'aménagement feng shui porte donc sur le **positionnement du mobilier**, son orientation, mais également sur l'équilibre du couple yin-yang, les matières utilisées, la forme des objets et les couleurs.

La méthode est composée de cinq étapes :

- Faire un plan de sa maison ou de son appartement.
- Définir l'orientation de la façade avec une boussole.
- Calculer les trigrammes de vie (*gua*) de chaque habitant.
- Dresser le diagramme des Étoiles Volantes.
- Mettre en place les préconisations en tenant compte des conclusions de chaque étape.

L'analyse feng shui du lieu peut s'accompagner d'une étude astrologique chinoise des habitants, et en particulier des parents, pour déterminer s'ils sont en phase avec les énergies temporelles du moment.

Cette étude permet d'analyser les éventuelles problématiques rencontrées au regard du contexte lié à la destinée : est-ce le bon moment pour acheter une maison ou un appartement ? pour déménager ? pour changer de travail ? pour réaliser un projet ? Ou, au contraire, est-il préférable d'attendre le moment propice ?

La technique astrologique du *Bazi* permet d'apporter des réponses claires à toutes ces questions : c'est un préalable nécessaire pour accompagner les mesures proposées par le feng shui, qui pourraient, sinon, se révéler inefficaces.

Pour cela, le *Bazi* utilise la date de naissance afin de déduire les 4 piliers (année, mois, jour et heure) qui sont analysés à travers le système des troncs célestes, des branches terrestres et des cinq éléments.

CHAPITRE 1

FAIRE UN PLAN DE SON HABITATION

La réalisation d'un plan à l'échelle peut demander du temps. Les plus chanceux en ont déjà un, fourni par l'architecte, l'agence immobilière, ou rangé dans un tiroir. Pensez à bien l'actualiser en y notant les dernières modifications (ouvertures, cloisons, point d'eau…).

QUELS OUTILS CHOISIR ?

Pour ceux qui préfèrent utiliser un ordinateur, des logiciels sont disponibles (gratuits ou payants), qui permettent de réaliser des plans en 2D ou 3D, tels que SketchUp (www.sketchup.com/fr), très simple d'utilisation. Le plan peut ensuite être imprimé à l'échelle 1/50 ou 1/100. Sur HomeByMe, un site pour concevoir sa maison, il est possible de réaliser jusqu'à 3 plans gratuitement (home.by.me/fr/).

Encore plus simple, depuis votre smartphone : l'application magicplan permet de créer ses propres plans juste en prenant des photos.

Quoi qu'il en soit, le plan doit être lisible pour chaque étage, sans être surchargé d'informations : doivent y figurer au minimum les murs extérieurs, les cloisons intérieures, les points d'eau et tout autre élément qui vous semblera important par la suite.

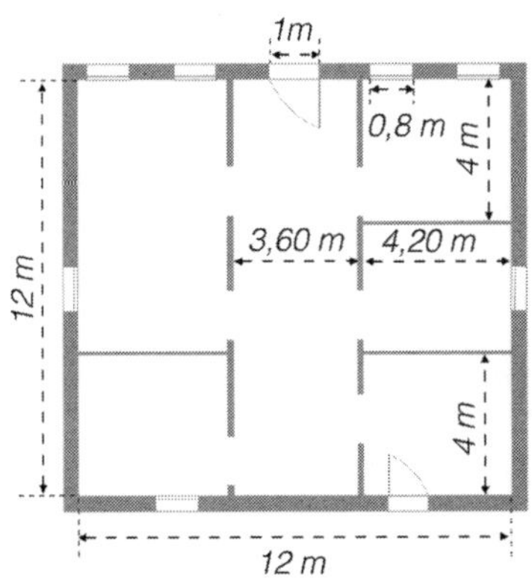

Exemple de plan sur un niveau.

DE L'ESQUISSE AU PLAN FINALISÉ

La **prise de mesure** s'effectue avec un mètre déroulant ou un télémètre laser en suivant les murs. Pour plus de facilité, il est préférable de le faire à deux : une personne prend les mesures, l'autre note. Les dimensions sont ensuite reportées sur l'esquisse.

Pour vous assurer que les relevés des côtés sont justes, vérifiez les mesures des diagonales de chaque espace. Pour les formes régulières – carrés et rectangles –, il suffit de mesurer d'angle à angle opposé.

L'utilisation du télémètre

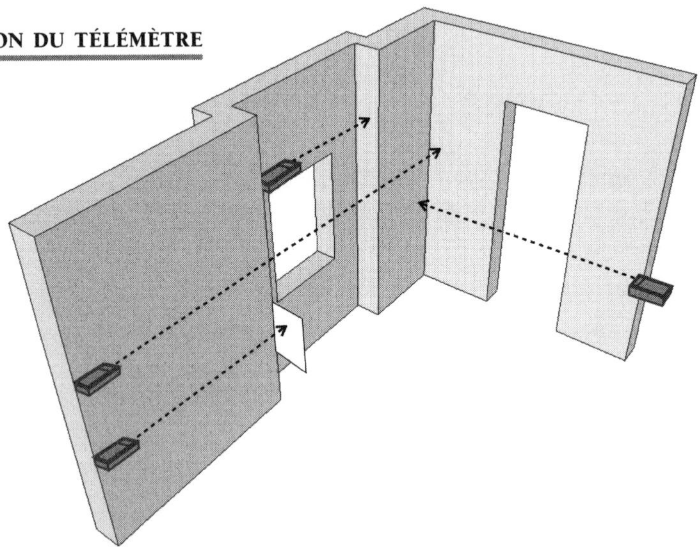

- Prenez en compte la longueur du boîtier pour régler le télémètre.
- Restez bien parallèle aux cloisons lors de la prise de vos mesures.
- Certains télémètres connectés permettent de transférer directement les données *via* Bluetooth sur une tablette ou un ordinateur.

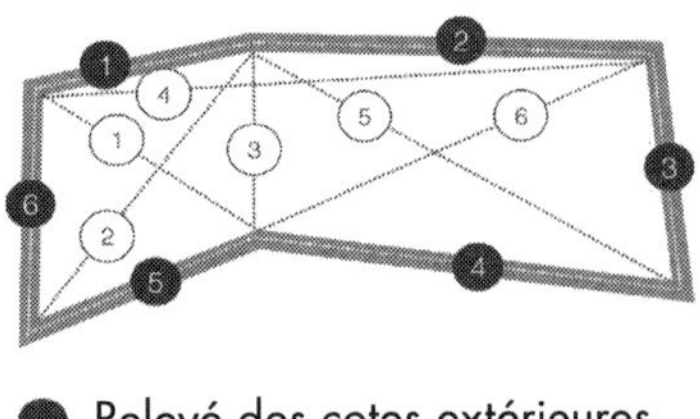

● Relevé des cotes extérieures
○ Relevé des cotes d'angle à angle

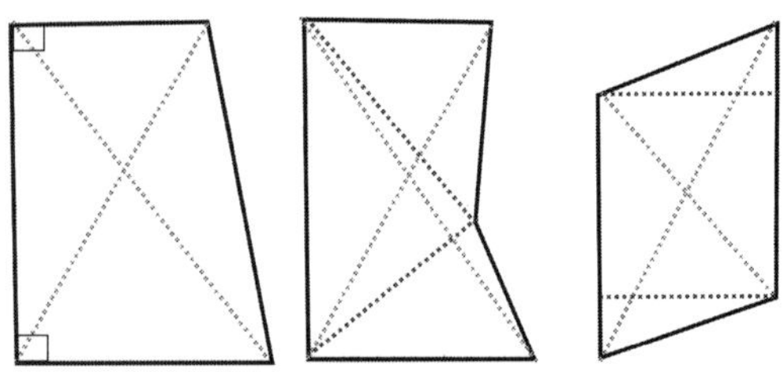

Le procédé de triangulation

CHAPITRE 2

CALCULER L'ORIENTATION DE LA FAÇADE

Pour les deux méthodes développées dans cet ouvrage (les Huit Directions et les Étoiles Volantes), calculer l'orientation de la façade permettra de découvrir où sont situés les secteurs favorables pour chacun dans la maison.

L'outil traditionnel pour effectuer cette opération est le *lopan*, mais étant donné son apparente complexité, qui peut être déroutante pour un novice, une simple boussole fera parfaitement l'affaire. Choisissez-en une munie d'un cadran qui affiche tous les degrés, car le relevé devra être très précis, un écart d'un degré pouvant fausser la donne. En feng shui, on ne se contentera pas d'une orientation imprécise calculée par rapport au soleil (face à l'est, au sud, etc.).

La boussole

La boussole a été inventée… par les Chinois, comme beaucoup d'autres inventions qui ne sont arrivées en Occident que plusieurs siècles plus tard ! La découverte des champs magnétiques remonte en effet à l'Antiquité.

Le ***Livre du Maître de la vallée du Diable*** de Wang Xu (IVe siècle av. J.-C.) est la première référence littéraire évoquant le principe de l'aimant qui attire et repousse le fer, et de l'utilisation de la « flèche du sud » comme boussole pour se repérer dans l'espace.

Dans le ***Wujing Zong yao*** (compendium des techniques militaires les plus importantes), écrit par Zeng Gongliang entre 1040 et 1044, apparaît la première référence précise à un instrument d'orientation magnétique : un petit morceau

→

d'aimant emboîté dans un poisson en bois qui, flottant dans un bol d'eau, indique le sud. Cette boussole ingénieuse était très utile pour que les armées puissent se repérer la nuit ou par temps de brouillard.

La boussole apparaît en Occident plus tardivement, à la fin du Moyen Âge[24], et le phénomène du magnétisme sera largement développé dans les ouvrages de William Gilbert, médecin de la reine Elisabeth Ire à la Renaissance : ***De magnete, Magneticisque Corporibus*** et ***De magno Magnete Tellure*** (« Du magnétisme et des corps magnétiques » et « Du grand aimant Terre »).

Maquette d'une cuillère indiquant le sud (appelée *sinan*) du temps des Han.

PRENDRE UNE MESURE JUSTE POUR NE PAS PERDRE LE NORD

La boussole est l'outil indispensable de l'expert en feng shui, alors autant se l'approprier correctement. Pour bien l'utiliser, tenez compte de ces précautions :

- Tout élément métallique peut influencer l'aiguille, qui agit comme un aimant : retirez boucle de ceinture et montre afin de limiter les fausses mesures.

- Éloignez-vous des portes blindées, seuils de portes en métal, poteaux, bouches d'égout, voiture et, à l'intérieur, de la télévision, du compteur électrique et des objets en métal qui peuvent perturber les données. Dans un appartement ou

24. Le *De naturis rerum* d'Alexandre Neckam, un encyclopédiste anglais, mentionne son existence en 1190.

une maison à étages, tenez compte également des objets qui peuvent interférer à distance sur les côtés ou en dessous : la cage d'ascenseur derrière une cloison…

- La mesure s'effectue devant soi, en tenant la boussole au niveau de la taille plutôt qu'en la posant sur le sol : servez-vous d'un repère fixe afin de la garder parallèle à l'objet que vous mesurez.

- Relevez la mesure une fois que l'aiguille s'est immobilisée. Puis recommencez la procédure deux ou trois fois en vous décalant à gauche et à droite afin de vérifier que vous trouvez une mesure identique.

- Dans certains cas, la prise de mesure est impossible, les écarts étant trop grands. Dans ce cas, déplacez-vous et recommencez le processus.

- La boussole peut également indiquer des mesures différentes de quelques degrés seulement. Vérifiez que les mesures relevées sont bien comprises dans un des trois sous-secteurs qui composent un secteur cardinal (un secteur occupe 45°). Attention : des écarts importants peuvent être l'indice d'un déséquilibre énergétique au sein de l'habitation.

- Vérifiez enfin sur Google Maps (maps.google.fr) ou Google Earth (www.google.com/earth) que vous obtenez bien la même mesure.

Nord ou sud ?

Sur la boussole du *lopan*, les deux points rouges figurant au centre constituent le repère indiquant le nord et sur lequel vient s'aligner la partie la plus large de l'aiguille. La pointe de l'aiguille indique donc le sud, l'orientation recherchée en feng shui.

Au fait, c'est quoi une boussole ?

Une boussole est un instrument constitué d'une aiguille magnétisée montée sur un pivot qui s'aligne sur le nord magnétique.

Le **nord magnétique** ou « **vrai nord** » est le point central du champ magnétique terrestre. Il aurait été découvert par le Chinois **Shen Kuo** au XIe siècle (époque de la dynastie Song). Attention, il ne faut pas le confondre avec le nord géographique, qui est le point le plus au nord de la planète, situé au milieu de l'océan Arctique.

Les deux pôles forment un angle appelé « **déclinaison magnétique** », qui est soumis à des variations au cours du temps en fonction des mouvements de convection de la matière qui génèrent ce champ dans le noyau externe de la Terre. Depuis 2016, les deux directions sont quasiment similaires depuis le sol français, mais ce n'est pas le cas sur toute la surface de la planète.

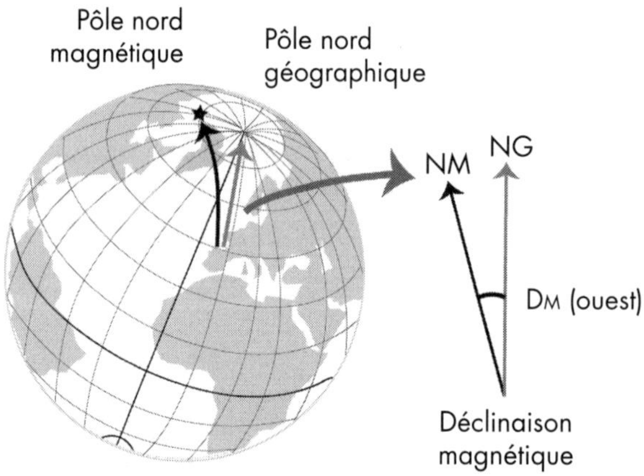

LA ROUE DES 24 MONTAGNES

La roue des 24 montagnes est un cercle reproduisant les graduations de la boussole de 0 à 360° et se découpant en huit zones correspondant aux huit points cardinaux qui occupent chacun 45° (8 × 45° = 360°). Chaque secteur cardinal correspond à un trigramme indiqué au centre de la roue.

Un secteur est divisé en 3 sous-secteurs appelés « montagnes », de 15° chacun et notés 1, 2, 3 pour les différencier (exemple : sud 1, sud 2, sud 3...)

Chaque montagne porte un nom chinois qu'un expert avancé se doit de connaître. Mais, pour commencer, vous pouvez utiliser la version numérique simplifiée (1, 2, 3).

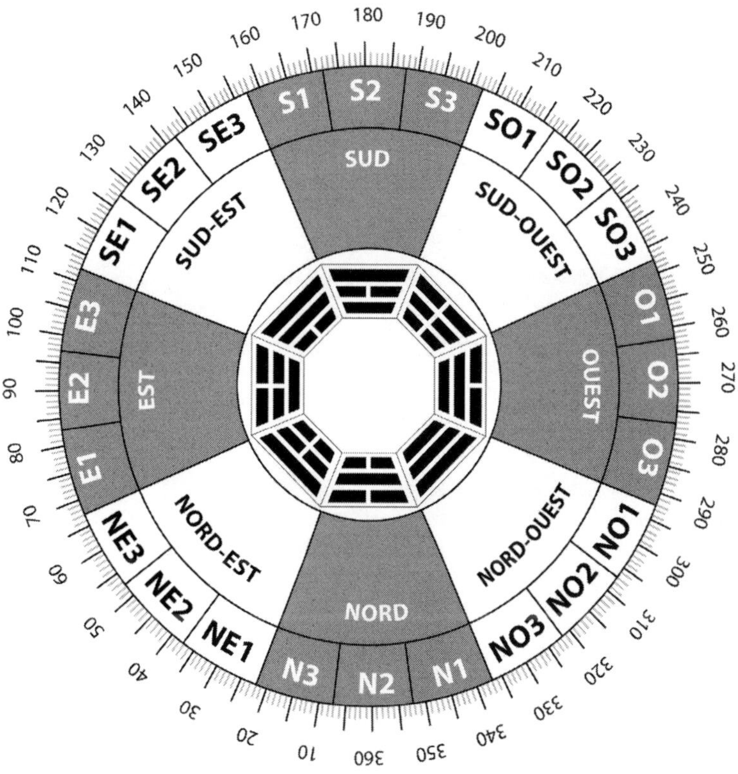

La roue des 24 montagnes est un cercle gradué de 0 à 360°.
Le point zéro est au milieu du sous-secteur nord 2.

Par exemple, si la boussole indique 250° pour l'orientation de votre façade, cela signifie qu'elle est orientée vers ouest 1 (entre 247,5 et 262,5°). Reportez-vous au tableau récapitulatif des secteurs ci-dessous.

Si votre boussole indique une seconde mesure de 263°, cela correspond à ouest 2 (262,5° - 277,5°). Il faudra par conséquent reprendre une troisième mesure ou vous déplacer, car il est probable qu'une influence électromagnétique quelconque agit sur la trajectoire de l'aiguille.

ORIENTATIONS DE CHAQUE DIRECTION ET SOUS-DIRECTION

SUD			NORD		
S1	*bing*	157,6° - 172,5°	N1	*ren*	337,6° - 352,5°
S2	*wu*	172,6° - 187,5°	N2	*zi*	352,6° - 7,5°
S3	*ding*	187,6° - 202,5°	N3	*gui*	7,6° - 22,5°
SUD-OUEST			**NORD-EST**		
SO1	*wei*	202,6° - 217,5°	NE1	*chou*	22,6° - 37,5°
SO2	*kun*	217,6° - 232,5°	NE2	*gen*	37,6° - 52,5°
SO3	*shen*	232,6° - 247,5°	NE3	*yin*	52,6° - 67,5°
OUEST			**EST**		
O1	*geng*	247,6° - 262,5°	E1	*jia*	67,6° - 82,5°
O2	*you*	262,6° - 277,5°	E2	*mao*	82,6° - 97,5°
O3	*xin*	277,6° - 292,5°	E3	*yi*	97,6° - 112,5°
NORD-OUEST			**SUD-EST**		
NO1	*xu*	292,6° - 307,5°	SE1	*chen*	112,6° - 127,5°
NO2	*qian*	307,6° - 322,5°	SE2	*xun*	127,6° - 142,5°
NO3	*hai*	322,6 - 337,5°	SE3	*si*	142,6° - 157,5°

Les **quatre directions principales** sont le sud, le nord, l'est et l'ouest.

Les **quatre directions secondaires** sont le sud-ouest, le nord-ouest, le nord-est et le sud-ouest.

Les autres instruments de mesure

- Le compas est une boussole utilisée en navigation maritime et aérienne qui tourne devant un repère fixe parallèle à l'axe du navire appelé ligne de foi. Il donne une référence de direction (le nord), par rapport à laquelle est calculé le cap à suivre.

→

- L'astrolabe (étymologiquement, le « preneur d'astres ») est un instrument de mesure astronomique qui permet de calculer la hauteur des étoiles, en particulier le Soleil, et d'en déduire ainsi l'heure de l'observation et sa latitude exacte.

- La rose des vents permet de s'orienter en fonction des huit points cardinaux, auxquels correspondent les vents principaux. Elle était utilisée dans l'Antiquité et tout au long du Moyen Âge.

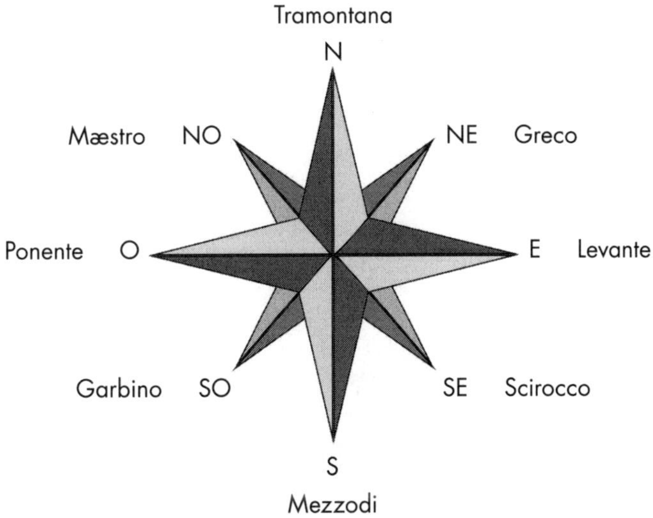

LE *LOPAN*

Le *lopan* est l'outil par excellence du feng shui. Il sert à mesurer les orientations et est en réalité bien plus qu'une simple boussole !

C'est un très bel objet composé d'un plateau carré correspondant à la plaque de la Terre, d'un cadran circulaire en métal appelé le Ciel tournant autour d'un axe et au centre duquel se trouve la boussole à proprement parler, avec l'aiguille aimantée.

La partie carrée est pratique, car elle permet d'obtenir un angle droit parfait avec le support mesuré (un mur, un meuble, etc.). Deux fils de nylon se croisent perpendiculairement, qui permettent de lire les informations qu'ils traversent.

De nouveau, voici réunis le carré et le cercle, la Terre et le Ciel, dans un seul objet censé renfermer tous les mystères de l'univers : utilisé à l'origine pour calculer les orientations, le *lopan* s'est enrichi au cours du temps d'un certain nombre d'informations utiles pour évaluer la qualité du *chi* qui parcourt l'environnement : sur les anneaux concentriques qui peuvent être très nombreux en fonction des experts (jusqu'à 37), sont gravés les 24 orientations (ou montagnes), les trigrammes, les indications concernant le yin et le yang, mais également des données calendaires, astronomiques liées aux Étoiles Volantes et de nombreux symboles qui peuvent sembler bien mystérieux pour un néophyte. Notons qu'il existe différents types et tailles de *lopan* en fonction des méthodes (*lopan San he*, *lopan San yuan*, *lopan Zhong he*, *lopan Xuan kong*...), dont les divisions ne sont pas les mêmes. Avant d'en acheter un, vérifiez bien à quel type de méthode il renvoie.

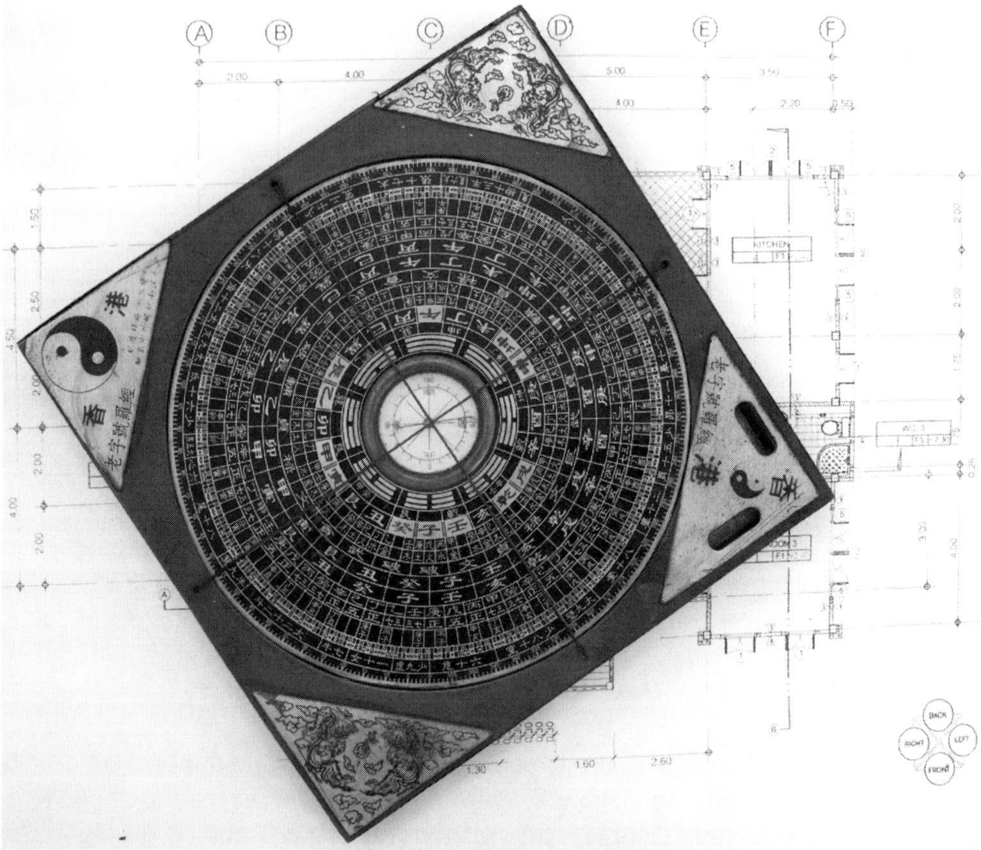

Cet outil assez complexe, que l'on peut se procurer en Asie ou sur des sites spécialisés, requiert une formation approfondie en feng shui sous peine de ne pas savoir s'en servir… Il existe des petits modèles[25] qui reprennent juste les informations de ce livre sans entrer dans les formules complexes. Choisissez-le de préférence en bois, d'une taille raisonnable pour la lisibilité, et vérifiez le bon fonctionnement de l'aiguille.

Il est possible de retrouver toutes les informations fournies par le *lopan* sur des sites spécialisés équipés de calculateurs, comme Marip.com (moyennant un abonnement). Par conséquent, il suffit d'être équipé d'une boussole exacte pour relever l'orientation précise et introduire dans le calculateur. On arrive ainsi aux mêmes conclusions qu'avec un *lopan*.

COMMENT UTILISER UN *LOPAN* ?

Le principe est le même qu'avec une boussole. Tenez le *lopan* de telle manière que l'un des fils de nylon soit dans l'alignement de ce que vous mesurez. À l'intérieur du plateau carré, tournez le cadran circulaire jusqu'à ce que l'aiguille se place correctement entre les deux points rouges dessinés sur la boussole centrale. Le fil de nylon indique l'orientation et renseigne également sur les informations contenues dans les cases qu'il traverse.

Le *lopan*, tout comme la boussole, sert à mesurer plusieurs types d'orientation :

- **La façade de votre habitation** : le terme « façade » indique le mur extérieur d'où provient la plus grande quantité de *chi*, c'est-à-dire en général celle qui présente le plus d'ouvertures. Cela sous-entend que la porte d'entrée n'est pas obligatoirement sur la façade principale (voir les Étoiles Volantes, p. 345).

- **La porte d'entrée :** pour vérifier qu'elle est orientée dans une de vos meilleures directions (voir le système des Huit Directions, p. 297) ; vous pouvez aussi analyser l'orientation de la porte d'entrée de la chambre, du bureau ou de toute autre porte que vous jugerez utile dans votre espace de vie.

- **Le mobilier** : le lit, le bureau ou les assises du salon, la plaque de cuisson…

25. Les diamètres vont de 10,5 à 36,5 cm.

PORTE ET FAÇADE

L'orientation à relever est toujours celle de la façade principale, là où le *chi* est le plus yang, quel que soit l'emplacement de la porte principale.

Pour effectuer le relevé, il ne sera pas tenu compte de la porte d'entrée située sur une façade secondaire, mais de la façade principale qui comporte le plus de fenêtres. Veillez à bien rester parallèle à la façade pour ne pas fausser les résultats.

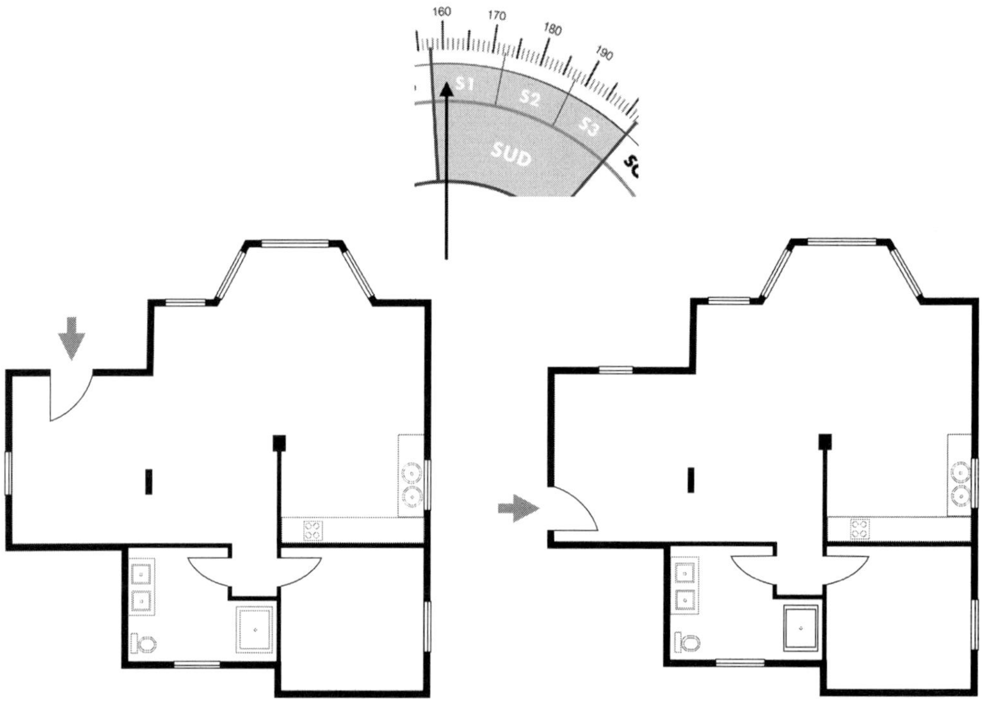

L'emplacement de la porte d'entrée n'influe pas sur l'orientation de la façade principale. On se place toujours devant cette dernière pour effectuer le relevé, ici à 161°.

FOCUS : POSER LA GRILLE DU *LOSHU*

Le *loshu* est, avec le *bagua*, une figure emblématique du feng shui. Cette grille est utilisée pour organiser l'espace chinois (voir p. 152), qu'il s'agisse d'un territoire, d'une province, d'une cité, d'un palais ou d'une maison. Il s'applique ainsi sur toutes les espaces de l'infiniment grand à l'infiniment petit.

Comment fonctionne le *loshu* ?

La méthode consiste à superposer la grille sur le plan de l'habitation pour le découper en 9 cases égales appelées « **palais** » ou « **secteurs** ».

Une fois l'orientation de l'habitation mesurée, chaque case se voit attribuer un point cardinal ou semi-cardinal comme sur l'illustration ci-dessous.

Le *loshu* permet de sectoriser les différents types de *chi* qui parcourent l'espace et de repérer ainsi les pièces où se trouvent nos meilleurs emplacements (voir p. 297) ; il sert également de support pour positionner les Étoiles Volantes (voir p. 345).

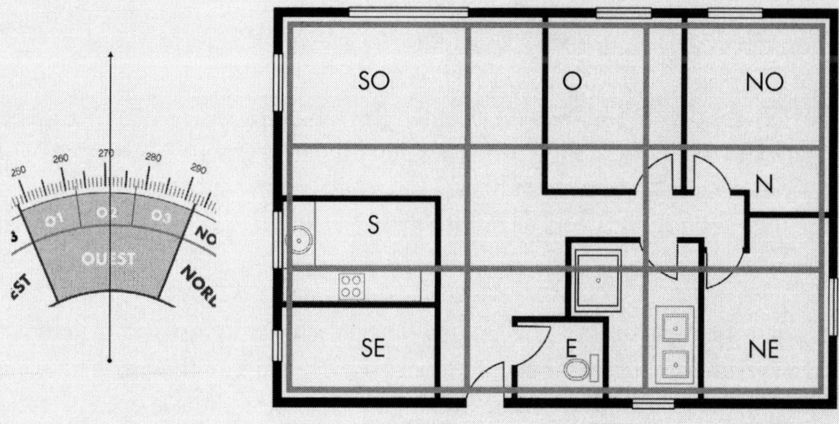

Pour poser le *loshu*, il suffit de diviser en trois la longueur et la largeur intérieures du plan (sans tenir compte de l'épaisseur des murs extérieurs).

Certains praticiens utilisent une variante du *loshu* en forme de camembert, qui s'adapte davantage aux plans paysagers qui n'ont pas de limites matérialisées.

Mais le *loshu* en forme de carré semble plus approprié pour les surfaces construites.

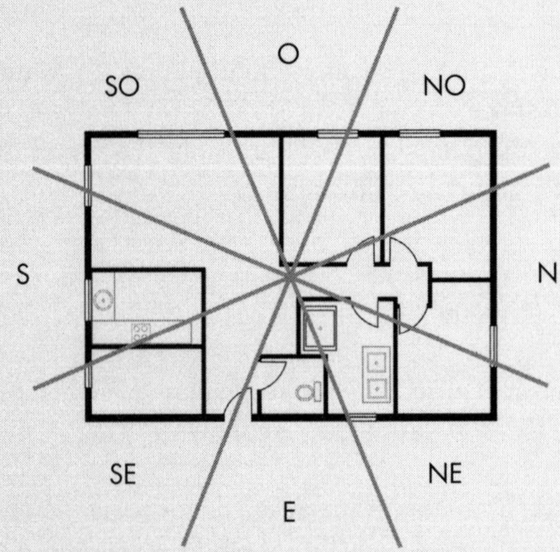

Et pour un plan irrégulier ?

La surface d'un plan **en L, S, T, U ou en triangle** n'est pas régulière (les quatre points d'or, les angles en sont absents) : certains secteurs peuvent être manquants et d'autres en extension (pour la méthode de calcul, voir p. 268).

Il existe deux manières de placer le *loshu*, qui n'ont pas les mêmes conséquences :

- Dans la version de gauche, en l'absence de cloison séparant nettement les deux rectangles, il sera difficile, en posant deux *loshu*, d'établir un diagnostic fiable avec des recommandations efficaces, notamment au niveau des secteurs (ou palais) situés à la jonction des deux grilles et parce que chacun des neuf secteurs sera plus petit.

- Dans la version de droite, le risque est de perdre un ou plusieurs secteurs importants, avec des implications énergétiques en feng shui, car chaque secteur est relié à un membre de la famille, ce que nous allons découvrir dans le prochain chapitre.

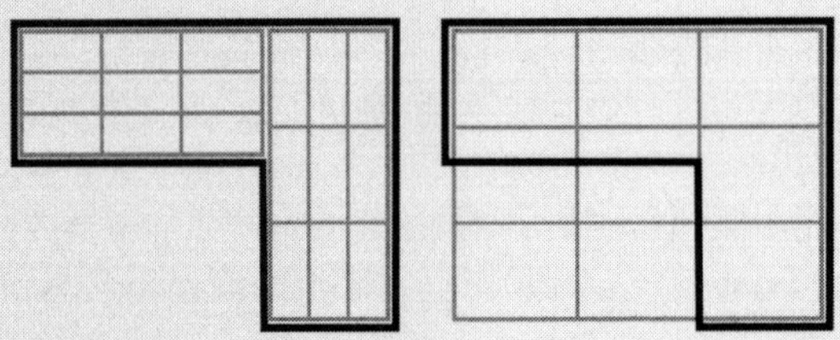

CHAPITRE 4

LA MÉTHODE DES HUIT DIRECTIONS (*BAZHAI*)

UNE ORIENTATION POUR CHACUN

La méthode des Huit Directions, appelée *Bazhai* en chinois (prononcer « pat chaille » : *ba* signifie « huit », *zhai* signifie « maison »), permet, au moyen d'un calcul assez simple fondé sur l'année de naissance, de définir pour chaque membre de la famille les huit emplacements et orientations dont les *chi* sont favorables ou néfastes dans l'habitation.

Cela signifie que **les mêmes *chi* n'agissent pas de la même façon sur chacun d'entre nous**. Ainsi, deux enfants positionnés dans deux lits superposés orientés dans le même sens, vers le nord par exemple, ne recevront pas la même qualité de *chi* en fonction de leur date de naissance et de leur sexe, ce qui pourra affecter leur épanouissement de manière différente.

Il en est de même au bureau pour deux personnes travaillant dans la même direction : l'une pourra y puiser une source de concentration ou de productivité, tandis que l'autre s'épuisera à la tâche pour un maigre résultat…

En feng shui, connaître les règles pour définir ses meilleurs emplacements et orientations est un avantage pour faire de l'espace son allié et mener à bien ses projets.

N'utilisant aucune formule complexe, cette méthode est simple, car elle ne prend en compte que l'espace, en laissant de côté la donnée temporelle et les calculs. Lorsque vous la maîtriserez, vous pourrez passer à la version utilisée par les professionnels, qui nécessite une formation dispensée dans une école agréée.

Le *Bazhai* exige une bonne connaissance des **trigrammes**, que vous retrouverez en détail p. 104. Il vous faudra aussi :

- une calculette si le calcul mental vous rebute ;
- un plan de l'habitation ou de tout l'espace à étudier (bureau, magasin, atelier…) ;
- la grille à neuf cases du *loshu* à poser sur le plan (voir p. 295) ;
- une simple boussole pour trouver l'orientation.

NE PAS CONFONDRE DIRECTION ET EMPLACEMENT

L'**emplacement** d'un mobilier ou d'une personne est défini par sa **position** dans l'espace. La **direction** est **l'orientation vers laquelle nous nous tournons**.

Sur l'illustration ci-dessous, le lit est positionné dans le secteur nord-ouest de la maison (emplacement). Sa tête est orientée vers le nord (direction) : le lit profite donc du *chi* de l'emplacement nord-ouest couplé à celui qui vient de la direction nord.

Couché ou assis ?

En position allongée, le *chi* pénètre par le crâne, donc la mesure de l'orientation s'effectuera en direction de la tête de lit ; en position assise, pour manger ou travailler, la direction à prendre en compte est celle qui nous fait face.

Dans la version du *Bazhai* simplifié, il existe huit directions (ou orientations) possibles, comme sur l'illustration ci-dessous, qui correspondent aux huit trigrammes.

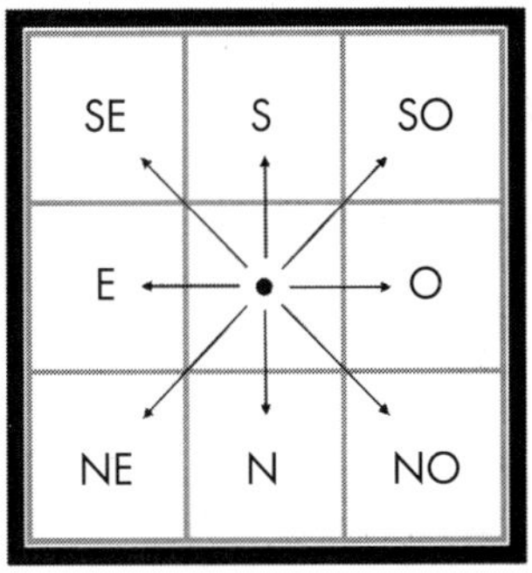

La version plus élaborée du *Bazhai* propose 24 possibilités au lieu de 8 pour s'orienter dans l'espace, soit 3 fois plus, car chaque direction (de 45°) contient 3 sous-directions de 15° chacune (3 × 8). Par exemple, le nord-ouest qui couvre 45° de 292,5 à 337,5° peut être divisé en 3 sous-directions :

- Nord-ouest 1 : 292,5° - 307,5° ;
- Nord-ouest 2 : 307,5° - 322,5° ;
- Nord-ouest 3 : 322,5° - 337,5°.

Un tableau récapitule tous les secteurs et sous-secteurs, p. 354.

L'intérêt de cette technique est de pouvoir se connecter aux *chi* durant les activités que nous pratiquons, afin d'en tirer le maximum de bénéfices lorsque nous travaillons ou dormons.

L'ensemble du mobilier est disposé selon cette cartographie, en privilégiant avant tout le lit et le bureau, les deux espaces où l'on passe le plus de temps. Il s'agit en effet d'être soumis aux *chi* favorables le plus longtemps possible…

LE *MING GUA* OU LES ORIENTATIONS PERSONNELLES

Le ***ming gua*** ou *gua* est le « trigramme de vie », le « **chiffre** » de la **destinée** dont nous héritons à la naissance. En chinois, *ming* signifie « destinée » et, dans sa graphie, l'idéogramme de *gua* porte les traces de craquelures effectuées à l'aide de tisons ardents sur les carapaces de tortue lors des rituels de divination (voir p. 67) ; *gua* renvoie donc à l'idée chinoise d'une empreinte divine spécifique à chacun d'entre nous, comme le ferait un sceau pour authentifier l'origine juridique d'un document.

Le **calcul du *gua*** s'effectue à partir de l'année de naissance et varie en fonction du sexe.

Pour une personne de sexe masculin

Né avant 2000

- 1re étape : additionner les deux derniers chiffres de l'année de naissance.
- 2e étape : réduire le résultat pour obtenir un chiffre entre 1 et 9.
- 3e étape : ôter le nouveau chiffre obtenu à 10.

Exemple : Florian est né le 7 mars 1992.

9 + 2 = 11
1 + 1 = 2
10 – 2 = 8

Né après 2000

- Dans la formule, remplacer 10 par 9.

Exemple : Lucas est né le 30 septembre 2015.

1 + 5 = 6
9 – 6 = 3

Pour une personne de sexe féminin

Née avant 2000

- 1re étape : additionner les deux derniers chiffres de l'année de naissance.
- 2e étape : réduire le résultat pour obtenir un chiffre entre 1 et 9.
- 3e étape : ajouter le nouveau chiffre obtenu à 5.

Exemples : Céline est née le 23 août 1982.

8 + 2 = 10
1 + 0 = 1
1 + 5 = 6

Née après 2000

- Dans la formule, remplacer 5 par 6.

Exemple : Jade est née le 14 décembre 2016.

1 + 6 = 7
7 + 6 = 13
1 + 3 = 4

Les cas particuliers

Si le total final est 5, remplacez-le par 8 pour une femme et par 2 pour un homme. Le 5 est au centre, il n'a pas de direction. Il cède sa place aux chiffres qui ont le même élément que lui, la Terre (le 8 et le 2).

Exemple 1 : Hugo est né le 20 mai 2004.

0 + 4 = 4
9 – 4 = 5
Le *gua* 5 n'existant pas, il devient 2.

Exemple 2 : Marine est née le 3 septembre 1999.

9 + 9 = 18
1 + 8 = 9
9 + 5 = 14
1 + 4 = 5
Le *gua* 5 n'existant pas, il devient 8.

Calcul pour l'an 2000

Le *gua* d'un homme sera 9 (0 + 0 = 0 et 9 – 0 = 9) et 6 pour une femme (0 + 0 = 0 et 0 + 6 = 6).

ANNÉE	SEXE MASCULIN	SEXE FÉMININ
1998	2	4
1999	1	5 → 8
2000	9	6
2001	8	7
2002	7	8
2003	6	9
2004	5 → 2	1
2005	4	2

On remarque que, lorsqu'on avance vers le futur, la suite des chiffres est décroissante pour les hommes et croissante pour les femmes. La suite est rompue les années où le résultat du calcul fait 5, ici en 2004 pour les hommes et 1999 pour les femmes.

ANNÉE	SEXE MASCULIN Chiffre auquel retrancher le résultat	SEXE FÉMININ Chiffre auquel ajouter le résultat
1800	11	+ 4
1900	10	+ 5
2000	9	+ 6
3000	8	+ 7

Vous pouvez vous épargner ces calculs grâce aux nombreux logiciels qui existent sur le Web et aux applications adéquates, ou bien choisir de faire cette petite gymnastique mentale.

Vous pouvez également vous référer au tableau ci-dessous.

Tenez compte de l'originalité du calendrier chinois !

Comme le *ming gua* est le chiffre de la destinée, il a un caractère divin et relève par conséquent du Ciel. En toute logique, il se réfère donc au calendrier solaire dont le premier jour tombe, selon les années, le 3, le 4 ou le 5 février[26].

Si vous êtes né avant ces dates-là, il vous faudra prendre comme année de référence l'année précédente. Exemple : si vous êtes né le 25 janvier 2005, selon le calendrier chinois, vous êtes né en 2004, l'année solaire ne commençant que le 4 février.

Sur le tableau page suivante, en face de chaque année, est indiqué le premier jour de l'année chinoise (3, 4 ou 5 février).

26. Pour information, certains maîtres préfèrent utiliser le calendrier lunaire.

ANNÉE	FÉVR.	F	H
1928	5	6	9
1929	4	7	8
1930	4	8	7
1931	5	9	6
1932	5	1	2
1933	4	2	4
1934	4	3	3
1935	5	4	2
1936	5	8	1
1937	4	6	9
1938	4	7	8
1939	5	8	7
1940	5	9	6
1941	4	1	2
1942	4	2	4
1943	5	3	3
1944	5	4	2
1945	4	8	1
1946	4	6	9
1947	4	7	8
1948	5	8	7
1949	4	9	6
1950	4	1	2
1951	4	2	4

ANNÉE	FÉVR.	F	H
1952	5	3	3
1953	4	4	2
1954	4	8	1
1955	4	6	9
1956	5	7	8
1957	4	8	7
1958	4	9	6
1959	4	1	2
1960	5	2	4
1961	4	3	3
1962	4	4	2
1963	4	8	1
1964	5	6	9
1965	4	7	8
1966	4	8	7
1967	4	9	6
1968	5	1	2
1969	4	2	4
1970	4	3	3
1971	4	4	2
1972	5	8	1
1973	4	6	9
1974	4	7	8
1975	4	8	7

ANNÉE	FÉVR.	F	H
1976	5	9	6
1977	4	1	2
1978	4	2	4
1979	4	3	3
1980	5	4	2
1981	4	8	1
1982	4	6	9
1983	4	7	8
1984	4	8	7
1985	4	9	6
1986	4	1	2
1987	4	2	4
1988	4	3	3
1989	4	4	2
1990	4	8	1
1991	4	6	9
1992	4	7	8
1993	4	8	7
1994	4	9	6
1995	4	1	2
1996	4	2	4
1997	4	3	3
1998	4	4	2
1999	4	8	1

ANNÉE	FÉVR.	F	H
2000	4	6	9
2001	4	7	8
2002	4	8	7
2003	4	9	6
2004	4	1	2
2005	4	2	4
2006	4	3	3
2007	4	4	2
2008	4	8	1
2009	4	6	9
2010	4	7	8
2011	4	8	7
2012	4	9	6
2013	3	1	2
2014	3	2	4
2015	4	3	3
2016	4	4	2
2017	3	8	1
2018	3	6	9
2019	4	7	8
2020	4	8	7
2021	3	9	6
2022	4	1	2
2023	4	2	4

Le calendrier lunaire

Il est utilisé pour les activités dites terrestres, celles qui concernent les travaux agricoles. Il est similaire au calendrier que nous utilisons pour le jardinage, qui tient compte des différentes lunaisons, des nœuds lunaires et autres perturbations qui peuvent affecter la vie des végétaux.

→

Le premier jour de l'année lunaire est calculé par rapport à la première nouvelle lune de l'année de notre calendrier, entre le 21 janvier et le 20 février, qui correspond à la seconde nouvelle lune après le solstice d'hiver.

En réalité, dans la pratique, les Chinois font concorder année solaire et année lunaire dans un même calendrier dit luni-solaire appelé *taichu* (voir les calendriers, p. 334).

LES MAISONS DE L'OUEST ET DE L'EST

Les huit *guas* sont classés en deux groupes appelés **Maisons de l'est** et **Maisons de l'ouest**.

Chaque *gua* dispose de quatre directions et emplacements favorables et de quatre défavorables.

- les *gua* 1, 3, 4, 9 appartiennent aux Maisons de l'est ;
- les *gua* 2, 6, 7, 8 appartiennent aux Maisons de l'ouest.

Cela signifie qu'une personne d'un *gua* de l'ouest aura des emplacements et orientations fondamentalement opposés et complémentaires d'un *gua* de l'est.

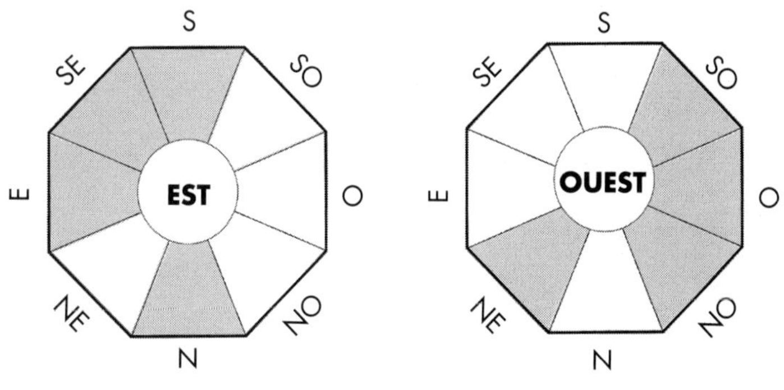

Les **Maisons de l'est** ont des emplacements et orientations favorables au sud, nord, est et sud-est.

Les **Maisons de l'ouest** ont des emplacements et orientations favorables à l'ouest, au sud-ouest, nord-ouest et nord-est.

Les différentes manières de représenter les *chi*

Il existe d'autres manières de présenter les *gua*, de nommer leurs *chi* ou de les symboliser. Le tableau ci-dessous présente les différents termes et symboles utilisés selon les écoles et les praticiens. Vous pouvez utiliser celui qui vous parle le plus ou même inventer votre propre code.

Pour les *chi* bénéfiques :

TERME FRANÇAIS	TERME CHINOIS	CODE 1	CODE 2	CODE 3
Harmonie	*Fu wei*	●	1+	+60
Relationnel	*Yan nian*	● ●	2+	+70
Santé	*Tian yi*	● ● ●	3+	+80
Professionnel	*Sheng chi*	● ● ● ●	4+	+90

L'Institut Marip utilise par exemple la série numérique (60, 70, 80, 90, etc.).

Pour les *chi* néfastes :

TERME USUEL	TERME CHINOIS	CODE 1	CODE 2	CODE 3
Mésaventure	*Huo hai*	○	1–	–60
Cinq fantômes	*Wu gui*	○ ○	2–	–70
Six meurtres	*Liu sha*	○ ○ ○	3–	–80
Couper la destinée	*Jue ming*	○ ○ ○ ○	4–	–90

CHI BÉNÉFIQUES ET *CHI* NÉFASTES

Les *chi* bénéfiques

Ils sont au nombre de quatre : **Harmonie** (*Fu wei*, en chinois), **Relationnel** (*Yan nian*), **Santé** (*Tian yi*) et **Professionnel** (*Sheng chi*).

Chacun de ces *chi* a des qualités bien particulières, et utiliser la bonne orientation ou le bon emplacement fera toute la différence en fonction des circonstances.

Harmonie ou « position » (*Fu wei*)

Le terme « position » met l'accent sur l'aspect « statique » de la plus douce de ces quatre énergies bénéfiques. Pour mettre l'énergie au repos, se relaxer, déclencher la détente, réduire le stress ou se concentrer au bureau, faire dormir un enfant turbulent.

GUA	SECTEUR FU WEI (HARMONIE)	GUA	SECTEUR FU WEI (HARMONIE)
1	Nord	6	Nord-ouest
2	Sud-ouest	7	Ouest
3	Est	8	Nord-est
4	Sud-est	9	Sud

La chambre d'un enfant au tempérament agité peut être placée dans son secteur d'harmonie.

Relationnel ou « longues années » (*Yan nian*)

Cette énergie nous aide à mieux communiquer avec notre entourage, proche ou éloigné par la distance, au téléphone ou en visioconférence, en public également. Plus douce que les précédentes, elle est à utiliser pour entretenir les relations familiales ou professionnelles, faire durer les amitiés ou les amours, d'où son expression « longues années ». Idéale donc pour développer son carnet d'adresses ou rencontrer l'âme sœur…

GUA	SECTEUR YAN NIAN (RELATIONNEL)	GUA	SECTEUR YAN NIAN (RELATIONNEL)
1	Sud	6	Sud-ouest
2	Nord-ouest	7	Nord-est
3	Sud-est	8	Ouest
4	Est	9	Nord

La chambre peut être placée dans ce secteur pour un sommeil réparateur et le lit orienté dans cette direction.

Santé ou « docteur du Ciel » (*Tian yi*)

Idéal lorsqu'on est malade ou fatigué, ce *chi* favorise la récupération. L'appellation « docteur du Ciel » nous rappelle également que nous sommes guidés et influencés par l'« invisible ». Pour être bien conseillé par des amis (ou par soi-même), avoir davantage d'intuition, trouver les pensées justes, débloquer les situations désespérées ou tout simplement faire les bons choix dans sa vie personnelle ou professionnelle. Parfait également pour méditer...

GUA	SECTEUR TIAN YI (SANTÉ)	GUA	SECTEUR TIAN YI (SANTÉ)
1	Est	6	Nord-est
2	Ouest	7	Sud-ouest
3	Nord	8	Nord-ouest
4	Sud	9	Sud-est

La salle à manger ou la cuisine peuvent occuper le secteur santé de la maison.

Professionnel ou « générer la vie » (*Sheng chi*)

Le terme chinois nous parle de souffle générateur et de croissance. Se mettre en connexion avec ce *chi*, c'est décupler son potentiel vital. Trop souvent réduit à l'acquisition de biens financiers, ce *chi* nous permet toutes sortes de développements, professionnels, créatifs, sportifs ou même de santé. Il attire la dynamique de l'épanouissement. À doser pour éviter stress et surmenage !

GUA	SECTEUR SHENG CHI (PROFESSIONNEL)	GUA	SECTEUR SHENG CHI (PROFESSIONNEL)
1	Sud-est	6	Ouest
2	Nord-est	7	Nord-ouest
3	Sud	8	Sud-ouest
4	Nord	9	Est

Le bureau peut être installé dans le secteur professionnel de la maison.
S'orienter vers son *Sheng chi* favorise les métiers nécessitant de l'énergie.

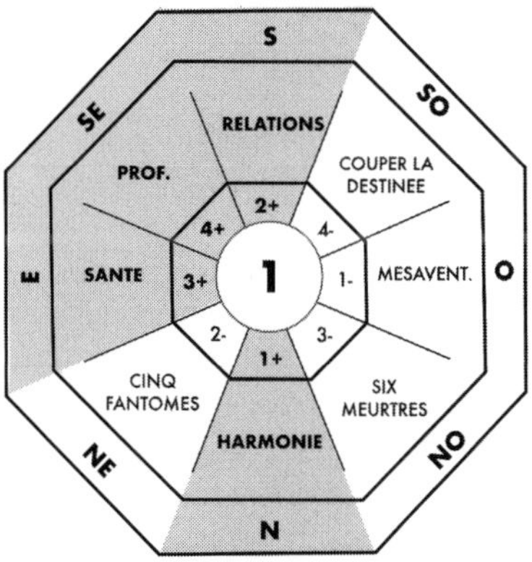

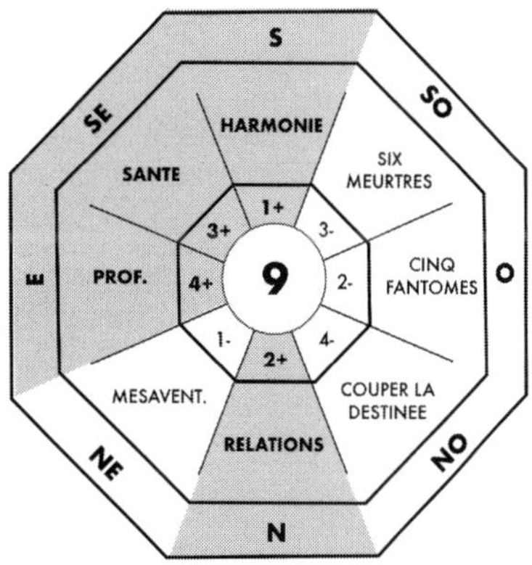

MAISONS DE L'EST

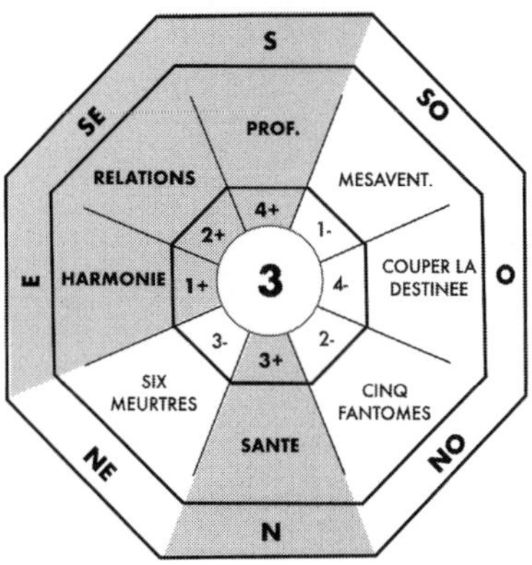

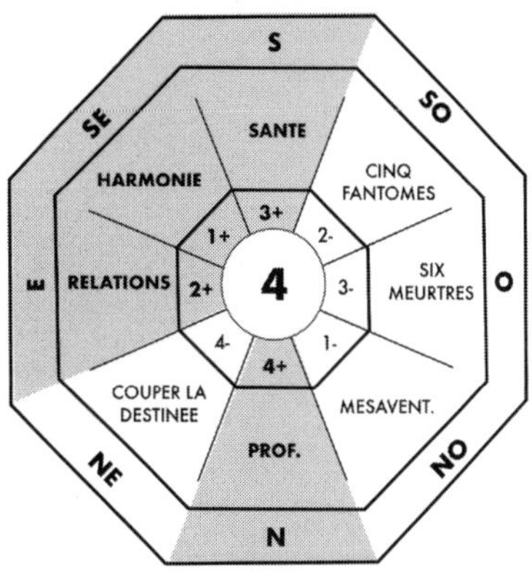

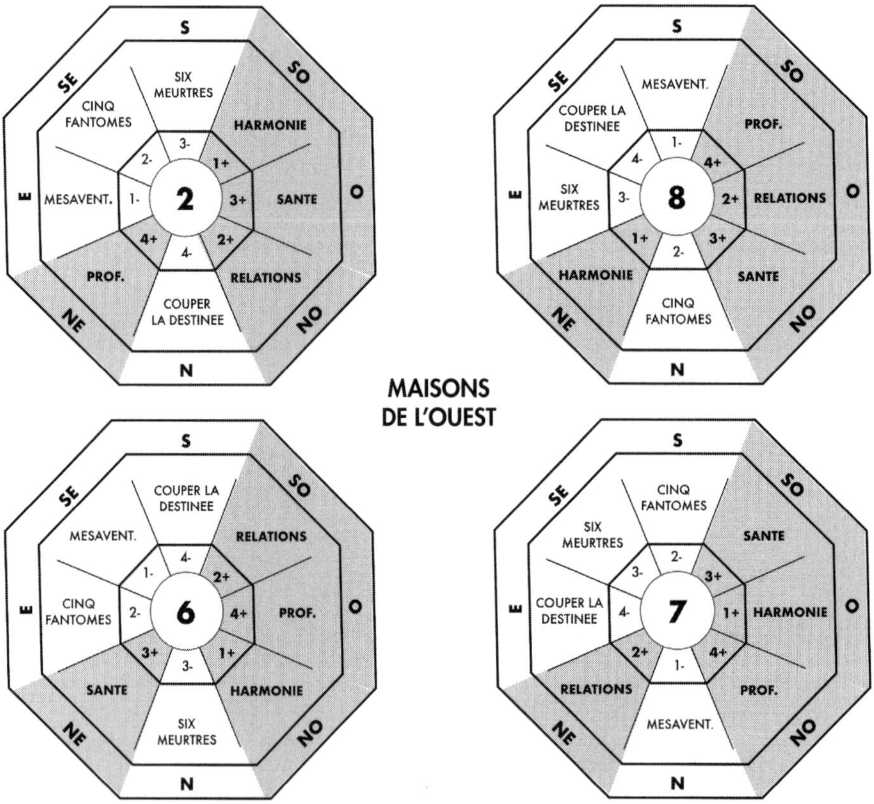

Les zones grisées représentent les secteurs et orientations favorables. Au centre figure le nombre associé au *gua* autour duquel sont placés les différents types de *chi* (ex : professionnel ou 4+).

Les *chi* néfastes

Il est fortement conseillé d'éviter les emplacements ou les orientations en relation avec les quatre *chi* suivants, parce qu'ils sont source de problèmes divers, même si l'utilisation de certains peut s'avérer utiles selon les cas.

Mésaventure (*Huo hai*)

Ce *chi* est le plus faible de tous, mais autant éviter les légers désagréments, les disputes, les petits accidents, les contretemps qu'il nous fait rencontrer, souvent de manière inattendue et imprévue : la perte de clés ou du passeport la veille d'un départ en vacances, des quiproquos dus à des formalités administratives, des retards lors de commandes effectuées ou pour l'accord d'un prêt... bref, tout ce qui ne facilite pas le bon fonctionnement de notre quotidien.

GUA	SECTEUR HUO HAI (MÉSAVENTURE)	GUA	SECTEUR HUO HAI (MÉSAVENTURE)
1	Ouest	6	Sud-est
2	Est	7	Nord
3	Sud-ouest	8	Sud
4	Nord-ouest	9	Nord-est

Cinq fantômes (*Wu gui*)

En général, quand il est question de « fantôme » en Chine, ce n'est pas très bon signe, et lorsqu'ils sont cinq attendez-vous à avoir des soucis de santé ou des problèmes liés à un mauvais relationnel, avec à la clé des disputes, des commérages, des trahisons ou des scandales. Incendies, cambriolages et vols sont aussi de la partie...

GUA	SECTEUR WU GUI (CINQ FANTÔMES)	GUA	SECTEUR WU GUI (CINQ FANTÔMES)
1	Nord-est	6	Est
2	Sud-est	7	Sud
3	Nord-ouest	8	Nord
4	Sud-ouest	9	Ouest

Six meurtres (*Liu sha*)

Ce *chi* est le plus pernicieux des quatre ! Il amène la malchance, la désagréable impression d'être prisonnier dans une nasse : problèmes récurrents, échecs sentimentaux à répétition, impression de ne pas être entendu ou compris, difficultés pour concevoir un enfant ou adopter une autre manière de percevoir la réalité… Il favorise les préjugés, la mauvaise perception ou évaluation des événements qui peuvent avoir des conséquences fort peu sympathiques : isolement, dépression, abandon, etc.

GUA	SECTEUR LIU SHA (SIX MEURTRES)	GUA	SECTEUR LIU SHA (SIX MEURTRES)
1	Nord-ouest	6	Nord
2	Sud	7	Sud-est
3	Nord-est	8	Est
4	Ouest	9	Sud-ouest

Couper la destinée (*Jue ming*) : l'effet disjoncteur !

Comme son nom l'indique, cette énergie amène de sacrées perturbations en coupant le flux des événements. Si vous avez l'impression que votre vie n'est qu'une suite d'expériences qui n'aboutissent pas, vérifiez le secteur de votre chambre ou de votre bureau ainsi que vos orientations. À court et moyen terme, elle amène des événements malheureux (divorce, catastrophes en tous genres, faillites importantes, échecs...). S'il vaut mieux ne pas la défier en lui faisant face, il est parfois utile de la convoquer, de manière ponctuelle, pour inverser une situation qui croît désagréablement avant de se remettre dans une orientation bénéfique : un stress croissant, un événement qui nous dépasse en s'inscrivant durablement dans le temps, une action qui se développe inexorablement. Les effets étant rapides, elle est à utiliser sur de courtes périodes.

GUA	SECTEUR JUE MING (COUPER LA DESTINÉE)	GUA	SECTEUR JUE MING (COUPER LA DESTINÉE)
1	Sud-ouest	6	Sud
2	Nord	7	Est
3	Ouest	8	Sud-est
4	Nord-est	9	Nord-ouest

COMMENT SE PROTÉGER DES *CHI* NÉFASTES ?

Réservez les bons secteurs

Privilégiez les emplacements qui sont parcourus par le bon *chi* pour les pièces où vous passez le plus de temps (la chambre, le bureau surtout, puis, dans un second temps, la salle à manger ou le salon, votre salle de détente) et l'entrée (par où entre le *chi*, qui nourrit la maison).

Placer les pièces les moins utilisées dans les secteurs néfastes

C'est un principe de précaution : les toilettes, la salle de bains, les espaces de rangement (buanderie, placards, etc.) accueilleront les secteurs Mésaventure (*Huo hai*), Cinq fantômes (*Wu gui*), Six tueurs (*Liu sha*) et Couper la destinée (*Jue ming*).

Les maîtres en feng shui considèrent en effet que le *chi* est aspiré par les évacuations (WC, salle de bains…) ou consommé par le feu (table de cuisson, foyer de cheminée, poêle…). Ils préconisent donc de placer les secteurs en difficulté dans ces zones particulières afin de faire disparaître les *chi* indésirables, ou dans des zones peu utilisées (buanderie et placards).

La tâche peut parfois devenir plus ardue lorsque les réaménagements ne s'avèrent pas possibles, comme déplacer une cheminée, par exemple. Il s'agit, dans ce cas, d'évaluer la pertinence d'entamer de tels changements en fonction de différents paramètres (travaux, coût financier, secteur concerné…).

L'utilisation des cinq éléments peut suffire à rééquilibrer les forces en jeu. Analysez les implications énergétiques en fonction du temps passé dans les pièces, en relation avec les saisons : une cheminée ne sera active qu'une partie de l'année, et n'exercera donc un impact énergétique que le temps de son fonctionnement.

Privilégiez les orientations favorables

Veillez à orienter favorablement :

- la porte d'entrée ;
- la tête de lit ;
- le bureau si vous travaillez chez vous ;
- toute autre activité que vous jugerez utile.

La preuve par l'expérience

Comme ces conseils peuvent vous sembler un peu arbitraires, je vous invite à tester ces directions et à en apprécier les différences en changeant par exemple l'emplacement et l'orientation de votre bureau. Notez soigneusement les événements qui adviennent, quels qu'ils soient, afin d'en tirer des règles de positionnement. Vous vous rendrez compte très rapidement qu'elles coïncideront parfaitement avec le principe des Huit Directions.

Si votre *gua* appartient au groupe de l'est, vos meilleurs secteurs seront donc situés dans les zones est, sud-est, sud et nord (en gris sur le plan de la page suivante). Idéalement, votre entrée, votre chambre et votre bureau (si vous travaillez chez vous), ainsi que les pièces où vous passez le plus de temps devraient se trouver dans ces secteurs. Et inversement pour les *gua* du groupe de l'ouest. Le centre appelé « Ciel » est un secteur « neutre » : il est bon pour les deux groupes.

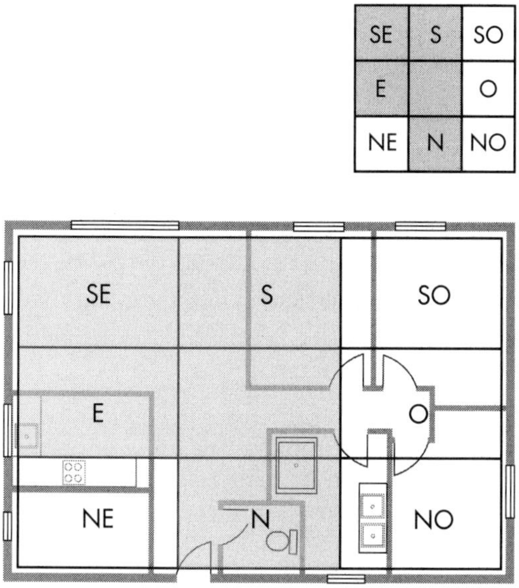

Bons secteurs (en gris) pour le groupe de l'est.

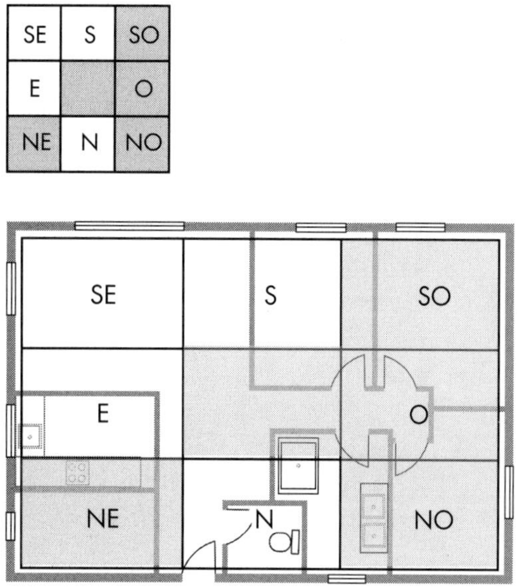

Bons secteurs (en gris) pour le groupe de l'ouest.

L'utilisation pour la maison à cour centrale

Le plan de la maison traditionnelle chinoise à cour carrée (type Siheyuan, voir p. 270) est construit selon les caractéristiques d'un *gua* 1 (Kan), qui présente le meilleur modèle de circulation du *chi* sur un axe nord-sud, avec une entrée principale au sud-est.

À l'intérieur, les eaux devaient s'écouler vers l'est et nourrissaient ainsi le Dragon, signe de bon augure.

La cuisine était située généralement au sud-ouest ou au nord-est, deux mauvais emplacements pour le *gua* 1. De même, les toilettes sèches occupaient l'angle sud-ouest, ce qui permettait de les garder à distance des appartements familiaux. Ils servaient d'engrais pour fertiliser les champs.

À QUEL MOMENT FAIRE APPEL AU *BAZHAI* ?

Lors de l'achat d'un bien immobilier

- Vérifiez la configuration des *chi* en repérant sur le plan si les pièces principales de la maison coïncident avec vos secteurs favorables et ceux des autres membres de votre famille ; la porte d'entrée devra également être orientée dans l'une de vos meilleures directions. Si ce n'est pas le cas, regardez si une autre porte peut être utilisée.

- Pour une location, vérifiez à quel type de *chi* sera soumis votre futur appartement en le localisant sur le plan de l'immeuble : est-il dans une zone du groupe de l'ouest ou de l'est ?

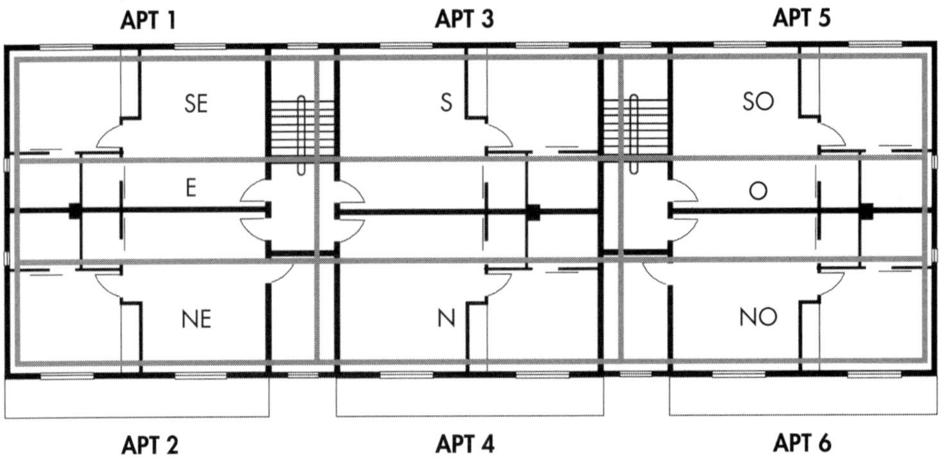

Dans cette configuration d'immeuble, les appartements couvrant les zones situées au sud-est, à l'est, au nord ou au sud seront favorables pour les personnes du groupe de l'est, les autres secteurs le seront pour les personnes du groupe de l'ouest.

Pour un projet de construction

- Définissez l'emplacement favorable de la maison sur le terrain.

- Orientez correctement la maison (la façade, la porte principale, la ou les porte(s) secondaire(s) et les zones de circulation).

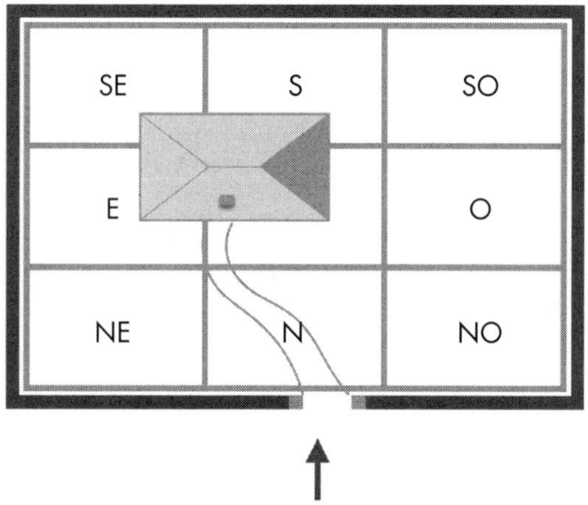

Avant de vous déplacer, la vérification peut être faite sur un plan cadastral ou une vue aérienne : ici l'emplacement de la maison située à cheval sur le secteur sud et sud-est et l'orientation de la porte d'entrée vers le nord profiteront aux membres de la famille qui appartiennent au groupe de l'est.

Pour aménager un espace

- Définissez les pièces à privilégier (entrée, chambre, cuisine, bureau, atelier et pièces où l'on passe du temps) et celles à garder pour les mauvais secteurs (salle de bains, toilettes, buanderie, débarras, placards, etc.).
- Positionnez le mobilier principal.
- Placez les points d'eau et les zones liées à l'utilisation du feu (cuisson, foyer de cheminée, poêle...), les évacuations, les escaliers qui écrasent le *chi* ou des ascenseurs qui l'aspirent...

LES PORTES D'ENTRÉE

Il existe 8 orientations possibles pour une porte d'entrée.

Les portes à privilégier

- **Le *Sheng chi* (professionniel 4+)** : c'est le *chi* favorable le plus puissant. Une porte placée dans ce secteur et orientée dans cette direction favorise le développement de ses capacités, les chances de réussite personnelle et professionnelle.

- ***Tian yi* (santé, 3+)** : cette porte est en relation avec la santé, l'équilibre nerveux, mental et physique. Son énergie facilite la compréhension des autres, permet de faire les choix justes pour soi et pour sa famille, d'être plus réceptif, mieux inspiré.

POUR METTRE TOUTES LES PORTES DE SON CÔTÉ...

Si l'orientation de la porte principale est redoublée par celle de la porte de chambre, du bureau ou de la tête de lit, cela indique une forte probabilité que l'énergie de cette orientation soit opérationnelle rapidement.

- ***Yan nian* (relationnel, 2+)** : cette porte favorise la bonne entente entre les membres de la famille, le réseau amical, les perspectives de se faire de nouvelles relations, d'être en couple.

- ***Fu wei* (L'harmonie, 1+)** : cette porte favorise l'équilibre général, sans pour autant amener des bouleversements extraordinaires. L'énergie est apaisante et récupératrice.

Les portes à éviter

Il vaut mieux éviter d'avoir une porte tournée vers les orientations néfastes, en particulier le ***Liu sha*** (3-) ou le ***Jue ming*** (4-) : le premier nous empêche d'y voir clair, trouble notre communication, nous enracine dans nos peurs et finit par nous éloigner de nos proches tout en nous isolant ; quant au second, il freine notre développement, bloque nos projets, favorise la stagnation et peut amener tout un lot d'événements indésirables.

La solution consiste à emprunter une autre porte ou à dévier son cadre vers une orientation plus favorable. Dans les cas extrêmes, n'hésitez pas à faire appel à un professionnel, qui vous conseillera peut-être de déménager...

DU MACRO *LOSHU* AU MICRO *LOSHU*...

En feng shui, ce qui s'applique à un grand espace est valable également pour un plus petit, selon un **rapport homothétique** : le *loshu*, ce carré composé de 9 cases, peut recouvrir n'importe quelle surface : une région, une ville, un quartier de cette ville, un terrain privé, la maison sur le terrain, mais également une pièce de la maison. Cela signifie que, une fois votre *gua* déterminé, vous pouvez répliquer, pour un meilleur résultat, tous les emplacements qui vous sont favorables sur différentes échelles.

Ce principe permet d'amener une solution lorsque votre habitation présente un plan irrégulier.

Par exemple, la zone sud-ouest de la maison est manquante et cette zone correspond à votre « relationnel » (pour le *gua* 6). Justement, vous avez constaté que vous aviez plus de difficultés, depuis que vous habitez la maison, à vous faire une nouvelle clientèle ou à faire perdurer une relation.

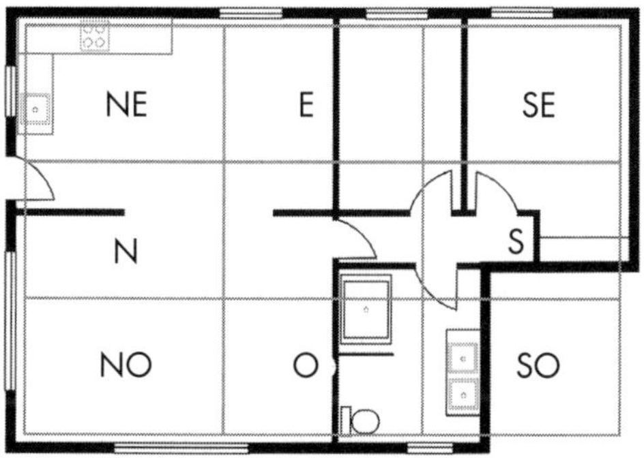

Pour compenser ce manque, il suffit d'occuper les secteurs sud-ouest des pièces les plus utilisées : sur l'illustration, les assises peuvent être positionnées dans le secteur sud-ouest du salon. Cette solution peut être répliquée dans la chambre, en mettant le lit dans le secteur sud-ouest de la pièce.

QUELQUES CONSEILS

- **Évitez les répétitions d'au moins 3 mauvaises directions** (porte d'entrée + porte de la chambre + tête de lit).
- **Ne cumulez pas un mauvais emplacement avec une mauvaise direction.** Si vous ne pouvez pas faire autrement à cause de la configuration de la pièce ou de son exigüité, privilégiez la direction à l'emplacement.

- **Si la configuration des lieux ne vous permet pas d'agir au mieux**, concentrez votre action sur une seule pièce !

- **Il est parfois nécessaire de changer d'orientation** pour solliciter un autre type de *chi* énergétique qui vous amènera d'autres qualités utiles pour un nouveau projet. Pour cela, prévoyez la possibilité de moduler l'orientation du mobilier : la tête de lit pourra s'appuyer contre différents murs. Lors du projet de construction de maison, pensez à intégrer cette information : prévoyez un aménagement électrique et un mobilier adéquat, ces détails auront également leur importance pour ceux qui utilisent les Étoiles Volantes, dont les énergies fluctuent régulièrement (voir p. 345).

- **Si vous manquez de temps** et souhaitez mettre en place une action rapidement, il ne faut pas hésiter à capter les *chi* favorables là où ils se trouvent, en vous plaçant dans les pièces où il sont présents.

- **Lorsque la mesure de la boussole tombe à cheval entre deux palais** (sud et sud-ouest, par exemple), il est parfois difficile de faire le bon choix pour poser la grille du *loshu*. Prenez le temps d'analyser les résultats en comparant les deux grilles, puis choisissez celle qui correspond le mieux à la réalité en fonction des événements que vous vivez.

- Attention ! **Veillez à bien vérifier sur place les orientations**, qui peuvent être décalées par rapport à celles que vous avez trouvées sur le plan, car parfois les murs ne sont pas droits et les plans approximatifs.

- **Pensez à bien poser la grille du *loshu* à l'intérieur des murs de limites de l'habitation**, sans englober les surfaces non couvertes (balcons, terrasses…) et celles qui ne sont pas reliées par une porte à la maison (un garage attenant, un chai, une dépendance autonome, etc.). En effet, l'étude d'un bâtiment extérieur, doté de son *chi* propre, nécessitera de poser un autre *loshu*.

- **Pour une maison à étages** (ou un appartement avec mezzanine), la grille du *loshu* doit être posée sur chaque étage, mais la règle est de tenir compte du plan du rez-de-chaussée pour le superposer aux autres niveaux, quelle que soit leur surface. C'est l'empreinte au sol qui compte.

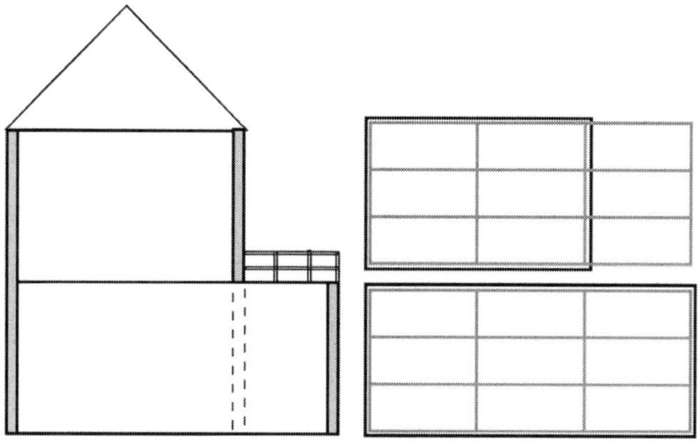

Même si la surface du premier étage est plus petite que celle du rez-de-chaussée, le *loshu* à considérer est celui du rez-de-chaussée.

- **Pour un appartement,** n'oubliez pas de prendre en compte son emplacement dans le *loshu* général de l'immeuble avant de poser le *loshu* sur le plan de l'appartement.

- **Pour les plans irréguliers,** différentes méthodes existent. Les plans en forme de carré et de rectangle ne posent pas de problème, parce qu'ils sont réguliers et que la grille du *loshu* se pose dessus correctement. En réalité, les plans irréguliers sont souvent des plans réguliers qui ont été transformés par l'ajout d'une extension (un garage, une véranda ou un bâtiment). Le plan en L par exemple, composé de deux ailes, comporte une extension ou un manque selon l'importance de la surface (pour l'évaluation d'un manque et d'une extension, voir p. 268). Le plan d'appartement ci-dessous présente un manque qui concerne le secteur sud. Il affectera essentiellement les personnes dont le *gua* est concerné par ce secteur : tous les *gua* du groupe de l'est : 1, 9, 3 et 4.

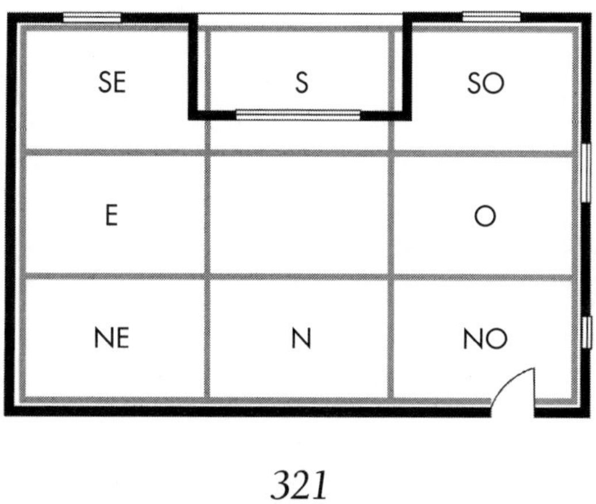

SECTEUR MANQUANT ET IMPACT

	SECTEUR EN MANQUE	IMPACTS	SOLUTIONS
1+	**Harmonie**	Problème général d'équilibre, de centrage, contretemps qui nuisent à la fluidité de la vie.	Difficile de récupérer un manque sans transformer le plan de la maison. Néanmoins, il reste la solution de renforcer la ou les zones manquantes à l'intérieur de l'habitation en utilisant le micro *loshu* (voir p. 318).
2+	**Relationnel**	Difficultés pour se faire des amis, mauvaises relations entre les membres de la famille proches ou éloignés, départ d'un enfant, difficulté pour construire un couple ou maintenir une relation, difficultés relationnelles au travail.	
3+	**Santé**	Problèmes de santé chroniques plus ou moins graves, les bons choix sont difficiles à faire, équilibre physique et psychique fragiles.	
4+	**Professionnel**	Problèmes liés au professionnel : difficultés pour trouver un emploi ou se maintenir en emploi, absence d'énergie, apathie, problèmes pour se concentrer, pour définir un but dans sa vie et mettre en place des actions concrètes, difficultés financières...	
1−	**Mésaventure**	Annule tous les effets néfastes.	Il est préférable d'avoir ces mauvais *chi* dans les secteurs manquants ou dans les zones peu fréquentées de l'habitation (voir p. 313).
2−	**Cinq fantômes**		
3−	**Six meutres**		
4−	**Couper la destinée**		

Le centre, un secteur sacré

Le centre de la maison est considéré comme son cœur. C'est le lieu où les *chi* se concentrent avant d'être redistribués dans l'ensemble de l'habitation. Pour cette raison, il doit rester vide. Évitez d'y placer tout ce qui active trop le *chi* (four, foyer, machine à laver), l'aspire (les évacuations des toilettes), l'emprisonne (placards fermés) ou l'alourdit (masse métallique). Pas de bassin ni de piscine, qui viendraient affaiblir le centre réservé à l'élément Terre et l'ensemble de la maison, en noyant le *chi* : cela aurait un impact défavorable sur les membres de la famille, en déclenchant certaines pathologies cardiaques.

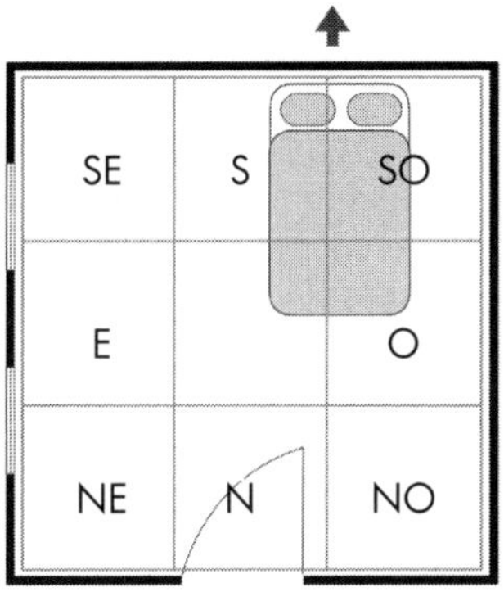

- **Vous avez des *gua* différents. Qui privilégier pour l'emplacement du lit ?** Pas besoin de dormir tête-bêche ! La règle consiste à privilégier celui qui en a le plus besoin, en fonction des problèmes en jeu. Posez le micro *loshu* sur le plan de la chambre : l'un bénéficiera du bon emplacement et l'autre de la bonne direction. Exemple : pour Pascal (*gua* 2) et Amélie (*gua* 9), qui dort mal, le lit peut être positionné à cheval sur les secteurs sud et sud-ouest et orienté vers le sud. Sur le côté droit du lit, Pascal bénéficiera des deux bons secteurs sud-ouest et ouest et de l'orientation favorable de la porte d'entrée vers l'ouest ; Amélie, quant à elle, occupera les secteurs sud et centre et sera orientée vers le sud.

- **Nul besoin de bouleverser ce qui fonctionne bien !** Si vous dormez bien, ne changez rien !

- **Rien n'est tout à fait blanc ni tout à fait noir.** Certains fengshuistes conseillent d'utiliser les secteurs ou les orientations à éviter pour faciliter volontairement le cours d'événements : par exemple, couper la destinée pour se séparer de quelque chose lors d'une transaction ou de quelqu'un, pour faciliter un divorce… À tester si c'est votre cas, sans en abuser toutefois, car, les effets étant assez rapides, vous risqueriez de vous retrouver avec d'autres problèmes !

POUR ALLER PLUS LOIN…

La méthode proposée est celle que j'ai apprise ; elle présente des résultats tout à fait significatifs. Mais il en existe d'autres qui permettent d'affiner les orientations en prenant en compte les sous-directions qui peuvent être bonnes, sans considérer les groupes de l'est ou de l'ouest.

Pour Lilian Too[27], il est possible d'interpréter les résultats en tenant compte des **12 branches terrestres**, des **8 troncs célestes** ou des **4 trigrammes principaux** qui correspondent à ces 4 sous-directions :

- nord-ouest 2 : trigramme du père (Qian).
- sud-ouest 2 : trigramme de la mère (Kun).
- sud-est 2 : trigramme de la fille aînée (Xun).
- nord-est 2 : trigramme du fils benjamin (Gen).

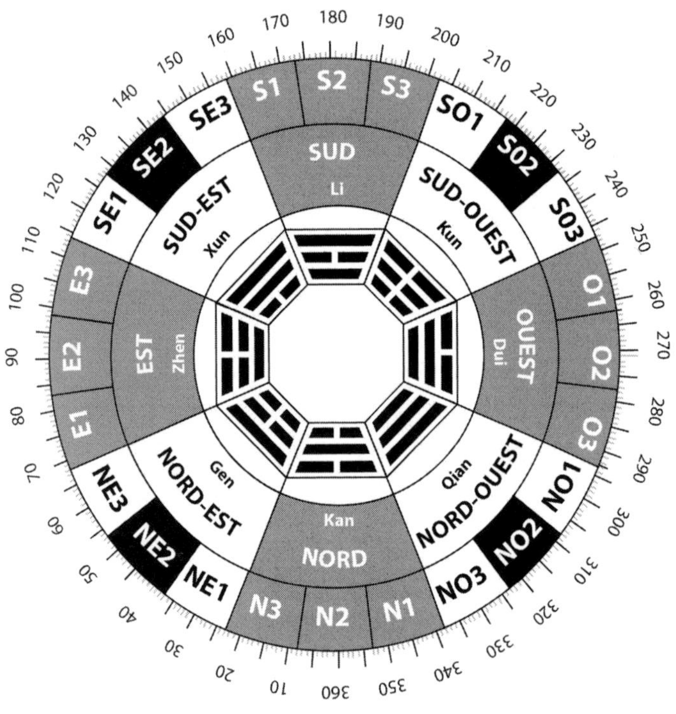

Le trigramme occupe la sous-direction centrale.

Exemple : Estelle est une mère de famille de *gua* 3. La tête de son lit est orientée vers le sud-ouest 3, une direction du groupe de l'ouest qui n'est *a priori* pas favorable pour elle.

Parce qu'il n'existe pas d'autres possibilités pour déplacer la tête de lit contre un autre mur, la solution consiste à l'orienter vers le meilleur trigramme d'Estelle, qui est celui de la mère au sud-ouest 2. Pour le père, ce sera vers le nord-ouest 2, et pour les enfants,

27. *Feng shui de l'Étoile volante*, Guy Trédaniel, 2003.

quelle que soit leur place dans la fratrie (aîné, benjamin, cadet), c'est le trigramme du fils benjamin au nord-est 2 ou de la fille aînée au sud-est 2 qui seront pris en compte.

Cette technique est à utiliser dans les cas où il n'existe pas d'autres solutions.

Autre système proposé par Lilian Too : ajuster les orientations sur les sous-directions yang pour une femme et yin pour un homme, afin que l'équilibre yin et yang soit présent.

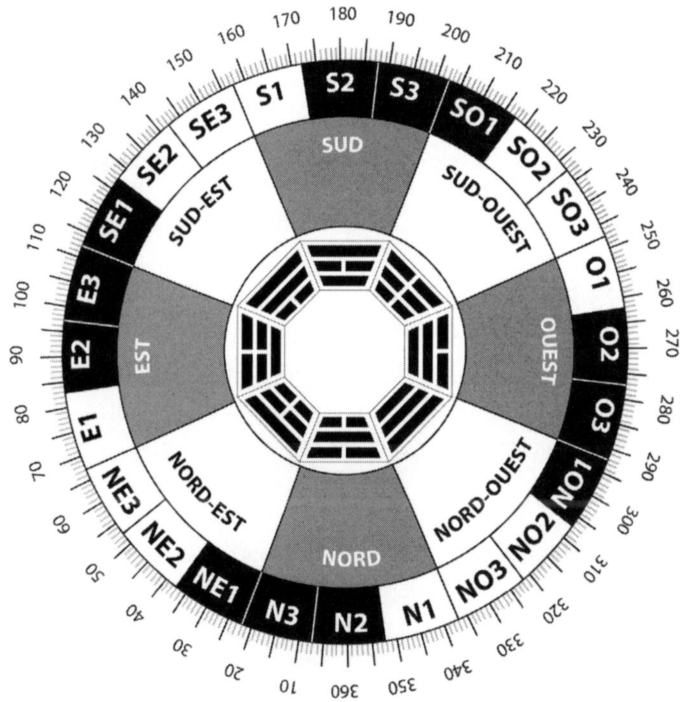

Exemple : parmi les trois sous-directions NO1, NO2 et NO3, NO1 est une sous-direction yin (noire) qui conviendra donc pour un homme, tandis que NO2 et NO3, sous-directions yang (blanches), conviendront pour une femme.

Pour d'autres écoles de feng shui traditionnel, une méthode de calcul prévoit des orientations favorables supplémentaires aux 4 principales : **les Maisons de l'est bénéficient donc de 14 orientations favorables au total et les Maisons de l'ouest de 10.** Cela signifie, par exemple, que le *gua* 9 a son Harmonie placée dans le secteur sud de la maison. En revanche, la direction d'Harmonie concernera uniquement l'orientation sud 2.

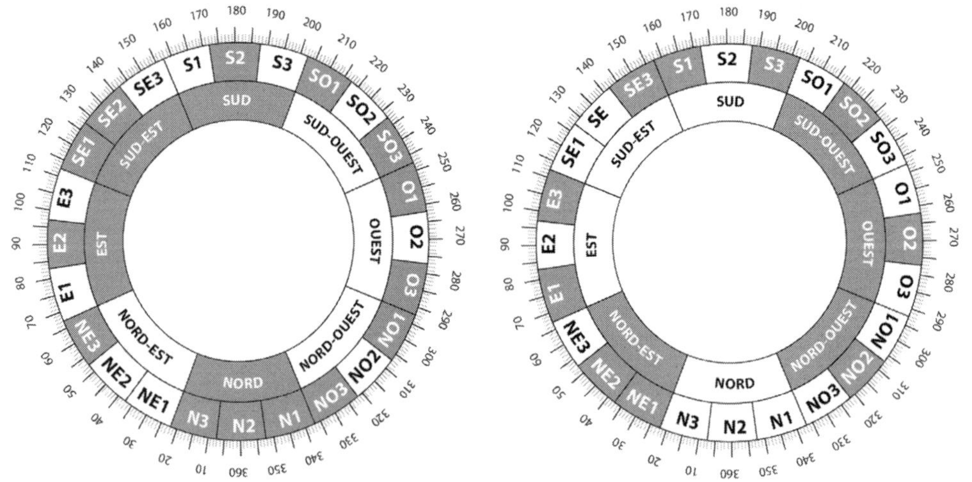

Les zones foncées indiquent les directions bénéfiques. Le schéma de gauche concerne les *gua* de l'est (1, 3, 4, 9) ; celui de droite, les *gua* de l'ouest (2, 6, 7, 8).

LES *GUA* ET LEURS PERSONNALITÉS

Chaque *gua* est doté d'une personnalité en rapport avec l'**élément** qu'il incarne (Feu, Terre, Métal, Eau ou Bois) et le **trigramme** qu'il représente (voir p. 104). Le *gua* 6, par exemple, est associé à l'élément Métal et au trigramme Qian.

En fonction de leur caractère, les 8 *gua* interagissent, se complètent ou s'opposent, selon les principes de la sympathie ou de l'antipathie qui caractérisent les relations humaines et selon les règles des cycles des cinq éléments.

Il existe un *gua* Eau (1) et un *gua* Feu (9), deux *gua* Bois (3 et 4), deux *gua* Métal (6 et 7) et deux *gua* Terre (2 et 8). Voici un aperçu de leurs portraits, que vous pourrez transposer sur les membres de votre famille, vos amis ou vos collègues.

Les *gua* Eau et Feu

Gua 1, Eau (trigramme Kan : l'Eau)

Les personnalités de *gua* 1 ont les qualités fluides de l'eau : souplesse, sens de l'adaptation (sans pour autant être influençables).

Mobiles, elles aiment voyager, expérimenter les changements et évoluer, car, s'il y a bien une chose qu'elles n'aiment pas, c'est de rester statiques.

Fortes de leur charisme, elles savent user de leurs charmes pour arriver à leurs fins. La communication est leur domaine de prédilection. Intuitives, elles sont capables d'analyser les choses en profondeur en poussant les raisonnements assez loin. Subtiles et douées pour se mettre à la place des autres, elles peuvent jouer le rôle d'intermédiaire. Elles font d'excellents professeurs ou conseillers.

Leurs actions sont mues par une volonté d'expansion sans limite. Alors mieux vaut pour leurs proches qu'ils suivent le courant, sous peine d'être laissés sur le bord.

L'eau est également l'élément lié aux émotions et à l'intellect : elle entraîne parfois la personne Eau dans les méandres de la réflexion et de l'incarnation matérielle, amenant tristesse et déprime... Les personnalités Eau, de nature puissante, recherchent également la reconnaissance.

Les personnes de *gua* 1 ont besoin d'une direction pour avancer, mais elles ressentent le contrôle par un tiers (membre de la famille ou hiérarchie) comme une atteinte à leur liberté. Les Eaux yang peuvent s'avérer de nature très impétueuse ! Elles aiment leur liberté et font très rapidement sauter les chaînes qui les entravent. Les personnalités Terre (de *gua* 2 ou 8), perçues comme trop directives, les inciteront à fuir vers d'autres horizons. Cependant, l'eau a besoin de support pour rester concentrée et éviter de se disperser.

Les Eaux quelles qu'elles soient, yang ou yin, aiment se mélanger. Elles se sentent davantage en confiance avec les personnalités Métal et Bois et peuvent connaître des frictions avec les personnes Feu ou Terre, selon la nature et la puissance de la relation (voir le tableau récapitulatif p. 332).

Gua 9, Feu (trigramme Li : le Feu)

La personnalité de *gua* 9 est puissante, elle irradie les qualités du feu : sa nature chaleureuse et aimante est communicative. Tel l'astre solaire qui rayonne de sa chaleur et de sa lumière et tient captives les autres planètes satellites, elle révèle une générosité sans limite et recèle un formidable potentiel énergétique. Il n'est pas étonnant que les *gua* 9 attirent de nombreuses personnes autour d'eux : ils sont des phares et des protecteurs.

De nature magnétique et solaire, ils aiment capter les regards, être au centre de l'attention. Ils font leur show sous les projecteurs. De nombreux fans et admirateurs gravitent autour d'eux. Ils aiment être respectés, admirés et sollicités. Une question d'ego sans doute, mais surtout un besoin de reconnaissance qui les amène, au bout du compte, à se sentir seuls.

Leur esprit éclairant est vif et intelligent, ce qui leur permet de saisir les choses complexes très rapidement et d'être à l'affût des innovations. Ils apprécient ce qui brille et sont sensibles à l'apparence des choses et des êtres.

De nature exubérante, ces personnes à la verve facile veulent être comprises rapidement, ce qui peut les rendre impatientes et égoïstes.

Passionnées, elles sont tout feu tout flamme, s'emballent pour des projets, des idées, des personnes et se laissent diriger par leurs émotions excessives sans pouvoir les maîtriser… La passion peut les consumer. Comme l'élément Feu a besoin de Bois pour exister, sans énergie, la personne Feu peut rapidement s'épuiser.

Les personnalités de *gua* 9 s'entendront donc bien avec celles qui les nourrissent, tels les *gua* 3 et 4, Bois, mais également avec les *gua* 2 et 8, Terre, qui les tempèrent sans les étouffer ou les éteindre.

Les *gua* Terre

Gua 2, Grande Terre (trigramme Kun : la Terre)

Protection et stabilité sont l'apanage de l'élément Terre.

Les personnalités de *gua* 2 se caractérisent par leur côté rassurant, « carré » et ancré, protecteur, voire surprotecteur parfois. C'est l'effet « mère poule » en famille ou paternaliste au travail. Les *gua* 2 sont le terreau dans lequel s'enracinent les projets. Ils offrent une force structurante, une épaule sur laquelle s'appuyer aussi.

Adeptes des points de repère qui assurent leur stabilité et celle de leurs proches, ils sont un peu rigides et conservateurs parfois, l'initiative et la fantaisie n'étant pas leur fort. N'essayez pas de remettre en question l'équilibre qu'ils ont installé dans leur vie : ils seront intransigeants avec vous, car ils manquent de souplesse et d'adaptation. De toute façon, vous ne marquerez aucun point si vous ne les rassurez pas.

S'ils donnent l'impression d'être un peu lents à la détente, c'est qu'ils préfèrent réfléchir avant d'agir, évaluer la situation, organiser et planifier sa mise en place jusque dans les moindres détails. Une fois leur décision prise et les objectifs fixés, vous pouvez être assuré qu'ils seront fiables à 100 %, tenaces et endurants. Une patience sans limite !

Gua 8, Petite Terre (trigramme Gen : la Montagne)

Souple et modeste, le *gua* 8 sait s'adapter et réaliser à la perfection les tâches qu'on lui donne. C'est plus un exécutant qu'un manager, et cela ne l'affecte nullement. Tout comme son homologue, le 2, il est pragmatique, visant à la réalisation plutôt qu'aux constructions mentales. Son action est donc plus rapide s'il ne se complaît pas dans l'immobilisme (le trigramme Gen rappelle en filigrane l'idée de Montagne). Il a donc besoin d'être entouré de partenaires qui le motivent et l'entraînent, ou d'évoluer dans un cadre de travail dynamique qui lui permet de rendre service et d'être apprécié.

Éternel étudiant, son importante soif de connaissance touche de nombreux domaines. Cela fait de lui une personne très cultivée qui n'hésite pas à approfondir ses sujets de prédilection.

De nature hypersensible et inquiète, il n'ose exprimer son intériorité et peine à gérer ses émotions, ce qui parfois l'isole des autres.

Les personnalités Feu (*gua* 9) et Métal sont les amis des deux *gua* Terre, les premiers pour leurs qualités solaires et dynamisantes, les seconds pour leurs comportements plus légers, plus aériens (7, Petit Métal), ou entraînants car sans cesse en action (6, Grand Métal).

Les *gua* Bois

Gua 3, Grand Bois (trigramme Zhen : le Tonnerre, l'Éclair)

Les personnalités de *gua* 3 savent faire preuve de droiture, leur comportement est loyal, franc et direct. Leur esprit d'initiative est à l'origine des nouveaux projets qu'elles entreprennent et dont elles visualisent les perspectives et les aboutissements. De nature expansive et agissant de manière vive, elles peuvent se montrer impulsives, manquer de tact vis-à-vis de leur entourage et d'un cadre structurant pour concrétiser leurs projets.

Elles ont besoin d'un environnement qui les nourrisse tout en les stabilisant. Une fois ancrées et en sécurité, elles s'épanouissent comme le ferait un arbre dans une terre fertile. Elles peuvent par conséquent tisser un réseau relationnel important, ce qui ne les empêche pas de se retrouver seules à cause de leur manque de souplesse (le tronc de l'arbre suit une seule direction verticale et ne peut se déplacer).

Gua 4, Petit Bois (trigramme Xun : le Vent)

À l'inverse de leur homologue Bois, les personnes « Petit Bois » sont plus souples et plus flexibles, à l'image de la ramure de l'arbre qui se déplace sous l'effet du vent ou de la tige du roseau qui fléchit sans se casser. C'est dire leur capacité à faire face et à résister aux événements, mais cela signifie également que le doute et les hésitations peuvent les traverser.

Sans cesse attirées par la nouveauté, elles aiment créer et entreprendre avec les autres, tant qu'on ne leur met pas des bâtons dans les roues : elles n'apprécient pas les contraintes et font fi des cadres qu'on leur impose.

Leurs sentiments amoureux sont souvent teintés d'un romantisme doucereux qui confine parfois à l'absence d'objectivité. Leur gentillesse les rend aimables et sociables, malgré leur manque de tact et d'assurance qui surprend leur entourage.

Attirés par les voyages, les arts et la littérature, les *gua* 4 sont de profonds esthètes.

Les *gua* Bois s'entendent bien avec le *gua* 1, qui leur apporte du soutien (principe de l'eau qui nourrit le bois), avec le *gua* Feu 9, qui leur permet de canaliser leur énergie vers un but précis, et également avec les *gua* Terre (2 et 8), qui leur donnent l'ancrage nécessaire pour se développer.

Les *gua* Métal

Gua 6, Grand Métal (trigramme Qian : le Ciel)

Avec ce *gua*, ça ne plaisante pas ! Les personnes de *gua* 6 ont le sens de la justice et de la droiture. Elles savent trancher rapidement pour remettre de l'équilibre ou prendre des décisions, ce qui les place rapidement en position de leader charismatique. C'est la force du Grand Métal, celle dont est fait le glaive du juge. Héros sauveurs du monde, les *gua* 6 sont capables également de vouer leur vie au spirituel ou aux carrières militaires.

Fières et parfois imbues d'elles-mêmes, elles ne se laissent pas impressionner, défendant leur territoire comme celui des autres, pour une noble cause. Déterminées, elles sont sans cesse dans l'action.

Le revers de la médaille : leur jugement, souvent perçu comme un diktat, est acéré comme la lame d'un couteau et manque parfois de discernement et de diplomatie. Le 6 est un ami loyal mais rancunier : il peut sembler radical et péremptoire, ce qui l'éloigne de ses congénères.

Gua 7, Petit Métal (trigramme Dui : le Lac, le Marais)

À la différence de son homologue, le 7 présente une personnalité plus « malléable » et moins raide (comme certains métaux qui peuvent être fondus ou forgés). Plutôt sensible à son apparence extérieure, parfois superficiel et matérialiste, il est attiré par tout ce qui brille.

C'est une personne aimée pour son côté aérien et volubile. Il maîtrise parfaitement les subtilités du langage pour obtenir ce qu'il souhaite ou brosser un portrait de ses congénères à la hâte, même s'il devrait parfois tourner sept fois sa langue dans sa bouche avant de s'exprimer.

Les *gua* Métal s'épanouissent au contact des *gua* qui les nourrissent et les soutiennent, les *gua* Terre, 2 et 8. Ils seront également attirés par l'Eau du *gua* 1.

La compatibilité entre les huit *gua*

Chaque individu peut donc être défini par la personnalité de son *gua*. Le tableau qui suit résume leurs différentes interactions. Il reste indicatif et constitue un point de départ qu'il vous est libre d'enrichir...

D'autres praticiens proposent des techniques différentes pour analyser les rapports entre deux *gua* comme celle consistant à considérer que certaines combinaisons sont plus propices lorsqu'elles sont issues d'une même case du diagramme du *hetu* (voir p. 148). Ces combinaisons particulières associent un nombre pair (yin et féminin) avec un nombre impair (yang et masculin) : 6 et 1, 8 et 3, 2 et 7, 4 et 9.

Ainsi, selon cette logique, deux personnes ayant un *gua* 6 et un *gua* 1 auront une relation harmonieuse. Il en sera de même pour les autres combinaisons.

	EAU	BOIS	FEU	TERRE	MÉTAL
EAU	Les *gua* Eau s'entendent bien : tous les cours d'eau finissent par se déverser dans la mer.	L'Eau nourrit le Bois, c'est donc une relation de construction entre les deux *gua*. À nuancer cependant : avec une personnalité Bois très forte, les *gua* Eau peuvent se sentir vampirisés ou exploités.	Les *gua* Feu ne sont pas à l'aise avec les *gua* Eau, car ils ont des énergies fondamentalement opposées et ne parlent pas le même langage. Une forte personnalité Eau vient éteindre le Feu. L'un et l'autre doivent mettre de l'eau dans leur vin pour construire une relation. Un tiers Bois peut rééquilibrer la relation en servant d'intermédiaire.	Les *gua* Terre contraignent les Eaux, par leur cadre, en limitant leur liberté et leur autonomie. La présence d'un Métal peut aider à alléger la relation.	La relation est constructive selon la règle des cinq éléments. Les deux personnalités s'entendent bien, sauf lorsque le Métal est trop rigide, comme certains *gua* 6.
BOIS	Les Bois peuvent équilibrer les personnalités Eau. Attention cependant : trop d'Eau peut rendre la relation possessive et noyer un *gua* Bois.	Les Bois s'entendent bien entre eux, car ils sont portés par le même dynamisme, à l'exception peut-être des *gua* 3 entre eux, plus solitaires…	Les personnalités Bois nourrissent les Feux. Les personnalités Feu charismatiques ont tendance à amener naturellement les Bois vers eux. Attention à ne pas perdre la tête…	Les relations entre le Grand Bois (3) et la Terre (2) peuvent être conflictuelles : quand deux têtes dures se rencontrent… Pourtant, globalement, les *gua* Bois ont besoin des *gua* Terre pour semer leurs graines et réaliser leurs projets, mais également pour se développer.	Les *gua* Bois ont parfois l'impression que les *gua* Métal leur coupent l'herbe sous le pied et menacent leur liberté. La présence d'un *gua* Eau peut faire le lien entre les deux personnalités.

	EAU	BOIS	FEU	TERRE	MÉTAL
FEU	L'Eau et le Feu ne font pas bon ménage, sauf si l'Eau la met un peu en sourdine et fait des compromis.	La relation est constructive entre les personnalités Bois et Feu. L'un entretient la flamme de l'autre.	Deux personnalités Feu s'entendent bien : elles peuvent former une seule flamme si elles sont sur la même longueur d'onde. Mais cela dure-t-il ? Le soleil est unique et ne supporte pas la concurrence...	La relation est constructive entre les deux. L'énergie des *gua* Feu nourrit les personnalités Terre en les bonifiant.	Ce type de relation n'est pas forcément compatible : le Feu fait fondre le Métal. Une personnalité Terre peut rééquilibrer cette relation.
TERRE	La personnalité Terre peut amener un cadre sécurisant à une personnalité Eau. Encore faut-il qu'elle ne restreigne pas sa liberté.	Le *gua* Terre est contrôlé par le *gua* Bois. La relation peut être vécue comme une contrainte, ce qui pousse alors les personnalités Bois à prendre le large.	Les personnalités Feu et Terre s'entendent en général très bien. Elles font de bons amis. La relation est productive.	La relation entre deux personnalités Terre est constructive. Elles possèdent toutes deux la même logique.	En général, la relation est constructive, le *gua* Métal trouvant un terreau pour s'épanouir.
MÉTAL	Le Métal soutient l'Eau. La relation est constructive.	En général, la personnalité Métal est de nature à prendre l'ascendant sur le Bois. En revanche, une forte personnalité Bois peut fatiguer une personne Métal.	Les personnalités Grand Métal (6) résistent mieux à la chaleur du Feu que les personnalités Petit Métal (7), qui fondent.	La relation est constructive : le Métal enrichit la Terre, qui nourrit le Métal en retour.	La relation n'est pas forcément de tout repos entre deux personnalités Métal : à couper au couteau parfois...

FOCUS : LE CALENDRIER CHINOIS

Le temps est une préoccupation majeure dans la culture chinoise depuis l'époque des Shang. Sur les os et les carapaces de tortues qui servaient aux divinations oraculaires étaient gravés le jour et le mois : cela permettait d'effectuer un classement chronologique en vue d'éventuelles comparaisons et d'un meilleur archivage.

Dans un souci de justesse scientifique, les Chinois n'ont eu de cesse d'améliorer leur calendrier pour le faire concorder avec les valeurs astronomiques de 365,25 jours et 29,53 jours pour un mois lunaire. Ainsi, entre le Iᵉʳ siècle avant notre ère et le XVIIᵉ siècle, il y a eu en Chine près de 100 révisions et pas moins de 50 calendriers, tandis qu'en Occident, dans le même laps de temps, nous utilisions un calendrier erroné.

À la différence du temps occidental symbolisé par le sablier, le temps chinois n'a ni début ni fin. Il ne se conçoit pas de manière linéaire (du 1ᵉʳ janvier au 31 décembre), avec des années ou des mois civils, mais prend une forme cyclique. Cette représentation permet de rester au plus près des cycles de l'univers, du soleil et de la lune.

Le saviez-vous ?

Le premier acte officiel des empereurs consistait à promulguer un nouveau calendrier astrologique afin de maîtriser l'écoulement du temps et de mettre en accord les lois célestes (les rythmes naturels de l'univers) avec la vie des hommes sur terre.

Deux calendriers en un

À la différence du calendrier européen solaire, qui ignore les aspects lunaires, le calendrier chinois, inauguré en 2697 avant notre ère, selon la tradition par l'Empereur Jaune, combine dans son calendrier les deux cycles des luminaires de la Terre : le Soleil (365 jours) et la Lune (29 jours). Il est luni-solaire.

L'année est composée de 12 lunes, mais à intervalles réguliers, tous les trois ans environ, une année de 13 lunes (un mois supplémentaire) vient s'intercaler pour rééquilibrer l'écart entre l'année lunaire et l'année solaire.

Zoom

En chinois, 月 (yuè) signifie « lune » et « mois ».

Cela explique pourquoi la date du Nouvel An chinois, **selon le calendrier lunaire**, est différente tous les ans. Elle correspond à la seconde nouvelle lune après le solstice d'hiver.

En revanche, le **calendrier solaire chinois** fait commencer l'année à la date du 4 février, qui correspond au début du printemps.

L'utilisation des calendriers en feng shui

- Pour les calculs astrologiques du *Bazi* (4 piliers) : calendrier luni-solaire.
- Pour le calcul du *gua* : calendrier solaire.

Les troncs et les branches du temps

Le calendrier chinois utilise un comptage à **base 60**, qui combine le rythme solaire avec les 12 lunes de l'année. Chaque jour est ainsi représenté par une paire composée de :

- un **tronc céleste** (pour le cycle solaire) : les 10 troncs expriment les changements du *chi* en fonction du **temps** ;
- une **branche terrestre** (pour le cycle lunaire) : les 12 branches terrestres sont en rapport avec les 12 lunes ou 12 mois de l'année. Les branches sont en relation avec l'**espace**, les **saisons** et les **points cardinaux**.

10 TRONCS CÉLESTES		12 BRANCHES TERRESTRES	
jia	甲	*zi*	子
yi	乙	*chou*	丑
bing	丙	*yin*	寅
ding	丁	*mao*	卯
wu	午	*chen*	辰
ji	己	*si*	巳
geng	庚	*wu*	午
xin	辛	*wei*	未
ren	壬	*shen*	申
gui	癸	*you*	酉
		xu	戌
		hai	亥

Le fonctionnement, assez simple, répond à une logique cyclique :

Le cycle démarre avec le premier couple *jia-zi* (colonne de gauche - colonne de droite), le deuxième jour est ***yi-chou***, le troisième ***bing-yin***, etc.

Au bout du 10e jour, le 11e jour repart du premier tronc ***jia*** qui s'associe avec la 11e branche ***xu*** pour former ***jia-xu***.

Le 12e jour est ***yi-hai***, le 13e ***bing-zi***, et ainsi de suite.

Une fois les **60 combinaisons** écoulées, le système recommence au point de départ : ***jia-zi***.

Macro- et microtemporalité

Ce système tronc-branche est utilisé pour toutes les unités de temps : année, mois, jour et heure. Ce que vous pourrez remarquer en consultant un almanach chinois à la date du 28 août 2020 :

- l'année 2020 est ***geng-zi*** (庚 子) ;
- le 7e mois lunaire qui commence le 19 août et se termine le 16 septembre est ***jia-shen*** (甲 申) ;
- son 10e jour (le 28 août dans le calendrier occidental) est ***gui-mao*** (癸 卯).

1 année équivaut à 12 mois, **1 mois** à 29 jours, **1 journée** à 12 heures, **1 heure** à une durée de 2 heures.

Année et heure sont gouvernées par un animal céleste vulgarisé par l'astrologie chinoise : ainsi, la journée commence par l'heure du rat (23 h à 1 h) et se termine par celle du cochon (21 h à 23 h).

En réalité, les 12 animaux du zodiaque correspondent aux 12 branches terrestres, qui sont des manifestations du *chi* sur Terre selon une échelle de temps à base 12, comme les 12 mois.

CORRESPONDANCES DES BRANCHES AVEC LES ANIMAUX ZODIACAUX

12 BRANCHES TERRESTRES		ANIMAUX ZODIACAUX
zi	子	rat
chou	丑	bœuf
yin	寅	tigre
mao	卯	lièvre
chen	辰	dragon
si	巳	serpent

12 BRANCHES TERRESTRES		ANIMAUX ZODIACAUX
wu	午	cheval
wei	未	chèvre
shen	申	singe
you	酉	coq
xu	戌	chien
hai	亥	cochon

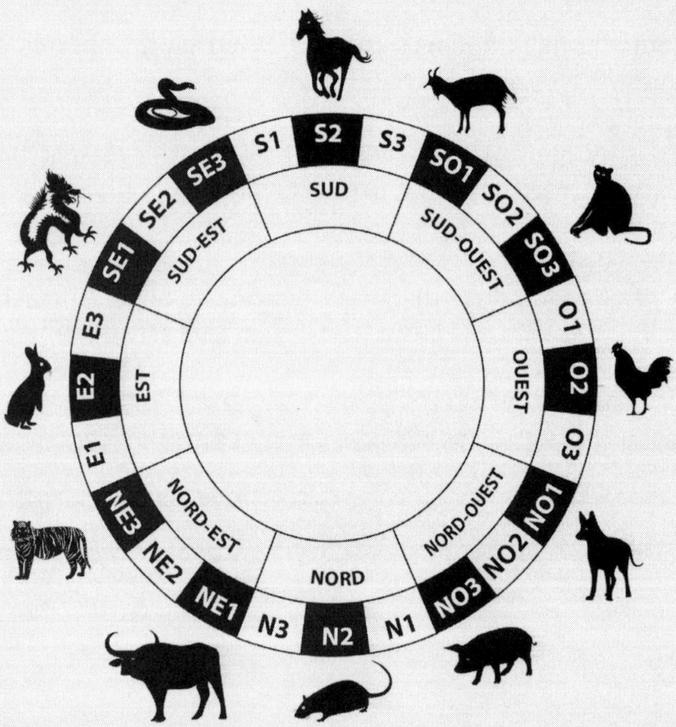

À chaque signe astral (branche terrestre) est associé, en fonction de cycles de base 10, l'élément yin ou yang contenu dans le tronc (Bois, Feu, Terre, Métal, Eau), ce qui permet d'obtenir des personnalités aux multiples nuances pour un même animal en fonction de l'année de naissance.

Par exemple, le signe de la chèvre (*wei*) apparaît en 1967, 2003 et 2015. Mais la personnalité de chacune se démarque de l'autre par l'élément rattaché à l'année : 1967 (*ding wei* :丁未) est l'année de la chèvre de feu, 2003 celle de la chèvre d'eau (*gui wei* : 癸 未), et 2015 celle de la chèvre de bois (*yi wei* : 乙未).

CORRESPONDANCES DES TRONCS AVEC LES ÉLÉMENTS

10 TRONCS CÉLESTES		ÉLÉMENTS ASSOCIÉS
jia	甲	Bois (yang)
yi	乙	Bois (yin)
bing	丙	Feu (yang)
ding	丁	Feu (yin)
wu	午	Terre (yang)
ji	己	Terre (yin)
geng	庚	Métal (yang)
xin	辛	Métal (yin)
ren	壬	Eau (yang)
gui	癸	Eau (yin)

TABLEAU DES SIGNES ZODIACAUX PAR ANNÉE

ANNÉE SOLAIRE	DÉBUT DE L'ANNÉE	ANIMAL	ÉLÉMENT (TRONC)
1928	5	dragon	Terre
1929	4	serpent	Terre
1930	4	cheval	Métal
1931	5	chèvre	Métal
1932	5	singe	Eau
1933	4	coq	Eau
1934	4	chien	Bois
1935	5	cochon	Bois
1936	5	rat	Feu
1937	4	bœuf	Feu
1938	4	tigre	Terre
1939	5	lièvre	Terre
1940	5	dragon	Métal
1941	4	serpent	Métal
1942	4	cheval	Eau
1943	5	chèvre	Eau
1944	5	singe	Bois
1945	4	coq	Bois
1946	4	chien	Feu
1947	4	cochon	Feu
1948	5	rat	Terre
1949	4	bœuf	Terre
1950	4	tigre	Métal
1951	4	lièvre	Métal
1952	5	dragon	Eau
1953	4	serpent	Eau
1954	4	cheval	Bois
1955	4	chèvre	Bois
1956	5	singe	Feu
1957	4	coq	Feu
1958	4	chien	Terre
1959	4	cochon	Terre
1960	5	rat	Métal
1961	4	bœuf	Métal
1962	4	tigre	Eau
1963	4	lièvre	Eau
1964	5	dragon	Bois
1965	4	serpent	Bois
1966	4	cheval	Feu
1967	4	chèvre	Feu
1968	5	singe	Terre
1969	4	coq	Terre
1970	4	chien	Métal
1971	4	cochon	Métal
1972	5	rat	Eau
1973	4	bœuf	Eau
1974	4	tigre	Bois
1975	4	lièvre	Bois

ANNÉE SOLAIRE	DÉBUT DE L'ANNÉE	ANIMAL	ÉLÉMENT (TRONC)
1976	5	dragon	Feu
1977	4	serpent	Feu
1978	4	cheval	Terre
1979	4	chèvre	Terre
1980	5	singe	Métal
1981	4	coq	Métal
1982	4	chien	Eau
1983	4	cochon	Eau
1984	4	rat	Bois
1985	4	bœuf	Bois
1986	4	tigre	Feu
1987	4	lièvre	Feu
1988	4	dragon	Terre
1989	4	serpent	Terre
1990	4	cheval	Métal
1991	4	chèvre	Métal
1992	4	singe	Eau
1993	4	coq	Eau
1994	4	chien	Bois
1995	4	cochon	Bois
1996	4	rat	Feu
1997	4	bœuf	Feu
1998	4	tigre	Terre
1999	4	lièvre	Terre

ANNÉE SOLAIRE	DÉBUT DE L'ANNÉE	ANIMAL	ÉLÉMENT (TRONC)
2000	4	dragon	Métal
2001	4	serpent	Métal
2002	4	cheval	Eau
2003	4	chèvre	Eau
2004	4	singe	Bois
2005	4	coq	Bois
2006	4	chien	Feu
2007	4	cochon	Feu
2008	4	rat	Terre
2009	4	bœuf	Terre
2010	4	tigre	Métal
2011	4	lièvre	Métal
2012	4	dragon	Eau
2013	3	serpent	Eau
2014	3	cheval	Bois
2015	4	chèvre	Bois
2016	4	singe	Feu
2017	3	coq	Feu
2018	3	chien	Terre
2019	4	cochon	Terre
2020	4	rat	Métal
2021	3	bœuf	Métal
2022	4	tigre	Eau
2023	4	lièvre	Eau

ANNÉE SOLAIRE	DÉBUT DE L'ANNÉE	ANIMAL	ÉLÉMENT (TRONC)
2024	5	dragon	Bois
2025	4	serpent	Bois
2026	4	cheval	Feu
2027	4	chèvre	Feu
2028	5	singe	Terre
2029	4	coq	Terre
2030	4	chien	Métal
2031	4	cochon	Métal
2032	4	rat	Eau
2033	4	bœuf	Eau
2034	4	tigre	Bois
2035	4	lièvre	Bois
2036	4	dragon	Feu
2037	4	serpent	Feu
2038	4	cheval	Terre
2039	4	chèvre	Terre
2040	4	singe	Métal

Calendrier chinois *versus* calendrier grégorien

Le calendrier lunaire, toujours très utilisé en Chine, est plus en accord avec les rythmes climatiques que le calendrier grégorien, qui marque le début des saisons aux solstices et aux équinoxes (c'est-à-dire au milieu des saisons climatiques).

Plus logiquement et naturellement, le calendrier chinois fixe le début des saisons lorsque les conditions climatiques commencent à s'inverser :

- le début du printemps est donc fixé au 4 février (plutôt que le jour de l'équinoxe, le 21 mars) ;
- le début de l'hiver est le moment où commence le déclin des jours, vers le 8 novembre plutôt qu'au solstice du 21 décembre.

Le calendrier chinois est marqué par 12 saisons principales qui, divisées en deux, forment 24 microsaisons. Ce découpage était très utile pour rythmer les travaux agricoles.

TABLEAU DES 24 MICROSAISONS (POUR UNE ANNÉE COMMENÇANT LE 4 FÉVRIER)

1er mois	**Venue du printemps**	**4 février**
	Eau de pluie	19 février
2e mois	Réveil des insectes	6 mars
	Milieu du printemps (équinoxe)	21 mars
3e mois	Pure clarté	5 avril
	Pousse des graines	20 avril
4e mois	**Venue de l'été**	**6 mai**
	Petite plénitude	21 mai
5e mois	Formation du grain sur les tiges	6 juin
	Sommet de l'été (solstice)	22 juin
6e mois	Chaleur modérée	7 juillet
	Forte chaleur	23 juillet
7e mois	**Venue de l'automne**	**8 août**
	Fin de la chaleur	23 août
8e mois	Rosée blanche	8 septembre
	Milieu de l'automne (équinoxe)	23 septembre
9e mois	Rosée froide	8 octobre
	Venue des gelées	24 octobre
10e mois	**Venue de l'hiver**	**8 novembre**
	Faibles chutes de neige	22 novembre
11e mois	Neige abondante	7 décembre
	Sommet de l'hiver (solstice)	22 décembre
12e mois	Légère gelée	6 janvier
	Fortes gelées	20 janvier

L'almanach (*Tong shu,* en chinois)

Appelé aussi « calendrier jaune » parce qu'il aurait été élaboré, selon la légende, sous le règne de Huang Di (l'Empereur Jaune), l'almanach est probablement l'ouvrage le plus consulté par les Chinois, dans leur pays comme à l'étranger.

Il permet de consulter les jours fastes et néfastes pour tel ou tel type d'activité : programmer une date pour un mariage, le démarrage d'une activité professionnelle, la signature d'un contrat, des congés, une visite chez le médecin ou chez le coiffeur, un achat immobilier ou des travaux dans une maison…

Ce calendrier affiche différents types d'informations :

- les jour, mois, année du calendrier grégorien ;
- les dates du calendrier solaire ;
- les dates du calendrier luni-solaire ;
- les 24 saisons utiles pour les activités agricoles ;
- l'orientation propice à la richesse, qui permet de fixer les activités et trajets quotidiens ;
- l'orientation propice au bonheur ;
- la liste des actes auspicieux ;
- la liste des actes placés sous les pires auspices ;
- etc.

Le *Tong shu* est en vente dans des librairies et épiceries chinoises, ainsi que dans des écoles de feng shui comme l'Institut Marip, qui propose un *Calendrier de 10 000 ans* répertoriant les années de 1900 à 2043 : utile pour ceux qui pratiquent les arts traditionnels chinois tels que le feng shui ou le *Bazi*.

CHAPITRE 5
LES ÉTOILES VOLANTES

Le feng shui, nous l'avons vu précédemment, permet à l'homme de **trouver sa juste place dans son lieu de vie** afin qu'il puisse réaliser plus facilement tous ses projets. Définir le bon emplacement pour sa maison grâce à la méthode de l'École de la Forme (et du *San he*), positionner le mobilier au bon endroit et l'orienter correctement en fonction de son chiffre de naissance (méthode des Huit Directions, voir p. 297) sont des étapes qui concernent avant tout l'espace dans ses trois dimensions.

Mais **considérer l'espace, dans la culture chinoise, ne va pas sans considérer le temps,** car l'énergie qui circule dans cet espace est tributaire des cycles naturels marqués par des phases de croissance, de stabilité et de décroissance. Ne tenir compte que des influences spatiales serait passer à côté de l'esprit véritable du feng shui, qui associe aux trois dimensions une quatrième : celle du temps, non pas celle du temps qui « fuit », mais celle du temps qui reproduit ses cycles à l'infini.

Chacune de nos habitations, parce qu'elle a été **construite à un moment précis et selon une orientation définie**, présente une **carte d'identité énergique** unique qui influence, de manière bénéfique ou non, la destinée de ses habitants et leur chance de réussite.

La **méthode des Étoiles Volantes** (*Xuang kong fei xing*, en chinois) permet de mettre en lumière cette dimension invisible liée au temps, en tirant parti au mieux des potentialités énergétiques présentes dans l'habitation et en prévoyant les moments annuels, mensuels ou journaliers favorables.

La **numérologie** et le **diagramme du *loshu*** jouent un rôle fondamental dans cette méthode très ancienne dont les origines remonteraient à l'époque des Tang.

L'école des Étoiles Volantes fait partie des écoles du ***San yuan* (les 3 cycles)**, qui mettent l'accent sur la dimension temporelle : elle est restée secrète jusqu'au début du xxe siècle. De nos jours, elle est utilisée dans le monde entier et reconnue pour ses résultats rapides et efficaces.

LES ÉNERGIES DU LIEU

Dire qu'une maison porte la poisse n'a pas de sens en feng shui, car c'est la dimension temporelle (la date d'emménagement ou de construction), coordonnée à l'orientation du bâtiment, qui détermine la chance ou la malchance des habitants. Les énergies étant fluctuantes, la chance l'est tout autant.

Cependant, il faut distinguer les énergies liées aux Étoiles Volantes des énergies générées par « la mémoire du lieu », qui peuvent également influencer le sort d'une famille. Si cet aspect, également invisible, mais manifestement nuisible, n'est pas du ressort du feng shui, les Chinois considèrent qu'il est important d'en tenir compte. Ainsi, les moines taoïstes étaient passés maîtres dans l'art de nettoyer les énergies subtiles d'un lieu. Les Chinois font encore appel à eux pour protéger leur domicile (voir la clarification de l'espace, p. 559).

POURQUOI « ÉTOILES VOLANTES » (EN ANGLAIS, « *FLYING STARS* ») ?

C'est le système de calcul qui fait « voler » les étoiles (les chiffres) d'une case à une autre en suivant le chemin du *loshu* (voir p. 150). Ce terme met l'accent sur le caractère mouvant et temporel des Étoiles et l'origine astronomique de ce système prenant appui sur la constellation de la Grande Ourse.

Le terme chinois ***Xuan kong fei xing*** signifie « Étoiles Volantes du Vide mystérieux ».

LA CARTE ÉNERGÉTIQUE

Choisir la bonne date

La date est le premier élément à sélectionner pour dresser la carte énergétique de l'habitation, la grille des Étoiles Volantes, appelée aussi diagramme.

Au moment où le toit est posé, l'énergie venue du Ciel est « retenue » entre les quatre murs. En général, c'est donc la **date d'achèvement des travaux** qui est prise en compte dans l'établissement de la grille des Étoiles Volantes.

D'autres dates sont également prises en considération, selon les informations que l'on souhaite obtenir :

- la **date d'emménagement** ou d'entrée dans les lieux, correspondant à la première nuit passée ;
- la **date de la signature d'achat de la propriété** ou celle de la signature du bail, qui ont une portée symbolique.

Pour un appartement acheté ou loué, si vous souhaitez obtenir des informations générales sur l'histoire liée au bâtiment et l'influence qu'elle exerce sur votre appartement, il faut sélectionner la date de construction. Quant à la date d'emménagement dans l'appartement, elle donne des informations concernant, en priorité, ses habitants.

La date obtenue s'inscrit dans une « période ».

Le temps est fait de cycles

À la différence du calendrier occidental, le calendrier chinois est fondé sur une vision cyclique du temps en rapport avec le rythme de l'univers : le temps est ainsi découpé en **9 périodes de 20 ans**, qui composent au total **3 cycles de 60 ans**, soit **un grand cycle complet de 180 années**.

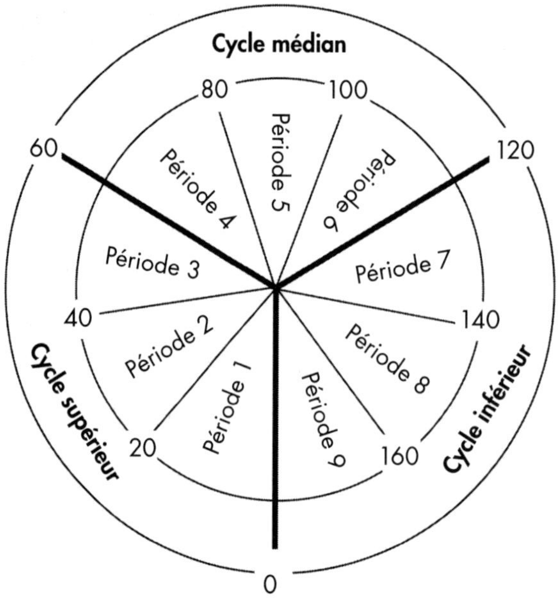

GRAND CYCLE	3 CYCLES DE 60 ANS	9 PÉRIODES DE 20 ANS	ANNÉES
180 ANS	**SUPÉRIEUR**	Période 1	1864-1883
		Période 2	1884-1903
		Période 3	1904-1923
	MÉDIAN	Période 4	1824-1943
		Période 5	1944-1963
		Période 6	1964-1983
	INFÉRIEUR	Période 7	1984-2003
		Période 8	2004-2023
		Période 9	2024-2043

Les trois dernières périodes (7, 8 et 9) se situent à la fin du parcours, dans le cycle dit « inférieur » dont les énergies sont plus basses que dans les deux premiers cycles. Cela signifie que les maisons construites durant les cycles supérieur et médian garderont leur énergie plus longtemps.

Première chose à retenir : l'énergie des périodes n'est pas fixe ! Elle se modifie tous les 20 ans. Au sein de chaque période, elle fluctue tous les ans, et au sein de chaque année, tous les mois, etc.

À la fin de l'année 2043 (période 9), le cycle recommencera à son point de départ pour une nouvelle période 1, et ainsi de suite, ce qui signifie dans l'esprit chinois que les événements se reproduisent de manière cyclique et avec un certain mimétisme tous les 60 ans.

Concrètement : une maison achevée d'être construite en 2022 sera en période 8. Pour un emménagement effectué le 24 décembre 2025, elle sera en période 9. La chance de cette maison durera 20 ans.

Cela signifie que deux maisons construites en 1860 et en 2026 appartiendront toutes les deux à la période 9.

À noter : le changement de période s'effectue selon le calendrier solaire, c'est-à-dire aux alentours du 4 février (voir p. 342).

Soixante ans, l'âge de la sagesse

Dans *La Voie du feng shui*, qui traite de la manière dont le temps est intimement lié à l'espace et à la personne, Marie-Pierre Dillenseger illustre à merveille cette circularité du temps comprise entre 1 et 60 :

« Soixante ans est un anniversaire d'une grande importance en Chine. Il est associé à l'âge de la sagesse. Ceci parce qu'à soixante ans la personne a rencontré (expérimenté) les soixante variétés (incarnations) temporelles[28] possibles. Après le vénérable anniversaire de 60 ans, chaque nouvelle année apporte une énergie déjà connue puisque rencontrée précédemment. La culture chinoise a un âge de sagesse à soixante ans et l'Occident un âge de raison à 7 ans. »

28. Note du livre source : « Le cycle de soixante ans est élaboré à partir de la combinaison des Cinq éléments (bois, feu, terre, métal, eau) et des 12 animaux du zodiaque chinois. »

MODIFIER LA PÉRIODE D'UNE HABITATION ?

À l'heure où ce livre est écrit, le prochain changement de période aura lieu en 2024, avec l'entrée dans la période 9. Nous démarrerons alors un nouveau cycle énergétique de 20 ans. Les bâtiments construits avant cette période verront leur énergie s'affaiblir, sauf si certaines mesures sont mises en œuvre en vue d'actualiser la période, mesures qu'il est conseillé de mettre en place dans les premières années de la période 9.

Traditionnellement, il s'agissait d'ouvrir entièrement le toit pour faire entrer dans la maison les énergies du Ciel (en déposant les tuiles). Si, dans la Chine traditionnelle, les systèmes de construction modulaire le permettaient, cela est plus difficile à réaliser de nos jours, et encore davantage lorsque l'habitation comporte un toit en terrasse. En outre, pour que les énergies du Ciel pénètrent, il devait pleuvoir dans la maison… Tout un programme.

Heureusement, d'autres solutions existent :

- des travaux importants modifiant la structure fondamentale de la maison (gros œuvre, extension, modification de la circulation ou des ouvertures dans l'habitation) ;
- une période d'inoccupation qui, selon certains maîtres, varie de 100 jours à un an ;
- une méthode plus simple consiste à réorienter la porte principale vers une direction faste de la nouvelle période.

Rassurez-vous : bien qu'il soit souhaitable de changer la période de l'habitation en 2024, il est toujours possible de conserver l'ancien diagramme d'Étoiles Volantes et d'en tirer parti au maximum en se focalisant sur les meilleures étoiles et en continuant d'entretenir la qualité du *chi* dans la maison, notamment à travers l'entretien de l'habitation.

LA GRILLE D'ÉTOILES VOLANTES : TEMPS ET ESPACE RÉUNIS DANS UN CARRÉ

Pour construire les 9 grilles d'Étoiles Volantes correspondant aux 9 périodes, les Chinois utilisent le diagramme du **carré *loshu* originel**, dont la disposition des chiffres suit une séquence unique, avec le 5 au centre (voir p. 150).

Ce *loshu*, qui traduit le mouvement présent dans l'univers, sert donc de modèle aux 9 diagrammes d'Étoiles Volantes. Le chiffre de chaque période est placé au centre. En partant du centre, il « vole » ensuite de manière croissante, de case en case en empruntant le chemin suivant, qu'il est préférable de connaître par cœur : centre > nord-ouest > ouest > nord-est > sud > nord > sud-ouest > est > sud-est.

Cette méthode est aussi utilisée pour monter les grilles d'étoiles temporelles pour l'année, le mois, le jour et l'heure (voir p. 334).

SUD-EST

3	8	1
2	4	6
7	9	5

SUD

8	4	6
7	9	2
3	5	1

SUD-OUEST

1	6	8
9	2	4
5	7	3

EST

2	7	9
1	3	5
6	8	4

4	9	2
3	5	7
8	1	6

OUEST

6	2	4
5	7	9
1	3	8

NORD-EST

7	3	5
6	8	1
2	4	9

NORD

9	5	7
8	1	3
4	6	2

NORD-OUEST

5	1	3
4	6	8
9	2	7

L'ORIENTATION DE L'HABITATION

La grille d'Étoiles Volantes ne peut être bâtie sans la donnée spatiale fournie par l'orientation de la façade principale.

La « **façade principale** » est celle qui reçoit le plus de *chi*. Selon les cas, il peut s'avérer difficile de la localiser. Pour vous aider, tenez compte de ces trois critères :

- Le principe des animaux célestes (voir p. 183) : la façade principale du bâtiment s'ouvre sur un espace dégagé qui permet au *chi* de se concentrer et elle est tournée vers l'environnement qui présente l'activité la plus yang (parc, rue, route, jardin, plan d'eau, école...). L'arrière est refermé, protégé.
- Attention : la porte principale peut se situer sur un autre côté de l'habitation, opposé à la façade. Il ne faut pas en tenir compte pour la prise de la mesure.
- La façade principale a le plus grand nombre d'ouvertures : c'est le côté de l'habitation le plus lumineux.
- Elle fait face, idéalement, à une pente descendante qui accélère le *chi*.

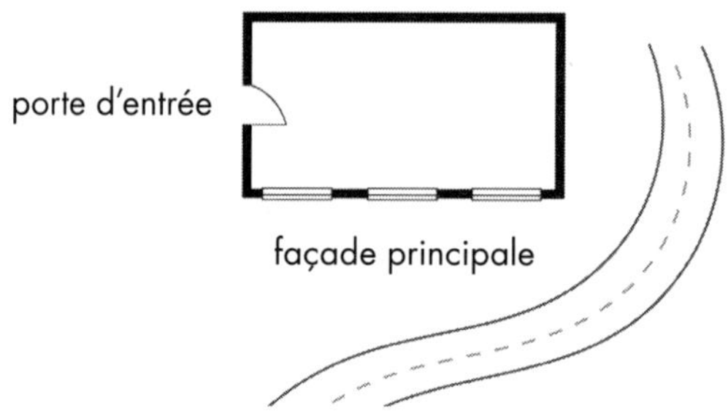

La façade principale comporte le plus grand nombre d'ouvertures
et fait face à l'activité de la route.

Attention : d'autres méthodes de feng shui, le *San he* par exemple, utilisent la porte d'entrée comme référence pour la façade !

Dans le cas d'un appartement, c'est en général la façade principale de l'immeuble qui est prise en compte, là où est positionnée la porte d'entrée principale. Cependant, la réalité propose d'autres cas de figure : l'entrée de votre immeuble se situe peut-être dans une cour intérieure, tandis que les fenêtres de votre appartement donnent sur une voie routière et commerçante. Un côté de votre appartement reçoit plus de lumière que l'autre, il donne sur une perspective dégagée : voilà la façade principale.

Pour la **prise de mesure avec la boussole** (ou avec le *lopan*), suivez les conseils p. 286 et retenez ce point : la mesure doit se faire au degré près, dans un des 24 sous-secteurs de la boussole appelés « montagnes ».

PRÉCAUTIONS À PRENDRE : LIGNES DE VIDE OU DE MORT

Il est déconseillé de monter une grille lorsque votre boussole indique une orientation tombant sur :

- **une des 8 lignes cardinales :**
  - Sud : 180°
  - Sud-ouest : 225°
  - Ouest : 27°
  - Nord-ouest : 315°
  - Nord : 360°
  - Nord-est : 45°
  - Est : 90°
  - Sud-est : 135°
- **Une des lignes séparant les 8 trigrammes :**
  - 22,5°
  - 67,5°
  - 112,5°
  - 157,5°
  - Etc.
- **Une des 16 lignes de vide secondaires séparant les 24 montagnes :**
  - S1 et S2 : 172,5°
  - S2 et S3 : 187,5°
  - Etc.

Certains experts expliquent que ces orientations particulières génèrent une énergie très statique qui peut nuire à la santé et bloquer les projets des habitants. Concrètement, il est préférable que la porte principale et l'orientation de la façade ne soient pas dirigées vers l'une de ces orientations. Il suffit de réorienter légèrement la porte de quelques degrés.

LES 24 MONTAGNES

Pour ceux qui souhaitent devenir des spécialistes en feng shui et afin d'en comprendre toutes les subtilités, il est nécessaire de se familiariser avec le nom chinois des 24 sous-secteurs cardinaux vus p. 290, que l'on retrouve sur le *lopan*, la fameuse boussole feng shui, et dénommés « 24 montagnes ». Certains ouvrages spécialisés diront ainsi qu'une maison est orientée « *bing* » plutôt que « sud 1 », ou « *mao* » plutôt que « est 2 ».

Ces 24 orientations spatiales sont utilisées dans le calendrier agricole chinois pour découper l'année en 24 étapes. Un moyen pratique de réunir temps et espace au sein d'un même outil.

Par exemple, le terme *zi* (子), qui correspond à l'orientation nord 2, fait référence à la graine qui sommeille dans la terre en hiver, de début décembre à début janvier. *Zi*, c'est aussi l'enfant.

L'orientation est 1, Jia (甲) correspond au moment où la graine germe hors du sol, ce que décrit parfaitement l'idéogramme représentant un champ découpé en 4 parcelles égales.

ORIENTATIONS DE CHAQUE DIRECTION ET SOUS-DIRECTION

	SUD – TRIGRAMME LI			NORD – TRIGRAMME KAN	
S1	*bing*	157,6° - 172,5°	N1	*ren*	337,6° - 352,5°
S2	*wu*	172,6 - 187,5°	N2	*zi*	352,6° - 7,5°
S3	*ding*	187,6° - 202,5°	N3	*gui*	7,6° - 22,5°
	SUD-OUEST – TRIGRAMME KUN			**NORD-EST – TRIGRAMME GEN**	
SO1	*wei*	202,6° - 217,5°	NE1	*chou*	22,6° - 37,5°
SO2	*kun*	217,6° - 232,5°	NE2	*gen*	37,6° - 52,5°
SO3	*shen*	232,6° - 247,5°	NE3	*yin*	52,6° - 67,5°
	OUEST – TRIGRAMME DUI			**EST – TRIGRAMME ZHEN**	
O1	*geng*	247,6° - 262,5°	E1	*jia*	67,6° - 82,5°
O2	*you*	262,6° - 277,5°	E2	*mao*	82,6° - 97,5°
O3	*xin*	277,6° - 292,5°	E3	*yi*	97,6° - 112,5°

	NORD-OUEST – TRIGRAMME QIAN			SUD-EST – TRIGRAMME XUN	
NO1	*xu*	292,6° - 307,5°	SE1	*chen*	112,6° - 127,5°
NO2	*qian*	307,6° - 322,5°	SE2	*xun*	127,6° - 142,5°
NO3	*hai*	322,6° - 337,5°	SE3	*si*	142,6° - 157,5°

Les **24 montagnes** qui figurent sur le *lopan* sont composées des :

- **12 branches terrestres** (correspondant aux 12 animaux du zodiaque) ;
- **8 troncs célestes** (les 2 Troncs Terre, *wu* et *ji*, ne figurent pas dans les montagnes) ;
- **4 trigrammes directionnels positionnés au centre des 4 points semi-cardinaux :** le père (Qian au nord-ouest), la mère (Kun au sud-ouest), le fils (Gen au nord-est) et la fille (Xun au sud-est).

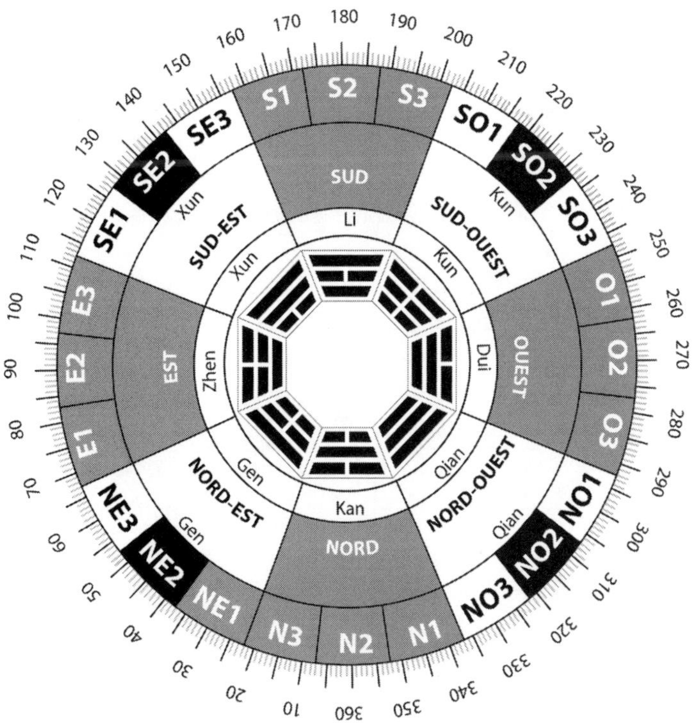

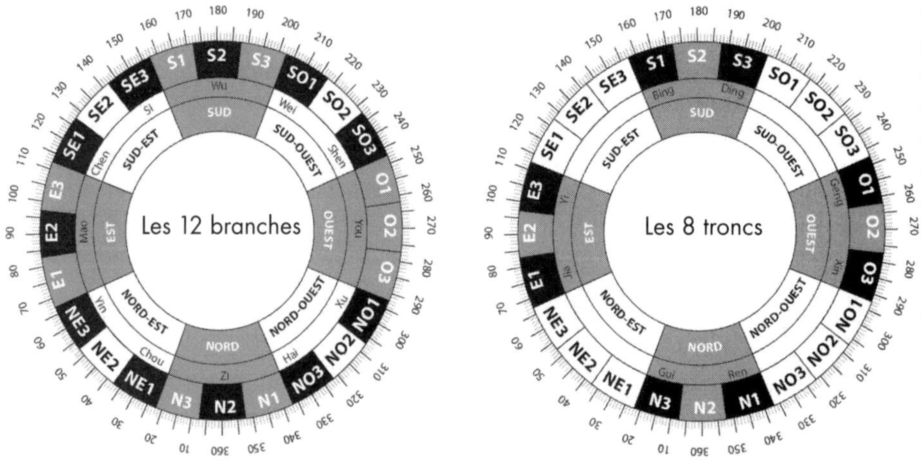

Branches terrestres et troncs célestes (en noir sur l'illustration) sont utilisés également dans le calendrier chinois (voir p. 332) : espace et temps utilisent les mêmes éléments de référence.

MONTER UNE GRILLE D'ÉTOILES

Une fois que vous avez défini l'**année de construction** (ou la date d'emménagement) et l'**orientation de la façade**, rendez-vous p. 357 pour découvrir la grille d'étoiles correspondante. Vous y retrouverez les diagrammes pour toutes les périodes, de 1 à 9. Il existe également des calculateurs consultables sur Internet, moyennant un abonnement (par exemple, sur le site www.marip.com) ou *via* des applications (taper les mots-clés « flying stars », « feng shui », « Étoiles Volantes »). Vous pourrez retrouver la méthode pour disposer les chiffres dans la grille dans les ouvrages conseillés en fin de chapitre.

Pour une maison orientée au sud, par exemple, 3 grilles sont possibles en fonction du degré : sud 1, sud 2 ou sud 3, ici en période 8 (2004-2023).

façade ↑

5 2 / 7	9 7 / 3	7 9 / 5
6 1 / 6	4 3 / 8	2 5 / 1
1 6 / 2	8 8 / 4	3 4 / 9

Grille sud 1 (*bing*)

3 4 / 7	8 8 / 3	1 6 / 5
2 5 / 6	4 3 / 8	6 1 / 1
7 9 / 2	9 7 / 4	5 2 / 9

Grille sud 2 (*wu*)

3 4 / 7	8 8 / 3	1 6 / 5
2 5 / 6	4 3 / 8	6 1 / 1
7 9 / 2	9 7 / 4	5 2 / 9

Grille sud 3 (*ding*)

Les grilles 2 et 3 sont toujours identiques.

LES DIAGRAMMES DES 9 PÉRIODES

Période 1 (du 4 février 1864 au 3 février 1884)

S1

7 4 9	2 9 5	9 2 7
8 3 8	6 5 1	4 7 3
3 8 4	1 1 6	5 6 2

Façade sud 1
(157,5° – 172,5°)

S2

5 6 9	1 1 5	3 8 7
4 7 8	6 5 1	8 3 3
9 2 4	2 9 6	7 4 2

Façade sud 2
(172,5° – 187,5°)

S3

5 6 9	1 1 5	3 8 7
4 7 8	6 5 1	8 3 3
9 2 4	2 9 6	7 4 2

Façade sud 3
(187,5° – 202,5°)

SO1

9 2 5	7 4 7	2 9 3
5 6 9	4 7 1	3 8 2
6 5 8	1 1 4	8 3 6

Façade sud-ouest 1
(202,5° – 217,5°)

SO2

8 3 5	1 1 7	6 5 3
3 8 9	4 7 1	5 6 2
2 9 8	7 4 4	9 2 6

Façade sud-ouest 2
(217,5° – 232,5°)

SO3

8 3 5	1 1 7	6 5 3
3 8 9	4 7 1	5 6 2
2 9 8	7 4 4	9 2 6

Façade sud-ouest 3
(232,5° – 247,5°)

O1

2 9 7	6 5 3	7 4 2
4 7 5	8 3 1	3 8 6
9 2 9	1 1 8	5 6 4

Façade ouest 1
(247,5° – 262,5°)

O2

5 6 7	1 1 3	9 2 2
3 8 5	8 3 1	4 7 6
7 4 9	6 5 8	2 9 4

Façade ouest 2
(262,5° – 277,5°)

O3

5 6 7	1 1 3	9 2 2
3 8 5	8 3 1	4 7 6
7 4 9	6 5 8	2 9 4

Façade ouest 3
(277,5° – 292,5°)

NO1 ↑

2 9 3	1 1 2	5 6 6
6 5 7	9 2 1	3 8 4
4 7 5	8 3 9	7 4 8

Façade nord-ouest 1
(292,5° – 307,5°)

NO2 ↑

7 4 3	8 3 2	4 7 6
3 8 7	9 2 1	6 5 4
5 6 5	1 1 9	2 9 8

Façade nord-ouest 2
(307,5° – 322,5°)

NO3 ↑

7 4 3	8 3 2	4 7 6
3 8 7	9 2 1	6 5 4
5 6 5	1 1 9	2 9 8

Façade nord-ouest 3
(322,5° – 337,5°)

N1 ↑

6 5 2	1 1 6	8 3 4
7 4 3	5 6 1	3 8 8
2 9 7	9 2 5	4 7 9

Façade nord 1
(337,5° – 352,5°)

N2 ↑

4 7 2	9 2 6	2 9 4
3 8 3	5 6 1	7 4 8
8 3 7	1 1 5	6 5 9

Façade nord 2
(352,5° – 7,5°)

N3 ↑

4 7 2	9 2 6	2 9 4
3 8 3	5 6 1	7 4 8
8 3 7	1 1 5	6 5 9

Façade nord 3
(7,5° – 22,5°)

NE1 ↑

3 8 6	1 1 4	5 6 8
8 3 2	7 4 1	6 5 9
9 2 3	4 7 7	2 9 5

Façade nord-est 1
(22,5° – 37,5°)

NE2 ↑

2 9 6	4 7 4	9 2 8
6 5 2	7 4 1	8 3 9
5 6 3	1 1 7	3 8 5

Façade nord-est 2
(37,5° – 52,5°)

NE3 ↑

2 9 6	4 7 4	9 2 8
6 5 2	7 4 1	8 3 9
5 6 3	1 1 7	3 8 5

Façade nord-est 3
(52,5° – 67,5°)

E1 ↑

6 5 4	1 1 8	2 9 9
8 3 6	3 8 1	7 4 5
4 7 2	5 6 3	9 2 7

Façade est 1
(67,5° – 82,5°)

E2 ↑

9 2 4	5 6 8	4 7 9
7 4 6	3 8 1	8 3 5
2 9 2	1 1 3	6 5 7

Façade est 2
(82,5° – 97,5°)

E3 ↑

9 2 4	5 6 8	4 7 9
7 4 6	3 8 1	8 3 5
2 9 2	1 1 3	6 5 7

Façade est 3
(97,5° – 112,5°)

SE1 ↑

4 7 8	3 8 9	7 4 5
8 3 4	2 9 1	5 6 7
6 5 6	1 1 2	9 2 3

Façade sud-est 1
(112,5° – 127,5°)

SE2 ↑

9 2 8	1 1 9	6 5 5
5 6 4	2 9 1	8 3 7
7 4 6	3 8 2	4 7 3

Façade sud-est 2
(127,5° – 142,5°)

SE3 ↑

9 2 8	1 1 9	6 5 5
5 6 4	2 9 1	8 3 7
7 4 6	3 8 2	4 7 3

Façade sud-est 3
(142,5° – 157,5°)

Période 2 (du 4 février 1884 au 3 février 1904)

S1 ↑

6 7 1	2 2 6	4 9 8
5 8 9	7 6 2	9 4 4
1 3 5	3 1 7	8 5 3

Façade sud 1
(157,5° – 172,5°)

S2 ↑

8 5 1	3 1 6	1 3 8
9 4 9	7 6 2	5 8 4
4 9 5	2 2 7	6 7 3

Façade sud 2
(172,5° – 187,5°)

S3 ↑

8 5 1	3 1 6	1 3 8
9 4 9	7 6 2	5 8 4
4 9 5	2 2 7	6 7 3

Façade sud 3
(187,5° – 202,5°)

SO1 ↑

1 4 6	8 2 8	3 6 4
6 9 1	5 8 2	4 7 3
7 1 9	2 5 5	9 3 7

Façade sud-ouest 1
(202,5° – 217,5°)

SO2 ↑

9 3 6	2 5 8	7 1 4
4 7 1	5 8 2	6 9 3
3 6 9	8 2 5	1 4 7

Façade sud-ouest 2
(217,5° – 232,5°)

SO3 ↑

9 3 6	2 5 8	7 1 4
4 7 1	5 8 2	6 9 3
3 6 9	8 2 5	1 4 7

Façade sud-ouest 3
(232,5° – 247,5°)

O1 ↑

6 7 8	2 2 4	1 3 3
4 9 6	9 4 2	5 8 7
8 5 1	7 6 9	3 1 5

Façade ouest 1
(247,5° – 262,5°)

O2 ↑

3 1 8	7 6 4	8 5 3
5 8 6	9 4 2	4 9 7
1 3 1	2 2 9	6 7 5

Façade ouest 2
(262,5° – 277,5°)

O3 ↑

3 1 8	7 6 4	8 5 3
5 8 6	9 4 2	4 9 7
1 3 1	2 2 9	6 7 5

Façade ouest 3
(277,5° – 292,5°)

NO1

3 5 4	2 4 3	6 8 7
7 9 8	1 3 2	4 6 5
5 7 6	9 2 1	8 1 9

Façade nord-ouest 1
(292,5° – 307,5°)

NO2

8 1 4	9 2 3	5 7 7
4 6 8	1 3 2	7 9 5
6 8 6	2 4 1	3 5 9

Façade nord-ouest 2
(307,5° – 322,5°)

NO3

8 1 4	9 2 3	5 7 7
4 6 8	1 3 2	7 9 5
6 8 6	2 4 1	3 5 9

Façade nord-ouest 3
(322,5° – 337,5°)

N1

5 8 3	1 3 7	3 1 5
4 9 4	6 7 2	8 5 9
9 4 8	2 2 6	7 6 1

Façade nord 1
(337,5° – 352,5°)

N2

7 6 3	2 2 7	9 4 5
8 5 4	6 7 2	4 9 9
3 1 8	1 3 6	5 8 1

Façade nord 2
(352,5° – 7,5°)

N3

7 6 3	2 2 7	9 4 5
8 5 4	6 7 2	4 9 9
3 1 8	1 3 6	5 8 1

Façade nord 3
(7,5° – 22,5°)

NE1

3 9 7	5 2 5	1 7 9
7 4 3	8 5 2	9 6 1
6 3 4	2 8 8	4 1 6

Façade nord-est 1
(22,5° – 37,5°)

NE2

4 1 7	2 8 5	6 3 9
9 6 3	8 5 2	7 4 1
1 7 4	5 2 8	3 9 6

Façade nord-est 2
(37,5° – 52,5°)

NE3

4 1 7	2 8 5	6 3 9
9 6 3	8 5 2	7 4 1
1 7 4	5 2 8	3 9 6

Façade nord-est 3
(52,5° – 67,5°)

E1 ↑

1 3 5	6 7 9	5 8 1
8 5 7	4 9 2	9 4 6
3 1 3	2 2 4	7 6 8

Façade est 1
(67,5° – 82,5°)

E2 ↑

7 6 5	2 2 9	3 1 1
9 4 7	4 9 2	8 5 6
5 8 3	6 7 4	1 3 8

Façade est 2
(82,5° – 97,5°)

E3 ↑

7 6 5	2 2 9	3 1 1
9 4 7	4 9 2	8 5 6
5 8 3	6 7 4	1 3 8

Façade est 3
(97,5° – 112,5°)

SE1 ↑

1 8 9	2 9 1	7 5 6
6 4 5	3 1 2	9 7 8
8 6 7	4 2 3	5 3 4

Façade sud-est 1
(112,5° – 127,5°)

SE2 ↑

5 3 9	4 2 1	8 6 6
9 7 5	3 1 2	6 4 8
7 5 7	2 9 3	1 8 4

Façade sud-est 2
(127,5° – 142,5°)

SE3 ↑

5 3 9	4 2 1	8 6 6
9 7 5	3 1 2	6 4 8
7 5 7	2 9 3	1 8 4

Façade sud-est 3
(142,5° – 157,5°)

Période 3 (du 4 février 1904 au 3 février 1924)

S1

9 6 2	4 2 7	2 4 9
1 5 1	8 7 3	6 9 5
5 1 6	3 3 8	7 8 4

Façade sud 1
(157,5° – 172,5°)

S2

7 8 2	3 3 7	5 1 9
6 9 1	8 7 3	1 5 5
2 4 6	4 2 8	9 6 4

Façade sud 2
(172,5° – 187,5°)

S3

7 8 2	3 3 7	5 1 9
6 9 1	8 7 3	1 5 5
2 4 6	4 2 8	9 6 4

Façade sud 3
(187,5° – 202,5°)

SO1

2 4 7	9 6 9	4 2 5
7 8 2	6 9 3	5 1 4
8 7 1	3 3 6	1 5 8

Façade sud-ouest 1
(202,5° – 217,5°)

SO2

1 5 7	3 3 9	8 7 5
5 1 2	6 9 3	7 8 4
4 2 1	9 6 6	2 4 8

Façade sud-ouest 2
(217,5° – 232,5°)

SO3

1 5 7	3 3 9	8 7 5
5 1 2	6 9 3	7 8 4
4 2 1	9 6 6	2 4 8

Façade sud-ouest 3
(232,5° – 247,5°)

O1

7 2 9	3 7 5	2 6 4
5 9 7	1 5 3	6 1 8
9 4 2	8 3 1	4 8 6

Façade ouest 1
(247,5° – 262,5°)

O2

4 8 9	8 3 5	9 4 4
6 1 7	1 5 3	5 9 8
2 6 2	3 7 1	7 2 6

Façade ouest 2
(262,5° – 277,5°)

O3

4 8 9	8 3 5	9 4 4
6 1 7	1 5 3	5 9 8
2 6 2	3 7 1	7 2 6

Façade ouest 3
(277,5° – 292,5°)

NO1

9 2 5	1 3 4	6 8 8
5 7 9	2 4 3	8 1 6
7 9 7	3 5 2	4 6 1

Façade nord-ouest 1
(292,5° – 307,5°)

NO2

4 6 5	3 5 4	7 9 8
8 1 9	2 4 3	5 7 6
6 8 7	1 3 2	9 2 1

Façade nord-ouest 2
(307,5° – 322,5°)

NO3

4 6 5	3 5 4	7 9 8
8 1 9	2 4 3	5 7 6
6 8 7	1 3 2	9 2 1

Façade nord-ouest 3
(322,5° – 337,5°)

N1

8 7 4	3 3 8	1 5 6
9 6 5	7 8 3	5 1 1
4 2 9	2 4 7	6 9 2

Façade nord 1
(337,5° – 352,5°)

N2

6 9 4	2 4 8	4 2 6
5 1 5	7 8 3	9 6 1
1 5 9	3 3 7	8 7 2

Façade nord 2
(352,5° – 7,5°)

N3

6 9 4	2 4 8	4 2 6
5 1 5	7 8 3	9 6 1
1 5 9	3 3 7	8 7 2

Façade nord 3
(7,5° – 22,5°)

NE1

5 1 8	3 3 6	7 8 1
1 5 4	9 6 3	8 7 2
2 4 5	6 9 9	4 2 7

Façade nord-est 1
(22,5° – 37,5°)

NE2

4 2 8	6 9 6	2 4 1
8 7 4	9 6 3	1 5 2
7 8 5	3 3 9	5 1 7

Façade nord-est 2
(37,5° – 52,5°)

NE3

4 2 8	6 9 6	2 4 1
8 7 4	9 6 3	1 5 2
7 8 5	3 3 9	5 1 7

Façade nord-est 3
(52,5° – 67,5°)

E1

8 4 6	3 8 1	4 9 2
1 6 8	5 1 3	9 5 7
6 2 4	7 3 5	2 7 9

Façade est 1
(67,5° – 82,5°)

E2

2 7 6	7 3 1	6 2 2
9 5 8	5 1 3	1 6 7
4 9 4	3 8 5	8 4 9

Façade est 2
(82,5° – 97,5°)

E3

2 7 6	7 3 1	6 2 2
9 5 8	5 1 3	1 6 7
4 9 4	3 8 5	8 4 9

Façade est 3
(97,5° – 112,5°)

SE1

6 4 1	5 3 2	9 7 7
1 8 6	4 2 3	7 5 9
8 6 8	3 1 4	2 9 5

Façade sud-est 1
(112,5° – 127,5°)

SE2

2 9 1	3 1 2	8 6 7
7 5 6	4 2 3	1 8 9
9 7 8	5 3 4	6 4 5

Façade sud-est 2
(127,5° – 142,5°)

SE3

2 9 1	3 1 2	8 6 7
7 5 6	4 2 3	1 8 9
9 7 8	5 3 4	6 4 5

Façade sud-est 3
(142,5° – 157,5°)

Période 4 (du 4 février 1924 au 3 février 1944)

S1 ↑

8 9 3	4 4 8	6 2 1
7 1 2	9 8 4	2 6 6
3 5 7	5 3 9	1 7 5

Façade sud 1
(157,5° – 172,5°)

S2 ↑

1 7 3	5 3 8	3 5 1
2 6 2	9 8 4	7 1 6
6 2 7	4 4 9	8 9 5

Façade sud 2
(172,5° – 187,5°)

S3 ↑

1 7 3	5 3 8	3 5 1
2 6 2	9 8 4	7 1 6
6 2 7	4 4 9	8 9 5

Façade sud 3
(187,5° – 202,5°)

SO1 ↑

2 5 8	4 7 1	9 3 6
6 9 3	7 4 1	8 2 5
5 8 2	1 4 7	3 6 9

Façade sud-ouest 1
(202,5° – 217,5°)

SO2 ↑

3 6 8	1 4 1	5 8 6
8 2 3	7 4 1	6 9 5
9 3 2	4 7 7	2 5 9

Façade sud-ouest 2
(217,5° – 232,5°)

SO3 ↑

3 6 8	1 4 1	5 8 6
8 2 3	7 4 1	6 9 5
9 3 2	4 7 7	2 5 9

Façade sud-ouest 3
(232,5° – 247,5°)

O1 ↑

5 9 1	9 4 6	1 5 5
7 2 8	2 6 4	6 1 9
3 7 3	4 8 2	8 3 7

Façade ouest 1
(247,5° – 262,5°)

O2 ↑

8 3 1	4 8 6	3 7 5
6 1 8	2 6 4	7 2 9
1 5 3	9 4 2	5 9 7

Façade ouest 2
(262,5° – 277,5°)

O3 ↑

8 3 1	4 8 6	3 7 5
6 1 8	2 6 4	7 2 9
1 5 3	9 4 2	5 9 7

Façade ouest 3
(277,5° – 292,5°)

NO1

5 3 6	4 4 5	8 9 9
9 8 1	3 5 4	6 2 7
7 1 8	2 6 3	1 7 2

Façade nord-ouest 1
(292,5° – 307,5°)

NO2

1 7 6	2 6 5	7 1 9
6 2 1	3 5 4	9 8 7
8 9 8	4 4 3	5 3 2

Façade nord-ouest 2
(307,5° – 322,5°)

NO3

1 7 6	2 6 5	7 1 9
6 2 1	3 5 4	9 8 7
8 9 8	4 4 3	5 3 2

Façade nord-ouest 3
(322,5° – 337,5°)

N1

7 1 5	3 5 9	5 3 7
6 2 6	8 9 4	1 7 2
2 6 1	4 4 8	9 8 3

Façade nord 1
(337,5° – 352,5°)

N2

9 8 5	4 4 9	2 6 7
1 7 6	8 9 4	6 2 2
5 3 1	3 5 8	7 1 3

Façade nord 2
(352,5° – 7,5°)

N3

9 8 5	4 4 9	2 6 7
1 7 6	8 9 4	6 2 2
5 3 1	3 5 8	7 1 3

Façade nord 3
(7,5° – 22,5°)

NE1

6 3 9	4 1 7	8 5 2
2 8 5	1 7 4	9 6 3
3 9 6	7 4 1	5 2 8

Façade nord-est 1
(22,5° – 37,5°)

NE2

5 2 9	7 4 7	3 9 2
9 6 5	1 7 4	2 8 3
8 5 6	4 1 1	6 3 8

Façade nord-est 2
(37,5° – 52,5°)

NE3

5 2 9	7 4 7	3 9 2
9 6 5	1 7 4	2 8 3
8 5 6	4 1 1	6 3 8

Façade nord-est 3
(52,5° – 67,5°)

E1 ↑

3 8 7	8 4 2	7 3 3
1 6 9	6 2 4	2 7 8
5 1 5	4 9 6	9 5 1

Façade est 1
(67,5° – 82,5°)

E2 ↑

9 5 7	4 9 2	5 1 3
2 7 9	6 2 4	1 6 8
7 3 5	8 4 6	3 8 1

Façade est 2
(82,5° – 97,5°)

E3 ↑

9 5 7	4 9 2	5 1 3
2 7 9	6 2 4	1 6 8
7 3 5	8 4 6	3 8 1

Façade est 3
(97,5° – 112,5°)

SE1 ↑

7 1 2	6 2 3	1 7 8
2 6 7	5 3 4	8 9 1
9 8 9	4 4 5	3 5 6

Façade sud-est 1
(112,5° – 127,5°)

SE2 ↑

3 5 2	4 4 3	9 8 8
8 9 7	5 3 4	2 6 1
1 7 9	6 2 5	7 1 6

Façade sud-est 2
(127,5° – 142,5°)

SE3 ↑

3 5 2	4 4 3	9 8 8
8 9 7	5 3 4	2 6 1
1 7 9	6 2 5	7 1 6

Façade sud-est 3
(142,5° – 157,5°)

Période 5 (du 4 février 1944 au 3 février 1964)

S1

<table><tr><td>9 8
4</td><td>5 4
9</td><td>7 6
2</td></tr><tr><td>8 7
3</td><td>1 9
5</td><td>3 2
7</td></tr><tr><td>4 3
8</td><td>6 5
1</td><td>2 1
6</td></tr></table>

Façade sud 1
(157,5° – 172,5°)

S2

<table><tr><td>2 1
4</td><td>6 5
9</td><td>4 3
2</td></tr><tr><td>3 2
3</td><td>1 9
5</td><td>8 7
7</td></tr><tr><td>7 6
8</td><td>5 4
1</td><td>9 8
6</td></tr></table>

Façade sud 2
(172,5° – 187,5°)

S3

<table><tr><td>2 1
4</td><td>6 5
9</td><td>4 3
2</td></tr><tr><td>3 2
3</td><td>1 9
5</td><td>8 7
7</td></tr><tr><td>7 6
8</td><td>5 4
1</td><td>9 8
6</td></tr></table>

Façade sud 3
(187,5° – 202,5°)

SO1

<table><tr><td>4 7
9</td><td>2 5
2</td><td>6 9
7</td></tr><tr><td>9 3
4</td><td>8 2
5</td><td>7 1
6</td></tr><tr><td>1 4
3</td><td>5 8
8</td><td>3 6
1</td></tr></table>

Façade sud-ouest 1
(202,5° – 217,5°)

SO2

<table><tr><td>3 6
9</td><td>5 8
2</td><td>1 4
7</td></tr><tr><td>7 1
4</td><td>8 2
5</td><td>9 3
6</td></tr><tr><td>6 9
3</td><td>2 5
8</td><td>4 7
1</td></tr></table>

Façade sud-ouest 2
(217,5° – 232,5°)

SO3

<table><tr><td>3 6
9</td><td>5 8
2</td><td>1 4
7</td></tr><tr><td>7 1
4</td><td>8 2
5</td><td>9 3
6</td></tr><tr><td>6 9
3</td><td>2 5
8</td><td>4 7
1</td></tr></table>

Façade sud-ouest 3
(232,5° – 247,5°)

O1

<table><tr><td>9 4
2</td><td>5 9
7</td><td>4 8
6</td></tr><tr><td>7 2
9</td><td>3 7
5</td><td>8 3
1</td></tr><tr><td>2 6
4</td><td>1 5
3</td><td>6 1
8</td></tr></table>

Façade ouest 1
(247,5° – 262,5°)

O2

<table><tr><td>6 1
2</td><td>1 5
7</td><td>2 6
6</td></tr><tr><td>8 3
9</td><td>3 7
5</td><td>7 2
1</td></tr><tr><td>4 8
4</td><td>5 9
3</td><td>9 4
8</td></tr></table>

Façade ouest 2
(262,5° – 277,5°)

O3

<table><tr><td>6 1
2</td><td>1 5
7</td><td>2 6
6</td></tr><tr><td>8 3
9</td><td>3 7
5</td><td>7 2
1</td></tr><tr><td>4 8
4</td><td>5 9
3</td><td>9 4
8</td></tr></table>

Façade ouest 3
(277,5° – 292,5°)

NO1 ↑

2 4 7	3 5 6	8 1 1
7 9 2	4 6 5	1 3 8
9 2 9	5 7 4	6 8 3

Façade nord-ouest 1
(292,5° – 307,5°)

NO2 ↑

6 8 7	5 7 6	9 2 1
1 3 2	4 6 5	7 9 8
8 1 9	3 5 4	2 4 3

Façade nord-ouest 2
(307,5° – 322,5°)

NO3 ↑

6 8 7	5 7 6	9 2 1
1 3 2	4 6 5	7 9 8
8 1 9	3 5 4	2 4 3

Façade nord-ouest 3
(322,5° – 337,5°)

N1 ↑

1 2 6	5 6 1	3 4 8
2 3 7	9 1 5	7 8 3
6 7 2	4 5 9	8 9 4

Façade nord 1
(337,5° – 352,5°)

N2 ↑

8 9 6	4 5 1	6 7 8
7 8 7	9 1 5	2 3 3
3 4 2	5 6 9	1 2 4

Façade nord 2
(352,5° – 7,5°)

N3 ↑

8 9 6	4 5 1	6 7 8
7 8 7	9 1 5	2 3 3
3 4 2	5 6 9	1 2 4

Façade nord 3
(7,5° – 22,5°)

NE1 ↑

6 3 1	8 5 8	4 1 3
1 7 6	2 8 5	3 9 4
9 6 3	5 2 2	7 4 9

Façade nord-est 1
(22,5° – 37,5°)

NE2 ↑

7 4 1	5 2 8	9 6 3
3 9 6	2 8 5	1 7 4
4 1 7	8 5 2	6 3 9

Façade nord-est 2
(37,5° – 52,5°)

NE3 ↑

7 4 1	5 2 8	9 6 3
3 9 6	2 8 5	1 7 4
4 1 7	8 5 2	6 3 9

Façade nord-est 3
(52,5° – 67,5°)

E1

1 6 8	5 1 3	6 2 4
3 8 1	7 3 5	2 7 9
8 4 6	9 5 7	4 9 2

Façade est 1
(67,5° – 82,5°)

E2

4 9 8	9 5 3	8 4 4
2 7 1	7 3 5	3 8 9
6 2 6	5 1 7	1 6 2

Façade est 2
(82,5° – 97,5°)

E3

4 9 8	9 5 3	8 4 4
2 7 1	7 3 5	3 8 9
6 2 6	5 1 7	1 6 2

Façade est 3
(97,5° – 112,5°)

SE1

8 6 3	7 5 4	2 9 9
3 1 8	6 4 5	9 7 2
1 8 1	5 3 6	4 2 7

Façade sud-est 1
(112,5° – 127,5°)

SE2

4 2 3	5 3 4	1 8 9
9 7 8	6 4 5	3 1 2
2 9 1	7 5 6	8 6 7

Façade sud-est 2
(127,5° – 142,5°)

SE3

4 2 3	5 3 4	1 8 9
9 7 8	6 4 5	3 1 2
2 9 1	7 5 6	8 6 7

Façade sud-est 3
(142,5° – 157,5°)

Période 6 (du 4 février 1964 au 3 février 1984)

S1 ↑

3 9 5	7 5 1	5 7 3
4 8 4	2 1 6	9 3 8
8 4 9	6 6 2	1 2 7

Façade sud 1
(157,5° – 172,5°)

S2 ↑

1 2 5	6 6 1	8 4 3
9 3 4	2 1 6	4 8 8
5 7 9	7 5 2	3 9 7

Façade sud 2
(172,5° – 187,5°)

S3 ↑

1 2 5	6 6 1	8 4 3
9 3 4	2 1 6	4 8 8
5 7 9	7 5 2	3 9 7

Façade sud 3
(187,5° – 202,5°)

SO1 ↑

4 7 1	6 9 3	2 5 8
9 2 5	9 3 6	1 4 7
7 1 4	3 6 9	5 8 2

Façade sud-ouest 1
(202,5° – 217,5°)

SO2 ↑

5 8 1	3 6 3	7 1 8
1 4 5	9 3 6	8 2 7
2 5 4	6 9 9	4 7 2

Façade sud-ouest 2
(217,5° – 232,5°)

SO3 ↑

5 8 1	3 6 3	7 1 8
1 4 5	9 3 6	8 2 7
2 5 4	6 9 9	4 7 2

Façade sud-ouest 3
(232,5° – 247,5°)

O1 ↑

7 2 3	2 6 8	3 7 7
9 4 1	4 8 6	8 3 2
5 9 5	6 1 4	1 5 9

Façade ouest 1
(247,5° – 262,5°)

O2 ↑

1 5 3	6 1 8	5 9 7
8 3 1	4 8 6	9 4 2
3 7 5	2 6 4	7 2 9

Façade ouest 2
(262,5° – 277,5°)

O3 ↑

1 5 3	6 1 8	5 9 7
8 3 1	4 8 6	9 4 2
3 7 5	2 6 4	7 2 9

Façade ouest 3
(277,5° – 292,5°)

NO1

3 9 8	4 8 7	9 3 2
8 4 3	5 7 6	2 1 9
1 2 1	6 6 5	7 5 4

Façade nord-ouest 1
(292,5° – 307,5°)

NO2

7 5 8	6 6 7	1 2 2
2 1 3	5 7 6	8 4 9
9 3 1	4 8 5	3 9 4

Façade nord-ouest 2
(307,5° – 322,5°)

NO3

7 5 8	6 6 7	1 2 2
2 1 3	5 7 6	8 4 9
9 3 1	4 8 5	3 9 4

Façade nord-ouest 3
(322,5° – 337,5°)

N1

2 1 7	6 6 2	4 8 9
3 9 8	1 2 6	8 4 4
7 5 3	5 7 1	9 3 5

Façade nord 1
(337,5° – 352,5°)

N2

9 3 7	5 7 2	7 5 9
8 4 8	1 2 6	3 9 4
4 8 3	6 6 1	2 1 5

Façade nord 2
(352,5° – 7,5°)

N3

9 3 7	5 7 2	7 5 9
8 4 8	1 2 6	3 9 4
4 8 3	6 6 1	2 1 5

Façade nord 3
(7,5° – 22,5°)

NE1

8 5 2	6 3 9	1 7 4
4 1 7	3 9 6	2 8 5
5 2 8	9 6 3	7 4 1

Façade nord-est 1
(22,5° – 37,5°)

NE2

7 4 2	9 6 9	5 2 4
2 8 7	3 9 6	4 1 5
1 7 8	6 3 3	8 5 1

Façade nord-est 2
(37,5° – 52,5°)

NE3

7 4 2	9 6 9	5 2 4
2 8 7	3 9 6	4 1 5
1 7 8	6 3 3	8 5 1

Façade nord-est 3
(52,5° – 67,5°)

E1 ↑

5 1 9	1 6 4	9 5 5
3 8 2	8 4 6	4 9 1
7 3 7	6 2 8	2 7 3

Façade est 1
(67,5° – 82,5°)

E2 ↑

2 7 9	6 2 4	7 3 5
4 9 2	8 4 6	3 8 1
9 5 7	1 6 8	5 1 3

Façade est 2
(82,5° – 97,5°)

E3 ↑

2 7 9	6 2 4	7 3 5
4 9 2	8 4 6	3 8 1
9 5 7	1 6 8	5 1 3

Façade est 3
(97,5° – 112,5°)

SE1 ↑

5 7 4	6 6 5	2 1 1
1 2 9	7 5 6	4 8 3
3 9 2	8 4 7	9 3 8

Façade sud-est 1
(112,5° – 127,5°)

SE2 ↑

9 3 4	8 4 5	3 9 1
4 8 9	7 5 6	1 2 3
2 1 2	6 6 7	5 7 8

Façade sud-est 2
(127,5° – 142,5°)

SE3 ↑

9 3 4	8 4 5	3 9 1
4 8 9	7 5 6	1 2 3
2 1 2	6 6 7	5 7 8

Façade sud-est 3
(142,5° – 157,5°)

Période 7 (du 4 février 1984 au 3 février 2004)

S1

2 3 6	7 7 2	9 5 4
1 4 5	3 2 7	5 9 9
6 8 1	8 6 3	4 1 8

Façade sud 1
(157,5° – 172,5°)

S2

4 1 6	8 6 2	6 8 4
5 9 5	3 2 7	1 4 9
9 5 1	7 7 3	2 3 8

Façade sud 2
(172,5° – 187,5°)

S3

4 1 6	8 6 2	6 8 4
5 9 5	3 2 7	1 4 9
9 5 1	7 7 3	2 3 8

Façade sud 3
(187,5° – 202,5°)

SO1

5 9 2	7 7 4	32 9
9 5 6	1 4 7	2 3 8
8 6 5	4 1 1	6 8 3

Façade sud-ouest 1
(202,5° – 217,5°)

SO2

6 8 2	4 1 4	8 6 9
2 3 6	1 4 7	9 5 8
3 2 5	7 7 1	5 9 3

Façade sud-ouest 2
(217,5° – 232,5°)

SO3

6 8 2	4 1 4	8 6 9
2 3 6	1 4 7	9 5 8
3 2 5	7 7 1	5 9 3

Façade sud-ouest 3
(232,5° – 247,5°)

O1

2 6 4	7 2 9	6 1 8
9 4 2	5 9 7	1 5 3
4 8 6	3 7 5	8 3 1

Façade ouest 1
(247,5° – 262,5°)

O2

8 3 4	3 7 9	4 8 8
1 5 2	5 9 7	9 4 3
6 1 6	7 2 5	2 6 1

Façade ouest 2
(262,5° – 277,5°)

O3

8 3 4	3 7 9	4 8 8
1 5 2	5 9 7	9 4 3
6 1 6	7 2 5	2 6 1

Façade ouest 3
(277,5° – 292,5°)

NO1

4 6 9	5 7 8	1 3 3
9 2 4	6 8 7	3 5 1
2 4 2	7 9 6	8 1 5

Façade nord-ouest 1
(292,5° – 307,5°)

NO2

8 1 9	7 9 8	2 4 3
3 5 4	6 8 7	9 2 1
1 3 2	5 7 6	4 6 5

Façade nord-ouest 2
(307,5° – 322,5°)

NO3

8 1 9	7 9 8	2 4 3
3 5 4	6 8 7	9 2 1
1 3 2	5 7 6	4 6 5

Façade nord-ouest 3
(322,5° – 337,5°)

N1

1 4 8	6 8 3	8 6 1
9 5 5	2 3 7	4 1 5
5 9 4	7 7 2	3 2 6

Façade nord 1
(337,5° – 352,5°)

N2

3 2 8	7 7 3	5 9 1
4 1 5	2 3 7	9 5 5
8 6 4	6 8 2	1 4 6

Façade nord 2
(352,5° – 7,5°)

N3

3 2 8	7 7 3	5 9 1
4 1 5	2 3 7	9 5 5
8 6 4	6 8 2	1 4 6

Façade nord 3
(7,5° – 22,5°)

NE1

8 6 3	1 4 1	6 8 5
3 2 8	4 1 7	5 9 6
2 3 9	7 7 4	9 5 2

Façade nord-est 1
(22,5° – 37,5°)

NE2

9 5 3	7 7 1	2 3 5
5 9 8	4 1 7	3 2 6
6 8 9	1 4 4	8 6 2

Façade nord-est 2
(37,5° – 52,5°)

NE3

9 5 3	7 7 1	2 3 5
5 9 8	4 1 7	3 2 6
6 8 9	1 4 4	8 6 2

Façade nord-est 3
(52,5° – 67,5°)

E1 ↑

3 8 1	7 3 5	8 4 6
5 1 3	9 5 7	4 9 2
1 6 8	2 7 9	6 2 4

Façade est 1
(67,5° – 82,5°)

E2 ↑

6 2 1	2 7 5	1 6 6
4 9 3	9 5 7	5 1 2
8 4 8	7 3 9	3 8 4

Façade est 2
(82,5° – 97,5°)

E3 ↑

6 2 1	2 7 5	1 6 6
4 9 3	9 5 7	5 1 2
8 4 8	7 3 9	3 8 4

Façade est 3
(97,5° – 112,5°)

SE1 ↑

1 8 5	9 7 6	4 2 2
5 3 1	8 6 7	2 9 4
3 1 3	7 5 8	6 4 9

Façade sud-est 1
(112,5° – 127,5°)

SE2 ↑

6 4 5	7 5 6	3 1 2
2 9 1	8 6 7	5 3 4
4 2 3	9 7 8	1 8 9

Façade sud-est 2
(127,5° – 142,5°)

SE3 ↑

6 4 5	7 5 6	3 1 2
2 9 1	8 6 7	5 3 4
4 2 3	9 7 8	1 8 9

Façade sud-est 3
(142,5° – 157,5°)

Période 8 (du 4 février 2004 au 3 février 2024)

S1 ↑

5 2 7	9 7 3	7 9 5
6 1 6	4 3 8	2 5 1
1 6 2	8 8 4	3 4 9

Façade sud 1
(157,5° – 172,5°)

S2 ↑

3 4 7	8 8 3	1 6 5
2 5 6	4 3 8	6 1 1
7 9 2	9 7 4	5 2 9

Façade sud 2
(172,5° – 187,5°)

S3 ↑

3 4 7	8 8 3	1 6 5
2 5 6	4 3 8	6 1 1
7 9 2	9 7 4	5 2 9

Façade sud 3
(187,5° – 202,5°)

SO1 ↑

7 1 3	5 8 5	9 3 1
3 6 7	2 5 8	1 4 9
4 7 6	8 2 2	6 9 4

Façade sud-ouest 1
(202,5° – 217,5°)

SO2 ↑

6 9 3	8 2 5	4 7 1
1 4 7	2 5 8	3 6 9
9 3 6	5 8 2	7 1 4

Façade sud-ouest 2
(217,5° – 232,5°)

SO3 ↑

6 9 3	8 2 5	4 7 1
1 4 7	2 5 8	3 6 9
9 3 6	5 8 2	7 1 4

Façade sud-ouest 3
(232,5° – 247,5°)

O1 ↑

9 7 5	4 3 1	5 2 9
2 5 3	6 1 8	1 6 4
7 9 7	8 8 6	3 4 2

Façade ouest 1
(247,5° – 262,5°)

O2 ↑

3 4 5	8 8 1	7 9 9
1 6 3	6 1 8	2 5 4
5 2 7	4 3 6	9 7 2

Façade ouest 2
(262,5° – 277,5°)

O3 ↑

3 4 5	8 8 1	7 9 9
1 6 3	6 1 8	2 5 4
5 2 7	4 3 6	9 7 2

Façade ouest 3
(277,5° – 292,5°)

NO1

9 2 1	8 1 9	3 5 4
4 6 5	7 9 8	1 3 2
2 4 3	6 8 7	5 7 6

Façade nord-ouest 1
(292,5° – 307,5°)

NO2

5 7 1	6 8 9	2 4 4
1 3 5	7 9 8	4 6 2
3 5 3	8 1 7	9 2 6

Façade nord-ouest 2
(307,5° – 322,5°)

NO3

5 7 1	6 8 9	2 4 4
1 3 5	7 9 8	4 6 2
3 5 3	8 1 7	9 2 6

Façade nord-ouest 3
(322,5° – 337,5°)

N1

4 3 9	8 8 4	6 1 2
5 2 1	3 4 8	1 6 6
9 7 5	7 9 3	2 5 7

Façade nord 1
(337,5° – 352,5°)

N2

2 5 9	7 9 4	9 7 2
1 6 1	3 4 8	5 2 6
6 1 5	8 8 3	4 3 7

Façade nord 2
(352,5° – 7,5°)

N3

2 5 9	7 9 4	9 7 2
1 6 1	3 4 8	5 2 6
6 1 5	8 8 3	4 3 7

Façade nord 3
(7,5° – 22,5°)

NE1

9 6 4	2 8 2	7 4 6
4 1 9	5 2 8	6 3 7
3 9 1	8 5 5	1 7 3

Façade nord-est 1
(22,5° – 37,5°)

NE2

1 7 4	8 5 2	3 9 6
6 3 9	5 2 8	4 1 7
7 4 1	2 8 5	9 6 3

Façade nord-est 2
(37,5° – 52,5°)

NE3

1 7 4	8 5 2	3 9 6
6 3 9	5 2 8	4 1 7
7 4 1	2 8 5	9 6 3

Façade nord-est 3
(52,5° – 67,5°)

E1 ↑

4 3 2	8 8 6	9 7 7
6 1 4	1 6 8	5 2 3
2 5 9	3 4 1	7 9 5

Façade est 1
(67,5° – 82,5°)

E2 ↑

7 9 2	3 4 6	2 5 7
5 2 4	1 6 8	6 1 3
9 7 9	8 8 1	4 3 5

Façade est 2
(82,5° – 97,5°)

E3 ↑

7 9 2	3 4 6	2 5 7
5 2 4	1 6 8	6 1 3
9 7 9	8 8 1	4 3 5

Façade est 3
(97,5° – 112,5°)

SE1 ↑

7 5 6	8 6 7	4 2 3
3 1 2	9 7 8	6 4 5
5 3 4	1 8 9	2 9 1

Façade sud-est 1
(112,5° – 127,5°)

SE2 ↑

2 9 6	1 8 7	5 3 3
6 4 2	9 7 8	3 1 5
4 2 4	8 6 9	7 5 1

Façade sud-est 2
(127,5° – 142,5°)

SE3 ↑

2 9 6	1 8 7	5 3 3
6 4 2	9 7 8	3 1 5
4 2 4	8 6 9	7 5 1

Façade sud-est 3
(142,5° – 157,5°)

Période 9 (du 4 février 2024 au 3 février 2044)

S1 ↑

4 5 8	9 9 4	2 7 6
3 6 7	5 4 9	7 2 2
8 1 3	1 8 5	6 3 1

Façade sud 1
(157,5° – 172,5°)

S2 ↑

6 3 8	1 8 4	8 1 6
7 2 7	5 4 9	3 6 2
2 7 3	9 9 5	4 5 1

Façade sud 2
(172,5° – 187,5°)

S3 ↑

6 3 8	1 8 4	8 1 6
7 2 7	5 4 9	3 6 2
2 7 3	9 9 5	4 5 1

Façade sud 3
(187,5° – 202,5°)

SO1 ↑

7 2 4	9 9 6	5 4 2
2 7 8	3 6 9	4 5 1
1 8 7	6 3 3	8 1 5

Façade sud-ouest 1
(202,5° – 217,5°)

SO2 ↑

8 1 4	6 3 6	1 8 2
4 5 8	3 6 9	2 7 1
5 4 7	9 9 3	7 2 5

Façade sud-ouest 2
(217,5° – 232,5°)

SO3 ↑

8 1 4	6 3 6	1 8 2
4 5 8	3 6 9	2 7 1
5 4 7	9 9 3	7 2 5

Façade sud-ouest 3
(232,5° – 247,5°)

O1 ↑

4 5 6	9 9 2	8 1 1
2 7 4	7 2 9	3 6 5
6 3 8	5 4 7	1 8 3

Façade ouest 1
(247,5° – 262,5°)

O2 ↑

1 8 6	5 4 2	6 3 1
3 6 4	7 2 9	2 7 5
8 1 8	9 9 7	4 5 3

Façade ouest 2
(262,5° – 277,5°)

O3 ↑

1 8 6	5 4 2	6 3 1
3 6 4	7 2 9	2 7 5
8 1 8	9 9 7	4 5 3

Façade ouest 3
(277,5° – 292,5°)

NO1 ↑

6 3 2	7 2 1	3 6 5
2 7 6	8 1 9	5 4 3
4 5 4	9 9 8	1 8 7

Façade nord-ouest 1
(292,5° – 307,5°)

NO2 ↑

1 8 2	9 9 1	4 5 5
5 4 6	8 1 9	2 7 3
3 6 4	7 2 8	6 3 7

Façade nord-ouest 2
(307,5° – 322,5°)

NO3 ↑

1 8 2	9 9 1	4 5 5
5 4 6	8 1 9	2 7 3
3 6 4	7 2 8	6 3 7

Façade nord-ouest 3
(322,5° – 337,5°)

N1 ↑

3 6 1	8 1 5	1 8 3
2 7 2	4 5 9	6 3 7
7 2 6	9 9 4	5 4 8

Façade nord 1
(337,5° – 352,5°)

N2 ↑

5 4 1	9 9 5	7 2 3
6 3 2	4 5 9	2 7 7
1 8 6	8 1 4	3 6 8

Façade nord 2
(352,5° – 7,5°)

N3 ↑

5 4 1	9 9 5	7 2 3
6 3 2	4 5 9	2 7 7
1 8 6	8 1 4	3 6 8

Façade nord 3
(7,5° – 22,5°)

NE1 ↑

1 8 5	3 6 3	8 1 7
5 4 1	6 3 9	7 2 8
4 5 2	9 9 6	2 7 4

Façade nord-est 1
(22,5° – 37,5°)

NE2 ↑

2 7 5	9 9 3	4 5 7
7 2 1	6 3 9	5 4 8
8 1 2	3 6 6	1 8 4

Façade nord-est 2
(37,5° – 52,5°)

NE3 ↑

2 7 5	9 9 3	4 5 7
7 2 1	6 3 9	5 4 8
8 1 2	3 6 6	1 8 4

Façade nord-est 3
(52,5° – 67,5°)

E1

8 1 3	4 5 7	3 6 8
6 3 5	2 7 9	7 2 4
1 8 1	9 9 2	5 4 6

Façade est 2
(67,5° – 82,5°)

E2

5 4 3	9 9 7	1 8 8
7 2 5	2 7 9	6 3 4
3 6 1	4 5 2	8 1 6

Façade est 2
(82,5° – 97,5°)

E3

5 4 3	9 9 7	1 8 8
7 2 5	2 7 9	6 3 4
3 6 1	4 5 2	8 1 6

Façade est 3
(97,5° – 112,5°)

SE1

8 1 7	9 9 8	5 4 4
4 5 3	1 8 9	7 2 6
6 3 5	2 7 1	3 6 2

Façade sud-est 1
(112,5° – 127,5°)

SE2

3 6 7	2 7 8	6 3 4
7 2 3	1 8 9	4 5 6
5 4 5	9 9 1	8 1 2

Façade sud-est 2
(127,5° – 142,5°)

SE3

3 6 7	2 7 8	6 3 4
7 2 3	1 8 9	4 5 6
5 4 5	9 9 1	8 1 2

Façade sud-est 3
(142,5° – 157,5°)

Superposer la grille sur le plan de la maison

La grille est ensuite ajustée au plan de l'habitation. Pour la méthode, voir p. 295.

Rappel des principes essentiels :

- La grille est posée sur toute la maison, véranda comprise, en englobant les bâtiments qui communiquent avec elle. Un balcon n'est pas pris en considération par la grille, car il n'est pas recouvert par un toit.
- La grille est posée sur tous les étages, quelle que soit la forme du plan.
- Lorsque le plan n'est pas régulier (carré ou rectangle), la grille révèle des manques, et certaines étoiles peuvent donc se retrouver à l'extérieur du plan.

Pour bénéficier d'une étoile absente du plan, une astuce consiste à poser une mini-grille d'Étoiles Volantes (voir le micro *loshu*, p. 318) dans les pièces importantes (chambre, bureau, salon, etc.).

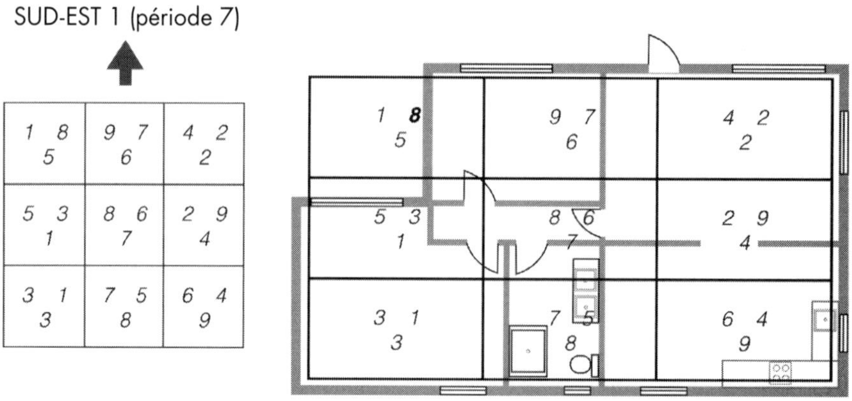

Dans l'exemple ci-dessus, l'étoile 8 se trouve à l'extérieur du plan ; par conséquent, son énergie ne pourra pas être exploitée parce qu'on ne peut pas se positionner sur son emplacement. Si l'on souhaite l'énergie de cette étoile 8, la construction d'une véranda communiquant avec l'habitation peut être une solution, pour la faire réintégrer l'espace habité.

Cependant, et selon le principe du micro *loshu* (voir p. 318), il est possible d'activer précisément cette étoile 8 dans le secteur est du salon. La porte d'entrée principale jouera le rôle d'activateur (voir p. 399).

SUD-EST 1 (période 7)

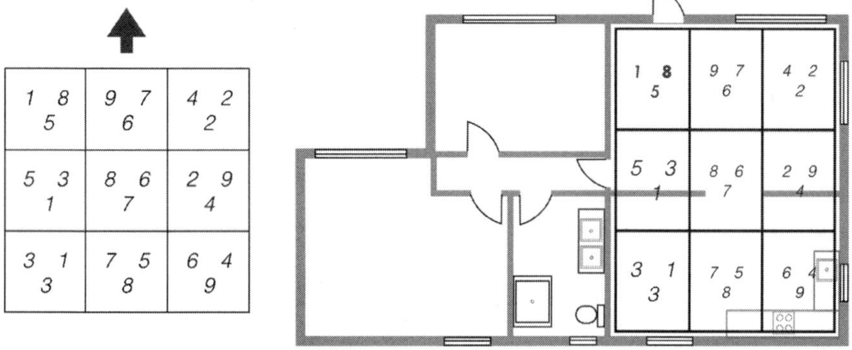

A contrario, la construction d'une extension peut s'avérer préjudiciable aux habitants si elle fait entrer dans la maison un couple néfaste d'étoiles.

Réservé aux initiés

D'autres techniques de superposition sont possibles, comme celle qui tient compte de la manière dont le *chi* est distribué dans l'habitation : en fonction de l'emplacement des portes intérieures (en bout de mur ou au centre, l'une en face de l'autre ou décalée) et de la forme des pièces. Certaines combinaisons d'étoiles peuvent ainsi disparaître dans ce procédé et ne pas être prises en compte dans l'analyse.

Cette technique ne sera pas développée ici, car elle demande une formation spécifique en feng shui.

Il suffit simplement de reporter les étoiles sur le plan, dans chaque pièce de la maison. **Dans certains cas, il faut donc faire tourner la grille jusqu'à ce qu'elle coïncide parfaitement avec l'orientation adéquate.** Chaque pièce de la maison accueille un couple d'étoiles.

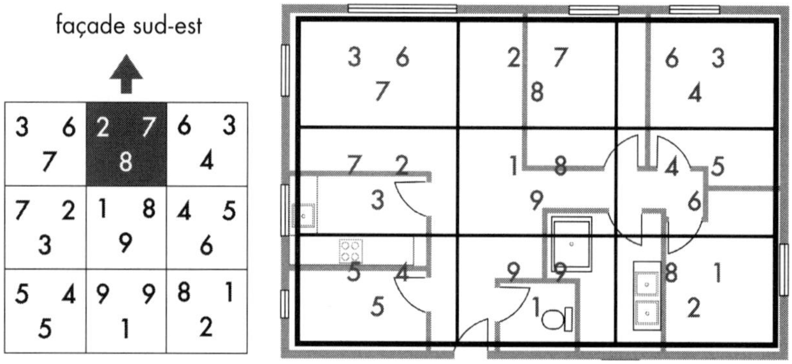

Grille pour une façade sud-est 2 en période 9 (2024-2043)

L'utilisation correcte des Étoiles Volantes suppose parfois de réaménager les zones de circulation, de modifier le plan de l'habitation pour faire apparaître les bonnes étoiles aux bons endroits et canaliser les mauvaises dans des zones secondaires, moins utilisées. Il est préférable de faire appel à un spécialiste car cela peut s'avérer délicat !

Le diagramme permet d'identifier les secteurs bénéfiques dans la maison en fonction des activités et de se protéger des secteurs qui amènent la malchance. Reste maintenant à reconnaître les étoiles, à les analyser et à activer les plus favorables.

AGIR AU BON MOMENT, AU BON ENDROIT... ET AVEC LA BONNE ACTION

Pour que les qualités des Étoiles Volantes se manifestent, trois conditions s'avèrent nécessaires.

L'action humaine

Les choix que nous faisons à chaque moment – les prédispositions, les comportements adoptés et les attitudes mentales – sont déterminants. Aucune Étoile ne prédisposera qui que ce soit à devenir médecin, artiste ou astronaute s'il n'est pas engagé dans un de ces trois parcours professionnels. Il est question par conséquent d'un engagement dynamique et motivé dans une action.

D'autre part, pour être activée, l'étoile nécessite un acteur qui la stimule : une présence physique est requise. Cela suppose d'investir l'espace où se trouve cette étoile afin d'interagir avec le *chi* énergétique. Il est préférable que ce soit une chambre ou un bureau, ou toute autre pièce dans laquelle on passe un maximum de temps.

FENG SHUI ET KARMA

On a souvent associé la méthode des Étoiles Volantes à une lecture « **karmique** » de l'habitation. Cette notion selon laquelle le lieu influence notre destinée trouve probablement son origine dans les principes bouddhistes qui considèrent que notre existence est soumise à un cycle de réincarnations en fonction des actes que nous avons commis, selon un système de cause à effet qui en définit les conditions, bonnes ou mauvaises. Ce fameux karma…

Plutôt que le terme « karmique », qui fait référence à la destinée et au caractère inéluctable des événements, il vaut mieux employer celui de « **prédictif** », qui renvoie à la possibilité que les événements se manifestent ou non en fonction de certaines conditions.

Le rôle du temps

C'est sans doute la donnée à considérer en priorité avant même d'entamer l'étude de feng shui. Les informations fournies par l'astrologie des Huit Signes (ou *Bazi*) appelée aussi **Quatre Piliers** (année, mois, jour et heure) nous renseignent sur notre destinée – passée, présente ou à venir – et nous permettent de réajuster notre projet de vie, nos actions et nos attitudes pour qu'elles soient en phase avec les énergies du cycle temporel que nous traversons. Cela suppose qu'il serait vain de mettre en place une action au moment le plus défavorable de sa vie…

Une fois que notre projet s'inscrit naturellement dans notre chemin de vie, il est temps de passer à l'étape du feng shui en favorisant la chance dans notre habitation. La méthode des Étoiles Volantes permet d'ajuster nos orientations dans l'espace de vie ou de travail vers les directions qui amènent l'énergie des étoiles favorables à la réalisation de ce projet. Ces étoiles ont une « durée de vie », annuelle, mensuelle ou quotidienne : comme leur action est limitée dans le temps, il s'agit d'en profiter au maximum !

Le facteur environnemental

Ce dernier paramètre a également son importance : l'environnement extérieur autour de l'habitation (sa forme, ses qualités énergétiques, les *sha chi*) et la configuration de la pièce exercent un rôle non négligeable sur les étoiles en les activant favorablement ou en les perturbant.

RECONNAÎTRE LES ÉTOILES DANS LES PALAIS

Chaque palais est occupé par les trois étoiles dites « de structure », dont le placement est fonction de l'année d'emménagement (ou de fin de construction) et de l'orientation de la façade principale de l'habitation.

2 7 8	6 3 4	4 5 6
3 6 7	1 8 9	8 1 2
7 2 3	5 4 5	9 9 1

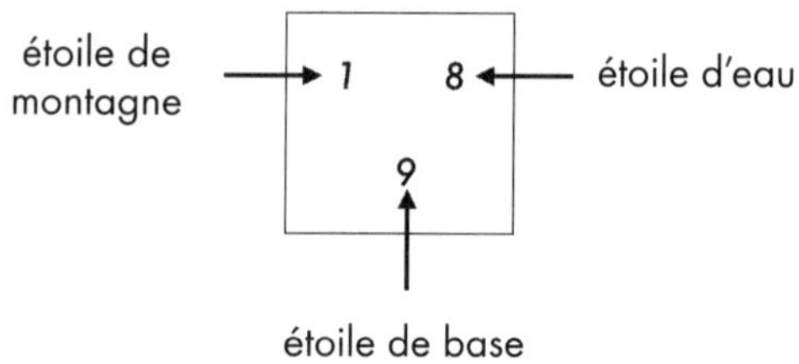

L'étoile d'eau

Par convention, l'**étoile d'eau ou d'orientation** est toujours située en haut à droite de la case (ici au centre, c'est le 8). Elle est générée par le *chi* provenant de la façade du bâtiment : elle concerne tout ce qui a trait à l'activité des habitants, leurs perspectives financières, leur prospérité, leur chance professionnelle. Les caractéristiques sont donc extérieures et yang (rappelez-vous : l'eau est mobile, active).

Une **étoile d'eau faste** (voir p. 395) est recommandée sur la porte principale et dans toutes les pièces soumises à une activité yang comme le bureau. Elle stimulera votre activité professionnelle et vos revenus.

Cette étoile sera puissante sur la porte d'entrée si elle est soutenue par un environnement dégagé, et renforcée par l'eau d'un aquarium important.

L'étoile de montagne

L'**étoile de montagne** est située en haut à gauche (le 1 dans l'exemple). Elle est générée par le *chi* provenant de l'assise ou l'arrière du bâtiment : elle concerne la santé, la chance relationnelle et familiale, les idylles, la spiritualité, les attitudes mentales... Les caractéristiques sont intérieures, donc plutôt yin (la montagne est immobile).

Une **étoile de montagne faste** (voir p. 395) est recommandée dans la chambre et les pièces soumises à une activité yin. Vérifiez que la chambre n'est pas placée sur une étoile néfaste (2 et 5), et que la tête de lit ou la porte d'entrée de la chambre ne sont pas orientées vers ces étoiles. Ces dernières peuvent en effet affecter la santé.

L'étoile de base

L'**étoile de base ou du millésime** correspond au chiffre de la période de construction. Elle est située au milieu. Elle ne nous sert pas pour l'interprétation. On l'appelle également « étoile temps ».

Les étoiles temporelles

À ces étoiles de « structure », fixées par la date de construction et l'orientation de la façade, viennent s'ajouter les **étoiles « temporelles »**, par nature mobiles, qui viennent visiter les étoiles d'eau et de montagne : ce sont les étoiles de l'année, du mois, du jour et de l'heure. L'interaction entre les deux étoiles est dynamique.

Bien sûr, il n'est pas question d'analyser toutes les combinaisons ! Il s'agira, dans l'interprétation des nombres, de vérifier les interactions d'étoiles dans les pièces les plus importantes de la maison (entrée, chambre, cuisine, bureau).

ADOPTEZ LE BON TIMING !

Établir un diagramme d'Étoiles Volantes peut s'avérer très utile pour valider la pertinence d'un achat immobilier ou d'une location : il révélera, et ce, de manière prédictive, ce qui est en jeu sur le plan énergétique, ce qui se manifestera dans notre vie – en somme – ce qu'apportera la maison à ses occupants. La date d'achat d'une maison, la date de construction ou d'emménagement est de la première importance dans ce système : elle peut être sélectionnée à l'avance afin de réunir le maximum de chances possible. Année, mois, jour et heure peuvent transformer un destin en permettant de prendre le contrôle de sa vie.

Les étoiles temporelles les plus utilisées sont l'étoile de l'année et l'étoile du mois, dont vous trouverez la méthode de calcul plus loin. Pour l'étoile du jour et l'étoile de l'heure, le plus simple est de consulter un logiciel en ligne ou de vous référer à l'un des ouvrages conseillés en fin de chapitre.

L'étoile annuelle

Le calcul est identique au calcul du *gua* de l'homme (voir p. 300) : il suffit d'additionner les 2 derniers chiffres de l'année et de les soustraire à 10 avant l'an 2000 et à 9 après.

Par exemple pour 1978 : 7 + 8 = 15 = 1 + 5 = 6
10 – 6 = 4
Pour 2023 : 2 + 3 = 5
9 – 5 = 4

RÉCAPITULATIF DES ÉTOILES ANNUELLES

2000	2009	2018	2027	9
2001	**2010**	2019	2028	8
2002	2011	**2020**	2029	7
2003	2012	2021	**2030**	6
2004	2013	2022	2031	5
2005	2014	2023	2032	4
2006	2015	2024	2033	3
2007	2016	2025	2034	2
2008	2017	2026	2035	1

L'étoile mensuelle

Pour calculer l'étoile mensuelle, il faut déterminer quel est l'**animal de l'année** en consultant un site astrologique chinois ou un calendrier traditionnel chinois (voir le focus calendrier, p. 334), ou se référer au tableau ci-dessous pour découvrir le chiffre mensuel à chaque début de mois.

		DATE DE DÉBUT DU MOIS											
		4/02	6/03	5/04	6/05	6/06	7/07	8/08	8/09	8/10	7/11	7/12	6/01
ANNÉE	rat, lièvre, cheval, coq	8	7	6	5	4	3	2	1	9	8	7	6
	chien, dragon, buffle, chèvre	5	4	3	2	1	9	8	7	6	5	4	3
	tigre, cochon, serpent, singe	2	1	9	8	7	6	5	4	3	2	1	9

L'animal correspond à la **branche** dans le système des troncs et des branches, voir p. 334.

Disposition des étoiles

Les deux étoiles annuelle et mensuelle se placent ensuite de manière croissante dans la grille, en suivant le chemin du carré *loshu* comme ci-dessous.

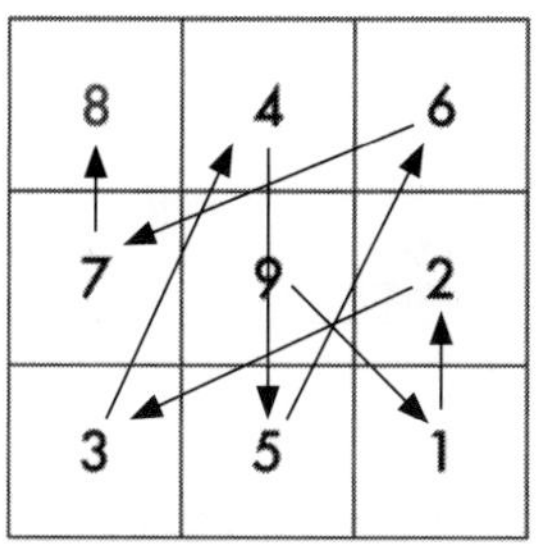

Énergie annuelle 9 (pour 2020)

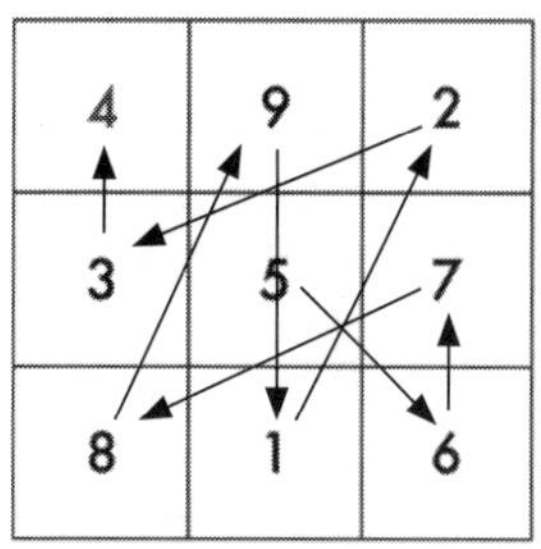

Énergie mensuelle 5 (pour le 8 mai 2020, année du cochon)

Par convention, elles figurent à côté des trois étoiles de structure (l'étoile d'eau, de montagne et de période) dans chaque palais, en bas à droite pour l'étoile annuelle et en bas à gauche pour l'Étoile mensuelle.

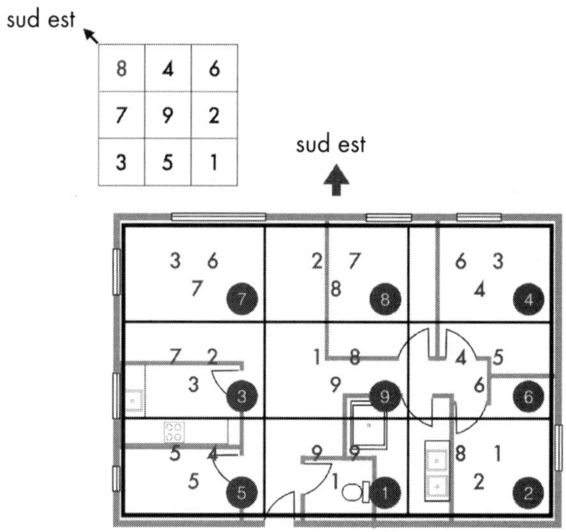

Positionnement de l'étoile annuelle dans la grille.

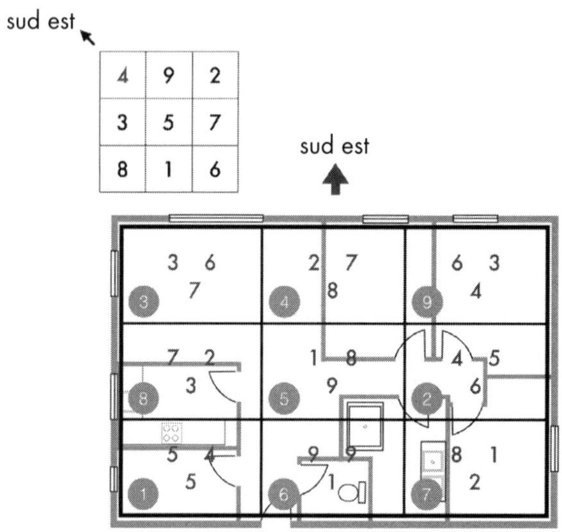

Positionnement de l'étoile mensuelle dans la grille.

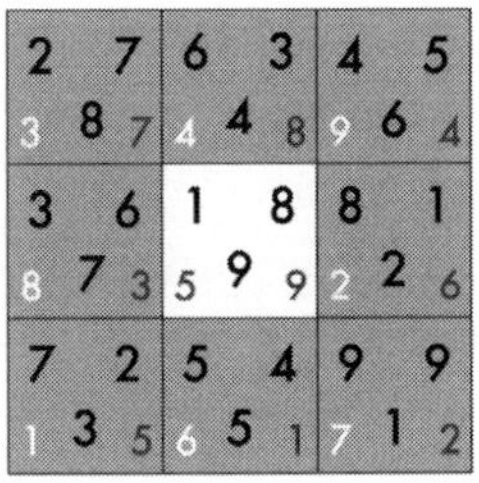

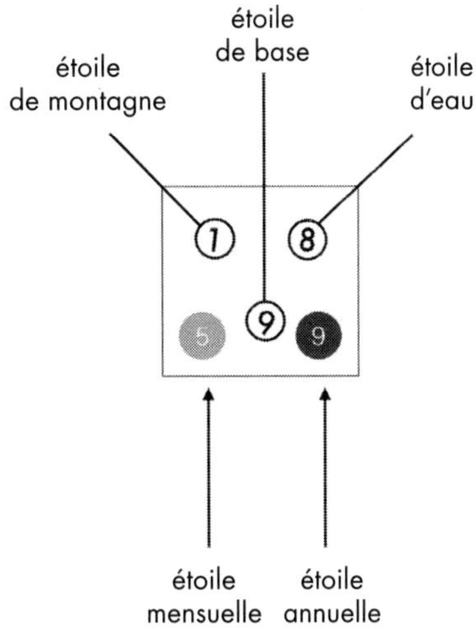

Les étoiles temporelles sont par nature **dynamiques**, **car elles varient tous les mois**. Elles viennent visiter les étoiles de structure **fixes**. Pour employer une image, c'est comme si le diagramme était une maison occupée par des habitants qui reçoivent des visiteurs différents tous les mois ou tous les ans. Des rencontres se forment en ces circonstances, avec des échanges, des interactions, des événements de toutes sortes, heureux ou malheureux.

ORIENTER L'ACTION VERS LA BONNE ÉTOILE

En feng shui, pour mettre toutes les chances de son côté, chaque action nécessite d'être ajustée à la bonne durée, c'est-à-dire au bon moment, à la bonne année, au bon mois ou à la bonne journée.

Par exemple, orienter son bureau vers la bonne étoile annuelle permet de se nourrir du *chi* qui permettra d'obtenir de bons résultats tout au long de l'année. Préparer un examen proche dans le temps pourra se faire en s'orientant vers l'étoile mensuelle, tandis que la signature d'un contrat immobilier à brève échéance sera facilitée en captant l'énergie d'une étoile bénéfique.

Lexique des Étoiles Volantes

Le diagramme des Étoiles Volantes : grille composée de 9 secteurs ou « palais », dans lesquels figurent les étoiles de structure (étoile de base, étoiles d'eau et de montagne) et les étoiles temporelles (annuelle, mensuelle, journalière et horaire).

Le *loshu* : diagramme qui présente un agencement de chiffres soumis à un mouvement.

Les cycles et périodes : il existe 9 périodes de 20 ans chacune, qui forment un grand cycle de 180 ans. Le chiffre de la période se place au centre du *loshu*. La période 8 concerne les années de 2004 à 2023 inclus ; la période 9 va de 2024 à 2043.

L'orientation : c'est l'orientation de la façade principale qui est relevée dans la méthode des Étoiles Volantes. Elle doit être comprise dans un sous-secteur de 15° (ou montagne).

Les 24 montagnes : elles correspondent aux 24 sous-secteurs, qui composent les 8 points cardinaux (3 × 8 = 24).

Les 3 étoiles de structure : étoile d'eau, étoile de montagne, étoile de période.

L'étoile d'eau : de façade, de facing. Elle correspond au flux d'énergie yang qui pénètre par la façade principale.

L'étoile de montagne, d'assise, de sitting : elle correspond au flux d'énergie yin qui se trouve à l'arrière de l'habitation.

L'étoile de période, de millésime, de base : c'est le nombre de 1 à 9 qui est placé au centre du diagramme et qui navigue de case en case.

L'étoile temporelle : étoile de l'heure, du jour, du mois ou de l'année qui vient visiter les étoiles de structure (eau et montagne).

ÉCOUTONS LES ÉTOILES...

Une fois le diagramme des Étoiles Volantes construit, il est temps maintenant de s'intéresser à leurs significations.

L'interprétation des étoiles est l'étape la plus intéressante, car elle nécessite l'apprentissage d'un nouveau langage à base de nombres et un esprit d'analyse pour interpréter les combinaisons d'étoiles et découvrir l'influence des forces invisibles en jeu dans notre environnement.

Chaque étoile a une personnalité, semblable à celle d'un être humain, avec ses qualités et ses défauts qui peuvent se manifester au contact d'autres étoiles. Elle est plus ou moins puissante selon la période (de 1 à 9), et le nombre qui gouverne la période est toujours le plus propice : en 2020, c'est l'étoile 8 qui est la plus puissante. À partir de 2024 (période 9) et pour un cycle de 20 ans, ce sera l'étoile 9. Par conséquent, la valeur faste ou néfaste des étoiles varie également selon les périodes.

Concrètement, une maison construite en 2020 aura pour période 8, et sa chance sera effective jusqu'à l'avènement de la période 9 en 2024. Attention toutefois : sa chance est relativement déclinante car la période 8 se termine... S'il est conseillé d'attendre la prochaine période pour construire, pas d'inquiétude cependant : un rééquilibrage est tout à fait possible. Un expert pourra vous conseiller.

En prenant l'exemple de la période 8 (2004-2023), retenez que :

- L'étoile la plus **puissante** en *chi* est celle de la période en cours : **8**. **Elle favorise la prospérité à court terme.** En chinois, c'est le ***wang chi***.

- L'étoile de la période qui suit est en **croissance (9)**, elle concerne la **prospérité à moyen terme** ; on y adjoint parfois celle de la période qui suit **(1)** parce qu'elle soutient les énergies du moment à **long terme**.

	PROSPÉRITÉ		
	À COURT TERME	À MOYEN TERME	À LONG TERME
En période 8	8	9	1
En période 9	9	1	2

- Celle de la période qui précède est **déclinante** : 7. C'est la prospérité d'autrefois. **La chance a disparu.**

- Les autres étoiles sont porteuses de *chi* mort ou déclinant : **2, 3, 4. Leur présence génère l'apparition de la malchance.** Ces étoiles peuvent néanmoins être stimulées favorablement durant les mauvaises périodes.

- La **5** est l'étoile porteuse d'un ***chi* destructeur** lorsqu'elle n'est pas en période 5. L'étoile 2 est souvent classée dans cette catégorie, car elle amène la maladie quand elle n'est pas dans sa période (2).

Certaines écoles proposent d'autres types de classements, moins systématiques ou « binaires », pour les étoiles dont les énergies sont mortes ou déclinantes (ici : 2, 3, 4 et 6).

Ce classement un peu « systématique » a l'avantage de nous montrer que la force des étoiles répond au flux croissant et décroissant des énergies de l'univers. La pratique du feng shui permet de nuancer ce schéma.

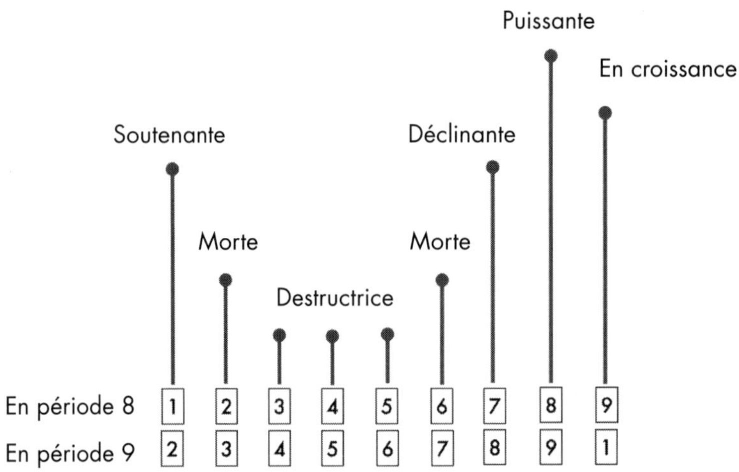

Puissances des 9 étoiles en périodes 8 et 9, en termes d'énergie, de qualité du *chi.*

LES CARACTÉRISTIQUES DES ÉTOILES

ÉTOILE	COULEUR	ÉLÉMENT	EN PÉRIODE FASTE	EN PÉRIODE NÉFASTE
1	Étoile blanche	Eau	Sagesse, intelligence, savoir.	Séparations, divorces, cécités, inondations.
2	Étoile noire	Terre	Fertilité, force physique, productivité et santé.	Fausse couche, veuvage, affections gastriques, maladies graves.
3	Étoile verte ou de jade	Bois	Éloquence (avec la notion de savoir), richesse, puissance physique, abondance, effet déclencheur. Bénéfique au fils aîné.	Le 3 est une étoile chamailleuse, liée au mouvement. L'étoile active l'énergie de la différence, génère obstacles, handicaps, rumeurs, disputes, vols, poursuites judiciaires… Asthme et problèmes hépatiques.
4	Étoile verte ou de jade	Bois	Savoir, littérature, arts, culture, réussite scolaire et littéraire, idylles amoureuses.	Mensonges, relations adultères, faits scandaleux. Lorsqu'elle est combinée avec le 1, elle récupère ses caractéristiques fastes.
5	Étoile jaune	Terre	Excellente en période 5 parce qu'elle est au centre du carré *loshu*. Prospérité, succès, charisme, chance exceptionnelle, pouvoir, uniquement en période 5.	Étoile puissante. Malheurs, catastrophes financières, maladies, accidents, procès.
6	Étoile blanche	Métal	Autorité, droiture, réputation, leadership, reconnaissance.	Solitude, égoïsme, despotisme, maux de tête.
7	Étoile rouge	Métal	Excellente en période 7, notamment pour les enfants les plus jeunes. Gains financiers réguliers, parole (avec la notion de flatterie, de mensonges, sans authenticité), chanteur.	Vols, effractions, malveillance, blessures, violences, accidents de voiture ou provoqués par le feu (combiné avec le 9). Aspects cassés, défectueux, MST.
8	Étoile blanche	Terre	Prospérité, productivité, célébrité, altruisme, équilibre.	Maladies osseuses, égoïsme, solitude, enfants blessés.
9	Étoile pourpre	Feu	Promotion, grandes réussites, succès.	Incendies, maladies oculaires, folie, extrémisme, passions délirantes, colères.

Les couleurs d'étoiles font référence aux couleurs des étoiles de la Grande Ourse.

- Les **étoiles blanches** sont globalement toujours fastes, quelle que soit la période, parce qu'elles sont assimilées à la prospérité : **1, 6, 8**.

- Les **étoiles noire 2 et jaune 5** sont malfaisantes en mauvaise période.

- L'**étoile rouge 7** fait référence aux armes, ce qui explique la violence qui lui est associée lorsqu'elle apparaît en mauvaise période.

- Les **étoiles 3 et 4 sont vertes :** la 4 est une étoile verte particulière qui renvoie à l'étude et l'écriture, avec des aspects littéraires, artistiques et universitaire.

- L'**étoile 9** appelée « étoile pourpre » est également une étoile faste.

Attention : il ne faut pas confondre les couleurs des étoiles avec les couleurs associées aux éléments.

Chaque étoile est reliée à un des huit trigrammes (voir p. 104) détenteurs de propriétés multiples : une personnalité humaine, une couleur, une zone du corps, une saison, une profession, des objets, etc. D'autre part, elle a les mêmes propriétés que l'un des cinq éléments.

METTEZ LES ÉTOILES DE VOTRE CÔTÉ

Laisser tranquilles les mauvaises étoiles

Les Étoiles Volantes sont donc à manier avec précaution… mais pas de panique ! La combinaison doit être activée pour qu'elle se manifeste dans notre quotidien.

Pour développer ses effets, elle doit entrer en interaction avec nous : si nous ne sommes pas présents dans la pièce où elle se trouve, l'étoile n'aura aucune action.

Les étoiles sont sensibles à l'environnement intérieur et extérieur : la configuration du paysage (voir la notion de connexion, p. 401), les formes agressives à l'extérieur ou à l'intérieur (les *sha chi*, voir p. 213), les bruits et mouvements (produits par des objets ou des êtres vivants), les couleurs, les formes et matériaux des objets en correspondance avec les cinq éléments.

Par conséquent, des **parades** permettent de les activer ou d'atténuer leurs effets néfastes, notamment en consommant leur énergie de manière intelligente.

Les bonnes étoiles ont besoin qu'on s'occupe d'elles

Les étoiles ne sont néfastes que si elles ne sont pas investies dans une action qui les intéresse. L'étoile 2, nous l'avons vu, parle de santé : bien que réputée néfaste, elle intéressera les professions de santé. Le fait de la consommer réduit son impact néfaste. Suivant ce principe, l'étoile 3 sera bénéfique pour un avocat, la 4 pour un écrivain ou un étudiant, etc. (voir les trigrammes, p. 104, pour le détail).

Le principe feng shui de l'interaction de l'habitant avec son espace prend ici tout son sens. Inversement, il est possible que cette étoile agisse de manière néfaste, lorsque l'activité humaine n'est plus en accord avec elle. Encore une fois, il n'y a rien d'irrémédiable ni d'automatique en feng shui, mais il est clair qu'il y a plus de chance qu'une personne malade soit davantage touchée par les énergies du 2, et qu'une personne aux prises avec la justice soit exposée aux effets de l'étoile 3.

Activer une étoile, c'est facile !

L'étoile d'eau, qu'elle soit faste ou néfaste, est sensible à l'activité yang : bruit, passage, présence humaine ou animale, mouvement mécanique, à l'intérieur de l'habitation (un aquarium, un ventilateur, une télévision, une chaîne hi-fi, une horloge, un carillon éolien, de la chaleur, une ou plusieurs plantes), dans une entrée, un bureau, une cuisine, un salon, et à la présence de relief dégagé, d'une dépression dans le sol, d'un plan d'eau, de routes…

Installer de l'eau courante dans son jardin peut ainsi stimuler l'étoile d'eau faste de la période. Penser d'ores et déjà, si vous avez comme projet la construction d'un bassin, à exploiter l'étoile d'eau bénéfique de la prochaine période : l'étoile 9 est en effet opérationnelle dès 2024.

L'étoile de montagne, qu'elle soit faste ou néfaste, sera activée dans les espaces yin, c'est-à-dire immobiles et calmes, dans les chambres, par exemple, et par la présence de montagnes et d'un relief protecteur à l'extérieur.

Pour être activée, l'étoile ne nécessite pas forcément de présence humaine : une lumière rouge, une télévision allumée longtemps peuvent suffire.

Si vous n'utilisez pas une pièce, l'activité y est absente : elle devient donc yin de ce fait.

Et l'étoile de base ? Dans cette méthode, elle sert à monter la trame de la grille, mais elle n'est pas utile dans l'analyse.

Attention à certaines structures de l'environnement qui peuvent activer des combinaisons néfastes : une route en ligne droite se dirigeant vers une porte ou une fenêtre et autres *sha chi* (voir p. 213).

LES INTERACTIONS ENTRE LES ÉTOILES ET LES *GUA*

Nous l'avons vu, les étoiles contiennent des informations reliées aux :

- **trigrammes** (le 2 correspond au trigramme de la mère, Kun) ;
- **cinq** éléments (le 2 est associé à l'élément Terre).

L'étoile a une **polarité**, **yin (2, 4, 7, 9)** ou **yang (1, 3, 6, 8)**. Pour la polarité, reportez-vous aux trigrammes et à la ligne « membre de la famille », p. 104. Pour l'étoile yin 2 (Kun), c'est la mère ; pour l'étoile yang 6 (Qian), c'est le père ; pour l'étoile yang 1 (Kan), c'est le fils cadet, etc.

D'autre part, chacun d'entre nous interagit avec les étoiles à travers l'élément de son *gua*. Un *gua* 2 d'élément Terre réagira plus rapidement à une étoile Terre (2, 5, 8) et à une étoile yin (2 4, 7, 9).

GRILLE ET ENVIRONNEMENT EXTÉRIEUR

Il convient, avant toute chose, de vérifier ce préalable : la grille est-elle en symbiose avec l'environnement extérieur ?

On n'insistera jamais assez sur l'importance de l'environnement extérieur dans les techniques de feng shui, et encore plus dans cette méthode plus abstraite. Ainsi, pour développer pleinement son potentiel, la grille d'étoiles d'une habitation doit être en résonance avec la forme de l'environnement autour de la maison ou de l'appartement.

Les grilles suivent forcément une des quatre configurations suivantes.

Première configuration : façade et arrière prospère

Voici l'exemple d'un diagramme pour une maison construite en 2006 (période 8), avec une orientation nord-ouest 2. **L'étoile la plus faste de la période 8 est l'étoile 8.** Regardons où se trouvent les deux étoiles d'eau et de montagne 8.

- L'étoile d'eau 8 se situe dans le palais en façade.
- L'étoile de montagne 8 se situe dans le palais arrière.

Cette configuration est la plus bénéfique. Elle sera activée, soutenue par l'environnement si la montagne à l'arrière et l'eau à l'avant viennent faire écho aux étoiles de la période 8 situées dans la grille. Cette disposition correspond à l'archétype des quatre animaux célestes, avec une protection à l'arrière et un plan d'eau à l'avant (voir p. 183). Elle est valable le temps de la période 8.

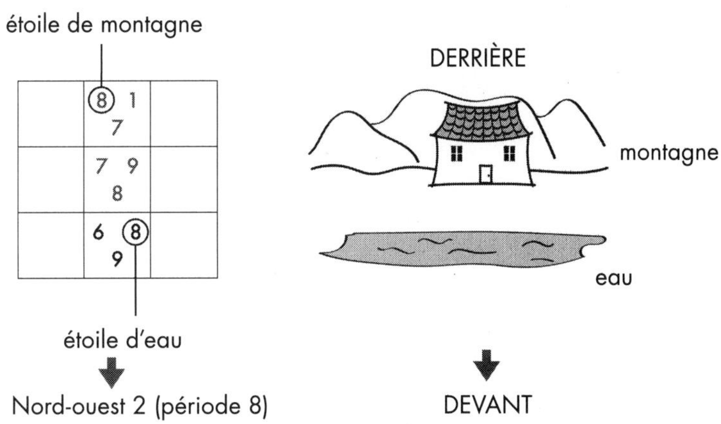

Deuxième configuration : montagne devant et eau derrière

Voici l'exemple d'un diagramme pour une maison construite en 2020 (période 8), avec une orientation sud-ouest 2.

- L'étoile de montagne 8 se situe dans le palais en façade.
- L'étoile d'eau 8 se situe dans le palais arrière.

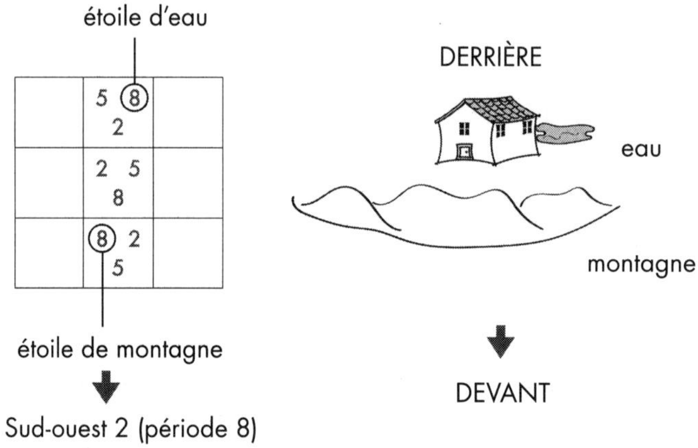

Cette configuration est inverse de la première. Ses effets sont néfastes si elle n'est pas soutenue par l'environnement : une montagne à l'avant de la maison doit soutenir l'étoile de montagne de la grille, et de l'eau à l'arrière faire écho à l'étoile d'eau de la grille. Les effets de cette grille ne sont actifs que pendant la période 8, jusqu'en 2024.

Troisième configuration : double étoile en façade

Voici l'exemple d'un diagramme pour une maison construite en 2027 (période 9), avec une orientation sud 1. En période 9, l'étoile plus faste de la période est le 9. C'est donc celle-là qui va nous intéresser. La grille présente une particularité : les deux étoiles 9 (eau et montagne) sont placées dans le palais en façade, d'où son nom.

Cette grille peut être soutenue par une configuration topographique qui n'est pas exceptionnelle dans la réalité. Elle peut se retrouver :

- en zone rurale : un plan d'eau bordé d'une montagne en arrière-plan ;
- en zone urbaine : une rivière traversant une ville entourée de collines.

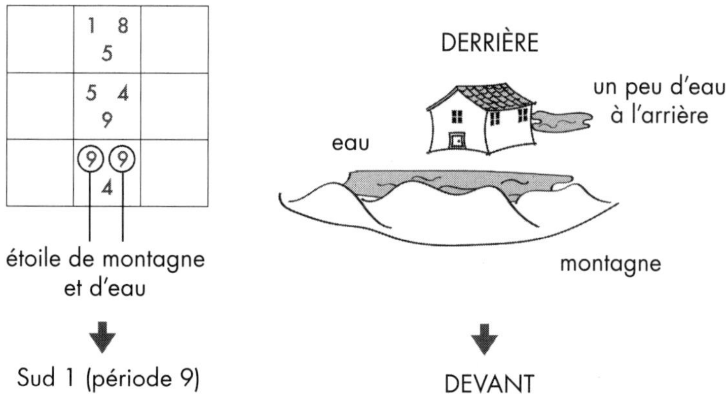

Détail important : pour tirer bénéfice au maximum de cette grille d'Étoiles Volantes, la maison doit avoir un petit plan d'eau à l'arrière, pour faire écho à l'avant.

Quatrième configuration : double étoile dans le palais arrière

Voici l'exemple d'un diagramme pour une maison construite en 2022 (période 8) avec une orientation nord-est 1. Les deux étoiles 8 sont placées dans le palais arrière, d'où son nom. La topographie doit répondre par la présence d'eau et de montagne à l'arrière de l'habitation.

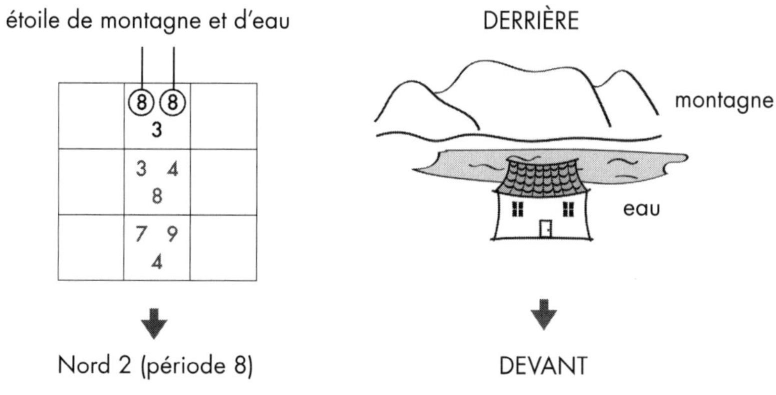

À NOTER

En regardant les grilles de la période 9, p. 381, vous constaterez que tous les diagrammes présentent une double étoile en façade ou en montagne.

LES ÉTOILES SE COMBINENT ENTRE ELLES

Différentes approches existent selon les praticiens. Dans cet ouvrage, ce sont surtout les combinaisons dynamiques qui sont retenues, c'est-à-dire celles qui font interagir les étoiles temporelles (annuelle, mensuelle, journalière et horaire) avec les étoiles de structure (eau et montagne) du diagramme.

D'autres techniques analysent les combinaisons montagne-eau, base-montagne et base-eau.

INUTILE D'ANALYSER TOUTES LES COMBINAISONS !

Concentrez-vous sur les pièces les plus utilisées : entrée, chambre, bureau et cuisine. Ce sont celles qui vous affecteront le plus.

Pour les activités yang, seule l'étoile d'eau est prise en compte.

Pour les activités yin, c'est l'étoile de montagne.

Dans cette méthode, l'étoile de base n'est pas utilisée.

Gardez en permanence à l'esprit que les étoiles sont porteuses d'un élément, et qu'il suffit d'interroger leur relation pour analyser leur force : leur relation est-elle **constructive** (le Métal du 6 qui nourrit l'Eau du 1), **affaiblie** (le Bois du 3 qui vient visiter l'Eau du 1) ou **destructrice** (le Feu du 9 qui fait fondre le Métal du 6 ou du 7) ?

En réalité, la **qualité d'une étoile** change avec le temps et se transforme en fonction des combinaisons qu'elle forme avec les autres et des activations en jeu. Le principe est de s'intéresser à celles qui concernent nos projets dans les espaces de la maison les plus fréquentés.

Ainsi, on considère que l'**étoile 2** a une énergie morte en période 8. Sa nature positive qui est liée à la fertilité, la force physique et la santé nous montre sa face cachée. En effet, elle peut amener des problèmes liés à l'estomac (la digestion), mais aussi à l'infertilité, en particulier lorsqu'elle est placée dans une cuisine, une salle à manger ou une chambre. Certaines combinaisons formées de l'étoile de structure 2 visitée par une étoile annuelle ou mensuelle sont particulièrement néfastes et peuvent déclencher ce genre de phénomènes.

Combinaison 1 → 2

Lorsque l'**étoile temporelle 1** vient visiter l'**étoile de montagne 2** (comme sur le plan ci-dessous), cela peut donner naissance à des problèmes relationnels touchant le couple parental : l'équilibre yin-yang devient fragile (le 2 incarne le trigramme de la mère, Kun) : adultère, divorce sont activés. Dans le cycle des cinq éléments, la rencontre de l'élément **Eau** (1) avec l'élément **Terre** (2) est conflictuel : face à l'afflux d'eau, la terre ne joue plus son rôle canalisateur, l'harmonie est donc rompue.

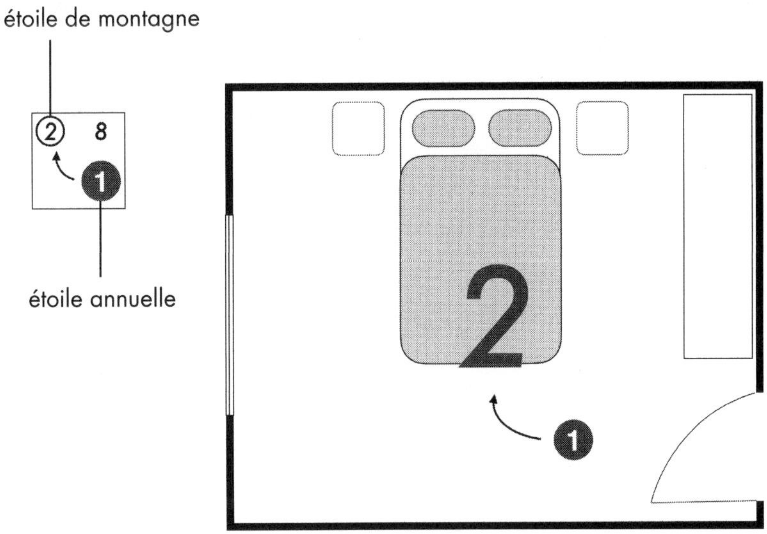

La solution consiste à se protéger de la combinaison 1-2 pendant la durée de la visite de l'étoile annuelle en s'installant dans une autre pièce (principe de l'évitement). Dans le cas où cela n'est pas possible, une contre-mesure peut être appliquée (voir p. 417).

Combinaison 2 → 2

L'étoile néfaste est renforcée par la visite de son homologue et, en quelque sorte, les problèmes sont doublés : problèmes digestifs liés à la gourmandise, kystes. La Terre du 2 est aussi une terre sèche et dure : cette combinaison peut amener une fatigue extrême chez les habitants.

Évidemment, **l'étoile 2 en période faste (période 2)** dispense ses qualités bénéfiques : si elle vient visiter l'étoile d'eau, elle renvoie à la richesse de la récolte agricole (la terre cultivée), à l'accroissement des finances et du patrimoine immobilier (« terre » de la brique et de la pierre), à la réussite dans le domaine médical et à tout ce qui est lié à la production massive industrielle…

Combinaison 9 → 2

Le Feu de l'étoile 9 vient nourrir l'étoile de Terre 2 : la relation est constructive et renforce les qualités ou les défauts de l'étoile 2 en fonction de la période.

En période 2, cela est synonyme d'événements féconds et de production importante (en relation avec le projet). En revanche, en mauvaise période, la combinaison est synonyme d'obésité ; d'autre part, le 9 étant lié à la vue, il peut générer, associé aux défauts de l'étoile 2, des problèmes de cécité ou d'aveuglement…

Les combinaisons à surveiller comme l'eau sur le feu…

Règle d'or

Mieux vaut toujours éviter d'être orienté vers les étoiles 5 et 2.

3 → 2 : Querelles à l'horizon

Cette combinaison rompt l'harmonie des relations en amenant querelles, disputes, problèmes avec le voisinage et litiges. Elle se manifestera particulièrement si elle est positionnée sur la porte d'entrée principale et/ou si elle est soumise à du mouvement et des bruits (le 3 est particulièrement sensible au son).

Il peut s'agir, par exemple, d'un 3 annuel qui vient visiter une étoile d'eau 2 placée dans l'entrée, lieu de passage par excellence.

Remède : la solution consiste à utiliser une lumière rouge (élément Feu) qui permettra de consommer l'énergie du Bois contenu dans l'étoile 3, et d'éviter tout ce qui produit son et mouvement mécanique.

Au sein de la famille, cette combinaison affecte surtout le trigramme de la mère (2) et celui du fils aîné (3) : la relation est tumultueuse, amenant parfois le fils à quitter le foyer.

1 → 4 : Études ou rencontres, il faut choisir…

Cette combinaison favorise la réussite aux examens dans le bureau et la chambre des enfants.

Mécanisme des éléments : l'Eau (1) vient rencontrer le Bois (4).

Cette combinaison génère aussi des rencontres amoureuses (le trigramme 4 Xun nous parle du vent qui fait onduler une belle chevelure féminine…). Lorsqu'elle est déséquilibrée, l'étoile 1 (Eau) est trop puissante et peut noyer le Bois du 4 : la romance risque de se transformer en addiction amoureuse.

Attention : les choix que nous faisons sont déterminants ! Ils peuvent nous mettre sur la mauvaise voie… L'un des remèdes consiste à renforcer le Bois, mais il varie en fonction du contexte, qu'il s'agit de bien évaluer.

2 → 5 ou 5 → 2 : Attention danger !

Au programme : maladie, accident, décès (si la combinaison implique une étoile de montagne), perte de richesse ou stress professionnel (si la combinaison implique une étoile d'eau).

Remède : carillon éolien. Ne pas occuper la pièce.

Attention aux combinaisons doubles ou triples chez soi ou au bureau : un 5 annuel + un 5 mensuel sur une étoile de montagne ou d'eau 2 ou *vice versa*.

Vérifiez toutes les déclinaisons comme le double 2 ou le double 5, synonymes de maladie grave, cancéreuse...

Pour les combinaisons 9-2 ou 9-5, le Feu (9) nourrit la Terre (2 et 5) dans les deux cas. Prudence !

9 → 7 : Ça chauffe !

Le Feu du 9 rencontre le Métal du 7, deux éléments qui ne s'apprécient pas, puisque l'un fait fondre l'autre. Le trigramme Dui (7) symbolise aussi tout ce qui est cassé. Lorsqu'il est associé au 9 (le cœur et la vue), des pathologies cardiaques soudaines ou des problèmes d'adultère et d'addiction sexuelle peuvent apparaître.

Même conclusion pour la combinaison 7-9 avec l'incendie en plus.

Les combinaisons : décryptage

Il existe 81 combinaisons possibles. Voici quelques interprétations de combinaisons des étoiles temporelles (annuelle et mensuelle principalement) qui viennent visiter les étoiles d'eau ou de montagne en période faste et néfaste, empruntées aux ouvrages spécialisés mentionnés en bibliographie et vérifiées par la pratique.

Il est parfois difficile de comprendre le sens de ces formules, dont l'obscurité permettait de les rendre inaccessibles aux profanes, et qui font référence à des valeurs morales correspondant à une société chinoise hiérarchisée et très codifiée... Le tableau présente donc une lecture simplifiée et adaptée à notre temps.

Il peut être intéressant de vous reporter à la signification des trigrammes (voir p. 104) et des éléments (voir p. 127) pour en saisir toute la richesse sémantique.

Rappelez-vous bien que :

- L'**étoile d'eau** concerne tout ce qui est lié à l'activité professionnelle, « l'évolution à l'extérieur », la chance financière, le statut social…
- L'**étoile de montagne** incarne la chance de santé, le relationnel (familial, amical), le développement intérieur.

VISITEUR	ÉTOILE D'EAU OU DE MONTAGNE	PÉRIODE FASTE	PÉRIODE NÉFASTE OU CONTEXTE DÉFAVORABLE
1	2	Importance du rôle de la mère (2) dans le foyer pour l'équilibre du couple et de la famille.	Relations difficiles entre la mère et le père. Possibilité de séparation, adultère… Problèmes gastriques (la Terre 2 n'arrive pas à canaliser l'Eau 1).
	3	Voyages, déplacements. Prospérité, croissance et célébrité.	Procédure juridique. Épuisement lié à l'effort physique.
	4	Réussite scolaire, estudiantine, formation de spécialiste, érudition, écriture et arts littéraires. Chance médiatique. Aspect séducteur, idylles, romances.	Aventures sexuelles scabreuses et scandaleuses. Cette combinaison craint la présence d'eau : bassin piscine, etc.

2	1	Idem 1-2	
	2	Récolte abondante, grosse production.	Problèmes de santé, abdominaux, kystes, obésité, avidité… Épuisement chronique.
	3	Remises en question salutaires.	Disputes et incompréhensions pouvant amener des litiges. Comportements violents, impulsifs (amené par le 3).
	5	Excellente chance sur tous les plans.	Particulièrement néfaste sur tous les plans. Maladies difficiles à traiter, mort.
	7	Richesse (2) pour les activités liées au Métal (7) ou à la parole (7 Dui est la bouche).	Problèmes médicaux intestinaux et concernant la bouche. Feu d'origine naturelle.

VISITEUR	ÉTOILE D'EAU OU DE MONTAGNE	PÉRIODE FASTE	PÉRIODE NÉFASTE OU CONTEXTE DÉFAVORABLE
3	1	Excellente chance de prospérité (l'Eau nourrit le Bois).	Problèmes légaux. Organes Bois touchés (foie et vésicule biliaire).
	2	Introduction du changement dans une organisation (aspect fluide et rapide).	Difficultés entre la mère (trigramme 2, Kun) et le fils aîné (trigramme 3, Zhen) Disputes fréquentes. Problèmes avec les voisins (si sur la porte d'entrée).
	6	Croissance lente ou ralentie.	Disputes entre le père (trigramme 6) et le fils (trigramme 3).
	7	Bon en période 7 : gains.	Cambriolages, vols, blessures avec un objet métallique. Risques de procès.
	8	Bon en période 8.	Néfaste pour les jeunes enfants.
	9	Promotions.	Blessures par le feu. Aspect colérique renforcé.
4	1	Idem 1-4	
	4	Idem 4-1 ou 1-4.	Problèmes respiratoires (4 représente le vent). Rencontre amoureuse à risques.
	8	Bon pour les métiers agricoles, forestiers et immobiliers.	Néfaste pour les jeunes enfants.
	9	Parfait pour préparer des examens. Intelligence.	Contamination sanguine (9), cancer. Échecs aux examens, difficultés à étudier.

VISITEUR	ÉTOILE D'EAU OU DE MONTAGNE	PÉRIODE FASTE	PÉRIODE NÉFASTE OU CONTEXTE DÉFAVORABLE
5	1	Problèmes majeurs de toutes sortes.	Problèmes de santé importants pouvant entraîner la mort. Problèmes financiers, banqueroute.
	2		
	3		
	4		
	5	Excellent, Personnalité hors du commun.	
	6	Enrichissement.	
	7	Favorable en période 7.	Les ragots peuvent détruire une réputation. La parole est venimeuse.
	8	Réussite financière.	Problèmes de santé importants.

VISITEUR	ÉTOILE D'EAU OU DE MONTAGNE	PÉRIODE FASTE	PÉRIODE NÉFASTE OU CONTEXTE DÉFAVORABLE
6	1	Succès et réussite.	Combinaison du *hetu* (voir p. 148) qui produit de l'eau : risque de fatigue et de perte d'énergie. Les reins, réservoir d'énergie, sont trop sollicités. Épuisement nerveux.
	4	Écrivain célèbre. Excellente santé. Réussite dans les métiers utilisant la force physique.	Les émotions liées au trigrammes 6 sont touchées : tristesse, déprime. C'est la corde (4) autour du cou (6 = la tête). Chute de cheveux, femme (trigramme Xun) blessée par un objet métallique.
	6	Chance de réussite, surtout en période 6. Produit des leaders, personnalités charismatiques, grands patrons, généraux.	Les organes concernés par le trigramme 6 sont touchés : poumons et gros intestin. Problèmes avec les autorités, isolement social.
	7	Bon pour les carrières liées à la parole, talent de persuasion.	« L'épée combattant le souffle tueur » : vols avec effractions, escroqueries commerciales, blessures par armes blanches.
	8	Richesse, prospérité, chance. Bonne perspective immobilière, surtout en période 8. Succès dans les métiers à risques (armée…).	Solitude, entêtement.
	9	Esprit vif. Promotion, réussite.	Problèmes de vue et respiratoires. Dangers liés au feu (combinaison appelée « Feu de la porte céleste »). Dysfonctionnement des organes chez la personne la plus âgée de la famille.

VISITEUR	ÉTOILE D'EAU OU DE MONTAGNE	PÉRIODE FASTE	PÉRIODE NÉFASTE OU CONTEXTE DÉFAVORABLE
7	1	Le Métal (7 transport) nourrit l'Eau (1 mobilité). Déplacements lointains. Bon pour les artisans.	Le métal aiguisé du 7 peut créer des blessures hémorragiques. Perte de la richesse.
	2	Bon pour les carrières médicales (7 est l'outil qui coupe et l'aspect minutieux du 2 est en rapport avec le soin à la personne).	Incendie causé par les éléments naturels : le 7 et le 2 sont une combinaison du Ciel antérieur qui produit du Feu.
	3	Bon pour les carrières politiques. Bénéfices insoupçonnés.	Le Bois du 3 est attaqué par le Métal du 7 : cambriolages, vols, violences. Victime d'intrigues, problèmes légaux. Problèmes de santé, hospitalisation.
	5	Excellent pour les carrières militaires, politiques, communication, métiers de la parole et consulting.	Problèmes de santé liés à la bouche. Victime de ragots. Mauvaise communication.
8	1	Très favorables pour les carrières agricoles, immobilières, surtout en période 8 sur du long terme.	La Terre absorbe trop l'Eau. Problèmes liés aux organes du trigramme 1 (Eau : vessie, oreille, reins...).
	2	Chance d'argent (accroissement du patrimoine immobilier).	Trop de Terre (8 + 2) amène des problèmes gastriques. Mauvaise santé.
	3	Favorise l'esprit d'initiative, bon pour les scientifiques.	Défavorable pour les jeunes enfants.
	5	Combinaison de prospérité familiale.	Problèmes de santé et financiers graves.
	6	Richesse, prospérité, chance, talents, facilité pour aller vers les autres.	Solitude, comportement autoritaire (6). Le 8 renvoie à la montagne et à l'érémitisme dans la culture chinoise.
	8	Chance de prospérité pour la génération actuelle en période 8.	Tendinite et arthrose. Problèmes affectant le fils le plus jeune.

VISITEUR	ÉTOILE D'EAU OU DE MONTAGNE	PÉRIODE FASTE	PÉRIODE NÉFASTE OU CONTEXTE DÉFAVORABLE
9	2	Grande production. Fécondité.	Problèmes gynécologiques, aveuglement.
	3	Intelligence vive, possibilité de devenir célèbre rapidement.	Le foie peut être touché.
	6	Grande prospérité (aspect reconnaissance en plus).	Maladie des poumons. L'autorité du père est remise en question.
	7	Gains financiers.	Addictions sexuelles. Infections. Danger lié au feu.
	8	Grande prospérité. Mariage.	La terre prend feu : personne colérique.
	9	Grande réussite pour la génération actuelle. Excellent pour les activités liées à la mode et la beauté.	La vue et le cœur sont touchés. Incendie.

Les combinaisons exceptionnelles

Elles multiplient la chance et la protection des occupants durant la période de 20 ans où elles apparaissent (parfois pour plus longtemps) et suppriment toutes les combinaisons néfastes dans la grille. Mais attention : ces combinaisons doivent être impérativement soutenues par un environnement propice, sinon leurs effets ont peu de chance de se manifester.

Le collier de perles

Il combine 3 chiffres qui se suivent dans tous les palais de la grille, comme dans la grille SE1 en période 8 ou NO2 en période 7. Il n'en existe pas en période 9.

facade sud-est 1
(période 8)

↑

7 5 6	8 6 7	4 2 3
3 1 2	9 7 8	6 4 5
5 3 4	1 8 9	2 9 1

Chaque case est composée d'une séquence d'étoiles qui se suivent : 678, 234, 456, etc.

Pour activer cette combinaison fameuse pendant la période 8 seulement, une « montagne » doit être placée à l'avant pour faire écho à l'étoile de montagne 8 et de l'eau doit se trouver à l'arrière, face à l'étoile d'eau 8.

La présence d'eau

Il peut s'agir d'un cours d'eau ou un bassin, mais aussi, suivant la conception feng shui, de tout ce qui a une forme de cuvette : une vallée, un trou, un terrain en dépression font l'affaire. Les routes sont également considérées comme des cours d'eau.

À l'inverse, la présence de montagne se traduit dans le paysage par des reliefs plus ou moins hauts dans le paysage rural ou des immeubles hauts, une forêt, une haie, un mur dans un jardin.

La combinaison de 3 périodes

Comme son nom l'indique, chaque case de la grille combine un chiffre de chacune des 3 périodes (voir p. 348) sous la forme d'une de ces 3 séquences : 1-4-7, 2-5-8 ou 3-6-9. Cette combinaison est très bénéfique et favorise l'harmonie pour la génération actuelle et la suivante pendant trois périodes.

Les grilles NE2 en période 8 et NE2 en période 2 présentent cette combinaison.

facade nord-est
(période 8)

1 7 4	8 5 2	3 9 6
6 3 9	5 2 8	4 1 7
7 4 1	2 8 5	9 6 3

Grille NE2 en période 8

La combinaison de 10

Lorsque l'addition de l'étoile d'eau ou de montagne avec l'étoile de base fait 10 : jackpot !

Dans la numérologie chinoise, le 10 signifie la concrétisation des projets, la réalisation du bonheur.

Cette combinaison est très rare, puisqu'elle n'apparaît que 10 fois dans toutes les périodes sur un grand cycle de 180 années. Elle apporte richesse, réussite professionnelle si elle concerne l'étoile d'eau, comme pour la grille NE1 en période 8, ou santé, longévité et idylle si c'est l'étoile de montagne qui est concernée, comme dans la grille SE2 en période 9.

Impératif : si la combinaison apparaît du côté de la façade principale, il faut de l'eau devant la maison ; si elle apparaît à l'arrière de la grille, il faut une montagne à l'arrière de la maison ! Le lieu doit avoir une forme régulière !

facade nord-est 1
(période 8)

9 6 4	2 8 2	7 4 6
4 1 9	5 2 8	6 3 7
3 9 1	8 5 5	1 7 3

Grille NE1 en période 8.

facade sud-est 2
(période 9)

3 6 7	2 7 8	6 3 4
7 2 3	1 8 9	4 5 6
5 4 5	9 9 1	8 1 2

Grille SE2 en période 9.

Cas particulier : lorsque l'étoile de période faste est bloquée dans le palais central du *loshu*, ses effets bénéfiques sont annulés et ne peuvent pas être exploités : la solution consiste à ouvrir le centre de la maison s'il est fermé (placard, petite pièce, toilettes...) afin que l'énergie de l'étoile puisse se répandre dans l'ensemble de l'habitation.

A contrario, lorsqu'une étoile néfaste comme le 5 est dans le palais central, certains maîtres préconisent de l'enfermer dans un placard pour réduire ses effets...

RENFORCER LE POUVOIR DES ÉTOILES GRÂCE AUX CINQ ÉLÉMENTS

Comme les Étoiles Volantes représentent des éléments, leur puissance est soumise à l'influence des objets porteurs des éléments qui les entourent : le Bois d'une plante, le Feu d'une source de chaleur, l'Eau d'un aquarium, etc.

Elles sont donc soumises aux 3 cycles de transformation des cinq éléments (construction, affaiblissement et contrôle, voir p. 131).

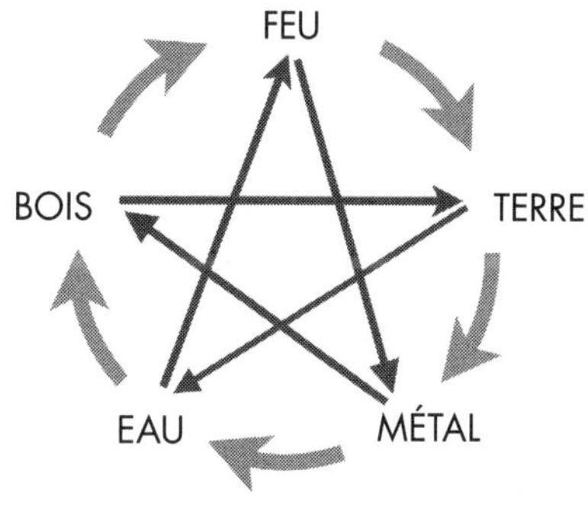

N'oubliez pas que ces contre-mesures peuvent également vous affecter, vous, en tant que *gua*, puisque le *gua* est l'incarnation d'un élément : ainsi, une personne de *gua* 6 qui dormira sous l'influence d'une étoile 9 aura probablement des difficultés pour se ressourcer, le Feu du 9 épuisant le Métal du 6.

D'autre part, **le meilleur moyen pour éviter l'influence néfaste d'une étoile** dans un secteur de votre habitation est de réduire toute activité, donc toute présence.

Pour booster votre situation professionnelle et financière, vous pourrez activer l'étoile d'eau ou neutraliser les effets d'une étoile néfaste à l'aide des cycles de construction et d'affaiblissement des cinq éléments.

Pour la santé et le relationnel, c'est l'étoile de montagne qui est considérée.

Libérer le contrôle

Lorsqu'un élément (ou une étoile) contrôle l'autre, cela génère un rapport de force dysharmonieux. Sous l'influence d'un activateur, une combinaison d'étoiles présentant ce cas de figure a toutes les chances d'amener des événements indésirables.

- Lorsque l'élément Eau **(étoile 1)** domine le Feu **(étoile 9)**, il est préconisé de renforcer le Feu avec du **Bois** : des plantes vertes vivantes, par exemple.

- Lorsque l'élément Métal **(étoiles 6 et 7)** domine le Bois **(étoiles 3 et 4)**, il faudra renforcer l'**Eau** avec un aquarium, ou un vase en contenant pour nourrir le Bois et réduire l'effet du Métal.

- Lorsque l'élément Bois **(étoiles 3 et 4)** domine la Terre **(étoiles 2 et 8)**, il faudra renforcer la Terre avec le **Feu** (photophores, lumières rouges, feu de cheminée ou de poêle, couleur rouge), et parfois de la Terre (des céramiques, des minéraux...).

Veillez à éviter le bruit et les mouvements pour le 3 (une télévision, par exemple).

- Lorsque l'élément Terre **(étoiles 2, 5, 8)** domine l'Eau **(étoile 1)**, il est préconisé de renforcer l'Eau avec du **Métal** : objets métalliques, télévision, pendules produisant du son, appareil de musique, cure de sel, carillons éoliens.

Pour le fléau annuel 5 : minimiser les activités bruyantes et les travaux (voir le focus sur les afflictions annuelles, p. 423).

La cure de sel

Le sel a de nombreuses propriétés purifiantes efficaces pour nettoyer les espaces de leurs énergies lourdes (voir comment purifier un espace, p. 559).

La cure de sel est un excellent remède qui n'est utilisé que pour contrer les effets néfastes du 5 jaune. En aucun cas, elle ne doit être employée sur d'autres étoiles (de structure ou directionnelle).

→

La cure de sel n'est pas une obligation annuelle et n'est pas là non plus pour faire joli. Selon les cas, il est même déconseillé de l'utiliser. Un spécialiste pourra vous renseigner. Pour le principe, les ingrédients (l'eau, le sel et quelques pièces de monnaie) provoquent une réaction chimique dont les propriétés sont identiques aux effets que produirait du métal. Pour la recette, voir p. 425.

- Lorsque l'élément Feu **(étoile 9)** domine le Métal **(étoiles 6 et 7)**, il faudra renforcer la Terre avec des objets d'éléments **Terre** (céramiques, minéraux, poteries), parfois avec du **Métal** en grande quantité.

Attention : il ne faut pas exagérer le nombre de contre-mesures, car cela pourrait avoir l'effet inverse. Appliquer une seule des contre-mesures suffit souvent à régler tous les problèmes.

Exemple de bénéfices en cascade

La combinaison 2-3 (Terre et Bois) est particulièrement néfaste de par la nature des étoiles et parce que, dans le cycle des éléments, le **Bois (3)** agresse la **Terre (2)**. On l'appelle le « combat de taureau ». Elle peut se manifester sur une porte d'entrée principale lorsque l'étoile annuelle 2 vient visiter l'étoile d'eau 3. Ses effets sont actifs pour l'année en cours, amenant disputes au sein de la famille ou conflits avec le voisinage.

Pour contrecarrer ses effets, il suffit d'utiliser une contre-mesure qui épuise les deux étoiles en même temps :

- **Terre et Bois** sont à exclure d'office, car ils renforcent les deux étoiles.

- Le **Feu** n'est pas la bonne solution, car, s'il est efficace pour brûler le Bois du 3, il renforce en revanche la Terre du 2, une étoile qu'on n'a pas forcément envie de garder chez soi.

- L'**Eau** pourrait être la solution, car elle renforce le Bois, mais cela augmente davantage le contrôle sur la Terre.

- Le **Métal** est l'élément qui exerce une action de médiation en contrôlant le Bois et en affaiblissant en même temps la Terre. Une précaution reste à prendre dans le choix de l'objet métallique. Veuillez à ce qu'il ne fasse pas de bruit ni ne soit soumis à un mouvement (comme une horloge ou un carillon éolien) : une statue en métal, des boules de pétanque feront parfaitement l'affaire. L'objet sera placé dans le secteur concerné, ici près de la porte d'entrée.

Huit Directions ou Étoiles Volantes : quelle méthode adopter ?

Aucune des deux méthodes n'a la priorité, car elles n'utilisent pas les mêmes référentiels et ne décrivent pas le même type de *chi*. Choisissez celle avec laquelle vous vous sentez le plus à l'aise. Vous pouvez également utiliser les deux de concert. La différence entre elles est la dimension temporelle apportée par les étoiles. Certaines écoles cependant fonctionnent seulement avec la méthode du *Bazhai* avancée, et les résultats sont tout aussi efficaces. D'autres associent les deux et considèrent que les étoiles fastes ont la priorité sur les emplacements et directions néfastes du *Bazhai*…

Vous vous ferez votre propre idée en pratiquant. Le principal est que le feng shui ne devienne pas un casse-tête et reste une partie de plaisir.

LA MÉTHODE EXPRESS DES ÉTOILES VOLANTES

- Déterminez où se trouve la façade principale en fonction de la pente, de l'activité, des ouvertures. Vous identifiez ainsi la source principale de *chi*.

- Reportez-vous au diagramme des Étoiles Volantes à l'aide de l'orientation de la façade et de la date de construction ou d'emménagement.

- Vérifiez si la maison est soutenue par l'environnement : l'étoile faste qui correspond au chiffre de la période (en ce moment, le 8 ; le 9 à partir de 2024) doit être positionnée correctement dans la grille et soutenue par une des 4 configurations (voir p. 401).

La configuration idéale en période 8 ou 9 :

- L'étoile d'eau 8 ou 9 doit être placée du côté de la façade la plus yang de la maison.
- L'étoile de montagne 8 ou 9 doit être placée à l'arrière de la maison, le côté le plus yin.
- Cette configuration doit être soutenue par l'environnement : eau à l'avant et montagne à l'arrière, ou des structures identiques en ville.

Une grille bien connectée à son environnement sera puissante et vous aurez ainsi plus de chance d'atteindre vos objectifs. Dans le cas contraire, ce sera plus difficile.

Il est possible ensuite de faire une analyse détaillée des combinaisons dans les pièces principales (entrée, chambre, bureau et cuisine), en évaluant l'interaction entre les étoiles d'eau ou de montagne et la nature de la pièce (présence d'activité – mouvements, passages, discussions, bruits – ou de calme), en relation avec les étoiles temporelles, annuelles et mensuelles qui viennent les visiter.

Relevez le nombre de combinaisons identiques : à partir de 3 combinaisons, les chances de réalisation sont possibles.

Vérifiez les combinaisons particulières : combinaison de trois, collier de perle, combinaison de 10…

Et surtout, tout au long de votre analyse, ne perdez pas de vue l'objectif que vous vous êtes fixé !

CHAPITRE 6
LES AFFLICTIONS ANNUELLES

Les fléaux annuels sont des énergies malfaisantes qui se manifestent tous les ans à des emplacements et orientations précis. Elles peuvent être à l'origine d'une grande malchance : problèmes financiers, perte de travail, maladie, divorce, etc.

Certains praticiens en feng shui n'utilisent d'ailleurs que cette méthode auprès de leurs clients. Les Chinois respectent ces forces puissantes, invisibles et nuisibles, tout particulièrement dans le domaine professionnel, mais également quand il s'agit de faire des travaux qui interagissent avec le sol, en creusant, par exemple. Il est même parfois question de ne pas déplacer ses meubles pendant les périodes où ces fléaux agissent...

Il est possible de prévoir l'emplacement des fléaux dans l'espace de vie ou de travail, afin d'y installer des parades pour contrer leurs effets dévastateurs. Les secteurs à surveiller sont la chambre, le bureau et la porte d'entrée principale, mais également tous les endroits où vous serez susceptible de faire des travaux, chez vous ou dans votre jardin.

Parallèlement aux afflictions, il existe des énergies annuelles favorables que nous n'aborderons pas, mais que vous pourrez retrouver dans le *Bazi* et dans le *Tong shu*, l'almanach chinois des dates favorables et défavorables (tel que la vertu de l'année, les hommes nobles...). Une technique consiste à tenir compte de ces énergies favorables pour valider des travaux dans sa maison. Pour en savoir plus sur ces techniques, il est conseillé de faire une formation dispensée dans une école de feng shui.

Parmi toutes les afflictions, nous allons nous intéresser seulement à ces trois principales :

- **Le Cinq jaune** (*Wu huang*).
- **Le Grand-Duc** (*Tai sui*).
- **Les 3 Massacres** (*San sha*).

Les fléaux peuvent occuper un secteur de l'habitation ou être véhiculés par une direction. Il est donc préférable d'éviter tout contact avec eux : selon les cas, ne pas être dans les pièces où ils se trouvent, ne pas leur tourner le dos ou ne pas leur faire face. En réalité, derrière ces interdits se cachent des mises en garde liées à certains emplacements et orientations.

Comme il n'est pas forcément possible de modifier l'emplacement des pièces de vie ou de la porte d'entrée principale soumise à l'un de ces fléaux, des remèdes sont proposés qui les atténuent.

Voici en détail les différents fléaux pour l'année 2020 (nombre 7 au centre de la grille des étoiles).

Pour le calcul de ces fléaux, c'est le calendrier astrologique qui est pris en compte (début de l'année solaire le 3 ou 4 février).

LE CINQ JAUNE (*WU WANG*, EN CHINOIS)

Où ?

Il occupe une position cardinale entière, soit 45°. Il est particulièrement dangereux sur la porte d'entrée principale à cause de l'activité générée par le passage. Pour le trouver, c'est assez simple, car il est associé au cycle du *loshu*. Il suffit de calculer le diagramme de l'année pour le repérer (voir p. 390). En 2020, il se situe à l'est.

6	2	4
5	7	9
1	3	8

Diagramme de l'année 2020 (7 au centre).

Quel comportement adopter ?

Évitez le secteur dans lequel il se trouve, limitez les activités et les mouvements. Ne creusez pas le sol, n'enfoncez pas de clous dans les murs, n'entreprenez pas des travaux de rénovation…

Emplacement annuel du 5 pour les années à venir

2020 : est. 2021 : sud-est. 2022 : centre. 2023 : nord-ouest.

Quels remèdes ?

Ils consistent à « épuiser » la Terre contenue dans le 5 avec du Métal. Les remèdes sont de deux sortes : objets métalliques tels que des carillons éoliens ou une cure de sel.

En fonction de sa position et de l'année, le Cinq jaune est plus ou moins puissant :

- les secteurs Terre du *loshu* peuvent le renforcer ou l'atténuer au sud-ouest, au nord-est ou au centre, tandis qu'il exercera moins d'impact dans les deux secteurs Bois à l'est ou au sud-est, et sera sous contrôle dans les deux secteurs Métal à l'ouest ou au nord-ouest.
- L'étoile de l'année redouble son pouvoir, ainsi que l'étoile du mois.

Recette de la cure de sel

Il vous faut :

- un récipient de 1 litre (pot, vase en porcelaine ou en verre que vous ne pourrez pas réutiliser) ;
- un plateau pour poser le pot ;
- 400 g de gros sel ;
- de l'eau ;
- 6 pièces de monnaie (5 jaunes et une en argent) utilisées traditionnellement. Le chiffre 6 renvoie au trigramme Qian qui, souvenez-vous, est

→

« Grand Métal ». Si vous ne souhaitez pas vous inscrire dans cette tradition, vous pouvez utiliser de petits morceaux de métal qui feront très bien l'affaire.

1. Remplissez le récipient avec le gros sel. Posez les pièces dessus.
2. Remplissez d'eau le récipient jusqu'au bord.
3. Posez ensuite le récipient dans le coin de la pièce concernée, en prenant soin de le mettre sur le plateau, car la réaction chimique peut faire déborder le liquide hors du récipient et tacher vos meubles ou votre sol.
4. Le récipient doit rester en contact avec l'air. N'hésitez pas à remplir le vase d'eau régulièrement, car celle-ci s'évapore.
5. Vous pouvez le laisser ainsi jusqu'à l'année suivante.

LE GRAND-DUC (*TAI SUI*, EN CHINOIS)

Où ?

Il occupe une direction de 15°, qui correspond à l'emplacement de l'animal zodiacal de l'année, et se déplace dans le sens horaire sur le cadran des 24 montagnes.

Quel comportement adopter ?

Le respecter : ne pas faire face à sa direction, car il le prendra comme une offense, même si c'est votre meilleure direction selon la règle des Huit Directions.

Il est formellement interdit de faire du bruit ou des travaux dans son secteur.

Quels remèdes ?

Même lorsqu'ils ne lui font pas face, la tradition chinoise conseille de positionner une statuette de *Pi xiu* (ou *Pi yao* ou *Pi kan*), un animal fantastique au corps de lion pourvu d'ailes, dans la direction de *Tai sui*.

En matière d'afflictions annuelles, de nombreux remèdes traditionnels sont utilisés : objets magiques (couteau recourbé...), personnages mythiques chasseurs de démons et animaux dotés de pouvoirs (voir p. 588)...

LES 3 MASSACRES (*SAN SHA*, EN CHINOIS, OU 3 MALÉFICES, 3 TUEURS)

Où ?

Ils occupent chaque année l'un des quatre secteurs cardinaux – le sud, l'ouest, le nord ou l'est. Leur emplacement déborde d'un sous-secteur à gauche et d'un à droite.

- Dans les années du bœuf, du serpent et du coq : est.
- Dans les années du cochon, du lapin et de la chèvre : ouest.
- Dans les années du singe, du rat et du dragon : sud.
- Dans les années du chien du cheval et du tigre : nord.

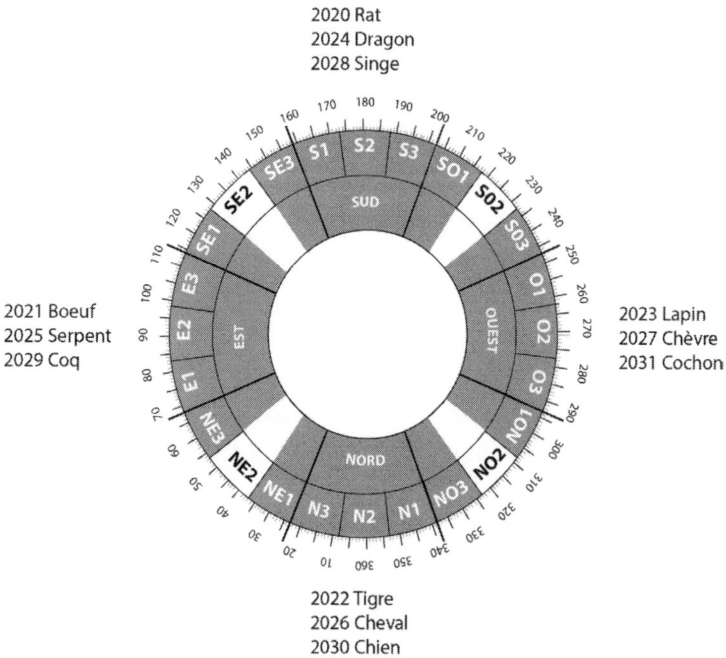

Emplacement des 3 Massacres de 2020 à 2030. En 2025, par exemple, année du serpent, ils sont situés à l'est de l'habitation.

Quel comportement adopter ?

Il est fortement déconseillé de leur tourner le dos, sous peine d'être « poignardé » : ruine, procès, malchances de toutes sortes, blessures, problèmes de santé… Il vaut mieux être positionné face à eux et ne pas faire de travaux ni déplacer les meubles dans leur zone d'action.

Quels remèdes ?

Il faut leur faire face et définir la bonne zone pour commencer les travaux dans son habitation.

La tradition préconise l'utilisation de couteaux recourbés les années où ils sont placés à l'est, de lumières brillantes lorsqu'ils sont à l'ouest, d'eau yin au sud et de pierres au nord.

PLANIFIER DES TRAVAUX EN FONCTION DES FLÉAUX : LES DATES FASTES

Lorsqu'on se trouve soumis au calendrier serré d'un entrepreneur ou à des événements familiaux, il est parfois impossible de repousser à une date ultérieure des travaux de réfection ou de rénovation.

Le feng shui a tout prévu avec la formule du Grand soleil (*Tai yang*), qui propose 4 périodes favorables dans l'année pour effectuer des travaux en toute sécurité, en fonction de l'orientation de la façade.

En fonction de l'orientation de la façade principale de votre habitation, 3 créneaux de dates favorables sont proposés ici, classés par ordre de priorité de 1 à 3 pour les années 2021, 2022, 2023. Pour les autres années, consultez un calendrier spécifique tel que le Calendrier de 10 000 ans[29], car les dates varient d'une année sur l'autre.

29. *Calendrier de 10 000 ans*, Marip, The Feng Shui Firm, décembre 2016.

ORIENTATION	MONTAGNE		2021	2022	2023
SUD	S1	1	03/02 au 18/02	03/02 au 18/02	04/02 au 18/02
		2	07/08 au 22/08	07/08 au 23/08	07/08 au 23/08
		3	08/10 au 23/10	08/10 au 23/10	08/10 au 23/10
	S2	1	19/01 au 03/02	20/01 au 03/02	20/01 au 04/02
		2	22/07 au 07/08	22/07 au 07/08	23/07 au 07/08
		3	22/09 au 08/10	23/09 au 08/10	23/09 au 08/10
	S3	1	05/01 au 19/01	05/01 au 20/01	05/01 au 20/01
		2	06/07 au 22/07	07/07 au 22/07	07/07 au 23/07
		3	07/09 au 22/09	07/09 au 23/09	07/09 au 23/09
SUD-OUEST	SO1	1	21/12 au 05/01	21/12 au 05/01	22/12 au 05/01
		2	21/06 au 06/07	21/06 au 07/07	21/06 au 07/07
		3	22/08 au 07/09	23/08 au 07/09	23/08 au 07/09
	SO2	1	06/12 au 21/12	07/12 au 21/12	07/12 au 22/12
		2	05/06 au 21/06	05/06 au 21/06	05/06 au 21/06
		3	07/08 au 22/08	07/08 au 23/08	07/08 au 23/08
	SO3	1	22/11 au 06/12	22/11 au 07/12	22/11 au 07/12
		2	20/05 au 05/06	21/05 au 05/06	21/05 au 05/06
		3	22/07 au 07/08	22/07 au 07/08	23/07 au 07/08
OUEST	O1	1	07/11 au 22/11	07/11 au 22/11	07/11 au 22/11
		2	05/05 au 20/05	05/05 au 21/05	05/05 au 21/05
		3	06/07 au 22/07	07/07 au 22/07	07/07 au 23/07
	O2	1	23/10 au 07/11	23/10 au 07/11	23/10 au 07/11
		2	19/04 au 05/05	20/04 au 05/05	20/04 au 05/05
		3	21/06 au 06/07	21/06 au 07/07	21/06 au 07/07
	O3	1	08/10 au 23/10	08/10 au 23/10	08/10 au 23/10
		2	04/04 au 19/04	04/04 au 20/04	05/04 au 19/04
		3	05/06 au 21/06	05/06 au 21/06	05/06 au 21/06

ORIENTATION	MONTAGNE		2021	2022	2023
NORD-OUEST	NO1	1	22/09 au 08/10	23/09 au 08/10	23/09 au 08/10
		2	20/03 au 04/04	20/03 au 04/04	20/03 au 05/04
		3	20/05 au 05/06	21/05 au 05/06	21/05 au 05/06
	NO2	1	07/09 au 22/09	07/09 au 23/09	07/09 au 23/09
		2	05/03 au 20/03	05/03 au 20/03	05/03 au 20/03
		3	05/05 au 20/05	05/05 au 21/05	05/05 au 21/05
	NO3	1	22/08 au 07/09	23/08 au 07/09	23/08 au 07/09
		2	18/02 au 05/03	18/02 au 05/03	18/02 au 05/03
		3	19/04 au 05/05	20/04 au 05/05	20/04 au 05/05
NORD	N1	1	07/08 au 22/08	07/08 au 23/08	07/08 au 23/08
		2	03/02 au 18/02	03/02 au 18/02	04/02 au 18/02
		3	04/04 au 19/04	04/04 au 20/04	05/04 au 19/04
	N2	1	22/07 au 07/08	22/07 au 07/08	23/07 au 07/08
		2	19/01 au 03/02	20/01 au 03/02	20/01 au 04/02
		3	20/03 au 04/04	20/03 au 04/04	20/03 au 05/04
	N3	1	06/07 au 22/07	07/07 au 22/07	07/07 au 23/07
		2	07/11 au 22/11	07/11 au 22/11	07/11 au 22/11
		3	05/03 au 20/03	05/03 au 20/03	05/03 au 20/03
NORD-EST	NE1	1	21/06 au 06/07	21/06 au 07/07	21/06 au 07/07
		2	21/12 au 05/01	21/12 au 05/01	22/12 au 05/01
		3	18/02 au 05/03	18/02 au 05/03	18/02 au 05/03
	NE2	1	05/06 au 21/06	05/06 au 21/06	05/06 au 21/06
		2	06/12 au 21/12	07/12 au 21/12	07/12 au 22/12
		3	03/02 au 18/02	03/02 au 18/02	04/02 au 18/02
	NE3	1	20/05 au 05/06	21/05 au 05/06	21/05 au 05/06
		2	22/11 au 06/12	22/11 au 07/12	22/11 au 07/12
		3	19/01 au 03/02	20/01 au 03/02	20/01 au 04/02

ORIENTATION	MONTAGNE		2021	2022	2023
EST	E1	1	05/05 au 20/05	05/05 au 21/05	05/05 au 21/05
		2	07/11 au 22/11	07/11 au 22/11	07/11 au 22/11
		3	05/01 au 19/01	05/01 au 20/01	05/01 au 20/01
	E2	1	19/04 au 05/05	20/04 au 05/05	20/04 au 05/05
		2	23/10 au 07/11	23/10 au 07/11	23/10 au 07/11
		3	21/12 au 05/01	21/12 au 05/01	22/12 au 05/01
	E3	1	04/04 au 19/04	04/04 au 20/04	05/04 au 19/04
		2	08/10 au 23/10	08/10 au 23/10	08/10 au 23/10
		3	06/12 au 21/12	07/12 au 21/12	07/12 au 22/12
SUD-EST	SE1	1	20/03 au 04/04	20/03 au 04/04	20/03 au 05/04
		2	22/09 au 08/10	23/09 au 08/10	23/09 au 08/10
		3	22/11 au 06/12	22/11 au 07/12	22/11 au 07/12
	SE2	1	05/03 au 20/03	05/03 au 20/03	05/03 au 20/03
		2	07/09 au 22/09	07/09 au 23/09	07/09 au 23/09
		3	07/11 au 22/11	07/11 au 22/11	07/11 au 22/11
	SE3	1	18/02 au 05/03	18/02 au 05/03	18/02 au 05/03
		2	22/08 au 07/09	23/08 au 07/09	23/08 au 07/09
		3	23/10 au 07/11	23/10 au 07/11	23/10 au 07/11

Partie 5

Les quatre pièces majeures

Toutes les pièces de la maison ne sont pas traitées de la même façon par le feng shui !

Traditionnellement, les trois pièces majeures concernées par le feng shui sont l'entrée, la chambre et la cuisine. L'**entrée** sépare le monde extérieur du monde privé : ses caractéristiques étaient censées offrir une protection. La **chambre** est la pièce dans laquelle nous passons le plus de temps : son aménagement doit donc être idéal pour que le *chi* soit favorable, qu'il s'agisse de celle des parents ou de celle des enfants. Enfin, un intérêt particulier est porté à la **cuisine**, car c'est là que se préparent les repas nécessaires à notre subsistance et à l'entretien de notre santé : nous verrons comment y créer un *chi* dynamisant.

Le temps passé et les activités exercées dans ces pièces sont déterminants pour l'efficacité des mesures mises en place. En effet, les *chi* qui y sont présents exercent une action seulement si on reste longtemps en contact avec eux : c'est le principe d'interaction.

Les modes de vie évoluant, le feng shui s'est adapté aux nouvelles pièces qui ont fait leur apparition telles que le salon, la salle à manger, la salle de bains… Ces pièces étant secondaires, elles ne seront pas traitées dans cet ouvrage, mais, par souci d'équilibre, vous veillerez à y appliquer les règles développées pour la chambre, l'entrée et la cuisine, et à les décorer comme toute autre pièce.

Avec le temps que nous consacrons au télétravail, le **bureau** est devenu la quatrième pièce importante dont il faut tenir compte afin de soutenir les objectifs professionnels, financiers ou autres que vous vous êtes fixés. Un chapitre lui est donc consacré.

Des conseils de décoration viendront complémenter les principes de feng shui.

CHAPITRE 1
L'ENTRÉE

L'entrée de la maison, lit-on souvent, est comme une carte de visite qui donne le ton énergétique de l'habitation, qui suscite l'envie d'aller plus loin pour un visiteur et le désir de s'épanouir harmonieusement pour ses habitants. Un lieu encombré, sombre, sale ou malodorant, une porte qui ouvre sur un mur ne présagent rien de bon, et encore moins si le *chi* venant de l'extérieur est bloqué. Dans la mesure où l'environnement proche dispose d'un bon *chi*, autant que la maison puisse en profiter ! Vérifions tout d'abord si son accès est facilité jusqu'à la porte principale, « la bouche du *chi* ».

FACILITER L'ARRIVÉE DU *CHI*

Accueillir le *chi*

Placez-vous devant la porte d'entrée et assurez-vous que rien ne vienne « agresser » la porte, comme une allée rectiligne, une intersection en T, un angle de bâtiment, un cimetière, un commissariat de police ou autre *sha chi* « spirituel » (voir p. 219). Prenez garde à ce qu'aucun obstacle (souche, arbre mort, lampadaire, poubelle…) n'encombre le chemin et ne bloque l'entrée du *chi*.

La solution consiste à cacher les énergies qui viennent agresser la porte avec une haie, des arbres ou des plantes, ou à réorienter la porte tout en veillant à ce qu'elle reste dirigée vers l'une de vos directions favorables (voir p. 297).

Entretenir les abords

L'aspect extérieur de votre maison, le jardin, l'allée principale comptent autant que l'intérieur et méritent toute votre attention ! Repeignez votre portail rouillé, réparez les murets, procédez à toutes les opérations d'entretien qui s'imposent. Débroussaillez talus et plates-bandes, taillez tout ce qui en a besoin pour favoriser une bonne circulation énergétique, et pensez aux plantations à feuillages persistants pour que le devant de votre maison reste attrayant en hiver. Sécurisez le chemin avec des éclairages nocturnes.

LA PORTE IDÉALE EN FENG SHUI

Plus qu'une séparation entre l'extérieur et l'intérieur, la porte principale de l'habitation doit permettre au *chi* de pénétrer généreusement dans l'entrée. Voici quelques conseils essentiels :

- Une porte d'entrée principale est harmonieuse lorsqu'elle est centrée au milieu de la façade – pour une meilleure répartition du *chi* – et qu'elle est dotée de bonnes proportions (ni trop grande ni trop petite). Sa taille doit également être en rapport avec le volume de la pièce sur laquelle elle ouvre : une petite porte réduit les opportunités de ses occupants, tandis qu'une porte trop grande amène trop de *chi* dans la maison, créant ainsi un déséquilibre.

- La porte d'entrée principale doit être plus grande que la porte de derrière, et que toutes les portes de la maison.

- Elle doit s'ouvrir vers l'intérieur pour laisser entrer le *chi*. Dans le cas contraire, faites appel à un menuisier pour qu'il change les gonds.

- Elle doit être pleine, solide, inspirer la sécurité et isoler l'entrée du froid humide et du vent. Veillez à son entretien : elle doit fermer correctement et sa mécanique doit l'entraîner sans précipitation ni ralentissement.

- Pour qu'elle isole davantage la maison du froid hivernal et renforce le sentiment d'intimité, vous pouvez l'équiper d'un rideau épais, ce qui présentera également l'avantage pour un appartement de l'isoler du bruit du couloir. Veillez à bien le fixer pour qu'il ne gêne pas l'ouverture complète de la porte. D'une manière générale, tout ce qui bloque les ouvertures ralentit votre quotidien : porte-manteau, boudin de bas de porte, tapis trop épais…

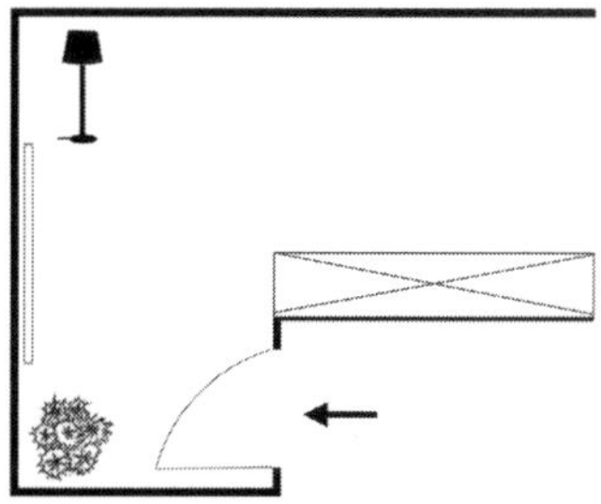

Le *chi* venant de l'entrée bute sur un mur. Pour atténuer le blocage visuel, un élément de décor peut créer une dynamique et l'inviter à tourner vers la droite : plante, photo, lampe allumée...

La porte doit aussi être protégée des **agressions intérieures**, c'est-à-dire des angles qui pointent vers elle et de certains objets ou configurations. Pour en juger, placez-vous sur le pas de porte et regardez vers l'intérieur de la maison. Une fois la porte franchie, quelle vision avez-vous de votre entrée ? La majorité des praticiens en feng shui considèrent que **trois configurations sont à éviter** :

- **La porte d'entrée fait face à une autre porte :** le *chi* qui entre dans la pièce est directement aspiré par la porte qui lui fait face sans prendre le temps de stationner. C'est pour cela qu'il est déconseillé que la porte avant soit alignée avec la porte arrière (donnant sur une cour ou un jardin, par exemple). Si la porte arrière est constamment fermée ou condamnée, le problème est amoindri. Le phénomène est identique avec un long couloir étroit faisant face à la porte d'entrée, sans ouverture latérale : le *chi*, accéléré, affectera la qualité de la pièce se trouvant au bout du couloir et son habitant, surtout lorsqu'il s'agit d'une chambre. **La circulation du *chi* est toujours meilleure lorsqu'elle n'est pas rectiligne : c'est un principe majeur en feng shui.**

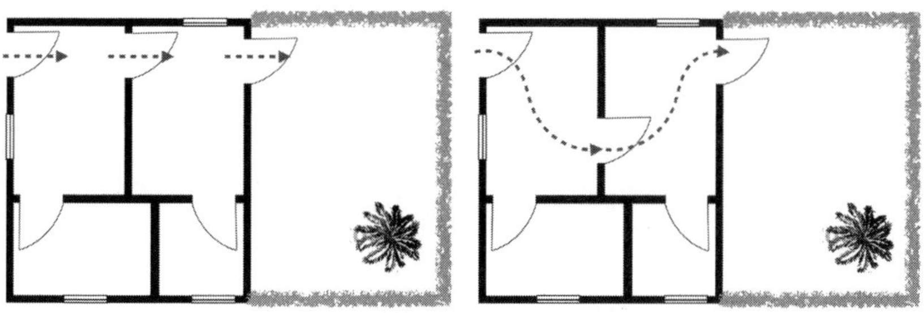

À gauche, l'alignement des trois portes favorise une accélération du *chi*, qui ne peut stationner dans la maison. L'énergie entrant par la première porte est aspirée immédiatement et ressort dans le jardin. La solution, à droite, consiste à déplacer la porte sur la cloison centrale pour créer une circulation plus harmonieuse.

La juste proportion des ouvertures

Un trop grand nombre d'ouvertures réparties sur tous les murs de la maison nuit à l'équilibre yin-yang.

Les murs pleins sans fenêtres jouent le rôle de « montagnes », tandis que les murs avec ouvertures sont assimilés au côté yang (voir l'équilibre naturel du yin et du yang, p. 87). Ainsi, deux fenêtres placées l'une en face de l'autre renforceront la qualité yang de la pièce. Pour rétablir l'équilibre, il suffira d'en isoler une avec un rideau, un store, une plante…

De l'équilibre lumineux avant tout ! Chaque pièce doit recevoir sa dose de lumière et de *chi*, mais attention aux trop grandes ouvertures qui laissent passer trop d'énergie et de lumière. L'inverse est aussi vrai : de petites fenêtres vont favoriser l'énergie yin.

Parfois les fenêtres laissent découvrir des *sha chi* de l'environnement proche. **Veillez à favoriser les beaux points de vue depuis les fenêtres.**

- **Les toilettes sont situées en face de la porte d'entrée** : la plupart des praticiens en feng shui préconisent que la porte d'entrée ne débouche pas sur la porte des toilettes, et ce, pour différentes raisons qui ne sont pas toujours bien claires, mais qui font référence à une époque où les toilettes étaient disposées dans un bâtiment annexe de la maison ou au fond du jardin pour des raisons d'hygiène ou de recyclage.

  Les raisons invoquées sont :
  - Les énergies usées « négatives » ne doivent pas entrer en contact avec le *chi* qui vient nourrir la maison. C'est un peu le même principe qui est appliqué à la salle de bains, lieu où l'on se débarrasse des énergies sales.
  - Le *chi* s'en irait, aspiré par la plus grosse des canalisations de l'habitation.

  Il est alors préconisé de :
  - Rabattre la cuvette… Une solution simple, mais qui prête plutôt à sourire.
  - Condamner la porte et en percer une sur une autre cloison est certainement plus efficace et radical, mais pas forcément réalisable.
  - Lors d'un projet de construction, placer les toilettes dans un de vos plus mauvais secteurs définis par la méthode des Huit Directions (voir p. 297).

Quel que soit l'emplacement de vos toilettes, fermez la porte, entretenez-les comme n'importe quel espace et, si vous avez envie de les décorer, ne vous gênez pas !

- **La porte d'entrée débouche directement sur un escalier** : cette configuration est très commune pour des questions de praticité. Elle ne pose un problème que si l'escalier est en face de l'entrée, s'il est étroit et en pente raide, et surtout s'il descend vers les étages inférieurs. Le *chi* est alors aspiré directement et trop rapidement vers les étages. Un escalier large qui tourne doucement invitera le *chi* à monter aux étages de manière harmonieuse.

Les autres types d'escaliers dans la maison

Les escaliers sont un élément essentiel dans la construction, puisqu'ils permettent de relier les étages entre eux. Certaines précautions sont à prendre concernant leur emplacement ainsi que leur forme.

Dans l'idéal, **un escalier doit être large, à faible pente et avec des marches profondes**.

Un escalier situé en face d'une porte n'est pas conseillé lorsque sa forme aspire le *chi* trop rapidement vers le haut, comme le fait un escalier droit sans palier et qui ne tourne pas. Les **escaliers étroits** et abrupts sont nuisibles, car ils précipitent la montée du *chi* sur une pente raide.

Il suffit parfois de changer l'orientation des premières marches pour ralentir la montée du *chi*, ou de disposer un objet ou une plante au niveau de la première marche.

Pour sécuriser sa descente, soignez l'éclairage, réparez les marches et sécurisez la rampe si elle est fragile.

Les **escaliers sans contremarches** sont déconseillés en feng shui, car leurs marches présentent alors des angles jouant le rôle de lames coupantes (*sha chi*) lorsque des fauteuils sont situés derrière. Afin de créer une protection, placez un meuble ou des plantes qui serviront de paravent protecteur.

→

Enfin, les **escaliers en colimaçon** vrillent le *chi*, qui ne peut monter de manière uniforme mais se tord en spirale. Toutefois, dans les petits espaces, c'est parfois la seule solution pour relier deux étages : assurez-vous dans ce cas que l'axe de l'escalier est bien solide, afin de stabiliser sa structure qui peut être oscillante. Placez-le si possible dans un angle ou contre un mur pour renforcer sa stabilité.

TOC TOC TOC, ENTREZ !

Pour le feng shui, l'entrée est sans aucun doute le lieu le plus important de la maison, car elle accueille le *chi* venant de la porte principale. C'est donc un secteur yang. Son aménagement, sa forme, ses caractéristiques jouent un rôle essentiel pour la qualité du *chi* qui sera diffusé dans l'ensemble de l'habitation.

Retenir le *chi*

Le vestibule sert de tampon jouant le rôle de filtre pour les énergies venant de l'extérieur. Il doit être suffisamment large pour recueillir, regrouper le *chi* et bien le répartir.

La distribution sera facilitée si le vestibule a plusieurs portes donnant sur les pièces principales ou s'il est relié directement à un plus grand espace, le salon par exemple, qui jouera le rôle de « réservoir ».

Un espace dégagé

Faciliter la pénétration du *chi*, c'est dégager l'espace de tout ce qui peut l'encombrer : objets en désordre sur le sol, patères qui croulent sous le poids des manteaux, gros mobilier, moquette épaisse, bibelots inutiles, objets en attente... surtout si l'espace est petit.

S'il n'est pas interdit par le feng shui de mettre des miroirs dans son entrée, il est déconseillé de les positionner face à la porte principale, car cela revient à inviter le visiteur à repartir illico (fuite de *chi*).

QUID DES MIROIRS ?

Les spécialistes ne sont pas d'accord sur la question de l'emploi des miroirs en feng shui, d'où les conseils parfois contradictoires qu'on peut lire ou entendre : certains disent que les miroirs peuvent servir à repousser les énergies néfastes par un effet centrifuge, d'autres au contraire affirment qu'ils attirent les énergies fastes de manière centripète. Certains maîtres de feng shui hongkongais utilisent ainsi les miroirs pour capter une Étoile Volante favorable et la faire pénétrer dans l'habitation... Les miroirs serviraient également à rectifier la forme imparfaite d'une pièce. Ces contradictions s'expliquent par le mélange de plusieurs pratiques de feng shui.

Le **miroir *bagua* chinois** est un objet « occulte » composé d'un **miroir convexe** (bombé) ou **concave** (creux) entouré d'un **arrangement de trigramme** (voir illustration, p. 589). La version convexe, destinée à repousser les *sha chi* (angles trop vifs, objets de forme agressive), est en vente dans les petites boutiques chinoises. Sa puissance provient des trigrammes disposés selon l'arrangement du Ciel antérieur (voir p. 101), censés immobiliser le *chi* selon un cycle d'énergie yin : il ne faut donc jamais le positionner à l'intérieur de l'habitation ou d'un commerce, mais plutôt à l'extérieur : il doit être dirigé face au *sha chi* et non pas en face de la porte du voisin ! Attention également à la disposition farfelue des trigrammes autour du miroir que l'on peut trouver dans le commerce. Cet objet est à utiliser en dernier ressort... ou pas du tout !

À l'inverse, le **miroir *bagua* concave** (creux) est protecteur : il accumule l'énergie positive. Attention à ne pas le disposer face un *sha chi*.

De manière générale, **on attribue en réalité trop de puissance aux miroirs** ! Ils permettent avant tout d'agrandir une petite entrée et de la rendre plus lumineuse, mais également de refléter un paysage. En aucun cas ils ne permettront de recréer un espace manquant dans la pièce. Ce type de solution est une illusion qui joue sur un niveau symbolique. Les miroirs doivent être placés à bonne hauteur pour ne pas couper le visage ou les pieds. Les miroirs d'une seule pièce sont préférables aux miroirs composés de mosaïques, et ils doivent être de bonne qualité.

Un entrée au top !

- Vérifiez en premier lieu le **bon fonctionnement de la porte principale** : rien ne doit gêner son ouverture.

- L'entrée ne doit pas être **oppressante** : désencombrez, retirez tout ce qui ralentit le *chi* (tissus, moquettes épaisses, matières lourdes...). Utilisez des peintures claires ou pastel, des matériaux qui réfléchissent la lumière tels que le métal. Les matériaux transparents agrandissent l'espace également. Enfin, veillez à installer un éclairage adapté et à mettre en valeur les éventuelles niches, recoins et alcôves, qui peuvent renforcer l'impression de confinement.

- **Si les plafonds sont trop bas**, dirigez les luminaires vers le haut.

Conseil déco

Le côté cocooning peut être renforcé en employant des couleurs foncées (bleu, taupe...), mais veillez toujours à ne pas endormir les énergies en créant une rythmique colorée ou en ajoutant des ponctuations décoratives (tableaux, objets...), sans oublier la lumière !

- **Si le vestibule est minuscule**, entièrement fermé, avec une seule porte, faites disparaître les cloisons pour l'inclure dans la pièce principale. Cela permettra au *chi* de circuler librement sans être coincé dans un espace réduit.

- Les **plafonds trop hauts** sont déconseillés car ils poussent le *chi* à se disperser et à se perdre : s'il est compliqué d'installer un faux-plafond, utilisez des éléments qui rééquilibrent l'espace en dirigeant le regard vers le sol : par exemple, des luminaires qui pendent ou dirigés vers le bas, des décorations murales à mi-hauteur, des meubles et objets posés au sol.

Consulter un almanach

En feng shui, lorsque l'on fait des travaux dans son habitation, il est préférable de choisir les bonnes dates, et ce, afin d'éviter des désagréments liés aux perturbations énergétiques que cela peut provoquer. Demandez conseil à un expert en feng shui, qui vous confirmera les effets sur la circulation énergétique et vous indiquera la date adéquate. Ces informations sont également consultables sur un almanach chinois (voir p. 344).

- **Si votre vestibule orienté plein sud est trop éclairé**, et que chaleur et lumière y sont trop intenses et vous incommodent, pour calmer le *chi* lumineux tamisez-le avec des couleurs plus foncées (noir, bleu, gris ardoise de type élément Eau, voir p. 129) ou en équipant vos fenêtres de rideaux ou de stores. Privilégiez les matériaux qui conservent le frais : béton ciré, carrelage, etc.

- Une **fontaine** ou un **aquarium** peuvent également trouver leur place dans votre entrée et amener un peu de fraîcheur. L'eau ayant une action sur le *chi*, veillez à respecter un volume raisonnable et à étudier son impact énergétique, notamment sur les Étoiles Volantes (voir p. 345).

CHAPITRE 2

LA CHAMBRE PARENTALE

Cet espace de régénération est très important dans la maison ! Dans la mesure où nous passons le tiers de notre vie en contact avec le *chi* qui baigne cette pièce, son aménagement est déterminant pour notre santé, mais également pour tous les autres domaines de notre vie – personnel, professionnel et financier.

Le feng shui se préoccupe en premier de la chambre des parents, qui joue un rôle prépondérant sur l'harmonie et le bien-être de la famille : le choix de son emplacement dans la maison, l'orientation de la tête de lit, mais aussi l'équilibre du yin et du yang, la circulation du *chi*, l'aménagement du mobilier et des éclairages sont à prendre en compte dans cet espace à protéger coûte que coûte.

LES QUATRE RÈGLES D'OR D'UN ESPACE YIN

Dans la maison, la chambre est l'espace yin par excellence, dédié au repos et à la relaxation, que rien ne doit troubler.

- Pour favoriser le calme et son caractère yin, la chambre sera située dans la partie la plus propice de la maison, loin des espaces de convivialité où l'activité est plus yang et qui se trouvent en général du côté de la porte d'entrée principale : salon, salle à manger, entrée, bureau et cuisine.

- L'espace doit être harmonieux et sécurisant. La règle qui s'applique à la maison s'applique également à la chambre : le plan de la chambre doit être carré ou rectangulaire. Si votre pièce est en L, réservez la partie proposant la plus petite surface à un dressing de préférence cloisonné. Cela renforcera le caractère yin et harmonieux de cet espace en privilégiant la présence sécurisante des quatre angles droits (voir les quatre points d'or, p. 241) : le sommeil en sera meilleur.

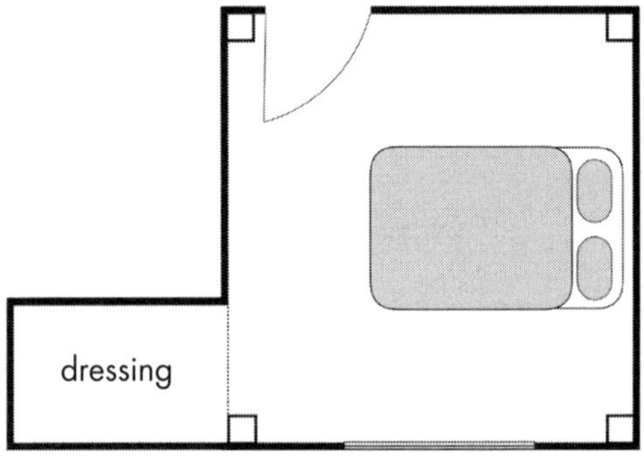

Une séparation permet de recréer un espace avec quatre angles droits, qui favorise une meilleure circulation du *chi*.

- La chambre ne devrait servir qu'à dormir : ce n'est ni une extension de la salle de fitness, ni une annexe de votre bureau, autant d'activités yang qui peuvent perturber le sommeil. Télévision et ordinateur sont à positionner dans les espaces yang (salon ou pièce réservée à cet effet).

- Une chambre yin ne signifie pas qu'il n'y a plus d'énergie dans la pièce, mais au contraire que l'équilibre global de la maison entre le yin et le yang est respecté. Trop de yin, en effet, amènerait une stagnation des énergies et une impression de lourdeur, ce qui n'est pas le but recherché. Alors, comment favoriser une bonne circulation du *chi* ?

LA CIRCULATION DU *CHI*

Pour une plus **grande fluidité**, la chambre ne doit pas être encombrée d'un trop grand nombre de meubles. Un lit et deux tables de chevet suffisent pour agrémenter une chambre harmonieuse, surtout quand l'espace est petit.

Lorsqu'on dispose d'un espace plus grand, une pièce de 30 m^2 par exemple, il est possible de rajouter un petit coin salon avec un ou deux fauteuils et une commode : cela renforcera le côté cocooning. L'équilibre est à trouver évidemment en fonction de l'espace et du volume de la pièce.

Dans les petits espaces comme dans les grands, les **rangements** pourront être soit intégrés contre les murs, soit isolés dans un dressing en fonction de la place disponible et de la configuration. L'essentiel est que l'agencement du mobilier donne une impression de respiration et de sécurité, perceptible une fois la porte franchie.

Enfin, maintenir la pièce rangée et propre contribuerait à un meilleur sommeil.

Dans une maison, le mobilier devrait occuper entre 10 et 50 % de la surface au sol… pas plus ! Et, pour éviter toute disproportion, il est préférable d'ajuster la taille des meubles au volume de la pièce. Débarrassez-vous du mobilier dont le volume est disproportionné : l'atmosphère s'en trouvera subitement allégée. Un mobilier adapté à l'espace ne dépassera pas en hauteur le dernier tiers des murs, surtout s'il est visible depuis le lit.

Si la pièce est de dimensions réduites, en guise de table de nuit, optez pour une tablette qui vous servira de tête de lit et remplacez vos lampes par deux appliques murales.

Et le lit à tiroirs ?

Les tiroirs de votre lit n'empêcheront pas le *chi* de circuler dans la pièce comme on peut le lire parfois… La raison tient plus de la psychologie que du feng shui !

En revanche, si votre lit est équipé de tiroirs, veillez à ne pas y ranger des objets métalliques (haltères, fer à repasser…), qui peuvent déformer certains réseaux telluriques situés à proximité de votre corps. Ces tiroirs très pratiques pourront servir pour stocker le linge de lit (couettes, draps) ou de maison (serviettes…).

Se protéger des flèches empoisonnées

Favoriser la circulation du *chi*, c'est aussi éliminer les formes agressives qui pointent vers le lit ou qui présentent un réel danger : retirez les objets pointus, les pieds de lampes métalliques avec une forme étrange, les lustres imposants, les ventilateurs suspendus au-dessus du lit, les étagères mal vissées surplombant la tête de lit…

Si un angle d'armoire ou une grosse poutre vous oppresse, il suffit de décaler le lit ou le meuble pour ne plus être sur sa trajectoire. Si ce sont les angles de la poutre qui vous agressent, vous pouvez les arrondir ou peindre le bois dans une couleur qui neutralisera sa présence, en blanc par exemple, gris ou vert clair... Pour masquer plusieurs poutres, qu'elles soient dans la longueur du lit ou perpendiculaire au corps, il est possible aussi de les dissimuler derrière un faux-plafond ou encore, plus simplement, d'agrémenter votre lit d'un baldaquin qui fera écran.

Les **structures extérieures** peuvent également constituer un *sha chi* pointant vers la fenêtre (parabole sur une terrasse, antenne, poteau, angle de bâtiments…). Le meilleur moyen pour s'en protéger est d'occulter l'ouverture avec un écran : rideau, store, paravent…

Un **long couloir** ou une succession de portes faisant face à la porte de la chambre peuvent également constituer un *sha chi* qui accélère la circulation énergétique (voir p. 213). La solution consiste à déplacer une porte pour qu'elle se retrouve en quinconce, ou tout simplement à positionner le lit contre le mur le plus éloigné de la porte.

La question du couloir

Un couloir ne doit être ni trop long ni trop complexe, car il serait responsable d'une circulation s'effectuant sous la forme d'un dédale oppressant. Le souffle énergétique doit pouvoir se répandre de manière uniforme.

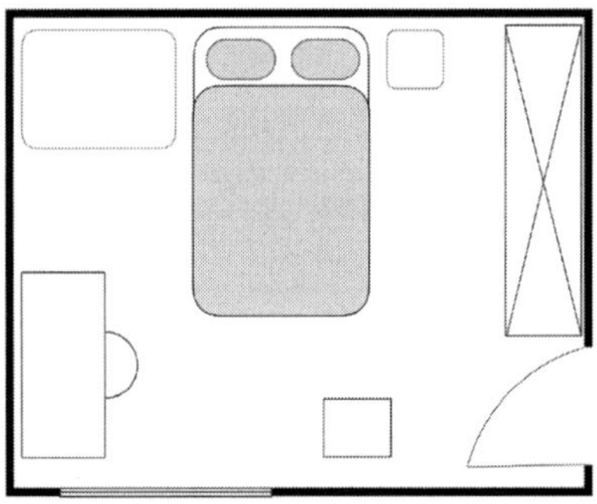

La circulation du *chi* est encombrée par un trop grand nombre de meubles : la commode proche du lit est trop volumineuse, le meuble placé à droite de la porte bloque l'entrée du *chi*, et la place d'un bureau n'est pas dans une chambre.

Renforcer le sentiment de protection

Dans l'idéal, **le lit doit être positionné hors de la trajectoire du *chi*** qui relie la porte à la fenêtre. Imaginez que vous fassiez la sieste en plein jour les fenêtres et la porte grand ouvertes : l'impression de protection sera plus forte si le lit est situé à l'écart du courant d'air. Vous devez être en position de force et avoir une vision directe sur les ouvertures.

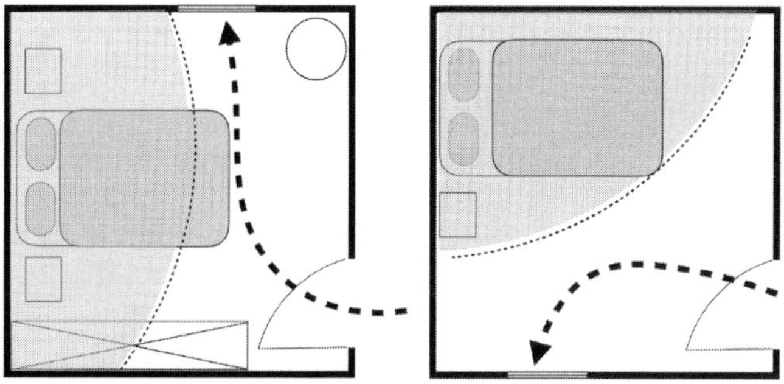

Le lit est protégé, à l'écart du trajet du *chi* (représenté par les flèches).

Pour renforcer le sentiment de protection, **la tête de lit s'appuie** contre un mur solide, et de préférence qui n'est pas celui de la salle de bains ou des toilettes.

Si, pour capter votre meilleure direction, vous êtes contraint d'orienter momentanément votre tête de lit **vers la fenêtre**, pensez à recréer une protection avec une tête de lit ou un meuble bas qui servira de chevet ; un rideau épais pourra également être tendu le long du mur occupé par la fenêtre.

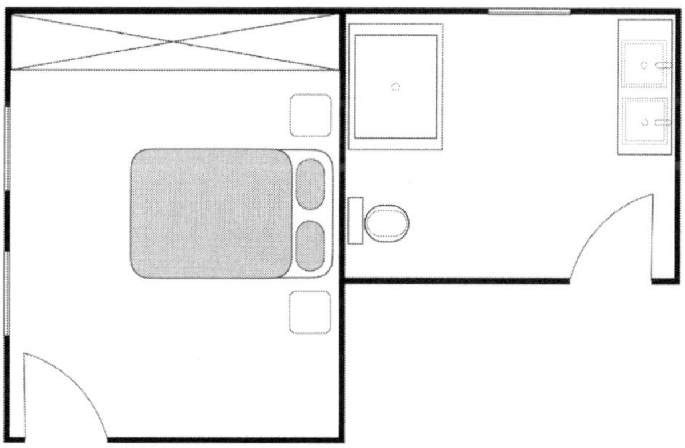

La tête de lit s'appuyant sur les canalisations des toilettes constitue une situation défavorable.

Un lit placé entre deux portes peut être source d'insomnie. Si le sentiment d'insécurité persiste même les portes fermées, condamnez l'une des deux, en priorité celle qui est mal orientée par rapport à vos quatre bonnes directions, ou placez un paravent devant elle pour ralentir le *chi*. L'idéal pour renforcer le caractère protecteur de la chambre, c'est qu'elle n'ait qu'une porte.

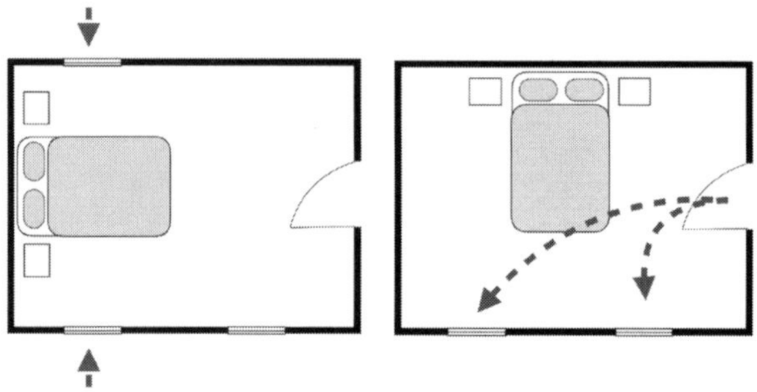

Pour que le lit ne se trouve pas positionné exactement entre deux fenêtres et face à la porte, on peut modifier sa position par rapport à cette dernière et condamner une fenêtre. Sur la deuxième illustration ci-dessus, le lit est en situation de protection et il bénéficie d'un emplacement favorable par rapport à la circulation du *chi*.

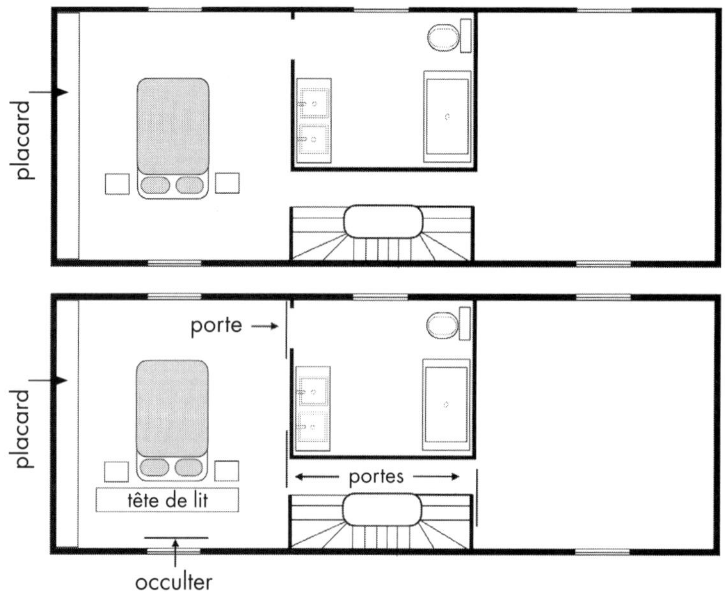

Dans l'espace ouvert représenté ci-dessus, le lit est positionné entre deux fenêtres, à proximité de l'escalier, et donne directement sur une salle de bains ouverte (plan du haut). La présence d'un placard mural occupant tout le mur de gauche empêche de déplacer le lit. Pour recréer un sentiment de protection, on peut installer 3 portes qui isoleront le lit de l'escalier et de la salle de bains, équiper la tête de lit avec un meuble haut protecteur et laisser fermés les volets de la fenêtre nord (plan du bas).

Une autre solution pourrait consister à déplacer le lit dans l'autre pièce (à droite sur le plan) et à le positionner sur le mur en face de la porte, en condamnant une fenêtre.

Pour plus de confort

Le feng shui déconseille qu'une chambre soit placée au-dessus d'un garage, d'une masse métallique (une cuve dans une cave, par exemple...) ou d'un espace vide, comme dans une maison qui repose sur des pilotis.

Certains experts déconseillent également de placer la porte de la chambre face aux toilettes (voir p. 440) ou à un escalier.

Attention également au plafond en forme de V inversé (sous la charpente), qui favorise l'accumulation d'énergie nuisible dans la pièce.

Et les miroirs ?

En feng shui, la présence de miroirs n'est pas souhaitable dans une chambre : ils seraient des perturbateurs de sommeil, en particulier lorsqu'ils sont positionnés au pied du lit. Mieux vaut positionner les miroirs en pied sur la face intérieure d'une porte d'armoire plutôt qu'à l'extérieur, car ils peuvent également déranger ceux qui sont sensibles à la lumière du matin. En cas d'inconfort, un voile ou des stickers suffisent pour limiter la surface de réflexion.

Gardez le pouvoir sur les ondes !

- Limitez vos lectures sur écran numérique et préférez un bon livre.
- Votre tête doit être éloignée d'au moins 50 cm des interrupteurs et prises murales.
- Équipez-vous d'un système d'interrupteurs bipolaires, qui coupent les deux fils électriques, ou d'un disjoncteur de type IAC (interrupteur automatique de champs), qui coupera l'alimentation électrique dans la pièce. Les câbles peuvent aussi être blindés.
- Coupez votre box.
- Procurez-vous un surmatelas de protection relié à une prise de terre : cela permet de s'isoler complètement des ondes électriques (électrosmog) et pollutions

électromagnétiques de toutes natures, qui provoquent une tension corporelle. Il se place sous l'alaise et le drap housse.

- Respectez les bonnes distances par rapport à l'écran de la télévision : au moins 2,50 m pour un écran de 1 m.

À en croire certains spécialistes, les **technologies sans fil**, les antennes relais entraîneraient des migraines et des insomnies, ainsi qu'une baisse de la mélatonine et un affaiblissement des défenses immunitaires, propice au développement de maladies. Pour résoudre ce problème, le feng shui propose une seule solution : l'évitement. Les géobiologues utilisent, quant à eux, une panoplie de remèdes plus ou moins efficaces. Des études scientifiques sont actuellement en cours pour améliorer les protections sanitaires. Il est déjà possible de trouver dans le commerce des peintures, rideaux, vitrages, revêtements muraux et rouleaux de tapisserie anti-ondes.

Les **minéraux** vendus dans des magasins spécialisés[30], tels que la tourmaline noire, l'obsidienne ou la shungite, entre autres, seraient efficaces pour amoindrir les effets des ondes. Renseignez-vous auprès d'un spécialiste avant de les acheter. Les plantes peuvent également jouer un rôle pour rééquilibrer les ions dans l'espace de la chambre… mais ne transformez pas votre chambre en serre, ce n'est pas bon pour la santé !

Enfin, pour une bonne qualité de sommeil, choisissez des peintures, des revêtements et des matériaux naturels bio labellisés PEFC ou FSC en lin, sisal, fibre de maïs, coton, latex naturel, qui respirent mieux que les synthétiques. Évitez également les lits à ressorts métalliques, véritables amplificateurs électromagnétiques.

Tout ne relève pas du feng shui !

En matière d'insomnie, le feng shui ne règle pas tout, et certainement pas ce qui concerne nos habitudes de vie : le stress généré par le travail, une mauvaise hygiène de vie alimentaire ou sportive… Il ne pourra rien non plus si votre lit est trop petit ou si votre partenaire ronfle. C'est alors à vous de trouver les solutions adéquates en faisant appel à votre bon sens !

30. Minerales do Brasil (www.midobras.com), Bresilophile (www.bresilophile.com), La Roche Mère (www.larochemere.fr), Crystal et Lumière (www.crystaletlumiere.net), La Joie des Pierres (http://www.lajoiedespierres.com).

CHOISIR LA BONNE DIRECTION POUR DORMIR

Si vous avez réalisé un aménagement correct, en favorisant une bonne circulation du *chi*, et appliqué tous les conseils précédents, vous n'avez fait que la moitié du travail… L'essentiel consiste maintenant à capter les énergies bénéfiques transportées par les orientations. En dormant, nous restons connectés à ces énergies sans rien faire, alors autant en profiter !

Une place d'honneur est donc donnée à l'emplacement et à l'orientation du lit. La démarche est la suivante :

- La chambre doit être positionnée dans l'un de vos meilleurs secteurs de la maison, que vous pouvez repérer en posant le *loshu* sur le plan de la maison (voir la méthode, p. 295).

- La tête du lit sera ensuite orientée vers l'une de vos quatre meilleures directions. Choisissez celle qui convient le mieux selon les problématiques en jeu ou vos projets de vie.

- Enfin, je vous conseille de croiser cette méthode avec celle des Étoiles Volantes, en optant pour l'étoile la plus favorable (8, 9, 1 en période 8). D'autres étoiles sont également possibles en fonction de vos objectifs (voir p. 345).

Dormir la tête au nord : un mythe ?

Les Occidentaux ont pour habitude de dormir la tête au nord, ce qui peut s'expliquer parce que la façade principale des maisons est généralement orientée vers le sud pour mieux profiter de la lumière et de la chaleur solaire. Les têtes de lit étaient donc appuyées sur le mur nord, aveugle. Il semblerait également que le corps, lorsqu'il est aligné sur l'axe magnétique nord-sud de la Terre, bénéficie d'un repos plus réparateur.

Le feng shui ne tient pas compte de ce présupposé, puisqu'il préconise de placer la tête de lit dans l'une des quatre meilleures directions définies par son trigramme de naissance (le *gua*).

Les énergies étant fluctuantes chaque année ou après un changement de cycle (tous les 20 ans), il est parfois nécessaire de modifier l'orientation de sa tête de lit pour se connecter à une nouvelle direction, plus propice à la réalisation de son projet. Pour cette raison, je préconise d'intégrer ce paramètre lors de la phase de construction de sa maison, en se donnant la possibilité de prévoir plusieurs emplacements pour le lit.

Cela suppose d'adapter le plan électrique, de concevoir les rangements et les ouvertures de la pièce aux bons endroits. Car la seule chose immuable, c'est le changement...

Un couple avec des *gua* différents !

Il n'est pas utile de dormir tête-bêche pour être en accord avec la règle des *gua*, surtout si votre sommeil est de qualité.

Mais si vous rencontrez des problèmes, je vous conseille ce compromis : réservez à l'un un emplacement favorable et à l'autre une orientation bénéfique.

Évidemment, certaines configurations ne permettent pas d'appliquer tous ces principes, en raison, par exemple, d'un espace trop exigu ou d'ouvertures mal situées. Il est alors possible d'utiliser la technique du micro *loshu*, en positionnant la grille sur le plan de la chambre afin de repérer les bons secteurs et orientations pour chacun : pour les *gua* des Maisons de l'est (1, 3, 4, 9), ce seront les secteurs est, sud-est, sud et nord ; pour les *gua* des Maisons de l'ouest (2, 6, 7, 8), ce seront les secteurs sud-ouest, ouest, nord-ouest et nord-est.

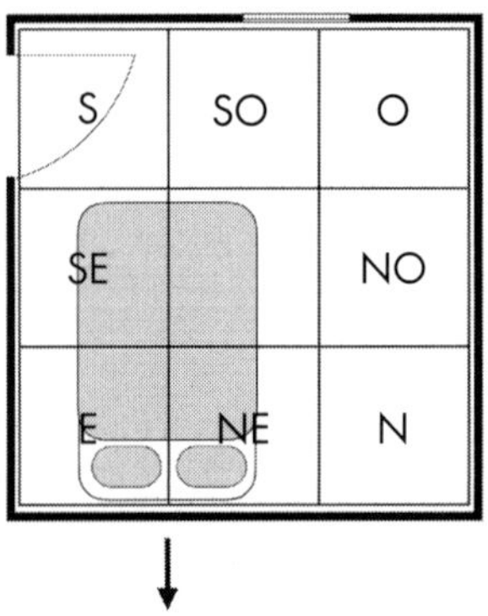

Ici, la chambre est située dans le secteur sud-ouest de la maison, elle est favorable seulement à la personne qui a un *gua* de l'ouest. Le lit a été positionné sur des secteurs qui favorisent les *gua* de l'est (sud-est et est) en même temps que les *gua* de l'ouest (nord-est et centre). L'orientation de la tête de lit (nord-est) est idéale pour les *gua* de l'ouest, tandis que celle de la porte le sera pour les *gua* de l'est.

De l'infiniment petit à l'infiniment grand

Les Chinois considèrent que la structure de l'univers est identique, de l'infiniment petit à l'infiniment grand. Les mêmes règles géométriques sont présentes en toutes choses. Par exemple, si l'on observe une branche d'arbre, un chou-fleur, un nuage, un flocon de neige, on constate qu'ils présentent des caractéristiques communes, à différentes échelles : la partie la plus infime est une réplique à l'identique de l'ensemble et cette similitude est reproduite à l'infini. Dans le cas d'un arbre, les branches, les rameaux, les racines et les veines de feuilles partagent le même modèle de croissance. Cette propriété universelle appelée « similitude intrinsèque » a été découverte très tôt par les Chinois, bien avant que Mandelbrot ne la popularise par l'expression « géométrie fractale »[31].

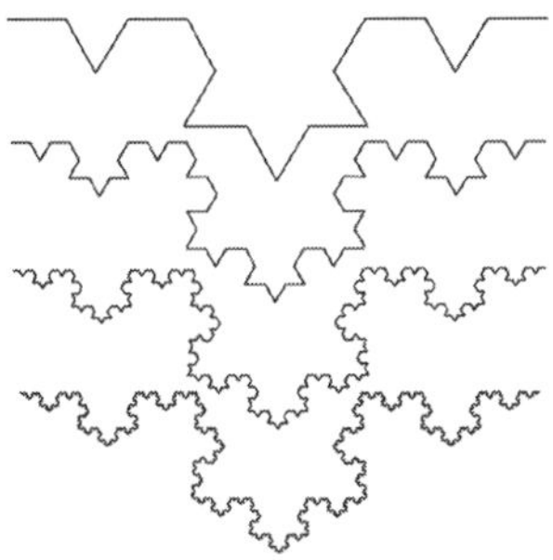

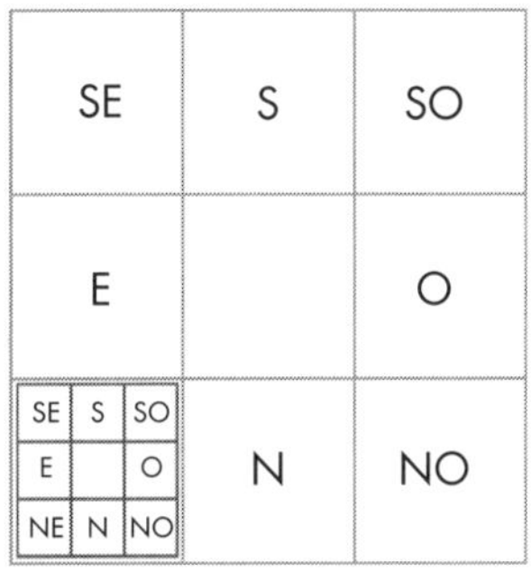

Une porte bien orientée permet de cumuler les bons points

Sur l'illustration du haut de la page suivante, la configuration de la chambre est idéale pour des personnes du groupe de l'est, dont les bons emplacements et orientations sont le nord, le sud, l'est et le sud-est.

- L'entrée se fait par le secteur sud-est, la porte est orientée vers l'est.
- Le lit est positionné dans le secteur nord, sa tête est orientée vers le nord.

31. Les Chinois en ont tiré un modèle pour leur organisation sociale, administrative et centralisée, des règles de construction pour leurs bâtiments, ainsi qu'une manière d'occuper l'espace à l'échelle d'un territoire, d'une province, d'une ville et d'une maison (voir p. 152).

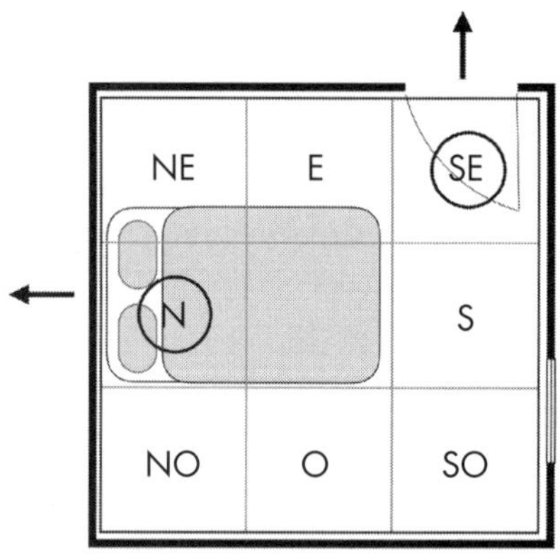

PLACE À LA DÉCORATION SENSITIVE !

Flattez vos sens pour renforcer le caractère yin de la chambre. Les matières et les revêtements feutrés et doux (laine, coton, soie, velours, panneaux de feutres, le bois naturel, les peintures mates et poudrées), les formes arrondies renforcent le sentiment de sécurité et de cocooning. À l'inverse des formes angulaires et pointues, les formes rondes nous connectent plus facilement au monde de la nuit.

L'ouïe

Si vous êtes adepte du calme absolu, réparez tout ce qui grince (planchers, portes de placard, literie...), prévoyez une porte dans la salle de bains attenante pour vous isoler du bruit de la douche matinale de votre conjoint, supprimez les fontaines « zen » qui font du goutte-à-goutte et isolez les murs des nuisances provenant de vos voisins si vous n'êtes pas parvenu à les raisonner...

L'odorat

Certaines huiles essentielles sont plus propices à l'endormissement que d'autres : privilégiez l'huile de bigaradier, de mandarine ou d'oranger, ainsi que de lavande. Certaines peuvent être mélangées[32]. À utiliser en diffusion sur une lampe ou sur un support en pierre ou en bois placé à proximité, sur la table de nuit, ou encore en mettant quelques gouttes sur l'oreiller. Certaines précautions sont à prendre, renseignez-vous au préalable.

32. La *Bible des huiles essentielles* de Dominique Festy est une mine d'informations et de conseils quant à leur utilisation.

La vue

Décrochez les posters ou tableaux représentant des scènes violentes ou suggérant de la vitesse ou de l'activité yang, et remplacez la lumière directe ou blafarde du plafonnier par un jeu de lumières indirectes équipées de variateurs. Évitez les matériaux et objets réfléchissants (peinture laquée, brillante, miroir, surfaces métalliques et revêtements lisses, qui accélèrent le *chi*).

Choisissez des couleurs dont les vibrations vous endorment. Certaines seraient plus efficaces que d'autres : les couleurs rassurantes pastel, de terre notamment (lin, chanvre, tabac…), en passant par les couleurs apaisantes (rose pâle, pivoine), ou celles qui favorisent le sommeil et le calme comme le bleu. Le bleu envoûte, hypnotise, nous fait baisser la garde, nous réconcilie, nous fait communiquer avec l'infini du ciel et de la mer. Évitez les couleurs qui dépriment comme le gris ou le noir, ou mélangez-les à d'autres couleurs pour les mettre en valeur.

Et le rouge ? Le rouge joue un rôle important en feng shui et dans la culture chinoise, puisque c'est la couleur associée au Phénix, à la chaleur du feu, symbole de dynamisme et de rayonnement. Des études sociologiques démontrent que le rouge réchauffe un espace et qu'il accélère le rythme cardiaque : il donne la sensation que la température est plus élevée de quelques degrés que dans une pièce aux couleurs froides comme le bleu. Le rouge, tout comme le mauve, est un excellent stimulant pour les ébats amoureux. Alors pourquoi ne pas en profiter pour stimuler sa libido, se sentir moins apathique ou avoir un réveil plus tonique ? Avec modération, bien sûr, pour les insomniaques…

Eau et sommeil

La présence d'eau dans une chambre est déconseillée en feng shui, sauf cas particuliers lorsqu'il s'agit d'activer certaines formules énergétiques.

Le bons sens nous met également en garde : l'eau est un élément dont les caractéristiques ne sont pas compatibles avec l'espace douillet de la chambre, qui nécessite du calme ainsi qu'une hygrométrie modérée (elle doit être comprise entre 50 et 55 % ; au-dessus, prolifération microbienne assurée, pourrissement du bois et corrosion des métaux ; en dessous de 35 % d'humidité, l'air ambiant est trop sec).

→

Retirez fontaine et aquarium, car ils peuvent affecter la qualité de votre sommeil par le bruit, l'humidité et les odeurs. Pensez à éteindre les diffuseurs avant de vous coucher. Réfléchissez à deux fois avant d'installer un spa à proximité de la chambre.

De même, si votre lit est placé contre une cloison peu épaisse mitoyenne de la salle de bains, garnissez-le d'une tête de lit confortable en bois, qui servira d'isolation phonique et thermique, et limitera la fuite d'énergie générée par la présence des évacuations.

CHAPITRE 3

LA CHAMBRE DES ENFANTS

La chambre d'un enfant est un espace multifonctionnel qui réunit trois espaces en un seul : un espace yin pour le sommeil, un espace yang réservé aux activités de jeux et, à partir d'un certain âge, un espace de travail.

Bien dissocier les espaces entre eux constitue souvent un challenge pour les parents. Le feng shui propose des solutions d'aménagement qui permettent, tout en respectant les goûts de l'enfant, de favoriser le développement de sa personnalité et de son autonomie dès le plus jeune âge.

Les règles fondamentales sont les mêmes que pour la chambre des parents : elles concernent la forme de la pièce, la circulation énergétique, la sécurisation de l'espace et la connexion aux orientations et emplacements favorables.

LES RÈGLES FONDAMENTALES

Une chambre structurée et rassurante

Comme pour les autres pièces, la forme idéale est celle du carré ou du rectangle, qui permettent une circulation et une répartition optimales des énergies. Ces formes sont propices à la structuration de l'esprit. Mais pas d'inquiétude si la forme de la chambre de votre enfant est différente (deux petites pièces réunies, un carré agrandi par une alcôve ou une forme en L...), le principal étant que la pièce soit adaptée à sa taille, ni trop petite ni trop grande, et de pouvoir différencier la zone nocturne de la zone diurne : la première (yin) pour le sommeil, la seconde (yang) pour les activités yang et le bureau. Ne pas mélanger les zones permet à votre enfant d'intégrer plus facilement la différence entre les deux.

Lorsque la pièce est trop petite, une stratégie de rangement et un choix judicieux du mobilier s'imposent, à laquelle vous pouvez faire participer votre enfant.

Deux types de rangements pour bébé

Les objets et jouets que le tout-petit peut manipuler seul seront accessibles dans des rangements bas ou des boîtes légères et faciles d'accès. Ceux qui ne sont pas autorisés sans la surveillance d'un adulte doivent être rangés dans des endroits uniquement accessibles aux parents.

Un espace optimisé et créatif

Le mobilier doit être adapté à la taille de l'enfant et les rangements faciles à manipuler et à portée de main, ce qui lui permet de développer son autonomie.

L'encombrement est une donnée inhérente à la chambre d'enfant et participe à la mise en place de ses repères, mais, pour faciliter la gestion du rangement et favoriser les énergies vivifiantes, mieux vaut être attentif aux points suivants :

- Limitez le nombre de meubles : un lit, une table et une chaise à sa hauteur. La table deviendra un bureau plus tard.
- Privilégiez les meubles en bois, rotin ou bambou, avec des angles arrondis pour une meilleure sécurité.
- L'enfant grandissant rapidement, du mobilier et des aménagements modulables sont conseillés.
- Les jouets sont rangés dans des meubles ouverts, sans tiroir, ou sur des étagères à la portée de l'enfant plutôt que jetés en vrac dans des caisses en plastique. Il est bon d'ajouter des repères identifiables sur les contenants. Se mettre à la place de l'enfant est primordial.
- Si plusieurs enfants se partagent une même chambre, veillez que chacun dispose de son espace personnel. Les lits superposés sont déconseillés, car le *chi* est comprimé pour celui qui dort près du plafond et le lit n'offre pas de sécurité pour celui qui dort en bas.
- Évitez de mettre la tête de lit sous une fenêtre ou contre un radiateur...

- Les vêtements de saison sont rangés dans une armoire à sa hauteur, équipée seulement de deux niveaux de rangement pour lui faciliter la vie.

- Chaque zone de la chambre peut être associée à un rangement en rapport avec l'activité (jouets, vêtements, table pour le dessin...).

- Le rangement des jouets en fin de journée peut devenir l'occasion d'un petit rituel, que l'enfant mettra peu de temps à reproduire. Cela facilitera la transition vers le monde de la nuit.

- Installez-lui une petite poubelle pour qu'il désencombre sa chambre de lui-même.

- Enfin, concernant le rangement, ne soyez pas trop exigeant avec votre enfant.

Deux mots sur le rangement

Ranger un espace facilite de toute évidence la circulation physique, vivifie l'atmosphère et procure un sentiment de tranquillité et de clarté. Mais cela n'agit pas directement sur le *chi* environnemental, qui se moque bien de savoir si notre espace est rangé ou non. La circulation énergétique du *chi*, bonne ou mauvaise, baigne de toute façon notre habitation.

Ambiance diurne, ambiance nocturne

L'aire consacrée aux activités yang doit présenter toutes les qualités d'un espace dynamique et stimulant : la présence de lumière naturelle vivifiante, d'objets aux formes et couleurs vives est essentielle pour favoriser l'éveil des sens et les mouvements de l'enfant.

L'espace réservé au sommeil privilégiera un environnement rassurant et propice à l'endormissement, avec des matériaux biodégradables et hypoallergéniques (mobilier, petit tapis, peintures et papiers peints), des couleurs douces et pastel, une lumière tamisée... Attention : dans la chambre des bébés, les matériaux polluants peuvent provoquer des problèmes respiratoires.

UNE PRIORITÉ : LES EMPLACEMENTS ET LES ORIENTATIONS

La même méthode que pour la chambre des parents s'applique à la chambre des enfants. Déterminez le meilleur emplacement de la chambre dans l'habitation, et vous verrez qu'il correspondra parfaitement au choix spontané de votre enfant. Si le secteur est déjà occupé par une autre pièce (cuisine, salle de bains, etc.), choisissez un autre emplacement et mettez en pratique la technique du micro *loshu* (voir p. 318) afin d'activer les énergies de manière indirecte.

Une fois l'emplacement déterminé, orientez le lit de votre enfant vers l'une de ses quatre meilleures directions en fonction de son *gua*. Ces directions sont également valables pour son bureau. En fonction de son âge et de sa facilité de concentration, le bureau peut faire face au mur, sur lequel il pourra accrocher ses posters et dessins favoris : une manière de limiter sa vision spatiale et d'accentuer l'intériorité.

La meilleure direction pour le lit et le bureau d'un étudiant est celle du *Fu wei* (voir p. 307), qui lui permet de développer pleinement son harmonie et d'avoir un sommeil de qualité.

Si l'espace, pour une raison ou une autre, est trop contraignant pour appliquer ces principes, n'oubliez pas qu'il existe, en réalité, 24 possibilités différentes pour s'orienter : un expert en feng shui pourra vous renseigner.

Aller plus loin avec les Étoiles Volantes

En complément de la méthode des Huit Directions, vous pouvez faire appel aux Étoiles Volantes. Mais cela demande d'avoir au préalable une bonne connaissance des principes fondamentaux !

D'ores et déjà, une fois que vous avez établi la grille pour la maison, vérifiez que la tête de lit et le bureau ne sont pas orientés vers des directions néfastes telles que le 5 ou le 2, deux étoiles que l'on ne veut pas avoir dans une chambre !

Vérifiez également que l'étoile de montagne favorable à la santé n'est pas rendue inefficace en raison d'un environnement extérieur très actif (fenêtre faisant face à une forte circulation routière nocturne ou une ambiance intérieure trop yang,

→

qui pourrait empêcher votre enfant de faire la différence entre la phase diurne et la phase nocturne), ou de la situation de la chambre dans la zone yang de l'habitation, avec du bruit ou des sources lumineuses (ou si la chambre est sur une mezzanine).

Pour plus de détail, rendez-vous p. 345.

RÉSOUDRE LES PROBLÈMES DE SOMMEIL

Bien dormir pour un enfant ou un adolescent est primordial ! Si vous constatez qu'il a des problèmes de sommeil réguliers, il est conseillé de vérifier les points suivants.

Orientation et emplacement

- L'enfant dort-il dans un de ses quatre emplacements défavorables ou est-il mal orienté ?

- La tête de lit fait-elle face aux étoiles 5 et 2 ?

Circulation du *chi* et protection

- La chambre est-elle située au bout d'un long couloir qui débouche directement sur la porte et le lit ?

- Est-elle composée de différents niveaux (mezzanine, présence de marches) ?

- La tête de lit est-elle posée contre le vide ?

- Le plan de la pièce est-il irrégulier et regorge-t-il de recoins qui favorisent la stagnation du *chi* ?

- Son lit est-il placé :
  - en face de la porte de sa chambre ?
  - à l'aplomb d'une armoire haute et massive ?
  - sur le passage qui relie la porte à la fenêtre de la chambre ?

– sous une fenêtre ?
– derrière une cage d'ascenseur ?
– au-dessus d'un garage ?
– sous un plafond en forme de V inversé ?
– dans une pièce basse de plafond ?
– dans un sous-sol ?
– sous une poutre ?
– en face d'objets ou de mobilier avec des angles menaçants ?

Yin, yang et ergonomie

- La règle de répartition des zones yin-yang est-elle respectée ?

- La chambre est-elle située dans la partie de l'habitation destinée aux activités yang : près de la porte principale, des zones de convivialité (salon, salle à manger) ou de la cuisine ?

- Existe-t-il un espace tampon entre la zone yang et la zone yin, qui pourrait par ailleurs renforcer l'isolation phonique ?

- L'espace lié aux activités yang occupe-t-il trop de place dans la chambre ou est-il mal délimité ?

- Le mobilier de la chambre est-il adapté à la taille de l'enfant, pour ne pas créer un sentiment d'oppression ?

À moins que la source des difficultés provienne des parents ?

Le bonheur des parents, dit-on, rend les enfants heureux. Il n'est pas rare en effet que des parents inquiets transmettent leur malaise à leurs enfants. C'est pourquoi, pour rétablir une harmonie, le feng shui proposera en priorité des solutions aux parents.

Une sensibilité à fleur de peau

Dès leur plus jeune âge, les enfants ont une perception naturelle et spontanée des énergies, qu'ils perdent généralement en vieillissant. Ils sont par exemple capables de ressentir les **phénomènes géobiologiques** (cours d'eau, réseaux perturbateurs ou cheminée cosmo-tellurique) situés à l'aplomb de leur lit.

Certains indices peuvent vous mettre la puce à l'oreille : votre enfant se retrouve systématiquement blotti dans un coin de son lit ou, au réveil, il a les pieds sur l'oreiller et la tête au pied du lit ; il a des migraines récurrentes, fait de l'énurésie anormale, dort d'un sommeil qui ne semble pas récupérateur...

Afin de limiter ces perturbations, des précautions sont à prendre :

- déplacer le lit de quelques dizaines de centimètres peut suffire à l'éloigner du danger ;
- débrancher les appareils électriques et électroniques posés à proximité du lit permet de limiter les nuisances ;
- mettre hors tension les appareils émettant ou recevant des ondes wi-fi améliore le sommeil des enfants et de toute la famille (voir p. 248).

Concernant les phénomènes paranormaux et en particulier la mémoire du lieu, de nombreux enfants témoignent que des présences invisibles, bien ou mal intentionnées, viennent communiquer avec eux la nuit ou les déranger. Cela n'est pas à prendre à la légère : il est alors nécessaire de consulter des professionnels avertis (médiums ou chamanes), afin que tout rentre rapidement dans l'ordre.

CHAPITRE 4

LA CUISINE

La cuisine est associée à la santé et à la prospérité. Les aliments ingérés par la bouche sont comme l'air que nous respirons par le nez : ils participent à entretenir notre vitalité, en nourrissant le *chi* interne du corps et de l'esprit. Notre bien-être dépend de leur qualité nutritionnelle, du soin apporté à leur préparation et de l'espace même de la cuisine qui doit réunir, selon le feng shui, toutes les conditions énergétiques pour que l'alchimie opère.

Autrefois, la cuisine était un lieu réservé spécifiquement à la confection des repas. Au fil du temps, et sous la généralisation de l'*American way of life* dans les années 1950-1970, elle est devenue un espace essentiel de convivialité, dans lequel on prend ses repas, on fait ses devoirs ou on échange avec ses amis... Le feng shui a donc dû tenir compte de ces nouvelles caractéristiques en élargissant à la cuisine les principes utilisés pour les autres pièces à caractère yang.

Cependant, traditionnellement, la cuisine reste **l'emplacement du feu**, à travers le mobilier de cuisson, qui détermine le bon ou le mauvais feng shui du lieu, car il conditionne la manière dont l'espace de l'habitation s'organise autour de lui et, par répercussion, la chance bénéfique de la famille.

UN LIEU DE TRANSFORMATION YANG

La cuisine, à condition qu'elle soit utilisée (si elle ne l'est pas, elle n'aura qu'un impact minime sur les énergies de l'habitation), est un endroit soumis à de fortes variations énergétiques et où se croisent différents types d'actions et de mouvements :

- **action humaine**, dans l'acte de couper, par exemple ;
- **action du feu** qui cuit les aliments et les **transforme** ;

- **action de l'eau** qui purifie, nettoie et **évacue** la saleté ;
- **action mécanique des machines** (lave-vaisselle, mixeur, trancheuse…).

Avant l'arrivée de l'électricité et du gaz, les humains cuisaient leurs aliments à l'aide d'un fourneau qu'ils alimentaient en bois ou en charbon. **Le feng shui considérait que l'emplacement du foyer et son orientation étaient importants**, car il exerçait une influence sur le destin de la famille, en particulier celui du père de famille. Le feu possède en effet une action destructrice sur la chance favorable, en consumant les bonnes énergies du lieu.

Pour se garantir de ses effets néfastes, **la cuisine était placée** – au même titre que les toilettes et la salle de bains, lieux d'évacuation des énergies usées – **dans les secteurs directionnels défavorables des parents**. Seule la bouche du feu était orientée en tenant compte des directions personnelles du cuisinier, de son *gua* (voir p. 297).

La modernisation des principes

Différents courants s'affrontent autour de l'impact du feu selon le mode de cuisson, qui peut être traditionnel (flamme d'une gazinière, poêle à bois) ou contemporain (électrique : à induction ou vitrocéramique…).

Dans le premier cas, la source d'énergie provient de la porte de la cuisinière, qui devrait concorder avec l'orientation la plus faste du cuisinier.

Dans le second cas, la source énergétique est difficilement localisable, puisqu'elle provient de câbles électriques, et donc moins puissante, mais les spécialistes s'accordent uniquement pour positionner la cuisine dans l'habitation selon la méthode des Huit Directions.

OÙ PLACER LA CUISINE ?

L'emplacement de la cuisine est très important. Certaines **règles fondamentales liées à l'équilibre du yin et du yang** sont à respecter en premier lieu :

- La cuisine est située dans la **zone de convivialité** (avec la salle à manger et le salon), afin de ne pas troubler le calme réservé à la zone de repos (chambres).
- Elle n'est **jamais placée directement face à l'entrée**, pour éviter que les énergies néfastes extérieures y pénètrent. La cuisine doit être protégée, ainsi que son espace de cuisson.
- La porte de la cuisine ne fait face **ni à une porte de chambre ni aux toilettes**.
- Elle n'est **jamais placée au centre de l'habitation**, qui doit rester vacant, et à bonne distance des autres pièces.

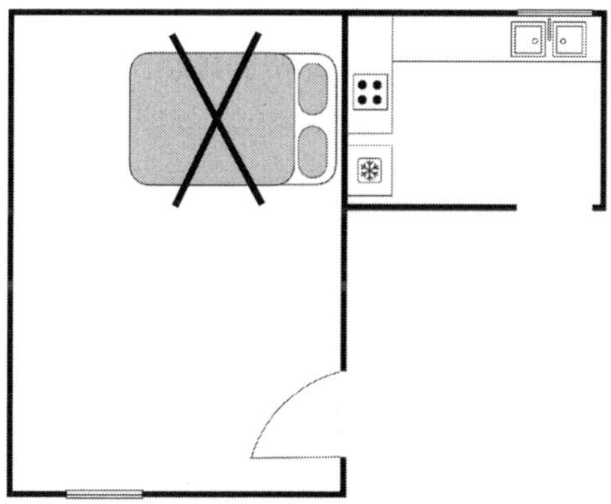

Lorsque la cloison murale est fine, il est préférable que les appareils de cuisson ou tout autre appareil électrique ne soient pas positionnés contre un mur soutenant une tête de lit.

Dans un second temps, son emplacement est calculé en fonction de l'année de naissance et du sexe de la personne qui cuisine, le père ou la mère. Conformément à la méthode des Huit Directions, qui nous assigne des emplacements et des orientations favorables dans l'habitation, la cuisine sera positionnée dans un des quatre **secteurs défavorables** (*Liu sha*, *Ho hai*, *Wu gui*, *Jue ming*, voir p. 307), les secteurs favorables étant réservés aux espaces où l'on passe le plus de temps, comme la chambre ou le bureau.

Par exemple : pour une personne des Maisons de l'ouest (*gua* 2, 6, 7, 8) dont les emplacements bénéfiques sont l'ouest, le sud-ouest, le nord-ouest et le nord-est, la cuisine sera placée à l'opposé, dans les espaces sud, nord, est et sud-est. Et inversement pour une personne des Maisons de l'est (*gua* 1, 3, 4, 9).

SI LA CUISINE SE TROUVE DÉJÀ DANS L'UN DE MES MEILLEURS SECTEURS

La technique du micro *loshu* vous permettra de limiter la perte énergétique, en positionnant les éléments de cuisson dans les mauvais secteurs (voir p. 307).

Profitez-en pour manger dans la cuisine en vous orientant dans la direction de santé, cela vous sera d'autant plus bénéfique.

Et avec les Étoiles Volantes ?

Attention, le feu agit sur les Étoiles Volantes en renforçant leurs avantages ou leurs inconvénients : en fonction de certaines configurations, il accentue le caractère virulent des étoiles 5 et 2 en amenant maladies graves liées aux aliments et problèmes divers tels que des incendies. Associées au 5, les étoiles 9 et 7 peuvent également se montrer sous leur mauvais jour...

Les mêmes conclusions s'appliquent à une cheminée ou un poêle utilisés en hiver, d'où la nécessité de bien considérer leur emplacement lors de la phase de conception d'une construction immobilière, afin de mettre toutes les chances de son côté.

FONCTIONNALITÉ ET CONVIVIALITÉ : ATTIRER LE *CHI* POSITIF

Dans l'idéal, l'espace de la cuisine a une forme carrée ou rectangulaire : cette régularité facilite une circulation harmonieuse du *chi*.

Les ouvertures doivent être suffisamment nombreuses pour veiller au renouvellement de l'air, mais pas trop pour que le *chi* ne se disperse pas. Selon la superficie de l'habitation et la disposition des pièces, une porte et une fenêtre peuvent suffire pour de petites surfaces. Pour les plus grandes, deux portes et une fenêtre permettent une meilleure circulation du *chi* dans l'habitation.

Deux règles importantes doivent être respectées en matière de portes et fenêtres.

- Ne pas mettre deux ouvertures l'une en face de l'autre.

- Ne pas positionner de cuisinière sous une fenêtre ou dos à la porte, ce ne serait pas confortable pour celle ou celui qui cuisine.

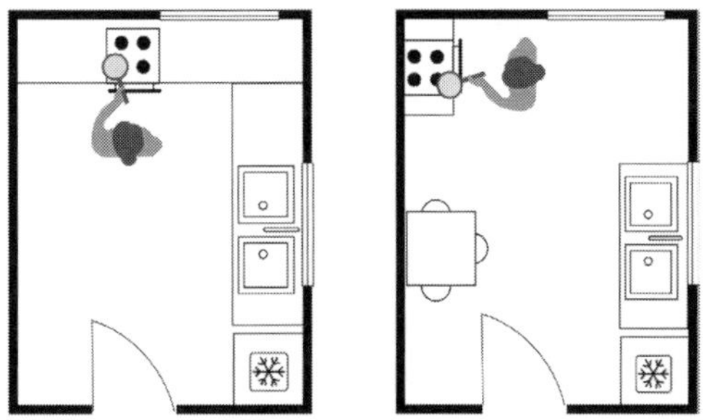

Si la cuisinière est placée en face de la porte d'entrée, il suffit de la décaler du passage pour que la personne qui cuisine ne tourne plus le dos à la porte.

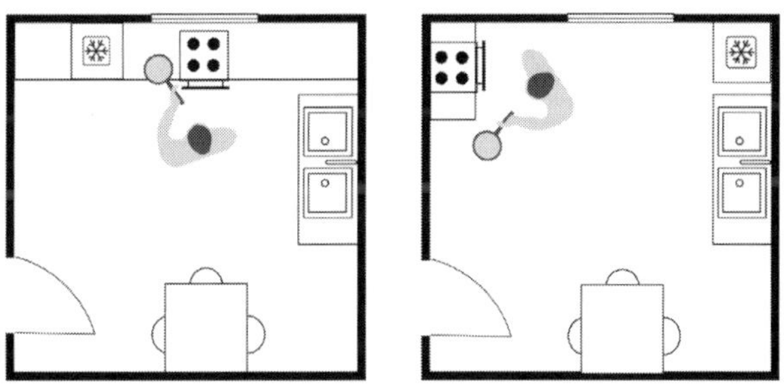

La cuisinière était mal positionnée sous la fenêtre. On l'a déplacée pour l'adosser à un mur protecteur. Second bénéfice : la personne qui cuisine est plus en sécurité ainsi.

L'espace doit être bien **dégagé** et **organisé** afin de faciliter les déplacements. L'**ergonomie** et l'éclairage jouent un rôle essentiel.

- L'emplacement réservé à la cuisson ne doit pas être confiné, et ce, pour éviter la stagnation des énergies et les problèmes de sécurité.

- Prévoir un espace suffisant entre les éléments du mobilier et le plan de travail, pour pouvoir circuler à deux.

- Penser à l'ergonomie est utile afin d'améliorer sa condition physique : les hauteurs de l'évier, de la hotte, des placards ou de la surface du plan de travail doivent être adaptées à votre morphologie.

- Pour sécuriser les déplacements, choisissez du mobilier avec des angles arrondis.

- Pour un aménagement fonctionnel, on conseille de diviser la cuisine en trois : **une zone de préparation et de cuisson, une zone réservée à l'eau, une zone de rangement**. Veillez surtout à bien séparer l'eau (évier, réfrigérateur) du feu (cuisson), car ce sont deux éléments opposés. Dans les petites cuisines, un unique plan de travail peut suffire.

- En plus d'un éclairage central, multipliez les éclairages intégrés ou spots directionnels pour faciliter le travail minutieux de découpe. La lumière participe au confort et à la convivialité. Les ustensiles et les robots sont facilement accessibles.

LE FEU SUR L'ÎLOT CENTRAL ?

Autrefois, le feu devait être adossé à un mur par mesure de sécurité, pour pouvoir mieux le contrôler. Cela explique pourquoi certains experts déconseillent de placer la plaque de cuisson sur un îlot. Actuellement, le feu ne présente plus le même danger, puisqu'il est principalement d'origine électrique : rien n'empêche donc de le placer sur un îlot.

DYNAMISER SA CUISINE

Un espace dynamique est un espace où le *chi* circule harmonieusement, sans être contraint ou accéléré.

Vous vous sentez apathique et en manque d'inspiration pour cuisiner ? Cela déteint sur la qualité des mets que vous préparez ? Alors vérifiez ces quelques points :

- La lumière est-elle suffisante et de qualité ? Remplacez l'éclairage blafard du plafonnier (il suffit parfois de nettoyer les ampoules) ou installez de nouveaux éclairages pour pallier l'absence de lumière naturelle. Éclairez les recoins.

- Votre pièce est-elle bien aérée ? Dispose-t-elle de fenêtres ? Pour faire circuler le *chi* stagnant, déposez une cloison, ouvrez une fenêtre passe-plat dans un mur : cela peut suffire pour ne plus se sentir confiné. À défaut, une VMC (ventilation mécanique contrôlée) permettra de traiter l'air vicié.

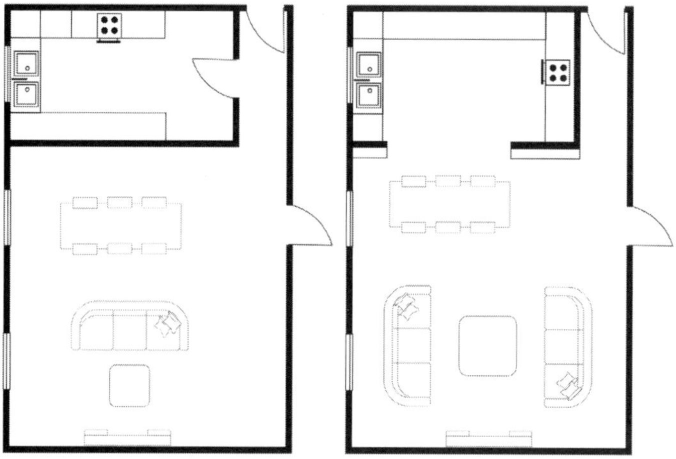

En déposant la cloison, cette cuisine « cul-de-sac » a été transformée en une cuisine ouverte sur le reste de l'appartement, ce qui améliore la circulation du *chi*.

- La présence de poussière et de matière grasse sur les revêtements, ainsi que le désordre, contribuent à ralentir le *chi* et à nous épuiser, participant également à donner l'impression que le lieu n'est plus vivant. C'est le moment de faire un « grand ménage de printemps » avec du bicarbonate et du vinaigre blanc, de trier votre vaisselle et d'améliorer votre système de rangement.

- Le mobilier de votre cuisine est-il trop lourd et asphyxie-t-il l'espace ? Il est peut-être temps de s'en débarrasser pour opter pour du mobilier plus discret et adapté à la surface.

- Vous êtes fatigué de tout ce qui dysfonctionne dans votre cuisine ? Une décision s'impose. Prenez votre courage à deux mains : réparez, remplacez, renouvelez, donnez une seconde vie…

Des rangements au top

Une cuisine bien agencée permet d'avoir à portée de main tous les ustensiles nécessaires. Voici quelques idées de rangements efficaces empruntées à la littérature abondante qui existe sur le sujet. Ils relèvent du bon sens, mais permettent aussi de dynamiser l'espace et de le rendre plus cohérent par rapport à sa fonction, ce qui relève également du feng shui.

- Ne mélangez pas les aliments avec la vaisselle, les produits d'entretien ou les torchons : à chaque catégorie son placard, de préférence fermé et nettoyé au préalable.
- Les systèmes de rangement ouverts sont réservés à ce que vous utilisez souvent : ustensiles pour cuisiner, épices…
- Les placards se trouvent à proximité de leur zone d'utilisation : la vaisselle en face du lave-vaisselle, les aliments en face de la table de cuisson, les produits ménagers près de l'évier, le linge de table près de la zone réservée aux repas.
- Une zone de stockage annexe permet d'alléger les placards courants. Le principe : y voir clair et respirer. Vous pouvez également réserver les placards trop bas ou trop hauts aux objets que vous utilisez le moins souvent.

Comment réchauffer votre cuisine ?

Rendre un espace chaleureux relève plus de la décoration que du feng shui. La manière dont l'espace est occupé, la forme du mobilier, les matériaux ou les couleurs contribuent à améliorer l'ambiance conviviale de votre espace. Les cinq éléments ou le principe du yin et du yang peuvent servir de guide.

Ramener du yang

- Multipliez les sources lumineuses chaudes si votre espace est trop sombre.
- La présence du feu sous sa forme physique est recommandée pour assainir une atmosphère humide : cheminée, insert, poêle. Cela renforce également la convivialité. Prenez en compte les recommandations concernant l'emplacement du feu dans l'habitation (voir p. 313).
- Privilégiez les matériaux naturels, plus riches et chaleureux (bois, osier, rotin, bambou…) que les matériaux artificiels synthétiques.
- Optez pour une couleur yang plus chaleureuse et solaire (rouge, orange, jaune) que les couleurs yin, neutres (blanc, noir ou gris) ou froides (bleu et vert).

Ralentir le *chi*

La forme en rectangle allongé de la cuisine ou la disposition d'ouvertures en vis-à-vis peuvent accélérer le *chi* : cela donne l'impression d'être dans un passage et n'invite pas à rester.

La cuisine type couloir est particulièrement difficile à habiter du fait de l'aménagement rectiligne qu'elle impose, qui oblige le *chi* à circuler en ligne droite.

Une solution consiste à supprimer cette impression d'être dans un courant d'air en posant un jeu de suspensions ou de mobiles bien positionnés, et de favoriser également la présence de revêtements texturés, nervurés, doux au toucher, présentant de la profondeur, qui retiennent davantage le *chi* que les revêtements lisses (matériaux de synthèse, Corian®, béton ciré, stratifié, inox…), qui accélèrent sa circulation. Des stores peuvent renforcer l'intimité du lieu, un « mange-debout » et quelques encadrements sont utiles pour rythmer l'espace.

FOCUS : LA DIÉTÉTIQUE CHINOISE

Bien manger c'est atteindre le ciel.
Proverbe chinois

Les Chinois ont depuis toujours considéré que la nourriture exerçait une action décisive et un rôle préventif pour maintenir le bien-être et alimenter le souffle vital. C'est la source principale de production de l'énergie. Le choix judicieux des aliments est encadré par une diététique en lien avec la médecine traditionnelle chinoise qui, pour favoriser la circulation du *chi* dans l'organisme et maintenir son équilibre, fait appel aux mêmes principes taoïstes que ceux utilisés par le feng shui (les cinq éléments, le yin et le yang). La diététique permet de rester en bonne santé et d'éviter tout dérèglement.

Ainsi, selon le principe des cinq éléments, les aliments sont classés en cinq saveurs qui viennent nourrir chacune un des cinq organes principaux.

- **Saveur sucrée** : nourrit la rate (élément Terre).
- **Saveur salée** : nourrit les reins (élément Eau).
- **Saveur acide** : nourrit le foie et la vésicule biliaire (élément Bois).
- **Saveur amère** : nourrit le cœur (élément Feu).
- **Saveur piquante** : nourrit les poumons (élément Métal).

Tout excès ou insuffisance d'une de ces saveurs dans notre alimentation peut provoquer un déséquilibre.

Il y a saveur et saveur

Les notions de saveur n'ont rien à voir avec ce que l'on entend en Occident. Le « sucré », par exemple, ne concerne pas le sucre, mais le riz.

Chaque aliment a par ailleurs une **nature** (chaude, tiède, neutre, fraîche ou froide), une **couleur** (vert, rouge, jaune, blanche, noire), et il peut être **yin ou yang**.

Le **principe** de cette diététique est d'équilibrer toutes les saveurs au cours d'un même repas ou d'utiliser une saveur en particulier pour réguler un dysfonctionnement de l'organisme. Ce système privilégie une alimentation qui **respecte le cycle des saisons**, en tenant compte du tempérament et de la constitution de chaque individu.

Par exemple, **au printemps**, il est nécessaire d'alimenter le foie en **saveur acide** sans en abuser : viande, épinards et légumes verts, radis, oseille, persil, bourrache, sésame, fromage de chèvre, citron, abricot, cerise, prune... Ce type de saveur est bon pour nos muscles et nos tendons.

En été, la diététique chinoise nous conseille d'alimenter le cœur en **saveur amère**, sans abuser des quantités, qui ne sont pas nécessaires à cause de la chaleur : viande blanche, carotte crue, chou-rave, artichaut, betterave, brocoli, pastèque, laitue, asperge, blé, avoine, groseille, melon, mirabelle, thé et café...

En intersaison, à la fin de l'été, les aliments à la **saveur douce** sont conseillés pour fortifier la rate : œuf, poisson, pomme de terre, carotte cuite, navet, orge, panais, riz, fromage, miel, pomme.

En **automne**, pour nourrir les poumons et le gros intestin, les deux organes Métal, il s'agit de privilégier la **saveur piquante** avec le poulet, les champignons, le chou-fleur, le chou, l'oignon, la mandarine, la mangue, la banane, la pêche, la poire, et le gingembre, qui est un excellent tonifiant.

En **hiver**, la **saveur salée** est bonne pour l'énergie des reins liée à l'élément Eau : porc, noix, châtaignes, fruits de mer, crevettes, algues, œufs, lentilles, topinambour, courge, aubergine, céleri, poireau, betterave, fève, poire, pomme, kiwi, clémentine, citron et pamplemousse.

Le Classique interne de l'Empereur Jaune

Cet ouvrage de médecine chinoise, le plus ancien (dynastie des Han), aborde les différentes manières de préserver sa santé à travers la gymnastique, l'acupuncture ou l'herboristerie. Les déséquilibres sont répertoriés selon les critères du yin et du yang (du froid et du chaud).

Pour simplifier, une pathologie « trop yang » concerne un excès de chaleur dans le corps (affectant la circulation sanguine, le cœur...), alors que les pathologies « trop yin » dues au froid sont relatives aux troubles rénaux et aux problèmes d'arthrose. Le remède consiste alors à rééquilibrer le trop de yang avec une alimentation yin (fruits, légumes, jus, produits laitiers), en l'accompagnant d'acupuncture et d'herboristerie.

Inversement, une alimentation à base d'aliments yang (viandes, œufs, laitages, piment et poivre, chocolat, noix, noisettes), censée réchauffer le corps et fortifier les organes, contribuera à rééquilibrer une pathologie yin.

CHAPITRE 5
LE BUREAU À LA MAISON

Travailler chez soi, que ce soit pour son compte ou en télétravail, relève souvent du défi. Cela nécessite de maîtriser différents facteurs, notamment de disposer d'un espace installé dans un environnement bénéfique, et de développer une attitude adaptée. Le feng shui, relatif à la « chance liée à la Terre », peut nous aider pour le premier point, tandis que le second dépend davantage de la « chance de l'Homme », puisqu'il fait appel à notre comportement et à notre capacité d'adaptation et de motivation.

Le feng shui ne règlera pas tous les problèmes, car c'est la combinaison de ces deux chances qui est déterminante. Associé à des conseils d'aménagement décoratif, il vous aidera toutefois à faire de votre bureau un espace efficace et optimisé.

UN BUREAU POUR QUOI FAIRE ?

La première des choses à faire est de **se poser les questions essentielles** avant de se lancer tête baissée : à quoi le bureau est-il destiné ? À quel type d'activité ? Combien de temps y passe-t-on ? S'agit-il d'un bureau d'appoint ou d'un bureau principal ? Est-il destiné à recevoir de la clientèle ? Le calme est-il nécessaire pour se concentrer ou pour communiquer ? Le bureau est-il partagé avec un autre membre de la famille, un collègue ? De quel type de source lumineuse a-t-on besoin, et pour quelles tâches ?

Répondre à ces questions permet de déterminer la surface de l'espace nécessaire, la présence ou non d'un bureau fixe ou modulable, sa forme, son environnement, sa décoration. Mais ce qui compte avant tout, c'est son **emplacement** dans l'habitation, le point déterminant en feng shui.

TOUT EST UNE QUESTION D'EMPLACEMENT ET D'ORIENTATION !

Déterminer le meilleur secteur

Posez la grille du *loshu* sur le plan de l'habitation en l'orientant correctement. Choisissez l'un de vos quatre meilleurs secteurs déterminés par votre *gua* (la méthode des Huit Directions est développée p. 297).

- Pour les Maisons de l'est (*gua* 1, 3, 4, 9), les bons secteurs se situent au sud, au nord, à l'est ou au sud-est.

- Pour les Maisons de l'ouest (*gua* 2, 6, 7, 8), ils sont au sud-ouest, à l'ouest, au nord-ouest ou au nord-est.

Privilégiez ces secteurs. Dans le cas où la configuration de l'habitation ne le permet pas, utilisez la technique du micro *loshu*, qui permet de remédier à ce problème en sélectionnant les bons secteurs dans la pièce, même si son emplacement n'est pas bon. Rappelez-vous : ce qui est activé sur une petite échelle aura des répercussions similaires sur une grande.

Appliquez ensuite les points suivants à l'identique.

Pour une meilleure circulation énergétique, essayez de choisir une pièce qui aura une forme régulière : carrée ou rectangulaire. Si un angle manque, la forme du plan est imparfaite, ce qui fait disparaître un secteur du *loshu* et amenuise la chance énergétique. Si ce secteur est un de vos secteurs bénéfiques, cela peut avoir une incidence. Certains experts proposent d'accrocher un miroir sur le mur de l'angle manquant ou un luminaire à l'extérieur à son emplacement… Ces solutions sont illusoires, car elles ne ramèneront pas concrètement l'espace manquant, sauf sur le plan de l'imaginaire. La meilleure solution pour une maison dont vous êtes le propriétaire reste de construire une extension.

En revanche, il est toujours possible d'activer davantage le secteur manquant dans d'autres pièces afin de rééquilibrer la situation déficiente : dans la chambre, l'entrée ou le salon.

Choisir le meilleur emplacement dans la pièce

Appliquez la même méthode que précédemment : le bureau devra être positionné dans l'un des quatre secteurs bénéfiques.

L'orientation du bureau

Orientez-le vers l'une de vos meilleures directions définies par le *gua* (celle qui vous fait face en position assise), par exemple le ***Fu wei***, votre direction d'harmonie, ou le ***Sheng chi***, le souffle générateur, plus puissant (voir p. 307). Un écran d'ordinateur peut vous servir de repère, ou bien vous pouvez expérimenter deux bonnes directions en positionnant un second écran avec un bureau d'angle.

Gardez à l'esprit que répliquer les bonnes directions au moins trois fois peut être générateur de succès dans vos projets ou vos affaires. Par exemple : un bureau, un lit et la porte principale orientés vers l'ouest.

LA CHANCE TOURNE

Un vrai adepte du feng shui sait que les énergies provenant des orientations ont toutes des qualités intéressantes, mais personnelles, et qu'elles changent selon les cycles temporels réguliers. Il est parfois nécessaire de modifier l'agencement du mobilier principal (lit, bureau, assises…) pour en tirer parti. Prévoyez dans votre espace des possibilités d'orienter vos assises, et pourquoi pas un fauteuil pivotant pour le bureau.

Quatre orientations bénéfiques sont possibles, chacune ayant sa spécificité que je vous invite à tester : **Harmonie** (*Fu wei*), **Relationnel** (*Yan nian*), **Santé** (*Tian yi*) et **Professionnel** (*Sheng chi*).

- **Harmonie ou Position (*Fu wei*, 1+).** Il s'agit d'une énergie d'harmonie générale apaisante, conseillée traditionnellement pour le domaine professionnel et qui est valable pour toutes les situations.

- **Relationnel ou Longues années (*Yan nian*, 2+).** Cette énergie est propice pour toutes les actions de type relationnel, lorsqu'il s'agit de développer un réseau, d'entretenir un partenariat, ou pour tout contact, que ce soit par mail, téléphone, visioconférence. Entretenir son réseau est essentiel pour une activité performante, et cela permet également de bénéficier de soutiens solides.

- **Santé ou Docteur du Ciel (*Tian yi*, 3+).** Cette orientation, si elle assure l'équilibre de notre santé, nous met directement en connexion avec notre intuition : qui ne rêve pas de faire les bons choix, d'être bien conseillé par soi-même ou par les autres ? Elle est utile lors de la phase de conception d'un projet ou au moment de solliciter de nouvelles idées lors d'un brainstorming, de choisir entre deux décisions…

- **Professionnel ou Générer la vie (*Sheng chi*, 4+).** Se mettre en phase avec cette orientation permet de capter l'énergie du développement et de la croissance. Elle nous donne un maximum de puissance et de potentiel, tant au niveau de la vitalité que de la réussite d'un projet, ou de l'ouverture de perspectives enrichissantes.

Pour accentuer les effets de ces directions, vous pouvez jouer avec les emplacements. Pour un 100 % intuition, placez-vous dans un de vos bons secteurs et doublez vos chances en vous orientant vers le 3+. Pour développer un partenariat créatif et productif : asseyez-vous sur le secteur 4+ et orientez-vous vers le 3+, comme sur l'illustration ci-dessous.

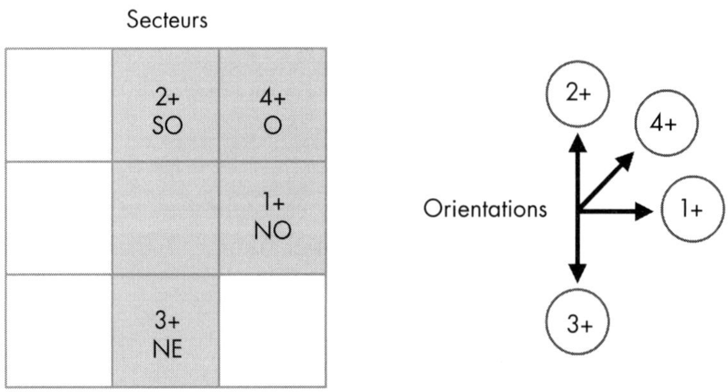

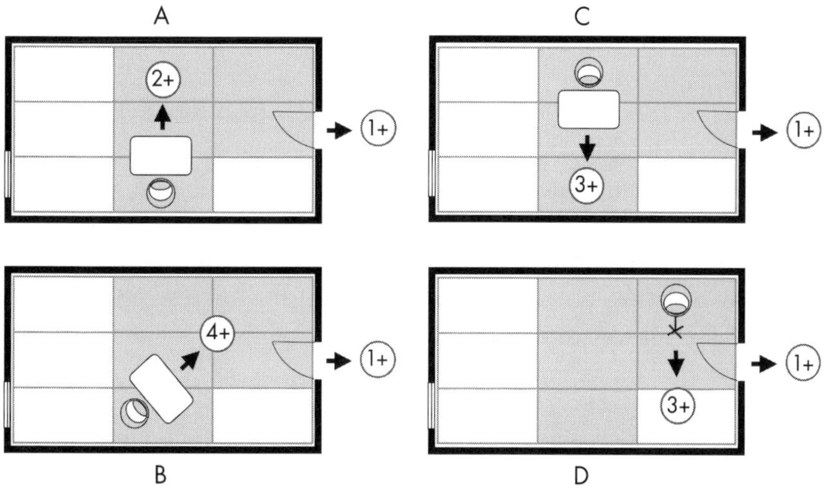

Dans cette configuration qui convient pour un *gua* 6 (Maisons de l'ouest), différentes orientations sont possibles en fonction du projet visé :

- **A** : positionnement dans le 3+ orientation vers le 2+.
- **B** : positionnement dans le 3+ orientation vers le 4+.
- **C** : positionnement dans le 2+ et orientation vers le 3+.
- **D** : positionnement dans le 4+ et orientation vers le 3+.

L'orientation vers le 1+ est également possible, mais prenez soin de protéger votre dos en fonction de la configuration de la pièce.

La **méthode des Étoiles Volantes** permet également de sélectionner les meilleurs emplacements et directions en fonction de votre projet professionnel : l'étoile 8 est très favorable jusqu'à la fin de 2023, puis ce sera l'étoile 9 qui prendra le relais pour la période 2024-2043. Mais il existe d'autres étoiles qui s'accorderont parfaitement avec vos priorités (voir p. 345).

Les deux méthodes peuvent être combinées pour une meilleure efficacité, mais cela n'est pas toujours possible, pour diverses raisons que l'on ne développera pas ici. Choisissez celle qui vous convient le mieux. En parallèle, ne perdez pas de vue les principes de l'école de la Forme !

LE MODÈLE ÉQUILIBRANT DES ANIMAUX CÉLESTES

Certains principes de l'école de la Forme, qui concerne la disposition des reliefs autour de la maison tels que les animaux célestes, peuvent être appliqués également à l'espace du bureau.

- **Une Tortue protectrice** : votre dos doit être protégé par un mur solide. Évitez le vide derrière vous (baie vitrée, rambarde de mezzanine, cage d'escalier...), qui fragiliserait vos acquis, mais également vos appuis extérieurs (partenaires et finances).

- **Un Phénix dégagé** : vous devez être en position dominante, tourné vers l'intérieur de la pièce avec une vision sur les ouvertures. Être tourné vers un mur, même si cela est parfois nécessaire pour se concentrer, limite les perspectives de réussite. Une vue sur l'extérieur permet également de se reposer les yeux, dont l'attention est fortement sollicitée par l'écran d'ordinateur.

- Il est important d'**équilibrer le champ de vision** avec du mobilier à gauche et à droite du bureau en fonction des possibilités proposées par l'espace et sans étouffer la circulation du *chi*. Cela vous donnera une impression de sécurité.

LES SITUATIONS À EXCLURE

Certains aménagements ou dispositions ne sont pas conseillés pour un espace professionnel.

- Les pièces aux plafonds trop bas (combles ou greniers aménagés), qui ne génèrent pas un *chi* harmonieux : aménagez les mansardes avec des rangements.

- Les zones de passage et les couloirs étroits, où vous serez sans cesse dérangé.

- Le bureau placé entre deux portes.

- Tourner le dos à une porte.

- Les dessous d'escaliers, qu'il vaut mieux réserver à des rangements.

- Les pièces aveugles : sans lumière naturelle, c'est le stress garanti !

- Les réduits et les placards transformés, qui ne conviendront pas pour développer un travail professionnel de qualité et ambitieux. Mieux vaut dans ce cas rejoindre un espace de coworking.

- Un bureau dans la chambre ? Non. Elle est réservée au sommeil !

- Recevoir du public dans une pièce de votre habitation familiale : veillez à bien séparer les fonctions (privée et professionnelle). Une annexe dans votre jardin pourra être aménagée à cet effet, ou veillez à prévoir une entrée spécialement réservée à la clientèle.

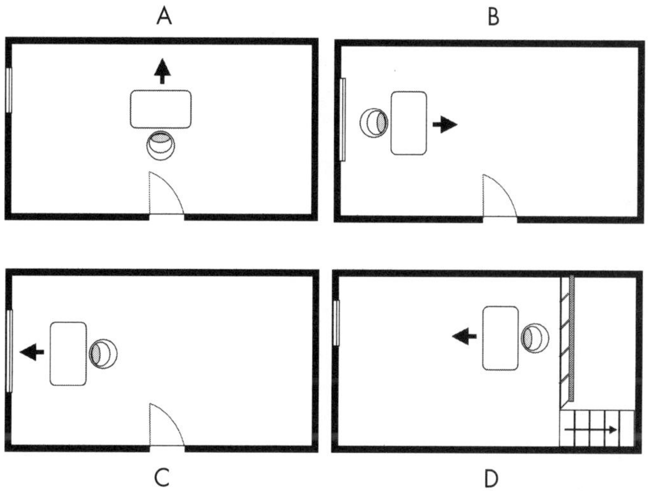

Dans ces trois cas, le bureau n'est pas protégé. A. Dos à la porte. B. Dos à la fenêtre. C. Face à la fenêtre. D. Dos à une rambarde de mezzanine ou d'escalier, à proximité du vide.

Et un coin bureau ?

La norme Afnor conseille 9 m² utiles de surface minimale pour un bureau traditionnel d'une personne. Au-dessous de 7 m², il est difficile d'obtenir un aménagement optimal.

Votre activité ne nécessite cependant pas forcément une pièce entière, mais peut-être juste une table pour poser un ordinateur portable. Il ne faut pas pour autant se laisser envahir par les sollicitations de la famille…

→

- Pensez toujours à sélectionner le meilleur emplacement dans la maison et dans la pièce, ainsi que les meilleures orientations.
- Créez une séparation pour marquer votre territoire : paravent, rideau, store, cloison amovible ou tout simplement un meuble haut.
- Dans une alcôve ? Pourquoi pas... Aménagez-la en la peignant, pour vous sentir « chez vous », prévoyez un rangement pour les périphériques.
- Pour les petits espaces, le mobilier multifonction propose de précieuses solutions escamotables et transformables.
- Occupez votre espace en vous imposant des temps de travail réguliers.

SE SENTIR BIEN DANS SON ESPACE

Dans une pièce surchargée en mobilier ou en bibelots, il est difficile de circuler. Veillez à adapter le nombre de meubles à l'espace et au volume. Harmonisez les hauteurs pour un *chi* apaisé ou créez trois niveaux différents pour un rythme visuel plus dynamique.

La pièce devra être rangée et propre, l'air renouvelé régulièrement afin que votre bureau devienne une source d'inspiration. Prévoyez des rangements : un meuble à deux portes ou un caisson à proximité du bureau peut suffire pour ranger le matériel dont vous avez besoin au quotidien, le principal est de ne pas encombrer le sol ou votre bureau, ni de placer du mobilier de plus de 1 m entre votre bureau et la surface vitrée.

Prévoyez les connectiques nécessaires, des luminaires adéquats et quelques plantes dépolluantes pour régénérer l'atmosphère. Si vous avez la place, un coin détente peut être utile pour faire un break : canapé, fauteuil, méridienne, pouf.

Une source de lumière stimulante !

Les nouvelles technologies sollicitent continuellement le système visuel. 80 % des informations que nous recevons transitent par les yeux. Il est donc impératif que le bureau soit équipé de sources lumineuses efficaces, et ce pour éviter la fatigue oculaire et autres affections de la vue.

Il est essentiel que votre bureau ait au moins une fenêtre pour qu'il bénéficie de la lumière naturelle, pas seulement pour des raisons de confort visuel, mais également parce que notre corps a besoin de ce flux pour rester en bonne santé, garder le moral, être concentré et efficace. Le *chi* lumineux, c'est la vie !

Un flux régulier permet également de nourrir nos habitations en bonne énergie et de se prémunir contre la fatigue. Une forme de pièce régulière laissera naturellement la luminosité se répartir : les pièces trop allongées (plus de 6 m de long depuis la fenêtre) ne permettent pas la pénétration de la lumière.

Selon les orientations, l'intensité de la lumière et la chaleur qu'elle génère ne seront pas les mêmes. Il faut en tenir compte pour l'emplacement de son bureau dans la maison : un bureau situé au sud bénéficiera d'une lumière forte, parfois trop vive et qui pourra devenir incommodante selon les situations, surtout dans l'après-midi, tandis qu'une lumière venant du nord, plus constante, pourra être parfaite pour des activités demandant de la précision.

La lumière du matin est tonifiante, celle de la fin de journée plus reposante et adaptée aux activités de détente.

En hiver et le soir, pour un éclairage fonctionnel, il est nécessaire de combiner différentes sources lumineuses, naturelle et artificielle, générale et directionnelle, pour éclairer le plateau du bureau et permettre une qualité de rendu des couleurs en fonction de l'activité. Renseignez-vous auprès d'un spécialiste dans un magasin de bricolage. Il faut, par exemple, une température de couleur de 3 000° Kelvin (comparable à la lumière du jour) pour un bureau de petite taille dont l'éclairage est nécessaire le matin et en fin de journée.

Attention aux revêtements à forte luminance, qui réfléchissent les lumières et provoquent un éblouissement (effet stroboscopique) fatigant à moyen terme.

Mesurer la lumière

L'éclairement est mesuré en lux : c'est la quantité de lumière reçue par unité de surface. Elle varie en fonction de l'activité.

- Lire, écrire : 500 à 800 lux.
- Travailler sur un écran : 200 à 300 lux.
- Dessiner : 1 000 lux.
- Un éclairage général (300 lux) peut suffire pour certaines tâches ne nécessitant pas de précision.

Les plantes dépolluantes à la rescousse

Si rien ne remplace l'aération quotidienne de son bureau, les plantes dépolluantes sont très efficaces pour oxygéner et ioniser l'atmosphère. Elles absorbent une partie des composés néfastes qui circulent dans l'air, provenant des matériaux de construction (isolants, peintures, colles, etc.), du mobilier contemporain (les panneaux de particules contiennent du formaldéhyde), des produits de nettoyage, etc. Selon la place dont vous disposez et la composition de votre pièce, vous pouvez opter pour :

- le *spathyphillum*, idéal pour absorber les composés organiques volatils (colles, vernis, peintures…) ;
- le *chlorophyllum* et le *pothos* qui neutralisent la fumée de cigarette et le monoxyde de carbone des chauffages d'appoint ;
- l'*anthurium* ou le *dracaena marginata*, qui sont parfaits pour contrer le xylène contenu dans les encres de certaines imprimantes ;
- l'*aglaonema*, qui absorbe le benzène des peintures murales ou la térébenthine des meubles cirés.

UN ESPACE ERGONOMIQUE

Feng shui et ergonomie ne sont pas incompatibles ! La science de l'ergonomie a établi des normes très précises en matière de formes, mesures, revêtements, sécurité pour le mobilier qui nous entoure. Libre à nous de les accepter ou non. Il est quand même nécessaire de vérifier au moins si le mobilier que l'on a chez soi est adéquat, et ce afin de prévenir les troubles musculo-squelettiques (TMS).

Des formes simples

Le meuble de bureau doit être **grand et solide**. Si la norme AFNOR pour les bureaux professionnels prévoit des dimensions de 80 × 120 cm pour un meilleur confort visuel (distance œil-écran) et pour disposer de suffisamment de place pour poser quelques dossiers, un plateau de 60 cm de large peut suffire pour un ordinateur portable. Une profondeur de 110 cm pour un écran standard permet d'être plus à l'aise pour ajuster le clavier et le tapis de souris, et poser les poignets sans ressentir de gêne.

Le **plateau de bureau** bien rigide sera fixé sur des piètements qui ne gêneront pas les jambes ou les pieds. Si vous travaillez sur une table ancienne, vérifiez qu'elle ne soit pas trop basse et que vous ayez suffisamment de place pour loger vos membres inférieurs sous son plateau. La hauteur conseillée se situe actuellement entre 72 et 75 cm. Pour davantage de précision, certains plateaux sont réglables.

La **forme du bureau** peut être carrée, rectangulaire ou même circulaire pour des mini-réunions. Les formes en L permettent de capter des orientations favorables différentes adaptées à chaque tâche.

Ne lésinez pas sur la qualité du fauteuil ergonomique et les différentes positions qu'il propose, surtout si vous consacrez beaucoup d'heures quotidiennes au travail.

Chez les Chinois, l'ergonomie est également de règle !

Autrefois, pour préserver l'organisation hiérarchique et protocolaire de la société chinoise, un système codifié de dimensions a été créé, que tout architecte ou fabricant de mobilier se devait de respecter impérativement sous peine d'être hors la loi. Longueur et largeur étaient fixées en fonction de la résistance des matériaux et du type d'habitation (temple, palais, petit pavillon, maison d'aristocrate ou de roturier...).

De nos jours, certains maîtres préconisent le recours à une règle feng shui utilisée en Extrême-Orient pour définir les bonnes proportions. C'est une sorte de règle de menuisier graduée qui permet d'indiquer les mesures favorables et défavorables pour construire une maison ou une tombe, mais également une ouverture ou fabriquer du mobilier ou un objet selon des dimensions auspicieuses. L'unité de mesure approche les 43 cm. Elle est divisée en 8 segments (en lien avec les 8 trigrammes), tantôt favorables tantôt néfastes.

Le travail sur écran

Étant donné le temps passé devant l'écran de l'ordinateur, le matériel utilisé devra être ajusté correctement par rapport à notre corps.

- Réglez la hauteur du siège à la bonne hauteur en fonction de la hauteur du bureau.
- Les pieds sont à plat, et vous devez pouvoir glisser deux doigts entre le bord du fauteuil et l'arrière de vos genoux. Votre dos prend appui sur le dossier, du bas du dos jusqu'aux épaules. Un repose-pied est parfois nécessaire.
- L'écran doit être réglé à la bonne hauteur. Pensez à utiliser une station d'accueil ou un rehausseur pour que l'écran soit à l'aplomb des yeux.
- Vos épaules doivent être relâchées : les avant-bras sont posés à angle droit sur le bureau ou les accoudoirs, sans que vous ayez à soulever les épaules. Les bras ne doivent pas être tendus jusqu'au clavier. Les poignets sont alignés dans le prolongement des avant-bras. Clavier et souris sont posés côte à côte. La souris est recommandée pour tout travail sur ordinateur portable supérieur à 2 heures.

- Positionnez l'écran de telle façon qu'aucune lumière ne s'y reflète. L'écran doit être perpendiculaire à la fenêtre. Modulez la lumière avec des stores. L'intensité lumineuse de l'écran doit être aussi importante que celle de la lumière ambiante. Une lampe d'appoint sera nécessaire pour les travaux d'écriture, de lecture ou de dessin.

Pensez à détendre régulièrement vos épaules, à alterner les tâches et les postures assise et debout, à regarder au loin de temps en temps pour détendre vos yeux.

LA COULEUR PEUT IMPACTER NOTRE ATTITUDE !

Il est clair que la couleur peut agir sur la motivation, favoriser la concentration, nous permettre de mieux communiquer... De nombreuses études ont mis en valeur son action psychologique et physiologique sur notre comportement, notre façon de travailler, de dormir, de manger et de vivre nos relations avec les autres... jusqu'à nous donner l'illusion qu'il fait plus chaud (avec du rouge) ou plus froid (avec du bleu ou du vert).

Mais la couleur est importante avant tout, car, associée à un bon éclairage, elle contribue à créer une ambiance agréable et à réduire la fatigue visuelle en favorisant une bonne lecture. Quand esthétique et fonctionnalité se rencontrent...

La couleur agit notamment sur le volume des espaces. Les **couleurs froides et claires** les rendent plus grands : idéal pour les petits espaces, donc. Elles captent aussi la lumière dans les pièces plus sombres. Au contraire, les couleurs foncées réduisent le volume des espaces trop grands.

Le **taux de réflexion** de certaines couleurs peut éblouir le poste de travail : le blanc en particulier (85 %), le jaune (55 %) ou l'orange (40 %), à la différence du marron (10 %), du noir (5 %) ou du rouge (25 %). Il est donc nécessaire de choisir la bonne tonalité et de limiter la surface de mur peint en couleur, d'autant que le mobilier, les objets et le matériel informatique peuvent également avoir une couleur. Optez pour le monochromatisme plutôt que la combinaison de plusieurs couleurs, qui peuvent irriter à la longue et nuire à la qualité de votre travail.

L'effet psychologique des couleurs

Si le **rouge** a tendance à absorber la lumière, son effet est stimulant et énergisant ! C'est la couleur de la vie, de la chaleur et de la reconnaissance. Il réchauffe jusqu'à exercer un effet sur la pression sanguine et le rythme cardiaque. C'est la couleur des vainqueurs et de l'action. Elle génère, malgré nous, des décisions impulsives et irraisonnées qu'on peut regretter. De nombreuses marques l'utilisent pour attirer l'œil et frapper fort dans leur communication externe. À doser.

Le **bleu** apaise, favorise l'intériorité, la réceptivité, l'intuition et la concentration, le travail minutieux, tout ce qui est d'ordre mental ou spirituel (comme le violet) : il trouve sa place dans les activités en rapport avec l'aide à la personne, le conseil, la médiumnité. Cette couleur, associée au ciel et à la mer et qui induit à la fois une prise de distance et un magnétisme, peut favoriser l'inaction chez les personnalités apathiques et le retrait. Parfait pour rafraîchir une pièce surexposée à la lumière et à la chaleur.

Le **jaune**, couleur solaire, est recommandé pour ses vertus énergisantes, antifatigue, et la joie de vivre stimulante qu'il amène, tout comme l'**orange**, couleur de l'optimisme qui favoriserait la communication. Idéal pour se donner du peps lorsqu'on est à plat. Par petites touches cependant, dans le mobilier ou sur un mur, pour éviter l'effet inverse !

Le **vert** est une couleur froide associée au règne végétal. Elle exprime donc le développement, la croissance et la fraîcheur. Ses propriétés sont régénérantes et antistress. Le vert réduit la tension nerveuse, apaise les colériques, apprend la patience et diminue la fatigue visuelle. Il est recommandé pour les activités liées à la santé, au bien-être, à la nature, à la recherche…

Le **blanc**, couleur neutre, a le pouvoir réfléchissant le plus fort : il agrandit les petits espaces. Il est donc conseillé pour les zones sombres de l'habitation. Lorsqu'il est employé seul, l'ambiance peut vite devenir clinique et froide : cette couleur amène la fatigue, la tristesse et l'ennui. Il est donc nécessaire soit de varier les teintes de blanc pour créer une dynamique, soit de l'accompagner d'une couleur chaude.

Attention au **gris**, une couleur « moyenne » située entre le blanc et le noir : comme le blanc et contrairement aux idées reçues, il ne favorise pas la productivité au travail… Il rendrait même triste et dépressif. Pour être à court d'idées et tourner en rond, c'est la couleur qu'il faut choisir, à moins de l'associer à d'autres couleurs pour la dynamiser.

Le **noir** est la couleur qui absorbe le plus la lumière (c'est également le cas de toutes les couleurs foncées). À utiliser plutôt avec d'autres teintes, qu'il mettra en valeur. L'espace devra être lumineux et grand pour ne pas sombrer dans le marasme…

POUR PLUS D'INFORMATIONS…

De nombreux spécialistes de la couleur peuvent vous aiguiller tels que Jean-Gabriel Causse (auteur de *L'Étonnant Pouvoir des couleurs,* www.jg-causse.com), l'agence de Valérie Laporte-Volatier (www.lesmursontdesoreilles.com) ou Sparkling (www.sparkling.fr), l'agence d'architecture intérieure spécialisée dans les couleurs, dirigée par Adeline Guy.

ET LA DÉCO ?

La décoration n'est pas du feng shui ! Entourez-vous de tout ce qui peut stimuler votre activité et impacter votre attitude sans modifier l'espace. Un rappel : en feng shui, formes, matériaux et couleurs agissent à leurs niveaux, mais pas prioritairement. Ce qui compte avant toute chose, c'est de mettre en application les emplacements et les orientations favorables.

Partie 6

Le feng shui du jardin

Le jardin fait le lien entre le monde extérieur et notre espace privé. Il est souvent considéré comme le **prolongement de la maison** et reflète notre manière de vivre.

Ses fonctions sont multiples : qu'il soit dédié à la détente ou aux loisirs, au plaisir des sens ou à la méditation, qu'il soit un havre de paix antistress, un lieu pour recevoir ses amis ou un potager, de type européen, chinois ou japonais, il doit idéalement être **harmonieux** pour qu'on s'y sente bien.

Espace régénérant s'adressant autant au corps qu'à l'esprit, ses formes, ses matières, ses couleurs et ses senteurs épanouissent tous nos sens, entretiennent notre équilibre interne ainsi que notre santé et favorisent l'éveil spirituel.

Un bon feng shui appliqué au jardin active la circulation d'un *chi* bénéfique et favorise la vie : il aura des répercussions sur l'énergie et l'ambiance de la maison et sur tous les membres de la famille.

Son aménagement est donc essentiel : c'est pourquoi vous retrouverez ici beaucoup de références au jardin chinois traditionnel, dont les caractéristiques sont marquées par le taoïsme et le feng shui.

Il n'est, bien sûr, pas question d'imiter le jardin chinois avec ses éléments classiques (tels que la pagode ou le petit pont), qui n'appartiennent pas à notre culture – encore que les jardins français et européen se soient parfois entichés de ces éléments décoratifs. Mais ses principes, au regard des transformations climatiques et environnementales, restent toujours autant, sinon plus, d'actualité. De par sa conception, c'est un bon moyen pour que l'homme et son milieu naturel ne fassent qu'un.

CHAPITRE 1

LA MONTAGNE ET L'EAU, UN COUPLE INSÉPARABLE

« ***La montagne c'est une chose grandiose***
L'eau c'est une chose mouvante.
Les rochers ce sont les os de la Nature
Les eaux ce sont le sang de la Nature.
La montagne a les eaux pour veines
L'eau a pour visage les montagnes.
La montagne devient vivante en s'acquérant de l'eau ;
L'eau devient charmante en reflétant la montagne. »
Guo Xi (1020-1090)

Dans ce poème écrit par un théoricien de la peinture de paysages chinois, les deux éléments indispensables qui composent le jardin sont la **Montagne** (*shan*, 山) et l'**Eau** (*shui*, 水). L'association des deux caractères chinois (*shan shui*, 山水) signifie d'ailleurs « panorama » ou « paysage ».

Le jardin chinois s'organise autour de ces deux forces, verticale et horizontale. Symboliquement, la montagne et l'eau sont les deux organes vitaux du jardin. La première, qui monte, représente le corps humain dans sa verticalité et constitue le squelette du jardin : c'est la force créatrice yang.

La seconde qui vient la compléter, l'eau, représente le sang : c'est l'élément yin qui évolue horizontalement. La végétation constituerait, elle, les cheveux et les poils.

EXPRESSION DU YIN ET DU YANG

La montagne, la roche ou la simple pierre dans un jardin japonais zen est dure (yang) et immobile (yin), tandis que l'eau est douce (yin) et mobile (yang). Chacune des parties recèle, selon les principes taoïstes de la nature, une qualité de l'opposé.

Cette perception anthropomorphe se retrouve également dans la manière d'organiser l'espace horizontalement et verticalement en utilisant trois hauteurs végétales différentes correspondant symboliquement chacune à :

- une partie du corps humain (jambes, tronc, haut du corps) ;
- une hiérarchisation corps/esprit (corps, émotion, pensée),
- la trinité cosmique (Terre, Homme, Ciel, voir p. 53).

C'est une manière de créer un rythme et une profondeur dans le jardin en travaillant les proportions, tout en classant les espèces végétales par leurs formes.

LA MONTAGNE

Véritable axe du monde, la montagne est le pilier central du jardin chinois. Tous les jardins chinois sont élaborés au pied d'un mont ou à proximité pour en tirer des bénéfices. Dans le jardin, la pierre ou le rocher, montagne en miniature, n'est pas seulement un élément de décoration : elle transporte la même énergie, qui agit sur la destinée de l'homme.

L'idéogramme de la montagne

En chinois, la montagne se dit « shan » et son caractère est facilement reconnaissable, car il présente trois pics de hauteur différente.

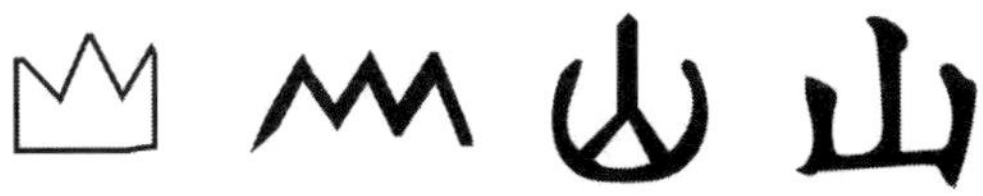

Le caractère a évolué au cours du temps, tout en préservant les trois sommets.

Le verger de la piscine de Jade

Cette histoire célèbre de la mythologie chinoise se passe sur le mont Kunlun, là où se rejoignent le Ciel et la Terre. C'est dans son verger que la déesse Xiwangmu cultivait les pêches d'immortalité. Tous les trois mille ans, lorsqu'elles étaient mûres, la déesse organisait un banquet exceptionnel durant lequel les Immortels se délectaient de ces fruits, afin de conserver la jeunesse éternelle.

La légende raconte que le roi des singes Sun Wukong, né d'un rocher, était parti à la recherche de l'immortalité alors qu'il s'ennuyait. Au cours de ses pérégrinations, il devint garde au verger de la piscine de Jade. Durant le fameux banquet, au prix de multiples ruses, il déroba des pêches pour les manger, ce qui provoqua la colère de l'empereur de Jade et de Xiwangmu. Lui infliger une punition n'était pas chose facile, car il était très rusé. Face aux nombreux méfaits qu'il commettait et qui restaient impunis, seul Bouddha réussit à l'arrêter en le faisant prisonnier dans la paume de sa main et en le transformant en montagne, qu'on appela la montagne des cinq doigts (Wuzhishan).

Ce mythe très connu en Chine est en rapport avec la quête de l'immortalité chère aux taoïstes. La déesse Xiwangmu est souvent représentée avec des dents de tigre et une queue de léopard. Les pêches sont devenues un symbole de longévité dans la culture chinoise : des petits pains sucrés en forme de pêche sont ainsi confectionnés lors des anniversaires des personnes âgées pour leur souhaiter une longue vie prospère ; des pêches sont également offertes aux jeunes mariés pour leur porter chance et fécondité.

La dimension spirituelle

Dans la culture chinoise, la montagne occupe une place incontournable, peut-être parce qu'elle est présente sur les trois quarts du pays. Réel **objet de fascination**, elle était autrefois considérée comme une terre lointaine, inconnue et dangereuse, aux reliefs extrêmes et peuplée d'animaux sauvages. Elle était donc peu fréquentée.

Les Chinois ont commencé à vouer un culte à la montagne probablement dès l'époque préhistorique, car ils pensaient que ce **lieu sacré**, situé entre la Terre et le Ciel, abritait les êtres immortels. Il fallait donc se rendre au plus près du sommet pour communiquer avec eux. Seuls les souverains avaient le droit d'y effectuer des sacrifices d'animaux qui étaient de deux types : ceux pratiqués au sommet de la montagne étaient adressés aux forces célestes, et ceux rendus à sa base à la Terre.

C'était l'occasion pour le souverain, qui recevait son mandat du Ciel, d'asseoir sa légitimité, mais aussi d'exprimer ses requêtes pour éviter que des calamités ne s'abattent sur le pays, comme des inondations dévastatrices.

Par commodité et pour s'épargner un voyage qui pouvait être un vrai périple, des buttes en forme de montagnes pyramidales (appelées *tai*) furent construites. Dans le temple dressé sur leur sommet aplati, les empereurs pouvaient pratiquer leurs cultes plus aisément et plus souvent.

La montagne devint rapidement le refuge des ermites, des moines taoïstes et bouddhistes, qui y construisirent leur lieu de retraite. Les premiers jardins firent alors leur apparition. Dans la culture chinoise, la montagne est le lieu de l'érémitisme par excellence.

Les sites montagneux sont devenus de hauts lieux de pèlerinage, qui accueillent touristes et personnes désirant effectuer des retraites : les monts Hua, le mont Wudang, les mont Kunlun, Taishan, Songshan, Jingshan…

Le jardin céleste

Dans l'espoir d'atteindre l'immortalité, les empereurs chinois construisirent des parcs et des jardins pour attirer les Immortels qui, selon eux, vivaient dans un paradis situé sur les trois monts magiques de Penglai, Yingzhou et Fangzhang, dans la mer orientale.

À partir du IVe siècle de notre ère, ils auraient même envoyé des flottes sur la mer, à la recherche de ces îles sur lesquelles pousseraient des plantes d'immortalité.

Le jardin doit donc symboliser ce paradis idéal sur terre : la présence d'îlots, de montagnes et d'eau dans les jardins chinois proviendrait de cette tradition. L'agencement typique est celui des « Trois monts érigés dans un lac » (*Yichi-sanshan*), qui est devenu un élément clé des jardins impériaux. Le mont Penglai fut le premier mont artificiel de forme insulaire érigé au milieu du lac, dans le jardin impérial de la dynastie Qin.

Dans les jardins chinois, en ville ou à la campagne, la présence de buttes ou de rochers représentant la montagne symbolise cette dimension : le jardin, s'il représente la réussite sociale de son propriétaire, doit également refléter sa réussite spirituelle. C'est un lieu dans lequel il est possible de trouver refuge pour méditer.

Formes de la montagne dans le jardin idéal chinois

Elle est naturellement représentée sous différentes formes :

- c'est la montagne sur laquelle vient s'adosser le jardin ;
- tout autre relief élevé : un mont, une colline, une butte.

Mais comme tous les jardins n'ont pas de montagne, cette dernière sera reconstituée artificiellement avec :

- des rochers plus ou moins hauts, d'un seul tenant ou regroupés ;
- de la terre pour composer une ou plusieurs buttes, dans lesquelles les arbres viennent s'enraciner, recréant ainsi l'illusion de la nature.

Le rôle de cette masse est de :

- réduire la chaleur étouffante en été ;
- offrir une toile de fond solide et protectrice en limitant l'espace du jardin, comme le feraient des montagnes dans un paysage ;
- mettre en valeur esthétiquement, par la place qu'elle occupe, les espaces vides dans le jardin, mais aussi le vide du ciel, selon le principe taoïste du yin et du yang.

Les pierres étranges

Pour les jardins urbains plus petits, la miniaturisation s'est vite imposée comme la solution idéale pour y introduire l'élément de la montagne.

Les rochers adoptent des formes très particulières, à l'image de ceux qu'on peut découvrir dans les jardins de la Cité interdite à Pékin. Tordus, tourmentés, rongés par le temps, l'eau et le vent, les rochers portent en eux des stigmates qui les rendent admirables aux yeux des Chinois.

Plus ils semblent étranges, mieux c'est, car ils incarnent alors davantage la force naturelle qui les a travaillés. La pierre est un « modèle réduit » de la montagne dont elle est un morceau. Ce microcosme véhicule donc la même énergie tellurique puissante. Les vides creusés à l'intérieur renvoient directement aux cavernes et aux grottes montagneuses.

Ces rocailles de calcaire appelées « pierres étranges » (*guaishi*) ou « pierres laides » (*choushi*) sont récupérées au fond du lac Tai (*Tai hu*), le troisième plus grand lac chinois situé dans la région de Shanghai, pas loin de Suzhou, ou d'autres lacs comme celui de Dongting dans la province du Hunan, ou de Chou Xi à Hangzhou. Elles sont souvent vieilles de plus de 300 millions d'années.

Les Chinois considèrent que ce sont de véritables êtres vivants : leur aspect souvent fantastique est zoomorphe ou anthropomorphe. De petite taille dans le cabinet des lettrés ou dans les paysages miniatures, ces rocailles peuvent atteindre plusieurs mètres de haut dans les jardins. Elles font toujours l'objet de collections dont la valeur esthétique et marchande reste inestimable.

L'EAU

Avec la Montagne, l'Eau est la seconde composante essentielle du jardin chinois. L'unité du jardin s'organise autour d'elle, et c'est également un élément du paysage à contempler.

L'Eau en feng shui exerce une influence sur la chance du propriétaire, sur sa fortune au sens de renommée, et sur l'aspect financier. Ses vertus sont également apaisantes et favorables à la discipline méditative.

L'IDÉOGRAMME DE L'EAU

水, *shui*, désigne l'eau. Le pictogramme d'origine, à gauche, représente le cours de l'eau qui coule vers le bas. Sur les côtés, des tourbillons se forment, ou des vagues, qui deviennent des gouttes dans le caractère final à droite.

Associé au caractère malheur (灾), il donne inondation (水 灾).

Élément primordial, l'eau sert à « former » le jardin

Au cours de la création d'un jardin chinois, une fois que le maître en feng shui a déterminé son emplacement judicieux, le plan d'eau est creusé. La terre récupérée servira à construire tout autour les collines et dénivelés.

Énergétiquement, la forme concave du plan d'eau répond à la forme convexe de la colline : l'une a créé l'autre. Eau et montagne ne sont pas vraiment opposées dans leur forme, mais plutôt complémentaires, car elles sont l'expression du yin et du yang.

L'harmonie du jardin dépend de l'unité formée par l'équilibre de ces deux éléments. Sans cela, le paysage ne peut être réussi, car le *chi* ne circulera pas correctement.

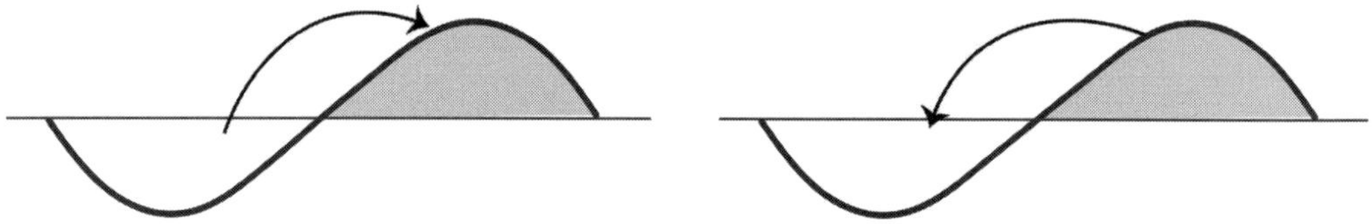

Dans le jardin chinois, la terre du futur plan d'eau sert à créer des reliefs.
Dans le jardin classique, la terre des reliefs sert à combler les bas-fonds.

COMMENT L'EAU DOIT ÊTRE « BORDÉE »

En feng shui et dans la pensée chinoise, le caractère de l'eau, indiscipliné, invasif, doit être « bordé » pour éviter qu'il ne fasse des dégâts. Dans l'histoire chinoise, les inondations gigantesques et destructrices provoquées par les fleuves ont permis cette observation.

Dans le cycle des éléments, elle a donc besoin de la Terre pour la canaliser et des racines du Bois pour la pomper.

L'eau est l'élément vital

Nous l'avons dit : l'eau est indispensable à la survie du jardin comme le sang l'est dans le corps humain.

- La proximité d'un plan d'eau naturel est utile pour y puiser l'eau qui servira à arroser la végétation.
- Comme il s'agit de l'économiser, à défaut, vous pouvez vous équiper d'une citerne souterraine avec son système de pompe, ou d'une réserve afin de récupérer les eaux de pluie. Les maisons à la campagne en sont souvent dotées. Autrefois, cette eau, qui alimentait également les puits, était consommée.
- Pour réduire l'arrosage dans votre jardin potager, différents systèmes ingénieux existent, comme les paillages ou les tissus géotextiles placés au pied des plants. Un jardinier expérimenté use et abuse d'astuces simples : les petites plantes peuvent bénéficier de l'ombrage de plus grandes et, ainsi, avoir besoin de moins d'eau.

- L'eau peut également fournir une production alimentaire : lacs et bassins étaient autrefois réservés à la pêche.

L'eau rafraîchit le jardin

En feng shui, l'eau a une action fondamentale sur le *chi* en le retenant. En outre, associée à la montagne, elle permet de réguler la température. L'art du maître en feng shui chinois permettait, en positionnant les collines artificielles par rapport aux plans d'eau, d'orienter les brises destinées à rafraîchir l'atmosphère suffocante d'un été marqué par la mousson.

L'eau permet en outre, lorsqu'elle est mobile, d'augmenter le taux d'anions dans l'atmosphère tout en la dépoussiérant...

L'ART ET LA MANIÈRE

Pour qu'elle exerce un impact sur les habitants de la maison, l'eau doit être aperçue depuis les ouvertures de l'habitation. Son emplacement, son sens de circulation, la façon dont elle entre et sort du terrain, son débit, tout est important ! L'emplacement d'une piscine et sa forme le sont également. Un expert en feng shui saura vous éclairer sur la meilleure solution à adopter. Mieux vaut agir en préventif.

Un élément vivifiant : les jeux aquatiques

Lorsqu'elle est présente dans le jardin, l'eau doit être « vivante » et propre, c'est-à-dire courante, avec un débit modéré, mobile, oxygénée. Son flux est continu, sinueux et vivifiant.

- L'eau d'une mare croupie ou d'un petit bassin non entretenu dégage un mauvais *chi* : plus la surface est petite, plus le risque de stagnation est grand, car l'eau se réchauffera rapidement et les micro-organismes mettront plus de temps à traiter les déchets.

- L'eau peut être oxygénée naturellement grâce à la renoncule d'eau (*ranunculus aquaticus*) ou l'étoile d'eau (*callitriche palustris*), qui vont la filtrer, ou artificiellement au moyen d'une pompe qui va la mélanger ou d'un jet d'eau qui créera un mouvement régulier.

- Il sera bénéfique qu'une partie du bassin soit ombragée, pour en abaisser la température.

Les **plans d'eau** naturels ou artificiels présentent une eau qui peut être…

- Stagnante ou dormante (type **élément Terre**) : lac, étang, bassin, mare, piscine. Pour les petites surfaces, voir les effets ci-dessus.

- Coulante (de type **éléments Terre et Bois**) : cours d'eau, ru, ruisseau, ravine, rigoles : le débit est régulier, ni trop rapide ni trop lent.

- Tombante (de type **élément Eau**) : cascade, chute. Attention qu'elle ne soit pas trop bruyante, cela créerait un *sha chi*.

- Jaillissante (de type **élément Feu**) : elle n'est pas présente dans le jardin chinois, car elle n'existe pas dans le milieu naturel (fontaine, jet d'eau).

Formes et circulation

Conformément aux principes du taoïsme, et plus ou moins directement à ceux du feng shui, les différents points d'eau du jardin chinois sont toujours reliés entre eux, comme le réseau sanguin, et ont une forme irrégulière. Au contraire, dans les jardins classiques français, chaque plan d'eau constitue un élément unique et possède une forme géométrique régulière.

La piscine

Elle doit être située à bonne distance de la maison, ni trop près (une maison dont l'eau vient lécher les murs est fragilisée selon le feng shui) ni trop loin (pour que la maison puisse bénéficier du *chi* que la piscine capte).

Le volume et la surface d'un plan d'eau doivent être proportionnés à la taille de la maison, car, dans le cas contraire, cela pourrait entraîner une instabilité énergétique dans le jardin et de la dysharmonie dans la vie des résidents.

Une eau située à l'arrière du bâtiment n'est pas toujours propice, car l'eau n'est pas un élément soutenant ni stabilisateur comme pourraient l'être une colline, une haie ou un mur (dans l'ordre décroissant sur le plan de l'efficacité). Le *chi* étant attiré par l'eau, il risque, si l'arrière de votre habitation n'a pas de fenêtre, de ne pas alimenter l'intérieur de votre maison.

Mais, là encore, tout dépend de la taille du plan d'eau, et sachez qu'il existe cependant des configurations qui permettent la présence de l'eau ailleurs qu'en façade (voir p. 399).

La forme en bassin circulaire (haricot) est préconisée par nombre d'experts, car elle permettrait un meilleur stockage énergétique en se rapprochant de celle d'un plan d'eau naturel qui accumulerait, à la manière d'une rivière ou d'un fleuve, des alluvions dans ses courbes concaves, avec un écoulement plus régulier qu'une forme géométrique, carrée ou rectangulaire.

Les formes à géométrie angulaire (carré, rectangle, hexagone, triangle…) sont déconseillées, car les angles ralentiraient la circulation du *chi*. Ici aussi, tout dépend de la grandeur du bassin, de son utilisation, de son emplacement.

En feng shui, une eau courante naturelle aura plus d'impact énergétique qu'une piscine, un petit bassin ou une fontaine, car c'est le mouvement de l'eau qui exerce une action sur le *chi*.

La dimension intérieure

Une fois « bordée », l'eau dans le jardin est un élément qui inspire le calme et la paix intérieure : le doux son régulier charme nos oreilles, son mouvement hypnotise notre regard, le reflet des arbres dans l'eau invite à la contemplation.

L'eau s'écoule comme la pensée : indisciplinée dans les chemins et les boucles qu'elle emprunte, elle favorise la créativité, la libre expression, la connexion entre les idées.

C'est le miroir dans lequel se reflète le jardin et qui renvoie à l'infini.

Les eaux sèches du jardin japonais

Les praticiens japonais disent que l'eau sèche a le même effet que l'eau courante… Les lignes épurées de sable tracées par le ratissage et qui symbolisent l'eau sont en accord avec la simplicité, le minimalisme et la pureté recherchée par le méditant zen. Les lignes évoquent l'infini.

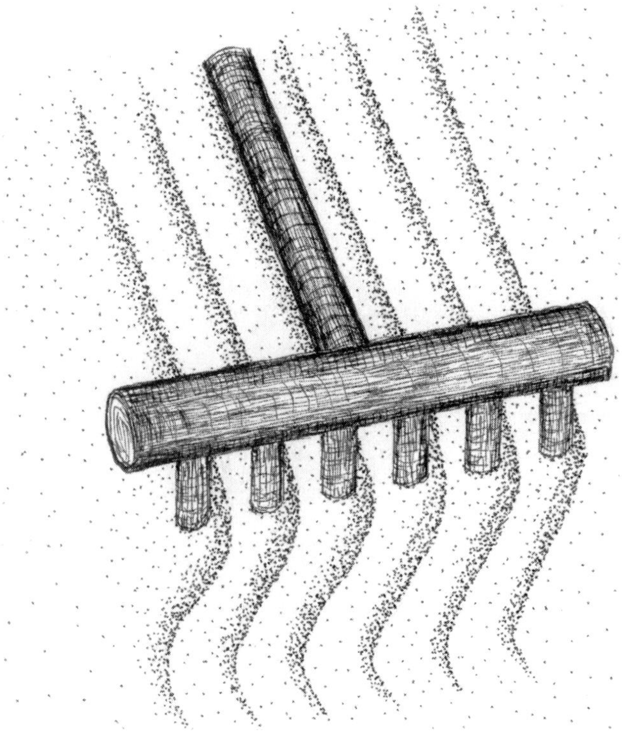

CHAPITRE 2
LES CLÉS DU JARDIN CHINOIS

Dans le jardin, le feng shui intervient principalement pour...

- **Choisir le site favorable au jardin.** Dans son fameux *Traité du jardin*, écrit en 1634, Ji Cheng conseille d'adapter le jardin à la configuration des monts et vallons du site. C'est dire l'importance de la topographie, de l'exposition du terrain pour obtenir de bonnes énergies et faire du jardin un endroit **protégé**.

- **Positionner correctement le jardin** par rapport à la maison : à l'avant, à l'arrière ou sur les côtés.

- **Placer l'eau et les dénivelés.**

- **Faire du jardin un espace dynamique et vivant**, en influençant la **circulation du *chi*** avec le tracé des chemins, l'emplacement des murs et les ouvertures (bouches de *chi*).

- **Bien équilibrer le yin et le yang.**

UN JARDIN PROTECTEUR

Le jardin chinois traditionnel est clos, entouré d'une enceinte faite de murs pleins ou de bambous. Cette clôture a pour fonction de protéger ses occupants en renforçant le sentiment d'intériorité. Le mur sépare deux univers : l'extérieur et l'intérieur. Il isole du reste de la société et de ses tumultes, permettant ainsi de mieux se ressourcer. Le caractère 园, *yuan*, qui signifie « jardin », indique clairement dans sa composition graphique la présence de l'enceinte.

Le jardin, un refuge

Autrefois, le jardin, qu'il soit en ville ou à la campagne, permettait aux fonctionnaires chinois, les lettrés, de se retirer momentanément de la vie sociale en s'éloignant des turpitudes et des calculs politiques de la cour impériale. C'était un refuge propice à la sérénité et à la retraite méditative.

Et chez vous ?

Il est parfois nécessaire de **renforcer le sentiment de sécurité** lorsque :

- le voisinage a une vue directe sur votre jardin, ou les piétons depuis la rue ;
- votre maison est menacée par des formes agressives qui pointent vers elle : des angles de bâtiment très aigus, un poteau ou une antenne, mais également une route qui peut déboucher sur votre jardin et constituer une flèche agressive (route en T, par exemple ; voir les différents types de routes, p. 227) ;
- la vue sur l'extérieur est gênante (un mur qui tombe en ruine, une voie ferrée, une entreprise, etc.).

Rappel

En feng shui, les angles aigus sont considérés comme des flèches (les *sha chi*) qu'il convient d'éviter. Attention donc aux constructions anguleuses ou aux objets dotés d'une forme agressive placés à proximité du terrain.

Deux types de solutions sont possibles pour vous protéger du vent, du regard d'autrui, ou pour cacher une vue désagréable :

- **Se protéger du vent et de la chaleur** est parfois un peu compliqué. Le feng shui est avant tout une science qui a fixé des règles tirées de l'observation de la nature, de ses « comportements » et de ses reliefs. Ses principes sont donc applicables pour le jardin, qui est une reproduction du cadre naturel avec toutes ses caractéristiques. Ainsi, pour obtenir un microclimat agréable, le maître feng shui conjuguait deux forces conjointes, celles de l'eau et de la montagne, afin qu'elles exercent une action sur la force du vent, son orientation, sa vitesse et sa température.
  Leurs emplacements dans le jardin étaient par conséquent judicieusement calculés. Ainsi, créer une colline artificielle permettait de protéger le lieu du vent, en le dirigeant, en l'affaiblissant, mais aussi de créer des zones d'ombre propices à la fraîcheur et au développement des plantes. Une manière de réguler l'hygrométrie.
  Dans une région aux étés chauds et secs, l'implantation d'un plan d'eau servait à réguler la température de l'air ambiant en amenant de la fraîcheur, et à fournir l'humidité nécessaire aux plantes et aux arbres.
  Ne vous lancez pas dans des travaux pharaoniques en construisant une colline dans votre jardin… D'autres moyens existent pour se protéger du vent, comme une haie d'arbres épaisse, une palissade en bois…
  Si le terrain est pentu, le vent sera sans doute encore plus violent. Une plantation d'arbres ou un aménagement de terrasses avec des haies ralentira sa force et évitera au *chi* de dévaler la pente avec lui.

- **Les solutions naturelles** : haies d'arbres, d'arbustes à feuillage persistant ou semi-persistant : laurier-cerise, Photinia, Berberis, Aucuba du Japon, Pyracantha avec leurs fruits rouges, ou encore les lauriers roses, prunus, rosiers rugueux ou cornouillers, buis commun ou buisson ardent (*pyracantha coccinea*)… Les bambous constituent un bel écran vert qui peut isoler votre terrain du voisinage et même camoufler, par leur épaisseur, la présence d'un pan de mur inesthétique. Bien arrosés, ils poussent vite et haut, jusqu'à 10 m pour l'espèce *phyllostachys*.

- **Les solutions artificielles** : barrières, brise-vues, murs pleins ou claustra en bois… Ce type de séparations pleines renforcera davantage la sécurité et permettra de se protéger des regards indiscrets.

Pensez aux autres !

Pour être en paix avec votre voisinage, renseignez-vous sur les règles de hauteur maximale des arbres et des haies qui peuvent occasionner de l'ombre et des nuisances dans les jardins contigus. En général, la distance d'une haie par rapport à la limite de propriété du voisin est réglementée en fonction de sa hauteur, et elle se mesure à partir du milieu du tronc. Par exemple, une plantation de moins de 2 m de hauteur sera implantée à 50 cm au minimum, et à 2 m minimum si elle dépasse 2 m de haut.

Et en ville, sur une terrasse ou un balcon ?

Différents systèmes peuvent être utilisés pour préserver ingénieusement l'intimité ou se protéger du vent :

- Les canisses constituées de roseau ou de bambou sont une solution esthétique peu coûteuse, mais dont la durée de vie est limitée. Elles sont idéales pour les balcons des appartements, car faciles à poser avec un système d'attaches sur les garde-corps. Ambiance méditerranéenne garantie. Il est possible de les peindre.

- Des plantes dans des pots assez hauts (compter une trentaine de centimètres de hauteur) ou des bacs longs : bambous (de type non traçant *Thamnocalamus tessellatus*), arbustes à feuillage persistant pour conserver votre mur végétal en hiver (laurier, photinia, buis...) ; les grimpantes pourront être dirigées grâce à des fils que vous aurez tendus.

- L'esprit immersif : un treillage végétal peut faire office d'écran naturel (chèvrefeuille, jasmin étoilé...).

- Un brise-vue en toile occultant ou semi-occultant isolera du vent et du soleil une terrasse ou un balcon implantés plein sud.

- Les voiles d'ombrage, les parasols orientables sur pied ou muraux seront surtout efficaces pour vous protéger du vis-à-vis et des rayons du soleil.

Veillez à la biodiversité

Pour les haies, privilégiez les arbustes de hauteur réduite, qui limiteront le nombre de coupes et le traitement des déchets. Les arbustes à grand développement ont un impact négatif sur la biodiversité. L'idéal est de privilégier les haies libres, qui ne nécessitent qu'une coupe par an.

ESPÈCES CONSEILLÉES POUR UNE HAIE

FEUILLAGE PERSISTANT	PÉRIODE DÉCORATIVE
Arbre au poivre	Août à septembre : bleu
Goyavier du Brésil	Juillet à septembre : rouge
Grévillier à feuilles de genévrier	Mai à août : rouge
Laurier tin « lisarose »	Novembre à mars : rose
Oranger du Mexique	Printemps et fin d'été : blanc
Rince-bouteille	Mai à juin : rose
Troène « lemon and lime »	Juillet : blanc
FEUILLAGE SEMI-PERSISTANT	**PÉRIODE DÉCORATIVE**
Abélia « Édouard Goucher »	Juin à octobre : rose
Épinette-vinette pourpre	Mai : jaune
Troène Musli	Juin à juillet : blanc
FEUILLAGE CADUC	**PÉRIODE DÉCORATIVE**
Chèvrefeuille arbustif d'hiver	Décembre à mars : blanc et rouge
Cognassier du Japon	Février à avril : rouge
Lilas « dark purple »	Printemps et fin d'été : mauve
Seringat ou jasmin des poètes	Juin : blanc

La technique des quatre animaux célestes

Selon la configuration de votre jardin et sa situation par rapport à la maison, il est possible d'appliquer les règles des quatre animaux célestes (voir p. 183). Cette règle est un modèle archétypal qui permet de comprendre l'équilibre des formes topographiques entre elles. Par conséquent, il doit être adapté en fonction du contexte géographique.

Le site idéal est souvent comparé à un fauteuil enveloppant qui aurait un dossier haut et des accoudoirs protecteurs : c'est la Tortue solide qui sécurise le site à l'arrière ; elle se prolonge par le Dragon à gauche et le Tigre à droite. Bien calé dans son fauteuil, la personne jouit d'une vue dégagée devant elle, qui correspond au Phénix.

UN MONDE EN MINIATURE

Circonscrit dans ses limites, le jardin chinois se veut être la reproduction de l'univers en miniature ; comme si le jardinier essayait de le faire entrer dans une bouteille[33]. Les empereurs chinois avaient pour habitude de ramener des essences d'arbres de leurs voyages dans les différentes provinces, afin que leur jardin devienne une représentation fidèle de la Chine.

- L'emplacement du jardin est choisi pour ses qualités environnementales propices : il fait corps avec la nature.

Gare à la pente !

Les terrains trop pentus éloignent le *chi* de votre propriété, ce qui peut provoquer un sentiment d'insécurité (pour les solutions, voir. p. 237).

33. Cette vision est héritée de la philosophie taoïste.

- Ce microcosme **respecte** la « logique » naturelle : les essences d'arbres et les plantes seront adaptées aux caractéristiques du sol et leur emplacement tiendra compte de leurs besoins en lumière ou en humidité. Par exemple, les hortensias, une des fleurs prisées par les Chinois, profiteront davantage s'ils sont placés à l'ombre et plantés dans de la terre de bruyère.

- Repérez les endroits où la végétation semble moins abondante ou malade. Les points géopathogènes sont facilement reconnaissables : les troncs poussent de travers pour échapper aux nuisances telluriques ou des trous apparaissent dans les haies… (voir la géobiologie, p. 248).

- L'harmonie du jardin chinois s'exprime dans son plan libre et asymétrique, qui vient en contrepoint de l'habitat. Une vision à l'opposé du jardin français, ordonné autour d'un axe partant du bâtiment principal.

Deux conceptions de la nature

« Nature » s'écrit 自 然, *ziran*. L'association du caractère 自, *zi* (« par soi-même ») et de 然, *ran* (qui renvoie aux offrandes de viandes que l'on faisait aux divinités) signifie « ce qui est par soi-même », c'est-à-dire l'ensemble de la réalité existante, que l'on traduit par « nature », ainsi que l'explique Cyrille D. Javary dans *100 mots pour comprendre le chinois*. Pour nous, Occidentaux, la nature, dont l'étymologie est *natus*, incarne « ce qui est né » : elle suppose l'existence d'un Dieu créateur. Au contraire, la nature au sens chinois est cet élan vital qui s'autocrée sans cesse et qui n'a, par conséquent, ni début ni fin.

- Pour qu'il reflète le Tout dans son espace clos, le jardin chinois nécessite la présence d'un plan d'eau et de reliefs. Un grand trou était creusé pour y mettre de l'eau et la terre extraite servait à édifier des collines plus ou moins hautes. Leurs emplacements faisaient appel aux calculs du maître en feng shui.

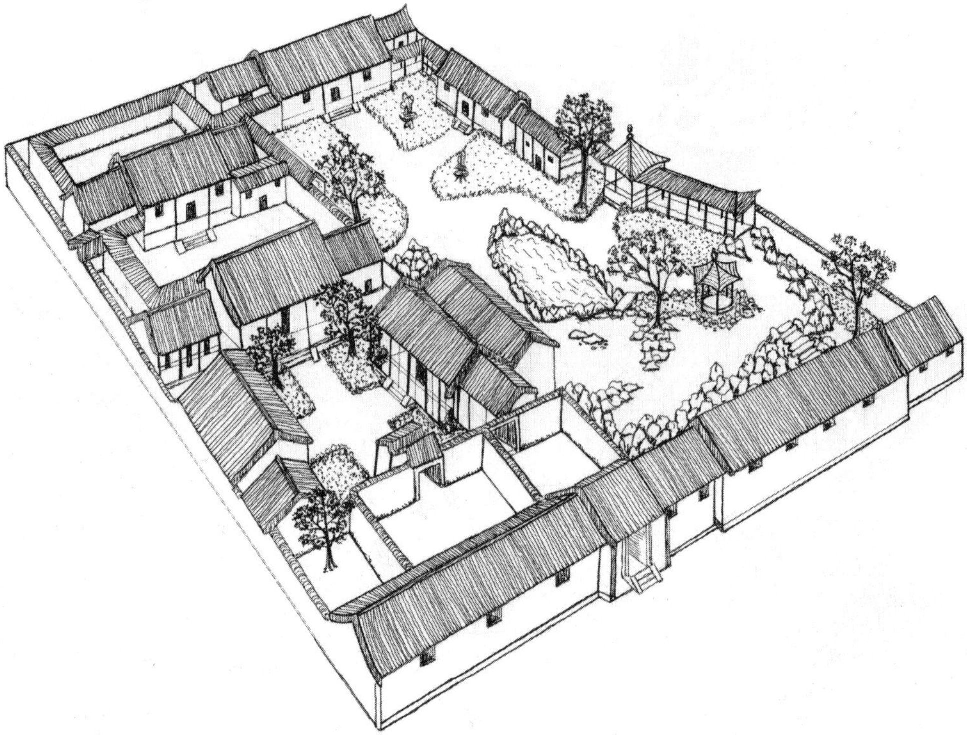

Plan d'une maison chinoise : le jardin est séparé de la propriété par un mur. Son aménagement libre s'effectue autour d'un plan d'eau et de dénivelés.

Créateurs de paysages

Les Chinois étaient passés maîtres dans le remodelage de paysage ! L'illusion devait être parfaite. Voici ce qu'en dit Li Yu, écrivain chinois du XVIIe siècle, dans ses *Carnets secrets* :

« Choisir et distribuer des plantes selon la topographie est à la portée de quiconque, mais ce qu'on attend d'un maître, c'est qu'en creusant ici des étangs, en élevant là des montagnettes, en disposant ailleurs des rocs ou des “ falaises ”, il modèle ou remodèle le terrain, qu'il intervienne pour, en somme, truquer et recomposer le paysage avec tant d'art que soit recréée l'illusion parfaite de paysages naturels. »

La **taille de votre jardin** n'a pas vraiment d'importance : parc, jardin ou jardinet, l'essentiel est que l'infiniment petit rejoigne l'infiniment grand et que vous vous y sentiez en harmonie. Quel qu'il soit, cet espace peut constituer un lieu de vie agréable.

Sa fonction sera adaptée en fonction de sa superficie. Ainsi, un jardinet ou une terrasse peuvent accueillir un carré d'herbes aromatiques ou un *kare san sui*, un jardin zen japonais (voir p. 532) qui vous permettra de créer un microcosme reproduisant en petit l'immensité et l'énergie de la nature.

Dans un grand jardin, différents univers peuvent coexister, sous réserve qu'ils soient bien séparés : un espace aquatique (piscine, bassin), un espace promenade, un espace potager.

LE *PENJING*, LE PAYSAGE MINIATURE

Faute de place, le paysage se conçoit même en pot. Le ***penjing*** chinois est ainsi l'ancêtre du bonzai japonais apparu au VIIIe siècle de notre ère : dans un pot ou un plateau, arbres et mini-rochers recomposent un paysage idéalisé en miniature. Disposés dans les jardins et les cours, les *penjing* étaient aussi présents dans les cabinets des lettrés : une manière, pour ceux qui n'avaient pas de jardin, d'introduire chez eux une partie du grand Tout et de cette énergie universelle.

Li Yu : « C'est faute de pouvoir aller s'installer au bas d'une falaise et vivre au milieu des arbres et des rocs que l'on en vient à remplacer la montagne par un caillou gros comme le poing, les sources par une cuillerée d'eau. »

Des petits morceaux de la nature sous forme de rochers, de minéraux achetés ou glanés au cours de déplacements, appelés **pierres de rêves**, du sable, des bois sous forme d'écorces, des fleurs dans un vase permettaient de recréer un lien avec l'univers et devenaient ainsi des supports de méditation.

UN ESPACE DYNAMIQUE ET VIVANT

Si le feng shui préconise que la forme du terrain de votre propriété soit parfaite (c'est-à-dire en forme de carré ou de rectangle), celle de votre jardin, dans son agencement, ne l'est pas nécessairement. Que ses caractéristiques soient celles du jardin français « classique » (le jardin est construit symétriquement autour d'un axe), ou qu'elles soient asymétriques comme avec le jardin chinois ou anglais, le *chi* doit pouvoir y circuler librement comme dans un vrai paysage naturel.

Concernant l'entretien, gardez à l'esprit que votre jardin vous reflète, vous et votre manière de penser. Ne le laissez pas à l'abandon. Débarrassez-vous des mauvaises herbes et mettez-les dans le bac à compost, déracinez les souches, supprimez les arbustes et arbres morts qui constituent des éléments perturbateurs (voir les flèches, p. 213). Dégagez les allées en coupant ronces et orties… Privilégiez les engrais verts et les désherbants naturels afin de préserver votre environnement.

Jardin et maison : deux univers distincts

Traditionnellement, le jardin chinois et la maison sont séparés par un mur ou des excroissances naturelles ou artificielles qui bloquent partiellement la vue depuis la maison. Le jardin ne doit pas en effet être abordé dans sa globalité, mais de manière « érotique ». Il doit être découvert au rythme des pas et d'un cheminement qui réserve des surprises.

L'habitation est un espace yang, où la symétrie, la ligne et l'angle droit sont présents. Le jardin chinois est un espace yin, marqué par l'irrégularité et l'asymétrie, la ligne sinueuse. Il est possible d'y partager une aventure sensorielle et artistique et d'y vivre une expérience intérieure.

Le jardin ne se donne jamais à voir dans sa totalité

C'est une règle d'or ! Il est fondamentalement différent du jardin français traditionnel qui s'apprécie depuis un point de vue unique, livrant une vue d'ensemble et une perspective générale. Le jardin chinois suppose une absence totale de lignes droites et de vue dégagée. Son charme réside dans la mise en scène d'une succession de tableaux suggestifs que le visiteur est amené à découvrir.

Véritable référence à la peinture de paysage dont il s'inspire, le jardin se découvre pas à pas, à la manière d'une peinture sur rouleau qui se déroule progressivement sur la table, de la droite vers la gauche.

Le cheminement dans le jardin favorise la vision statique et la vision dynamique

La vision statique est générée par les haltes que le spectateur effectue dans le jardin. *A contrario*, la vision dynamique suscite l'imagination. Ainsi, toutes les trajectoires sont pensées pour conduire le regard du visiteur en l'empêchant d'avoir une vue globale du jardin. Sa perception est fragmentée volontairement. Le visiteur est amené à le reconstituer mentalement. Une vraie poésie se dégage de cette technique, qui permet de toucher directement les émotions et les sentiments.

Avec ses méandres, ses irrégularités et ses détours, le jardin oblige le visiteur à perdre ses points de repère spatio-temporels et à faire un retour sur lui-même. Le jardin agit sur notre corps, à travers les sens, mais également sur notre esprit en nous invitant à faire un voyage vers notre intériorité.

Le jardin n'est pas plat !

Pour beaucoup d'entre nous, cela va souvent à l'encontre de la conception que nous avons du jardin, que nous imaginons pensé en amont, tiré au cordeau, bien ordonné, élaboré autour d'un axe qui part de l'habitation et dont la vision globale n'est gênée par aucun obstacle.

Au contraire, le jardin d'esprit taoïste tire parti des dénivelés naturels du paysage : monts et eaux doivent y être présents pour que le terrain ait un bon *chi*. À défaut, ces éléments sont reconstitués.

Les origines du jardin à la française

La conception du jardin classique à la française, toujours prégnante dans nos esprits, tire son origine de la conception chrétienne du jardin édénique, pensé comme une plaine au centre de laquelle coule la fontaine où se croisent les quatre fleuves. Planéité, centre, axialité ont tous un dénominateur commun : la croix.

Mot d'ordre : éviter la ligne droite

> « ***Les sentiers ne sont jamais plus commodes que lorsque ce sont des raccourcis, jamais plus merveilleux que lorsqu'ils font des détours.*** »
>
> Li Yu

Les chemins ressemblent à des **sentiers sinueux** et irréguliers rappelant ceux qui sillonnent la montagne. Le long du parcours, **plusieurs haltes** sont aménagées pour savourer de **petites scènes** qui enchantent le regard : un arbuste ou une pierre sculptée, un bosquet de fleurs colorées, un bassin d'eau scintillante sous la lumière, une butte plantée d'arbres, un élément décoratif particulier.

L'allée qui mène au jardin véhicule le flux de *chi* : ne plantez pas d'arbre devant l'accès, qui obligerait le *chi* à le contourner. Le sol sera sécurisé, éventuellement doté d'un éclairage. Si l'allée passe devant la maison, il est préférable qu'elle adopte une forme concave plutôt qu'une forme d'arc (voir p. 230). Si votre allée est en ligne droite face à la porte d'entrée, vous pourrez aménager ses abords, en fonction de sa largeur, pour adoucir l'arrivée du *chi*.

Le jardin favorise les irrégularités qui rappellent la nature, faite de dénivelés. Mais attention : irrégularité ne signifie pas accident de terrain, synonyme de danger qu'il s'agit, bien sûr, d'éviter. Vous pouvez ainsi créer un jeu de niveaux, avec de petites terrasses ou la présence de marches. Cela dynamisera localement le *chi*.

Pour enrichir la visite de votre jardin, celle-ci devra être rythmée, comme ponctuée de pauses permettant de reprendre sa respiration : une série de murs percés d'ouvertures, portes ou fenêtres, permettront d'orienter le *chi* et proposeront au regard des effets de surprise.

Gare aux esprits !

Une légende chinoise raconte que les esprits se déplacent en suivant des angles droits : les petits ponts aménagés dans les jardins pour traverser les cours d'eau prennent la forme de zigzags ou de courbes pour les dissuader d'avancer... Un écran en forme de pan de mur est disposé volontairement devant l'entrée principale de la maison pour les empêcher d'y pénétrer. Il permet en réalité au *chi* de la rue passante de rentrer dans la propriété de manière moins agressive, tout en se protégeant des regards intrusifs.

Ménager des pauses

Les éléments décoratifs prévus par les Chinois ont aussi une utilité : ils permettent de savourer un paysage, de se détendre, de lire un livre, d'étudier ou de jouer au jeu de go à l'abri du soleil ou de la pluie. Pavillons, kiosques, pagodes, galeries peuvent être transposés : une tonnelle, une pergola, un banc de bois, un muret, une table en pierre, un lit en métal abrité, un transat, un hamac ou tout autre mobilier adapté aux conditions extérieures vous permettront de pratiquer vos activités, de profiter de votre jardin ou de vous reposer.

Dynamiser son jardin grâce au yin et au yang

Si votre jardin semble plat et ennuyeux, c'est probablement qu'il manque de contrastes ! Prenez exemple sur la nature en valorisant ses oppositions complémentaires : pour cela, le yin et le yang peuvent vous venir en aide. Leur présence créera une unité musicale, une harmonie dynamique et régénérante.

Le tableau de la page suivante liste quelques exemples de contrastes naturels qui peuvent être mis en place dans le jardin afin de remédier à un trop plein de yin (un jardin avec trop d'ombre, par exemple) ou un trop plein de yang (trop de verticales, par exemple).

YIN	YANG	ILLUSTRATIONS ET COMMENTAIRES
Eau	Montagne	Les deux éléments constitutifs du jardin
Creux, concave	Bombé, convexe	Le dénivelé du relief
Eau dormante (mare, bassin)	Eau coulante ou tombante (ru, fontaine, cascade)	Dans les deux cas, l'eau doit toujours être « vivante » et non stagnante
Horizontalité	Verticalité	Secteur plat, bassin/colline ou mur
Stabilité	Mouvement	Rocher/eau coulante, muret/feuilles mues par le vent
Vide	Plein	Deux espaces : espace dégagé, espace occupé
Aspect ombré, sombre	Aspect lumineux	Jeu d'ombres et de lumières
Zone humide	Zone sèche	Variations hygrométriques
Mollesse	Dureté	La texture du végétal, la dureté du rocher
Planéité	Montuosité	Les différences de niveaux topographiques
Continuité	Rupture	Mur/ouverture ; mur/végétation
Aspect troué	Aspect plein	Les anfractuosités dans la roche
Plantes yin	Plantes yang	Plantes de sol humide : fougères, hortensias Plantes aimant la chaleur : rosiers, tournesol
Feuille mate	Feuille brillante	Exultation des nuances lumineuses
Tronc tordu, noueux, vieilli	Tronc droit	La réunion des deux amène une réflexion méditative
Couleurs sombres	Couleurs lumineuses	Noir, bleu foncé, violet, teintes foncées / rouge, orange, jaune, teintes claires
Son naturel	Son artificiel	Bruit de l'eau, des oiseaux, clochettes et carillons

Repérez les endroits où vous vous sentez bien, valorisez-les et renforcez les secteurs les plus faibles en y accentuant les caractéristiques yang :

- Plantez des arbres dont les feuillages bruissent au vent ou qui ont des reflets, comme l'eucalyptus.
- Créez du mouvement avec des accessoires mobiles que vous pouvez pendre dans les arbres : des fanions, des mini-éoliennes, des objets aux formes ondulantes...
- Disposez des sphères métalliques de différentes tailles au pied d'un buisson pour refléter les rayons du soleil.
- Suspendez un carillon en bois, en métal ou en verre pour remplir l'espace d'une présence phonique.
- Attirez les oiseaux en disposant des mangeoires sur les branches.
- Une fontaine, une mare, une petite chute d'eau créeront un son relaxant, tout en purifiant l'air brassé par l'eau.
- La nuit, éclairez votre jardin. L'éclairage participe aussi à rendre vivant votre jardin, votre terrasse ou votre balcon.
- Pour que votre jardin reste aussi « vivant » l'hiver que l'été, prévoyez des essences d'arbres et de plantes à feuilles persistantes adaptées au sol et au climat.

POURQUOI TROUVE-T-ON DES ARBRES TORDUS DANS LES JARDINS CHINOIS ?

Pour les taoïstes, l'arbre tordu et vieux est un « capteur d'énergie », pour reprendre les termes de Yolande Escande (*Montagnes et eaux, la culture du Shanshui*). Plus sa forme est tourmentée, ridée, difforme, plus il est digne d'intérêt. Nous sommes là bien loin de l'esthétique occidentale...

- Tout d'abord, il vivra plus longtemps qu'un arbre jeune destiné à être débité en morceaux... L'inutilité du vieil arbre est valorisée par la pensée taoïste, car elle est synonyme de longévité.

→

- D'autre part, explique-t-elle, « la torsion allonge le parcours de la sève et l'arbre accumule alors de l'énergie » : c'est donc un capteur d'énergie plus riche, qu'il peut ensuite retransmettre.

LE JARDIN, LIEU D'ÉPANOUISSEMENT DES CINQ SENS

Le jardin est avant tout un lieu idéal de ressourcement et de délectation sensorielle.

La vue

Les effets de surprise ménagés dans le jardin ravissent l'œil et procurent de la joie. Les différentes tonalités de vert des feuillages, les fleurs, le jeu des volumes, la juxtaposition des plans avant et arrière, la part de lumière et d'ombre, la sinuosité des chemins créent un rythme visuel. Les éléments décoratifs : objets colorés, pierres ou murs peints, formes métalliques rondes et réfléchissantes posées sur le sol ou dans les airs, viennent animer l'espace.

Les transformations opérées par le temps sur le jardin peuvent aussi avoir du charme : les plantes naissent, croissent et meurent dans un cycle sans fin.

L'odorat

Le jardin nous invite à humer toutes sortes de parfums : l'herbe humide encore imprégnée de rosée, la pelouse tondue, les senteurs diverses d'arbustes et de fleurs nous connectent aux souvenirs d'enfance, aux paysages traversés pendant les vacances…

Certains effluves sont plus subtils en fin de journée : « Respirer un parfum en plein jour ne vaut pas humer des senteurs au crépuscule ! Car, lorsqu'on respire un parfum en plein jour, ce parfum se trouve entre le nez et la bouche ; tandis que, si l'on hume des senteurs au crépuscule, elles pénètrent droit dans l'âme qui rêve ! », écrit Li Yu.

Frôlez le massif de plantes aromatiques ou de lavande : il s'en dégage un parfum relaxant…

Le goût

Manger les fruits ou les légumes de son jardin procure un plaisir précieux (outre leurs meilleures qualités nutritives).

L'ouïe

Les sons créent la vie et dynamisent le jardin : le pépiement des oiseaux, le murmure ou le clapotis de l'eau qui coule doucement dans la chaleur de l'été, le bruissement du vent dans les feuilles, le tintement des mobiles en bambou, des clochettes japonaises en métal…

Le toucher

Le jardin nous invite à toucher, caresser, frôler les différentes textures : rugueuse comme l'écorce, brute comme la pierre, lisse comme le galet, duveteuse ou nervurée comme une feuille… Marcher pieds nus dans l'herbe ou s'y allonger nous procure une sensation de liberté tout en rechargeant nos batteries.

UN LIEU DE RETRAITE ET DE MÉDITATION

Plus qu'un simple lieu d'agrément qui procure des satisfactions sensorielles et toutes sortes de plaisirs, le jardin peut devenir un havre de paix intérieure et d'enrichissement intellectuel et spirituel.

Vous pourrez vous y ressourcer avec un bon livre, retrouver le calme après une journée de stress, vous évader, pratiquer le yoga, le tai chi ou toute autre activité de détente, la méditation ou n'importe quelle activité spirituelle.

Un lieu de culture

Traditionnellement, le jardin chinois ne se concevait pas sans l'apport de références culturelles, littéraires ou historiques, qui étaient calligraphiées sur les murs, les portes ou à même les rochers. Plus que des éléments décoratifs, ces caractères nommaient également les espaces au moyen de commentaires et de « signalétiques » poétiques : chaque visiteur était ainsi invité à entrer en résonance avec la scène qu'il regardait et à ressentir toute la poésie du lieu investi de ces références.

Un jardin n'était pas achevé tant que n'y figuraient pas ces inscriptions, une manière pour lui d'accéder au rang de paysage digne d'intérêt.

Voici quelques conseils pour **transformer votre jardin en espace unique et sacré**.

Au sein de votre jardin, aménagez un **espace isolé**, protégé, à l'abri du vent, du passage et du bruit, en l'entourant de bosquets épais et en l'éloignant de l'allée principale. Plutôt qu'un chemin en ligne droite, optez pour un chemin sinueux, plus naturel, et des détours qui renforceront la dimension intérieure. Un petit portail peut en protéger l'accès. Un espace clos, une cour fermée dans un immeuble peuvent tout à fait apporter ce sentiment de sécurité.

Choisissez les essences d'arbres, les plantes et les objets qui vous inspirent : vos plantations peuvent vous rappeler par exemple un événement heureux, une personne chère disparue, le jardin de votre enfance, celui de votre grand-mère. Si vos goûts vous portent vers la culture asiatique, vous aurez peut-être envie de vous inspirer du **jardin zen** composé de rochers, de mousse et de graviers (reportez-vous à l'encadré p. 532 pour y découvrir quelques principes faciles à mettre en œuvre).

Le choix des essences d'arbres et de plantes était symbolique pour les Chinois, chacune incarnant une vertu et des qualités morales ou curatives. Le tableau ci-dessous présente quelques arbres et plantes typiques des jardins chinois.

PLANTE	SYMBOLE
Bambou	Souplesse, endurance, longévité, utilité, forme morale
Chrysanthème	Longévité, immortalité (le 9e mois, mois de sa floraison, se prononce comme « longtemps » en chinois)
Ginkgo biloba	Amitié
Hortensia	Réussite
Lotus	Pureté et persévérance (bouddhiste)
Pêcher	Immortalité, chasse les mauvais esprits
Pin	Sagesse, résistance, vitalité, longévité
Pivoine	Amour et beauté féminine, richesse, emblème du printemps
Poirier	Longévité
Prunus	Renouvellement, audace, noblesse, symbole de la nation chinoise

Bambou, pin et prunus sont les arbres qui offrent la plus grande résistance à l'hiver : pour cette raison, ils sont associés aux qualités éthiques recherchées par les lettrés chinois, ce sont « les trois amis de l'hiver ».

Le jardin devient ainsi un **lieu de condensation pour s'évader** vers le passé ou des destinations merveilleuses que vous avez visitées : une forme de mémoire personnelle sécurisante y est conservée, qui peut sans cesse s'enrichir de nouveaux souvenirs marquants, à l'image du jardin chinois qui est comme un écho de l'univers en plus petit.

Inspirez-vous de l'école taoïste et de la règle des opposés yin-yang, selon laquelle la présence dans le même espace du beau et du laid, du régulier et de l'irrégulier, du jeune et du vieux, du clair et de l'obscur devient un objet de méditation. Dans ce type de jardin sacré qui nous fait réfléchir sur le sens de l'existence et sa fragilité, l'éphémère côtoie la permanence, la continuité joue avec la rupture...

LE *KARE SAN SUI* (« SEC, MONTAGNE, EAU »)

Le jardin zen japonais trouve ses origines dans le jardin chinois, et en particulier les jardins de pierres des moines taoïstes consacrés sous la dynastie Song.

Il est une représentation de la nature sous une forme symbolisée et dépouillée : composé de sable, de pierres et de mousses, c'est un jardin « sec » où l'eau n'est pas présente sous sa forme liquide, mais **symbolisée** par un creux rempli de graviers, de cailloux ou de sable. À l'aide d'un râteau, le jardinier dessine des lignes et des motifs qui décrivent les ondes calmes ou déchaînées d'un cours d'eau, des vagues, des gouttes d'eau ou des écailles de poisson.

→

La végétation y est persistante pour introduire une atmosphère yin propice au calme. La part du vide et de l'espace y est importante, car elle permet d'effectuer un retour sur soi-même.

On y retrouve les principes du feng shui tels que le respect de la nature, l'équilibre du yin et du yang, les proportions, la notion du microcosme, les chemins sinueux, que les Japonais rythment de lanternes en pierre…

Tout y est miniaturisé, symbolisé et rendu abstrait afin de rentrer dans un espace restreint : un rocher en forme de petite montagne représentera ainsi le mont Sumeru du bouddhisme. Cette miniaturisation demande beaucoup de technicité.

Ce jardin est « ritualisé ». Avant d'y pénétrer, le visiteur annonce sa venue à l'aide d'une cloche et fait une pause sur une pierre d'ancrage, sur laquelle il se recueille avant d'entamer son cheminement.

FOCUS : CRÉER UN JARDIN EN 10 ÉTAPES

- Agissez feng shui : choisissez un **terrain contrasté**, exploitez le moindre dénivelé naturel du paysage pour rappeler la dualité complémentaire montagne/eau.
- Si votre terrain est plat, recréez un relief accidenté : un seul dénivelé suffit, un seul rocher peut faire l'affaire (voir les conseils pour dynamiser son jardin, p. 525).
- Quelle que soit sa taille, faites comme si vous souhaitiez faire entrer un paysage dans votre jardin. N'hésitez pas à le **miniaturiser** en respectant l'échelle choisie.
- Organisez votre jardin autour de la **présence de l'eau**.
- Pensez votre jardin comme une **succession de scènes ou d'espaces**, qui se découvrent les unes après les autres. Imaginez deux ou trois vues intéressantes.
- Privilégiez les **chemins sinueux**, comme les traits d'une calligraphie.
- Ponctuez le chemin de **haltes** : bancs, abri en bois…
- **Ayez l'œil du photographe** ! Pensez peinture : « tracés » et cadrages, touches de couleurs, rythmes vertical et horizontal, lumières et ombres…
- **Tout yin suppose du yang** : dynamisez votre jardin selon cet équilibre naturel. Zone de lumière et zone d'ombre, forme élancée et forme ramassée, couleur mate et couleur brillante, végétation éparse et végétation dense…
- Créez des **effets de surprise** : la nuit, un jeu de lumière découpera la frondaison d'un arbre, sublimera un détail original de votre mur de pierre, rendra poétiques les limites d'un chemin ou fera miroiter l'eau de votre piscine…
- Donnez l'impression d'un **rythme irrégulier** en étageant vos plantes selon trois niveaux : des mousses au ras du sol, des arbustes au second niveau et des arbres ou une haie au dernier niveau. L'ensemble reproduira parfaitement les formes de la nature.
- **Entretenez** votre jardin pour qu'il reste vivant !

CHAPITRE 3
AMÉNAGER UNE TERRASSE

Ce n'est pas parce que vous n'avez pas de jardin que vous ne devez pas prendre soin des quelques mètres carrés qui vous servent d'espace extérieur… Une terrasse, au même titre qu'un jardin et même plus encore car elle s'avère facilement encombrée, est à entretenir méticuleusement.

Si le feng shui n'intervient pas de manière stricte dans cet espace, certains aménagements peuvent être effectués en appliquant quelques-unes de ses règles.

Tout comme pour votre jardin, l'aménagement de votre terrasse dépend avant tout de sa destination (espace de détente, de réception, de méditation, jardin potager) et de son style : jardin anglais, italien, chinois ou japonais… À vous de décider en fonction de vos goûts, des inspirations que vous aurez trouvées dans les magazines, sur Internet ou auprès de professionnels (jardiniers, paysagistes et architectes d'intérieur). Pour la dimension énergétique, vous pouvez faire appel à des professionnels en feng shui et géobiologie.

VALORISEZ LES ATOUTS DE LA TERRASSE

Un espace fluide

Une terrasse n'est pas un débarras ! Le *chi* doit y circuler librement, sans entrave. Alors prévoyez des rangements ingénieux : banc-coffre, armoire en bois, petit cabanon, etc. Ce n'est pas parce qu'elle est à l'extérieur que votre terrasse doit être sale… N'oubliez pas qu'elle est le prolongement de votre maison ou de votre appartement : c'est un endroit où vous pouvez vous relaxer, déjeuner en famille ou avec des amis. Le sol, les murs, les meubles, les plantes, tout doit respirer le positif !

Dans la suite logique du premier point, ne l'encombrez pas ! Favorisez la fluidité de la circulation. Des meubles aux angles arrondis, des assises aux tissus confortables sont préférables pour faciliter les déplacements et renforcer la sécurité des enfants.

Un espace protégé

Pour se protéger du vis-à-vis, du vent, du soleil ou des « flèches » (formes agressives), plusieurs solutions sont présentées p. 514.

Un espace trop protégé peut devenir très yin et manquer ainsi de dynamisme : c'est souvent le cas des terrasses. Si la vôtre est coincée entre quatre murs assez hauts (dans une cour étroite d'immeuble), le *chi* risque d'y stagner, surtout s'il n'y a aucune ouverture vers l'extérieur.

Il s'agira alors de travailler sur la verticalité avec l'élément du Bois (vecteur de croissance), tout en donnant du volume : garnissez un ou deux murs de treillages assez élevés pour y faire courir des fleurs grimpantes parfumées (jasmin, chèvrefeuille…). Un sol clair captera la lumière venant du ciel. Côté déco, optez ensuite pour un mobilier nomade et des accessoires aux teintes claires, peu nombreux et bien disposés, afin de renforcer l'unité visuelle. Une petite fontaine donnera une ambiance cocooning et apaisante.

Un espace dynamique

En feng shui, lorsqu'il s'agit de booster certaines Étoiles Volantes (voir p. 345), il suffit parfois de placer un bassin d'eau pour activer le *chi* sur une terrasse.

En complément du feng shui, l'ambiance décorative peut être bénéfique si elle est adaptée aux pièces ayant une vue sur elle. Il est ainsi important de la soigner.

Si, par exemple, votre bureau ouvre sur la terrasse ou le balcon et si vous souhaitez dynamiser la vue, formes, matériaux et couleurs peuvent être sélectionnés en fonction de vos goûts pour vous donner l'impression que votre terrasse est plus yang. Pour cela, rien de plus simple : inspirez-vous du système des cinq éléments (voir p. 127).

- Les plantes et les tissus de couleurs vives (par exemple, l'orange est idéal pour la joie de vivre), les rayures, les motifs bigarrés, tout ce qui est en rapport avec les **éléments Bois et Feu**.

- L'**élément Métal** : des accessoires plantés dans les pots, des miroirs, des cristaux, des boules réfléchiront la lumière, tandis que des clochettes japonaises la dynamiseront (le son est Métal en feng shui).

- L'**élément Eau**, sous la forme d'une fontaine ou d'un petit bassin, peut également vivifier et apporter le calme nécessaire à la concentration. Attention, une eau mobile et une eau « statique » ne produiront pas les mêmes effets : à tester pour l'ambiance et en tenant compte de leur influence sur les Étoiles Volantes. En feng shui des Étoiles Volantes, en effet, la différence entre eau calme (yin) et eau mobile (yang) est prise au sérieux. Leur influence réciproque est fondamentalement différente sur le *chi*.

- L'**élément Terre**, réputé statique, convient plus logiquement aux espaces qui ont besoin d'être « ancrés », ralentis, apaisés… Mais là encore, si cela vous dynamise, rien ne vous empêche d'y faire appel, car il n'est ici question que de décoration…

FENG SHUI OU DÉCO ?

La force dynamique provient de ce qui a une action sur le *chi* : le vent ou l'eau, les végétaux lorsqu'ils sont réels, les formes massives et statiques.

Les couleurs agissent seulement sur un plan visuel. Leur effet dynamique sera parfait pour créer une ambiance, mais peu efficace pour accompagner une action sur le *chi* en matière de feng shui.

Les éclairages

Les éclairages sont indispensables pour créer une dynamique dans le jardin ou sur une terrasse : lampadaires, appliques murales, éclairages à détection de présence ou spots au sol pour sécuriser les escaliers, les marches, les chemins. Selon les usages, différentes possibilités se présentent à vous dans le commerce, avec notamment la Led ou le solaire. Les éclairages sont aussi créateurs d'ambiance : photophores, lampions, lanternes…

N'oubliez pas de respecter les normes de sécurité pour les éclairages en extérieur !

Je n'ai qu'un balcon !

Le balcon, encore plus petit que la terrasse, représente un vrai défi.

- Pour rehausser le *chi* du lieu, servez-vous des rebords de fenêtres en y accrochant des jardinières garnies de fleurs colorées ou de grimpantes parfumées.
- Pensez également aux mobiles, aux petits carillons ou aux clochettes.
- Fixer un miroir sur l'encadrement extérieur de la fenêtre peut ramener les rayons du soleil dans un appartement sombre ou découvrir une perspective agréable.
- Un store vénitien ou un voilage fin peuvent tout à la fois vous protéger du soleil, maintenir le frais dans votre appartement et camoufler une vue désagréable.

TERRASSES ORIENTÉES : DES ESSENCES DE PLANTES ADAPTÉES

Selon l'emplacement cardinal de votre terrasse et sa situation par rapport à la maison, l'impact de la lumière, du vent, de l'humidité ne sera pas le même. Le sud, le nord, l'ouest – les trois expositions qui sont privilégiées en général – présentent des avantages et des inconvénients.

Une terrasse au sud

Si votre terrasse est orientée plein sud, la chaleur risque d'y devenir insupportable : elle nécessitera quelques aménagements pour pouvoir en profiter.

- Il faudra recréer un espace d'ombre (espace yin) : un store ou une toile rétractable, un parasol lesté, un voile d'ombrage, une végétation grimpante (clématite, jasmin, vigne vierge) ou arborée protégeront du soleil.
- L'ombre d'un arbre profitera autant à la maison qu'au jardin, en protégeant la végétation alentour. Attention cependant à prévoir une distance suffisamment grande entre la frondaison de l'arbre et la façade de la maison pour ne pas l'obscurcir.

- La présence d'eau (fontaine en circuit fermé solaire, brumisateur…) ramènera de la fraîcheur et fera baisser légèrement la température.

- Protégez-vous du vent et de l'œil des voisins avec un velum (pièce de tissu simulant un plafond ou une paroi protectrice) ou des parasols orientables. Des plantations arborées avec un feuillage épais seront idéales pour occulter le bruit.

- La réverbération du soleil vous dérange ? Les stores roulants horizontaux et motorisables seront vos meilleurs alliés.

- Adaptez le mobilier aux températures excessives : le soleil peut faire autant de dégâts que l'eau sur le bois ou le métal. Vérifiez leur degré de résistance.

- En hiver, la terrasse peut également être transformée en véranda, mais, attention une fois l'été venu, les degrés risquent de monter rapidement : prévoyez une véranda escamotable ou un système naturel pour la rafraîchir ! Cette solution est plus adaptée à une terrasse exposée au nord.

Comme pour le jardin, choisissez les plantations en fonction de l'orientation de votre terrasse. Faites appel à un jardinier si vous avez des doutes. Les professionnels des magasins spécialisés sauront également vous conseiller.

Quelques variétés de plantes qui supportent le plein soleil et la sécheresse :

- **Arbustes :** lavatère, lilas des Indes, ciste, fremotodendron californicum, oranger du Mexique, althéa, romarin, buddléia, laurier-rose, lantana, etc.

- **Grimpantes :** clématite, jasmin étoilé, bignone, passiflore, bougainvillier, rosiers, volubilis, etc.

- **Vivaces :** lavande, euryops, myrte, anthémis, gazania, pérovskia, cornier corniculé, pélargoniums, etc.

Une terrasse au nord

Les terrasses placées au nord d'une maison sont plus courantes qu'on ne le pense… Elles seront fort agréables en été car moins chaudes, même si elles disposent de moins de luminosité.

Il suffira de ramener de la chaleur visuelle avec des couleurs chaudes, vives et tout ce qui vous semblera solaire ! Rien ne vous empêche de mettre du rouge au nord malgré ce que l'on peut lire dans certains manuels : cela n'affectera aucunement le *chi*.

Pour amener une dynamique, jouez également sur les différents types de feuillages (fougères, hosta) – persistants, brillants, argentés ou colorés (heuchères). Le nandina, par exemple, devient rouge à la fin de l'hiver.

Attention : dans certaines régions, le vent du nord, conjugué au gel, peut être néfaste pour les bourgeons. Il faut donc veiller à protéger votre terrasse et vos plantes en hiver, en prenant conseil pour le choix des bacs et le stockage de l'eau.

Les plantes qui ont besoin d'une exposition à l'ombre (nord) ou à la mi-ombre (nord-ouest) sont nombreuses. En voici quelques-unes que j'aime bien : l'érable du Japon dans une cour sombre ou le bambou sacré (nandina) au feuillage et baies rouges, le pittospore du Japon, le camélia du Japon, l'hortensia, le fuchsia, le jasmin d'hiver, le mahonia, le rhododendron, le buis, le lierre, le chèvrefeuille, la bruyère, le bégonia et certains rosiers (renseignez-vous au préalable).

Une terrasse à l'ouest

Une terrasse située à l'ouest de la maison est ombragée le matin et bénéficie des rayons du soleil à partir de la mi-journée. Avec le sud, c'est l'exposition la plus chaude. Par conséquent, vous choisirez des végétaux de type mi-ombre (et des végétaux plein soleil pour une terrasse au sud-ouest).

Sur la façade atlantique, la pluie et le vent venant de l'ouest peuvent abîmer les fleurs de rosiers et les pivoines : il faudra donc penser à les protéger, en dressant une haie, par exemple.

Voici les plantes et arbustes parfaitement adaptés à cette situation : l'azalée, le rhododendron de Gibraltar, la spirée, le bambou, le cornouiller à fleurs, l'andromède, le fuchsia, le chèvrefeuille, le lierre, la clématite, l'ancolie, l'hellébore, l'iris, le phlox, la pensée, l'arum, l'anémone, la campanule, l'hosta, le lobelia, etc.

Certains rosiers aiment la mi-ombre : Pénélope, Boule de neige, Pierre de Ronsard, Iceberg, Bouquet parfait…

CHAPITRE 4

LES CINQ ÉLÉMENTS DANS LE JARDIN

Le principe des cinq éléments (voir p. 127) est une méthode simple et ludique permettant de rendre un jardin harmonieux, en équilibrant les formes, les couleurs et les types de *chi* entre eux.

Comment cela fonctionne-t-il ? Tous les végétaux vivants appartiennent à l'élément Bois. Pour classer un arbre, tout dépend du point de référence que vous avez choisi.

Si l'on prend l'exemple d'un buis, sa forme peut être associée à un élément selon qu'il est taillé en boule (élément Métal), en haie rectangulaire (élément Terre) ou en cône (élément Feu).

Un premier classement peut ainsi être effectué selon la silhouette du végétal, mais un autre mettra en valeur la forme de ses feuilles (ronde pour le Métal et pointue pour le Feu) ou la couleur de la floraison (rouge pour le Feu et bleu foncé pour l'Eau)…

Il s'agit donc de bien définir le type de rééquilibrage auquel vous souhaitez procéder en fonction des caractéristiques de chaque élément. Vous pouvez vous aider des tableaux des pages suivantes, qui constituent un guide à compléter à votre gré.

Le premier tableau fait correspondre les caractéristiques de chaque élément (Bois, Feu, Terre, Métal, Eau) avec celles des plantes.

ÉLÉMENT	TYPE DE *CHI*	MOUVEMENT	PLANTES	CORRESPONDANCES
Bois 木 (*mu*)	Croissance, dilatation, expansion, transformation, stimulation, foisonnement, profusion	Multidirectionnel	Bourgeonnement, besoin d'espace et de nourriture pour croître	Énergie du renouveau Point cardinal : est Heure : aube
Feu 火 (*huo*)	Élévation, chaleur, passion, luminosité, purification	Ascendant paroxystique	Couleurs très vives, franches	Énergie à son maximum, Point cardinal : sud Heure : midi
Terre 土 (*tu*)	Stabilité, ancrage, enracinement, calme, sécurité	Cadrant et central	Plante au ras du sol, croissance lente, massifs carrés	Énergie de la fin de l'été Point cardinal : sud-ouest Heure : après-midi
Métal 金 (*jin*)	Rétractation, condensation, résistance	Qui se concentre, s'intériorise, devient précis	Plante de forme sphérique ou en cercle	Énergie de l'automne Point cardinal : sud-ouest Heure : après-midi
Eau 水 (*shui*)	Propagation, calme, envahissant, fortifiant, nourricier, communicant, tombant, qui s'écoule	Mobile, lent ou chaotique, informel	Plantes grimpantes à spirales, qui se diffusent rapidement dans tous les sens, formes fluides, nervures parallèles	Énergie de l'hiver Point cardinal : nord Heure : soir

Les tableaux qui suivent proposent un classement des plantes selon chaque élément. Les exemples sont indicatifs. Libre à vous de les compléter avec les essences d'arbres, d'arbustes ou de plantes que vous aimez.

Les **énergies du Bois et du Feu** sont stimulantes pour le moral. La première correspond à la transformation printanière, la jeunesse exubérante, tandis que la seconde correspond à un type d'énergie poussée à son maximum.

VÉGÉTAUX BOIS

Arbustes à feuillage persistant, bosquets, formes rectangulaires hautes, tailles cubiques

	NOM COURANT	NOM LATIN	CARACTÉRISTIQUES	MARQUE DE L'ÉLÉMENT
ARBRES	**Magnolia**	*Magnolia grandiflora*	Hauteur : jusqu'à 30 m Feuillage obovale, elliptique, vert brillant persistant Grandes fleurs blanches	Forme de la silhouette
	Thuya	*Thuja*	Hauteur : en fonction de la hauteur de la haie Feuillage persistant Taillé en haie cubique	Type de feuillage et forme de la haie
	Cyprès de Florence	*Cupressus sempervirens*	Hauteur : 20 à 30 m Port élancé conique colonnaire Feuillage persistant	Forme et feuillage résistant
ARBUSTES	**Buis**	*Buxus sempervirens*	Hauteur : selon le mode de taille Feuillage vert luisant	Taillé en massif et feuillage résistant
	Cotonéaster	*Cotoneaster japonicus*	Hauteur : jusqu'à 15 m Feuillage persistant semi-caduc Fruit rouge	Type de feuillage et forme de la haie
FLEURS ET VIVACES	**Acanthe**	*Acanthus*	Hauteur : jusqu'à 2 m Feuillage vert luisant persistant/ semi-persistant Fleurs vert-jaune	Type de feuillage
	Rhubarbe géante	*Gunnera manicata*	Hauteur : jusqu'à 3 m Feuillage semi-persistant	Type de feuillage

VÉGÉTAUX FEU

Arbres hauts, pyramidaux, feuillages pointus, découpés, aiguilles, fleurs rouges, orangées, jaune vif

	NOM COURANT	NOM LATIN	CARACTÉRISTIQUES	MARQUE DE L'ÉLÉMENT
ARBRES	**Tulipier**	*Liriodendron tulipifera*	Hauteur : 50 à 60 m Faible ombrage Feuilles caduques	Forme de l'arbre
ARBRES	**Cèdre sacré**	*Cedrus deodara*	Hauteur : 60 m Forme conique Aiguilles jaunâtres	Forme de l'arbre
ARBRES	**Chêne rouge**	*Quercus rubra*	Hauteur : 25 m Feuillage pourpre ou vert Feuilles caduques	Couleur des feuilles
ARBRES	**Érable rouge**	*Acer rubrum*	Hauteur : 15 à 30 m Fleurs et feuilles rouges Feuilles caduques	Couleur des feuilles
ARBUSTES	**Buddleya de David, arbre aux papillons**	*Buddleia davidii*	Hauteur : 2 à 5 m Feuilles caduques Fleurs couleur lilas très odorantes	Couleur et forme des fleurs
ARBUSTES	**Cornouiller blanc (bâton rouge)**	*Cornus alba sibirica*	Hauteur : 3 m Écorce rouge visible en hiver	Couleur des branches
FLEURS	**Digitale**	*Digitalis purpurea*	Hauteur : 1,50 m Fleurs groupées en masse le long d'une tige montante	Couleur et forme des fleurs
FLEURS	**Dauphinelles, pied d'alouette**	*Delphinium*	Hauteur : jusqu'à 2 m Fleurs groupées en forme de pin montant	Couleur et forme des fleurs

L'énergie de la Terre est idéale pour stabiliser un jardin comportant trop de dénivelés ou trop d'eau. La Terre est en effet l'élément qui « contrôle » l'Eau dans le système du *wuxing* (voir p. 138).

VÉGÉTAUX TERRE

Fleurs, couleurs jaune et brun, formes trapues se rapprochant du carré, tapissantes, amassées ou proches du sol

	NOM COURANT	NOM LATIN	CARACTÉRISTIQUES	MARQUE DE L'ÉLÉMENT
ARBRES	**Érable plane**	*Acer platanoïdes*	Hauteur : 20 à 30 m Forme ovoïde étalée Feuilles caduques Teinte jaune en automne	Forme de l'arbre
	Ginkgo biloba, abricotier d'argent	*Gingko biloba*	Hauteur : 20 à 30 m Feuilles caduques et jaunes en automne	Couleur des feuilles
ARBUSTES	**Cornouiller à bois jaune**	*Cornus stolonifera flaviramea*	Hauteur : 2 à 4 m Port étalé, bas Rameaux jaunes à verts Feuilles caduques	Couleur des rameaux
	Genêt à balais	*Cytisus scoparius*	Hauteur : 1 à 3 m Feuilles caduques Fleurs jaunes	Silhouette buissonnante Couleur des fleurs
FLEURS	**Rudbeckia**	*Rudbeckia fulgida*	Hauteur : 1,20 m Fleurs jaunes	Massif Couleur des fleurs
	Sédum des jardins	*Sedum*	Hauteur : 30 à 60 cm Fleurs roses et pourpres	Tapis, près du sol

Le **Métal** correspond à l'automne, la saison du repli durant laquelle l'énergie se concentre et se retire vers les racines, mais également aux points cardinaux ouest et nord-ouest.

VÉGÉTAUX MÉTAL

Fleurs blanches, formes sphériques, écorces blanches, feuilles grises bleu argenté, rondes

	NOM COURANT	NOM LATIN	CARACTÉRISTIQUES	MARQUE DE L'ÉLÉMENT
ARBRES	**Frêne à fleurs ou orne**	*Fraxinus ornus*	Hauteur : 7 à 10 m Feuilles dentelées et ondulées Bourgeons cendrés Floraison blanche	Silhouette de l'arbre Forme de la feuille Couleur des bourgeons et des fleurs
	Tilleul argenté	*Tilia tomentosa*	Hauteur : 12 à 35 m Feuilles caduques argentées Fleurs à propriété sédative	Couleur « métallique » du feuillage
	Poirier	*Pyrus calleriana*	Hauteur : 15 à 20 m Écorce grise Feuilles brillantes et vert foncé Fleurs blanches Fruit ovoïde	Forme, couleur, texture du feuillage et des fruits
	Eucalyptus (gommier bleu)	*Eucalypto*	Hauteur : 10 à 60 m Écorce gris brun Feuillage gris vert brillant Fleurs blanches	Forme, couleur, texture du feuillage
ARBUSTES	**Viorne**	*Viburnum opulus*	Hauteur : 4 m Feuillage caduc Floraison blanche en forme de boule de neige	Silhouette de l'arbuste Forme et couleur de la fleur
	Hortensia blanc	*Hydrangea macrophylla*	Hauteur : 1,50 m Feuillage caduque Floraison blanche de juin à septembre	Silhouette de l'arbuste en massif Forme de la fleur

	NOM COURANT	NOM LATIN	CARACTÉRISTIQUES	MARQUE DE L'ÉLÉMENT
FLEURS	**Gypsophile**	*Gypsophila*	Hauteur : 1 m Vivace Fleurs blanches et roses	Massif Couleur de la fleur
	Pivoine arbustive	*Paeonia*	Hauteur : 3,5 m Feuillage caduque Fleurs rondes et massif en forme de boule	Forme du massif et de la fleur

L'**Eau** possède une énergie communicative qui se propage rapidement partout, sur le plan horizontal et vers le bas.

VÉGÉTAUX EAU

Massifs ondulés, plantes souples, grimpantes, envahissantes, en nappes, bleues, violettes

	NOM COURANT	NOM LATIN	CARACTÉRISTIQUES	MARQUE DE L'ÉLÉMENT
ARBRES	**Épinette bleue**	*Picea pungens « glauca »*	Hauteur : 12 m Conifère à feuilles rigides persistantes Couleur : bleu gris	Couleur du feuillage
	Saule pleureur	*Salix babylonica*	Hauteur : 10 à 30 m Feuillage tombant	Forme tombante de la silhouette
ARBUSTES	**Glycine du Japon**	*Wisteria floribunda*	Hauteur : 9 m Feuilles caduques Grappes de fleurs tombantes bleu violacé, blanches ou roses	Forme tombante de la silhouette Couleur de la fleur
	Jasmin d'hiver	*Jasminum nudiflorum*	Envergure : 3 à 5 m Feuillage caduque (persistant pour le *jasminum fruticans*) Fleurs jaunes inodores Floraison de l'hiver au printemps	Mode de prolifération en nappes
FLEURS	**Centaurée des montagnes**	*Centaurea montana*	Hauteur : 20 à 60 cm Fleur bleu violet	Couleur et hauteur de la fleur
	Volubilis, liseron bleu	*Ipomoea purpurea*	Hauteur : 2 à 5 m Plante invasive grimpante, volubile Fleur en forme de cuvette	Mode de prolifération

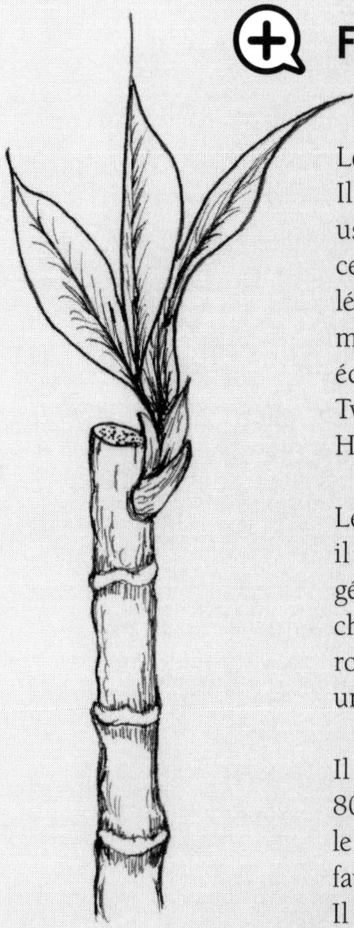

FOCUS : LES BAMBOUS

Le bambou tient une place particulière dans la société chinoise. Il est utilisé dans tous les corps de métiers, pour fabriquer des ustensiles, du mobilier, des objets de luxe, mais aussi le pinceau qui sert à écrire ou dessiner, le papier, le textile. Excellent légume, il constitue également un ingrédient des préparations médicales. Dans la construction, il est utilisé pour bâtir les échafaudages qui servent à élever les buildings (comme la Two International Finance Center, tour de 416 m de haut, à Hong Kong).

Le bambou est l'arbre indispensable dans le jardin chinois : il sert à délimiter. Le long des chemins sinueux, les bambous géants, en se pliant, forment une voûte d'ombrage et de fraîcheur. Parce qu'il se plie sans rompre et offre des qualités de robustesse, le bambou est devenu le symbole de la droiture, une qualité exemplaire recherchée par les lettrés chinois.

Il existe différents types de bambous, du bambou nain (15 à 80 cm de haut) au bambou géant (7 à 12 m), en passant par le petit (1,20 à 3 m) et le grand (4 à 7 m). Dans des conditions favorables, certaines espèces peuvent atteindre 25 m de haut. Il fleurit tous les 80 ou 100 ans selon les espèces.

Contrairement à ce que l'on pense, le bambou est une graminée qui n'aime pas avoir les pieds dans l'eau. Peu de variétés supportent le bord de mer. Le bambou pousse sous toutes les latitudes : on le trouve aussi bien en Chine qu'au Chili, en Amérique du Sud et en Europe qu'en Afrique.

Le bambou est une plante dont la croissance est rapide, en particulier pour les variétés dites « traçantes » qui se propagent très vite. Leurs racines peuvent envahir tout votre jardin et ont besoin d'être canalisées. Au moment de la plantation, il faut donc installer des membranes qui feront office de barrière anti-rhizomes (les plus efficaces sont en polypropylène). Les cannes des bambous non traçants offrent une moindre variété de couleurs que celles des traçants.

Voici **quatre bambous non traçants** (les racines restent localisées autour du pied).

- **Le *Fargesia jiuzhaigou 1* ou red panda**, originaire de Chine.
  - Très décoratif, petites feuilles vertes ; canne qui va du vert à l'acajou.
  - Taille adulte : 2 à 2,50 m.
  - Exposition : mi-ombre à ensoleillée.
  - Bonne résistance au froid.

- **Le bambou *phyllostachys aurea* ou bambou doré**, appelé en Chine « bambou du royaume des fées ».
  - Ses chaumes verts virent au jaune au soleil, puis à l'orangé ; la base de sa canne est en forme d'écailles de tortue.
  - Taille adulte : 4 à 30 m.
  - Exposition : mi-ombre à ensoleillée.
  - Bonne résistance au froid.

- **Le « bambou des montagnes » (*Thamnocalamus tessellatus*)** pousse à plus de 1 500 m d'altitude dans le sud de l'Afrique et au Lesotho. Parce qu'il présente des qualités de résistance, les guerriers zoulous s'en servaient pour renforcer leurs boucliers.
  - Il pousse en touffes avec une tige ligneuse décorative. Idéal pour freiner le vent.
  - Taille adulte : 3 à 6 m.
  - Exposition : ombre.
  - S'adapte aux situations de sécheresse, bonne résistance au froid (–15 °C).

- **Bambou *Fargesia murielae*, appelé aussi « bambou parapluie »**, car, sous le poids de ses feuilles, ce cultivar d'origine danoise a tendance à ployer.
  - Buissonnant, en touffes pouvant être taillées en haie (coupe le vent et le bruit), feuilles de 15 cm de long, tiges vert-jaune avec du duvet blanc.
  - Taille adulte : 4 m.
  - Exposition : mi-ombre.
  - Préfère les climats océaniques aux méditerranéens, car il n'apprécie pas la sécheresse. Très résistant au froid.

FOCUS : AIDE-MÉMOIRE POUR AMÉNAGER SON JARDIN

La réalisation d'un jardin ne se fait pas en un jour, mais sur plusieurs années ! Elle nécessite par conséquent patience et ténacité. Le jardin nous apprend – au cas où cela nous aurait échappé – à composer avec la dimension temporelle, à vivre selon les cycles naturels des saisons (naissance, croissance, décroissance, mort). C'est également un terrain d'expérimentation où l'on apprend beaucoup.

Pour aménager son jardin, il est important de se poser les bonnes questions… Quel genre de jardin souhaitez-vous réaliser ? Sur quelle thématique ? Pour quel usage ?

Diagnostic en amont

Relevez les points cardinaux à l'aide d'une boussole. Puis inspectez votre jardin et répondez à ces questions :

- Quel est son environnement naturel ? Est-il favorable pour le jardin ?
- De quelle direction vient le vent ? Quelle est sa force ?
- Le jardin est-il ensoleillé ? À quel moment de la journée ?
- Le relief comporte-t-il des dénivelés ? Dans quel sens va la pente ? Nécessite-t-elle l'aménagement de terrasses ?
- La configuration du terrain doit-elle être modifiée ?
- Où le jardin est-il situé par rapport à la maison ? Devant, à l'arrière, sur les côtés ? À gauche, à droite ?
- Un plan d'eau est-il présent ?
- Quelle est la composition du sol et son degré d'acidité ? Pourquoi y a-t-il des zones où l'herbe est plus rare, d'autres où elle est plus haute et foncée ?

- Le sous-sol comporte-t-il des gravats d'anciens chantiers, éboulis de pierres d'anciens murs, etc. ? Cette information peut être utile pour la réussite des plantations, mais également si vous souhaitez faire construire une piscine (au niveau de la difficulté de réalisation et des coûts).

- Souhaitez-vous procéder à une analyse du sol ? Elle est parfois nécessaire lorsqu'il est pollué par des produits chimiques. Pas question alors d'y planter un jardin potager : vous ne pourriez pas consommer vos fruits et légumes… Le géranium est utilisé pour effectuer une dépollution naturelle, mais cela prend un certain temps.

- Quels types d'arbres et de plantes poussent dans cet environnement ?

- D'où vient le *chi* ? Nourrit-il correctement la maison ?

- Avez-vous du voisinage ? proche ou éloigné ? Faut-il s'en protéger ?

- Y a-t-il des flèches qui pourraient nuire à la bonne circulation du *chi* ?

- Quels sont les endroits où l'on se sent le mieux ? Quels sont ceux qui demanderaient à être améliorés ?

Établissez un plan avant de vous mettre au travail :

- Après avoir déterminé quelles sont leurs destinations, indiquez sur le plan les différentes zones, en conservant les éléments attractifs : arbre, mur, bassin…

- Tenez compte des différents dénivelés pour mettre en valeur ces éléments, puis tracez des chemins sinueux pour relier ces zones entre elles : les différents organes de votre jardin formeront ainsi un corps vivant. Évitez les lignes droites et les formes géométriques.

- Si vous souhaitez installer un plan d'eau, assignez-lui une fonction (bassin d'agrément, piscine artificielle ou naturelle, fontaine, etc.) et décidez de sa forme (géométrique ou naturelle). Ces décisions pouvant avoir une incidence sur la destinée des habitants de la maison, il est nécessaire de consulter un expert en feng shui qui vous aidera à sélectionner les meilleurs emplacements et caractéristiques.

- Faites appel au principe du yin et du yang pour établir des discussions entre deux éléments opposés et complémentaires : les végétaux / les pierres, les formes naturelles / les formes artificielles, l'eau / les dénivelés, le vide / le plein…

- Éclairez votre jardin la nuit.

- Utilisez le principe taoïste des trois niveaux pour créer un rapport d'équilibre naturel entre les masses végétales.

- Sélectionnez les essences d'arbres, arbustes et plantes adaptées à votre jardin en fonction des caractéristiques climatiques et topographiques, mais également symboliques si vous le souhaitez, ou sentimentales. Imaginez votre jardin en hiver au moment le plus yin de l'année, et au moment le plus yang, en été…

- Apportez les compléments nécessaires à la terre du jardin.

- Tenez compte des influences géobiologiques pour vos plantations.

- Vérifiez les bouches de *chi* : l'entrée de votre jardin doit être dégagée et exempte d'obstacles ou de flèches ; l'entrée de votre maison doit présenter un espace dégagé (*mingtang*) : attention aux arbres plantés trop près, aux souches qui entravent le chemin, etc.

- Utilisez la méthode des trigrammes pour vérifier qu'aucun des membres de la famille ne sera touché par un élément nuisible dans le jardin (voir p. 297).

Partie 7

Équilibrer les énergies au quotidien

Entretenir les bonnes énergies de son lieu de vie ou de travail est souvent nécessaire, voire primordial pour accompagner, de manière complémentaire, les solutions feng shui que vous avez mises en place.

Cette partie présente donc une méthode simple pour nettoyer et revitaliser les énergies de son espace, étape par étape. Elle s'inspire de techniques anciennes de fumigation à base de résines, d'écorces de bois, de plantes ou d'encens, présentes sur tous les continents. De nombreux conseils vous permettront de vous préparer physiquement et mentalement avant de vivre cette expérience étonnante, dont vous tirerez de nombreux bénéfices.

Vous découvrirez également comment les Chinois ont été à l'origine d'un art de vivre original centré sur l'utilisation de l'encens, et quels objets, références religieuses, symboles mystiques ou animaliers ils utilisent traditionnellement pour protéger leur lieu de vie, activer la chance tout comme la richesse, mais également honorer leurs ancêtres.

CHAPITRE 1

CLARIFIER UN ESPACE

Si le feng shui nous permet d'être en harmonie avec notre maison et son environnement en favorisant notre épanouissement, la clarification d'espace est une technique de « purification » destinée à revitaliser l'énergie du lieu de vie ou de travail.

Cette méthode de nettoyage énergétique n'entre pas dans le cadre du feng shui, même si, autrefois – et de nos jours encore –, certains moines chinois intervenaient pour réaliser ces deux missions.

La clarification et le feng shui agissent toutes les deux sur l'espace, mais ont une finalité et des méthodes bien différentes. La clarification peut s'avérer nécessaire en complément d'un travail d'harmonisation feng shui lorsque l'on veut **remonter la vibration d'un lieu et le débarrasser des énergies désagréables perçues comme agressives ou gênantes**.

Dans les pages qui suivent, vous trouverez le déroulé complet d'une clarification traditionnelle efficace, que vous pourrez réaliser afin de vous sentir mieux chez vous.

Étymologie

Clarifier désigne l'acte qui consiste à **rendre plus clair**, verbe qui vient du latin *clarus* (« clair ») et *facere* (« faire »). Le terme anglo-saxon est *space clearing*. Il est vrai que, une fois la clarification réalisée, on a l'impression qu'un voile s'est dissipé : l'espace semble neuf et revivifié.

UNE ORIGINE RELIGIEUSE

Depuis des temps immémoriaux et sur tous les continents, **les hommes ont développé des techniques pour purifier leur corps, leur esprit et leur espace de vie**. Les premiers rituels religieux, d'essence chamanique, utilisaient l'eau et le feu pour purifier les lieux de culte, les protéger des démons et favoriser ainsi la communication avec le divin à travers la prière, les offrandes et les sacrifices.

Dans la tradition judaïque par exemple, dans la cour extérieure du temple de Salomon, se trouvaient l'autel des holocaustes où étaient pratiqués les sacrifices par le feu, et le bassin circulaire réservé aux ablutions des prêtres, auxquelles ils se livraient avant d'entrer dans le Saint des Saints.

Sur le parvis du temple de Salomon, des sacrifices étaient pratiqués par les prêtres au nom du peuple.

Le feu et l'eau jouent un rôle sacré quasi magique dans tous les rituels religieux, qu'ils soient taoïstes, chrétiens, bouddhistes, hindouistes, musulmans ou animistes. Et il perdure encore aujourd'hui à travers l'eau bénite ou les encens qui brûlent dans les églises ou devant les temples orientaux…

La purification des espaces sacrés était pratiquée quotidiennement afin d'y maintenir un haut degré de vibration et de spiritualité. En Occident, dans certains de nos offices religieux, elles ont été vidées de leur intention première et peu de fidèles connaissent encore leur utilité liturgique. Pour en savoir plus, vous pouvez consulter *L'Église romane, lieu d'énergie : pour une géobiologie du sacré*, de Jacques Bonvin et Paul Trilloux.

La purification du corps selon Al-Ghazâlî

Dans la religion musulmane, chaque fidèle doit faire ses ablutions dans les bassins prévus à cet effet avant d'entrer dans la mosquée, lieu sacré par excellence. Al-Ghazâlî, philosophe et théologien soufi d'origine perse (1058-1111), a écrit un traité d'hygiène très élaboré (*Les Secrets de la purification*), qui décrit en détail la technique pour se nettoyer le corps, en commençant par la bouche et le nettoyage des dents avec des bâtonnets de bois d'Arak, un bois reconnu depuis l'Antiquité pour ses propriétés antiseptiques, antitartre, favorisant le renforcement gingival et permettant de lutter contre la mauvaise haleine. Nez, oreilles, tête, mains, pieds et bras devaient être débarrassés de toute impureté.

Ces rituels de purification étaient tellement importants qu'Al-Ghazâlî préconisait même, en cas de pénurie d'eau, de la remplacer par de la terre « pure », immaculée et d'une texture tendre, dont le fidèle pouvait se servir pour nettoyer son visage avant la prière (l'ablution sans eau est appelée « Taayammum »).

LA MAISON A UNE AURA

Tout comme nous, les lieux ont une mémoire : en effet, ils conservent les informations liées aux vécus et aux états d'âme des personnes qui les ont habités (émotions et sentiments liés aux différents événements, heureux ou malheureux). Les spécialistes disent que ce sont ces « empreintes énergétiques », ces « signatures » qui rendent un lieu attractif et harmonieux ou, au contraire, indésirable et invivable.

Dans son ouvrage *Plantes et encens de purification*, Arnaud Thuly[34] distingue **différents types de charges** qui peuvent perturber le cours naturel des énergies en les « chargeant » en informations :

- Certaines charges sont **naturelles** et proviennent des perturbations géomagnétiques telles que les réseaux, les cours d'eau ou les cheminées cosmo-telluriques. Elles sont du ressort de la géobiologie (voir p. 248).

34. Arnaud Thuly, le fondateur de l'Alliance magique, est passionné de spiritualité et d'ésotérisme.

- Les charges « **spontanées** » découlent des émotions, des sentiments humains : la joie, la colère, la douleur… Elles peuvent se cristalliser sous une forme matérielle, comme le ferait un son sur une bande magnétique.

- Les charges **« intentionnelles »** sont provoquées par une intention volontaire, une visualisation, une projection faite à distance, qui peut être assimilée à un acte de magie.

Les énergies résiduelles peuvent investir un espace, un objet ou un être vivant, qui deviennent ainsi des « supports » leur fournissant de l'énergie. Les êtres vivants se polluent à leur contact aux endroits où ils passent le plus de temps (la chambre, le bureau, par exemple), ce qui peut amener des dysfonctionnements de l'organisme et du mental, des troubles du sommeil, du stress, voire des pathologies plus sévères.

Les lieux communiquent avec nous, ils ont une aura que l'on peut ressentir depuis l'extérieur, le jardin et même parfois à des centaines de kilomètres de distance, juste par leur évocation ou la mention de leur adresse, comme j'ai pu le constater personnellement.

Dans certains lieux à la vibration basse, nous ressentons des malaises, de l'anxiété, de la fatigue, des maux de tête ou des impressions difficiles à expliquer, comme si le lieu nous vidait de notre énergie, qu'il nous épiait ou nous faisait comprendre que l'on n'est pas le bienvenu.

La clarification peut agir sur presque tous ces niveaux plus ou moins subtils. Les effets bénéfiques ne tardent pas à se faire sentir : le sommeil devient réparateur, les ennuis s'estompent, les relations s'améliorent et la morosité s'évanouit. Clarifier un lieu agit directement sur l'habitant, ses blocages, son état de santé, ses projets.

PURIFICATION ET FANTÔMES

Vous avez sans doute entendu parler de ces fameuses entités, esprits ou présences plus communément appelés « fantômes » qui viennent « hanter » nos lieux de vie.

En réalité, **une entité est une personne défunte qui ne sait pas qu'elle est morte**. Elle est désincarnée : elle subsiste donc parmi les vivants sous une forme énergétique et spirituelle qui peut ou non entrer en interaction avec nous.

Certaines personnes plus sensibles – les enfants mais également les animaux – les perçoivent : elles les ressentent, les entendent, les sentent ou les voient selon les cas. Des témoignages et des preuves enregistrées de leur existence ont fait évoluer la perception que l'on a de ces phénomènes paranormaux.

Il n'est pas rare, en emménageant dans un lieu, de le trouver déjà occupé par son ancien propriétaire ou locataire décédé. On a alors l'impression d'être surveillé ou bien d'être comme un intrus chez soi…

Le premier réflexe est de faire appel à un médium ou de procéder à un nettoyage pour « dégager » la présence afin que tout redevienne normal.

Ce genre de situation peut nous amener à nous interroger sur ce qu'est la normalité. Patricia Darré, célèbre médium journaliste, nous propose des éléments de réponse et nous invite à nous poser les bonnes questions :

- À quoi ai-je affaire ? S'agit-il d'une perturbation géomagnétique ?
- Suis-je confronté à une mémoire rémanente enregistrée dans le lieu (une charge), un amalgame de pensées négatives ?
- Est-ce l'esprit errant d'un défunt ?
- L'esprit est-il bienfaisant ou malfaisant ? Cherche-t-il à me nuire ou évolue-t-il dans un espace parallèle sans tenir compte de moi ? À moins que ce soit moi qui évolue dans son espace, ce qui m'invite à reconsidérer mon point de vue…

Dans le premier cas, c'est une solution géobiologique qui convient (voir p. 248).

Dans le cas d'une mémoire chargée, une clarification peut être efficace : elle remettra le lieu à zéro, mais son efficacité n'est pas garantie pour éliminer un esprit, surtout si l'on se contente d'une simple clarification ! Parfois, il vaut mieux apprendre à vivre avec les esprits qui, la plupart du temps, sont bienfaisants selon Patricia Darré (voir son livre). Dans le cas d'un esprit malfaisant, il est préférable de consulter un spécialiste aguerri (médium, chamane, prêtre ou moine spécialisé…), qui vous indiquera quelle solution adopter et vous apportera son aide. Il n'est pas conseillé de se prendre pour un apprenti sorcier : les conséquences peuvent être lourdes pour soi et son entourage proche.

PRÉPARER LA CLARIFICATION

Personne ne remettra en question l'efficacité du « grand ménage de printemps » ! La clarification sera plus efficace si l'espace est préalablement rangé, nettoyé, dépoussiéré et lavé. Cette première étape de nettoyage physique permet de préparer le lieu à ce qui l'attend, tout en nous mettant en même temps dans de bonnes dispositions. De nombreux ouvrages ont été écrits sur les techniques de rangement, de nettoyage et les produits naturels à utiliser. Dans votre nettoyage, n'oubliez rien : fenêtres, murs, portes, sol, nettoyez à fond !

Ranger un espace a des effets profonds : cela nous amène à nous interroger sur la valeur des objets que nous possédons, le pourquoi de leur présence et le vide qu'ils comblent parfois. À cette étape, il faut se poser les bonnes questions : suis-je encore en phase avec cette collection de statues de bouddhas, de boîtes, de tire-bouchons qui occupent une place non négligeable dans mon espace ? C'est généralement lors d'événements douloureux que l'on en arrive à cette remise en question, qui nous ramène invariablement à nous-mêmes. Une séparation ou une succession nous obligent souvent à réfléchir à la charge émotionnelle contenue dans chaque objet et élément de mobilier, et à l'intérêt de les garder ou non auprès de soi.

Hormis les effets pratiques qu'il induit en facilitant notre circulation dans notre espace de vie, le rangement a également des effets thérapeutiques : il nous fait nous sentir plus léger, dans notre tête et dans notre corps, et permet l'arrivée de nouveaux événements dans notre vie, par le vide qu'il met en place.

Un conseil : ne gardez que ce qui vous inspire et décuple votre énergie ! Jetez ce qui est inutile. Se libérer des objets du passé permet de faire advenir des événements inédits dans sa vie.

À QUEL MOMENT ?

Il est nécessaire de nettoyer son espace de vie pour **restaurer l'harmonie après des changements et des bouleversements** – un emménagement dans un nouvel espace, un deuil, un accident, une maladie, un séjour à l'hôpital, une perte d'emploi, une séparation –, ou tout simplement pour se donner un coup de boost, mieux dormir ou se débarrasser de pensées obsessionnelles.

Ce type de nettoyage est particulièrement recommandé pour les praticiens en énergétique, les médiums, les coachs en développement personnel, les personnels médicaux.

Les clarifications sont utiles aussi lorsqu'on emménage dans une nouvelle maison ou un appartement, pour faire disparaître les charges résiduelles appartenant à l'ancien occupant. Pour ma part, j'en réalise une également dans les lieux que je quitte, une fois qu'ils se trouvent débarrassés de mon mobilier et nettoyé, une manière de remettre au prochain habitant un lieu propre et sans histoire.

L'idéal est de réaliser des clarifications d'entretien régulièrement : deux par an sont suffisantes, dont une qui peut être effectuée avant le Nouvel An chinois.

La clarification a lieu de préférence **le matin** avant midi et généralement en **lune décroissante et descendante**. Consultez un almanach ou un calendrier lunaire disponible dans le commerce ou sur les sites Internet spécialisés (en écrivant « calendrier lunaire » dans le moteur de recherche). La lune décroissante est également parfaite pour entreprendre tout travail d'élimination des toxines dans l'organisme, commencer une diète ou désintoxiquer le foie.

Pour reconnaître la phase de lune **décroissante**, c'est facile : il s'agit de la période qui va de la pleine lune à la nouvelle lune (la surface lunaire décroît de jour en jour, jusqu'à disparaître totalement).

Il ne faut pas la confondre avec la lune **descendante** : durant la révolution lunaire (27 jours, 7 heures et 43 minutes), la lune monte pendant environ 13 jours dans le ciel puis redescend durant les 13 jours restants. La lune peut donc être en même temps décroissante et descendante.

LES CONDITIONS PRÉALABLES

Pour procéder à une clarification, vous devez tenir compte de 2 conditions préalables : vous libérer de vos toxines et vous mettre dans de bonnes dispositions physiques et mentales.

Libérez les toxines !

Afin de vous préparer au travail de purification, et pour de meilleurs résultats, pratiquez un régime « détoxifiant » à base de fruits et légumes bio, idéalement pendant la semaine qui précède. Buvez de l'eau pour éliminer et réduisez fortement les produits laitiers et les viandes rouges, qui alourdissent le corps.

Réalisez une décoction[35] avec de l'eau de source, de la sauge blanche ou officinale, du laurier et du romarin, et buvez-en un verre tous les jours pendant 5 jours. Conservez la bouteille à l'abri de la lumière. Bien évidemment, rapprochez-vous d'un herboriste qui saura vous conseiller sur les contre-indications et la décoction adaptée à votre organisme.

La dépuration du foie

Elle s'effectue au printemps, et celle du rein en hiver. En médecine traditionnelle chinoise, le foie est l'organe liée au Bois, élément du printemps, et les reins à l'Eau, élément de l'hiver. Attention, les dépurations peuvent entraîner des effets secondaires (maux de tête et fatigue), sans incidence. L'évacuation des toxines peut également faire remonter des émotions fortes telles que la colère liée au foie, la tristesse associée aux poumons ou les peurs, émotions des reins. C'est une étape transitoire indispensable vers un mieux-être.

La veille ou le jour de la clarification, prenez un bain d'eau tiède dans lequel vous aurez ajouté un mélange pilé de gros sel (une poignée), de jus de citron, de clous de girofle et de feuilles de sauge. En reproduisant régulièrement cette méthode dépurative associée aux bains, vos pensées seront plus claires et vous vous sentirez plus léger. En les accompagnant de séances quotidiennes de méditation ou de prière, vous facilitez la connexion avec les énergies supérieures. La douche peut remplacer le bain : dans ce cas, mélangez quelques gouttes d'huiles essentielles de santal, oliban, myrrhe, cyprès, rose… dans une poignée de sel mélangée à de l'huile d'amande douce, d'avocat ou d'argan. Posez le mélange comme une crème sur le corps, puis rincez-vous en imaginant que l'eau vous débarrasse de toutes les impuretés.

Vous pouvez également faire un sauna, si cela ne vous est pas contre-indiqué, ou un soin marocain dans un hammam : l'énergie affluera dans votre corps et vous aurez déjà l'impression de vous sentir plus léger. L'eau a des effets thérapeutiques lorsqu'elle est sous forme de vapeur, car elle ouvre les pores par sudation, et des effets énergisants en stimulant le flux sanguin lorsqu'elle est glacée. Dans ce genre de cure, il est impératif de respecter les différentes phases : vapeur, froid et repos.

35. La décoction et l'infusion, les ablutions, les onguents et baumes constituent avec la fumigation les autres moyens de purifier son corps et son esprit.

Mettez-vous dans de bonnes dispositions physiques et mentales

La durée d'une clarification est variable en fonction de la surface à parcourir. Elle nécessite d'effectuer trois fois le parcours dans le même sens, beaucoup d'énergie et une intention positive.

Une séance d'exercices physiques juste avant de commencer permettra de se mettre dans les meilleures conditions. Il suffit qu'elle dure 30 minutes pour se sentir ressourcé. Allez par exemple marcher dans les bois. Les techniques de visualisation autour de la lumière aident également à remonter la qualité vibratoire et à se créer une enveloppe protectrice. Pour cela, mettez en pratique vos cours de yoga, de méditation ou de sophrologie : les respirations alternées par le nez (pranayama) sont excellentes pour renouveler les énergies.

Enfilez des vêtements amples et débarrassez-vous des objets métalliques (bijoux, montre, etc.). Vous pouvez également vous visualiser entouré d'une lumière bienfaitrice et protectrice.

Il est nécessaire de se connecter à sa maison comme si c'était une amie à qui vous alliez faire un beau cadeau. Pour cela, pensez à bien vous relier au sol. Afin de ressentir un meilleur ancrage à la terre, vous pouvez effectuer la clarification pieds nus. Emplissez-vous d'amour : le travail se fait toujours en connexion avec le cœur.

MODE D'EMPLOI EN 3 ÉTAPES

Les différentes étapes d'une clarification traditionnelle peuvent être simplifiées et condensées en un ou deux actes tout aussi efficaces, du moment que le processus est fait avec conviction, honnêteté et intention.

Certains énergéticiens effectuent même les nettoyages à distance à partir d'un plan orienté ou d'une photo de l'habitation, en particulier lorsqu'il s'agit de cas complexes (lieu habité par des esprits malfaisants ou perturbés par des pollutions géobiologiques). Ils proposent ensuite de poser des harmoniseurs dans la maison ou l'appartement aux endroits qu'ils indiquent sur le plan. Ils effectuent en général un « nettoyage » des habitants en même temps.

Rien ne remplace évidemment une clarification traditionnelle en bonne et due forme opérée directement sur le lieu.

UN PEU DE RITUEL...

Si vous le souhaitez, vous pouvez ritualiser le début de la cérémonie en préparant un petit autel, en méditant quelques instants et en faisant tinter une clochette trois fois, ce qui permet de marquer le commencement de la pratique.

Premier passage : absorber les tensions

Il est préférable de réaliser cette opération **quelques jours avant le jour J** afin de faciliter les opérations suivantes. La première étape consiste à déposer du sel le long des murs intérieurs de la maison, au pied des plinthes, en partant de la porte d'entrée. Pour plus de facilité, de simples coupelles ou assiettes creuses seront posées aux quatre angles et au centre de chaque pièce. Il est conseillé d'utiliser du **gros sel marin non raffiné**, plus à même de capter toutes les impuretés.

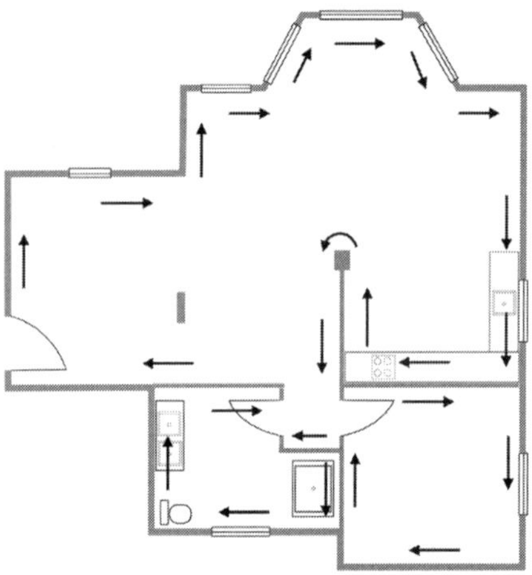

Le parcours s'effectue depuis la porte d'entrée et toujours dans le même sens (celui que vous aurez choisi).

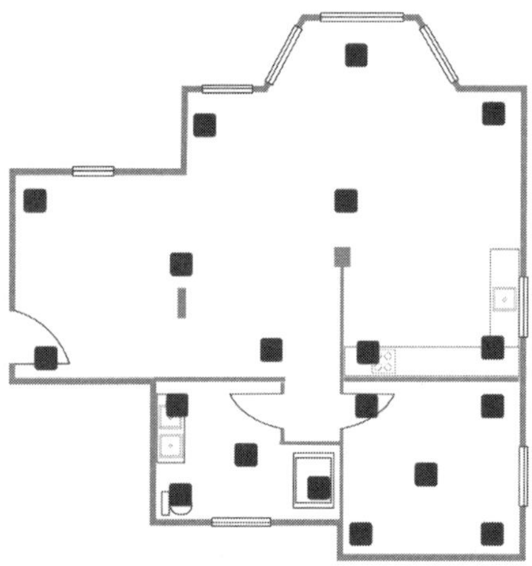

Emplacement des coupelles de sel.

Ajuster la quantité de sel en fonction du volume et rajoutez-en davantage dans les endroits plus humides ou manquant de lumière : couloirs, placards, dessous de lit, de bureau, etc.

Le sel est efficace pour réguler l'humidité et absorber les énergies stagnantes et gênantes. Il a des propriétés antiseptiques. Placé à proximité de certaines activités familiales, il permet d'évacuer les tensions. Ses ions négatifs absorbent également les pollutions électromagnétiques produites par la télévision ou les ordinateurs.

Ni bonnes ni mauvaises

Les énergies ne sont ni positives ni négatives, mais neutres. C'est notre interprétation subjective qui établit cette distinction manichéenne. En réalité, l'énergie est le *chi*, cette force qui circule partout. Son cours naturel peut être ralenti, bloqué et alourdi, ce qui nous donne cette impression « négative » d'oppression.

Au bout de deux ou trois jours, le sel se sera chargé des différentes pollutions qui stagnent dans l'atmosphère. Vous vous rendrez compte qu'il est devenu bien dur ou qu'il a pris une teinte foncée.

Deuxième passage : produire du son

Vous avez fait le tour de votre habitation, vous voilà revenu au point de départ. La seconde phase est très dynamique et apporte beaucoup de joie et de force ! Elle va consister à briser les énergies stagnantes en frappant dans vos mains de manière énergique, du plafond vers le bas, en insistant bien dans les angles, là où les énergies résiduelles sont les plus concentrées et se sont amalgamées. Les enfants se feront un plaisir de vous accompagner. Empruntez le même circuit depuis la porte d'entrée.

Traditionnellement, les Balinais utilisent des clochettes de différentes tailles produisant toutes les notes de la gamme. Un tambour, un gong, des cymbales, des carillons, des cloches peuvent être utilisés. Le son de la voix également si vous aimez chanter ou psalmodier des mantras.

Le bruit et les esprits

Les Chinois pensent que les bruits produits par deux cymbales ou des pétards éloignent la malchance et les esprits errants.

Pour ma part, je me sers d'un bol chantant tibétain ou de cloches plates de temples chinées en Birmanie : leurs différentes tailles permettent d'affiner le travail de purification en partant du son le plus grave jusqu'au plus aigu.

Plus récemment, j'ai acquis un bol en cristal fabriqué spécialement pour les nettoyages d'espace. Il m'est arrivé, lors d'une consultation, d'utiliser le piano qui se trouvait sur place, la musique investissant davantage l'espace.

Choisissez l'instrument qui vous plaît et qui sera adapté au volume des pièces. Faire une clarification au tambour dans un grand espace peut s'avérer fatigant… Autant choisir une vibration qui vous plaise et vous ressource (les sons créent un sentiment de paix en modifiant les vibrations de l'espace).

Ouvrez grand vos oreilles : appréciez la qualité du son, la manière dont il pénètre dans les lieux. Là où il semble plus lourd, insistez davantage jusqu'à l'obtention d'un son pur et une impression de légèreté.

Pour entraîner votre oreille, vous pouvez faire vibrer un bol chantant dans une pièce puis dans un placard, en comparant les deux types de son.

Ce modèle de cloche plate birmane est tenu par une cordelette et frappé avec un petit maillet en bois. Elle produit un premier son en tournant dans un sens, puis un second dans l'autre sens.

Les bols tibétains produisent des sons agréables. Certains praticiens les utilisent également à des fins thérapeutiques et relaxantes pour dénouer les tensions physiques et améliorer la circulation des énergies. Profitez-en pour « nettoyer » l'aura des habitants de la maison s'ils sont avec vous.

Dernier passage : la fumigation

Il est temps maintenant de procéder à la fumigation, qui dissoudra définitivement les énergies anciennes pour élever les vibrations de votre habitation. Pour cela, il faudra vous équiper d'un **brûle-encens** muni d'un manche, qui servira à brûler la sauge ou d'autres herbes ou écorces, ainsi que les résines et les encens.

Acheter des préparations toutes faites dans le commerce ou sur Internet est la solution la plus facile. Vérifiez toutefois l'origine des composants et veillez à ce qu'ils soient produits de manière traditionnelle. Certains encens en cônes ou en bâtons sont chimiques et cancérigènes.

Quoi qu'il en soit, pensez à bien aérer après leur utilisation.

Préparer son propre mélange soi-même est plus satisfaisant : vous pouvez ainsi choisir les senteurs qui vous plaisent et les adapter en fonction de l'espace à clarifier.

Certaines résines sont plus puissantes ou plus âcres que d'autres et sont réservées pour des nettoyages spécifiques, plus lourds à réaliser. Il est donc inutile de les utiliser. Vous pouvez vous référer aux ouvrages spécialisés pour davantage de précisions sur les propriétés des plantes et encens (voir bibliographie).

Les fumigations permettent une modification de l'énergie stagnante en altérant sa vibration. L'énergie qu'elle contient disparaît du même coup. C'est une remise en mouvement.

Pour effectuer une fumigation efficace, plutôt que les encens, il est préférable d'utiliser tout ce qui est naturel, c'est-à-dire qui provient des arbres (résines, écorces, fruits, feuilles, etc.), des plantes ou des herbes aromatiques.

Les résines

Les résines sont issues des arbres. Elles se solidifient au séchage. Elles se présentent sous forme de granulés appelés « larmes », en bloc ou en poudre : benjoin de Sumatra, benjoin blanc (*dragonfly*), oliban de Somalie, myrrhe, storax de Turquie, santal, gomme de dammar, opoponax, sang de dragon (à mélanger avec un autre ingrédient, laurier, benjoin blanc…), asa-foetida (efficace contre certaines entités, l'odeur est très forte), camphre (utilisé en fumigation ou déposé dans une coupelle pour purifier un espace).

Vous pouvez vous procurer des résines dans les magasins (en boutique ou sur Internet) spécialisés en herboristerie bio, aromathérapie, bien-être, ésotérisme, et même dans certains monastères en France ou à l'étranger (en Grèce, par exemple) ou dans les souks.

Vous trouverez des compositions 100 % naturelles et dont la fabrication respecte une charte éthique dans des boutiques telles que www.encensdumonde. fr, www.lavieclaire. com, www.naturalia.fr... Certains magasins bio, herboristeries et sites d'aromathérapie proposent des résines en vrac, des plantes et des eaux florales : www.herbeus.com, www.e-velan.com, www.herboristerie.com, www.aroma-zone.com, etc.

Certaines résines sont d'origine animale – pas véganes, donc –, comme l'ambre gris, qui provient d'un résidu de digestion du cachalot.

Les plantes et herbes aromatiques

Elles sont de toutes sortes : feuilles de sauge blanche (amérindienne), armoise de Californie, hysope, verveine, patchouli, basilic, laurier, romarin, tiges et feuilles de menthe poivrée, figuier, jasmin, rose, clous de girofle, graines de carotte ou d'angélique, fleurs et branches de genêts, lavande, fruits du citronnier...

Si vous disposez d'un jardin, profitez-en pour aménager un carré d'herbes aromatiques, dont vous pourrez maîtriser la qualité biologique. Conserver les feuilles récoltées à l'abri de la lumière dans du papier kraft ou des bocaux.

Testez les différentes plantes en petites quantités pour vérifier que vous n'êtes pas allergique. Certaines plantes n'ont pas réellement de vertu purificatrice en fumigation, mais elles sont parfaites, comme la lavande, le thym ou la myrrhe, pour masquer certaines odeurs fortes d'encens et créer un climat relaxant.

La sauge blanche (*salvia apiana*)

Sa feuille gris argenté est recouverte d'un duvet blanc. Ses propriétés purifiantes contribuent à réharmoniser le corps énergétique et l'aura lorsqu'ils sont abîmés. Elle peut être utilisée en fumigation, mais également consommée en infusion ou décoction, et en ablution dans un bain.

Commercialisée en sachets ou en bâton (les feuilles sont regroupées en fagots pour former un smudge), facile à utiliser, la sauge est un purificateur très efficace, car sa fumée est riche en principes actifs.

Elle peut être remplacée par sa version occidentale, la sauge officinale (*salvia officinalis*), ou par la sauge sclarée (*salvia sclarea*), toutes deux un peu moins efficaces.

Les écorces, racines ou mousses, feuilles, fruits d'arbres ou d'arbustes

À utiliser en copeaux ou en poudre, elles proviennent d'arbres fruitiers : écorce de cèdre (Palo Santo), feuilles d'eucalyptus, bois de santal, feuilles de laurier-sauce, écorce et zestes de citron séché, anis étoilé.

Elles peuvent être utilisées fraîches ou séchées et sont disponibles dans le commerce ou dans votre jardin, si vous en avez un, ou encore dans les bois. Afin de conserver les propriétés biologiques et les principes actifs des éléments que vous récoltez, veillez à ne pas utiliser de produits chimiques.

Quels ingrédients choisir ?

Chaque ingrédient possède ses particularités propres et peut être utilisé pour des actions bien précises. Leurs effets sont souvent décuplés lorsqu'ils sont associés entre eux.

Pour travailler et avoir l'esprit clair et concentré, ou vous redonner de l'énergie quand vous êtes fatigué, revitaliser un bureau : sauge, écorce de citron ou d'orange, huile de bois d'aloès, ambre, benjoin, oliban, menthe poivrée, écorce de cèdre, romarin, santal, camphre (excellent purificateur d'espace, le camphre peut accélérer le rythme cardiaque). →

Pour la relaxation ou la méditation : myrrhe, benjoin, mastic du lentisque, storax, encens des monastères grecs à la rose...

Pour l'énergie du cœur, pour ramener le calme en soi lorsque le stress est d'ordre émotionnel : patchouli, essence de rose, jasmin ou lavande.

Recette pour dissiper les tensions causées par des disputes récurrentes familiales :
- 2 poignées de feuilles de sauge blanche ;
- 1 poignée d'armoise ;
- 1 poignée de fleur de lavande ;
- 1/2 cuillère à soupe de benjoin noir ;
- 1/2 cuillère à soupe de camphre.

Recette pour purifier un lieu après son emménagement (préconisée par Arnaud Thuly, un spécialiste de la question) :
- 5 cuillères à soupe de benjoin noir (ou de benjoin de Sumatra) ;
- 3 cuillères à soupe de rue ;
- 2 cuillères à soupe de camphre ;
- 1 cuillère à soupe d'ammoniaque ;
- 1 cuillère à soupe de sang de dragon (résine) ;
- 1 cuillère à café de clous de girofle.

Comment procéder ?

Il vous faut :
- un ou plusieurs brûle-encens (ou deux passoires et du papier d'alu, voir plus bas) ;
- une pince à charbon ;
- un mortier et un pilon ;
- des pastilles de charbon ;
- un briquet.

Mélangez et pilez les résines que vous avez choisies (pas plus de trois) dans un mortier. Allumez un charbon à l'aide de la pince à charbon et du briquet. Une fois qu'il a cessé de crépiter et qu'il est devenu blanc, mettez-le dans un brûle-encens facile à transporter, face creuse vers le haut. Une double passoire peut convenir : la première sert à déposer le charbon, tandis que sur celle du dessous, plus grande, on aura disposé un papier d'alu afin de recueillir les cendres.

Brûle-encens chinois ancien destiné à la pratique quotidienne.

Déposez dessus une couche de feuilles (de sauge, par exemple) et/ou d'herbes aromatiques (fleurs de lavande séchées) et/ou d'écorces, puis ajoutez la ou les résines réduites en poudre.

Prenez soin de ne pas brûler les ingrédients, qui doivent dispenser leur principe actif progressivement grâce à la chaleur du charbon ardent. Testez le charbon en y déposant quelques grains de résine pour vérifier qu'ils ne noircissent pas trop vite.

Rajoutez de nouvelles résines ou plantes une fois que les résidus ont bien brûlé et qu'une fumée noire s'échappe de l'encensoir.

Concernant les quantités, respectez les proportions de la recette (voir encadre, p. 573) et augmentez les quantités en fonction de la superficie à purifier.

Parcourez avec votre fumigation le même périmètre que lors des deux premières étapes, après avoir pris soin d'éteindre vos détecteurs de fumée et de prévenir vos voisins afin qu'ils n'alertent pas les pompiers. Vous pouvez laisser une fenêtre légèrement entrouverte ou fermer entièrement votre espace.

Une fois que la surface est envahie de fumée, laissez reposer pendant 15 minutes environ, le temps d'aller nettoyer vos ustensiles.

Une pratique régulière

Il est très utile de procéder à des fumigations quotidiennes dans les endroits que l'on fréquente souvent, pour éviter aux mauvaises pensées qui nous occupent de se cristalliser plus durablement. Cela peut améliorer nettement les relations dans le couple, ou permettre de lutter contre les peurs et angoisses qui nous assaillent…

Une fois que la fumée a accompli son action et qu'elle s'est dissipée, il ne reste plus qu'à se débarrasser du sel. Certains praticiens finalisent le travail de purification en vaporisant dans l'atmosphère de l'eau de source additionnée de quelques millilitres d'hydrolat[36] de lavande, de rose ou de fleur d'oranger, ce qui diffuse immédiatement une sensation de bien-être et de légèreté. Je préfère pour ma part l'odeur très agréable de l'encens et de la sauge, qui flottera quelques jours encore dans l'espace…

Vous pouvez terminer cette séance de purification par une méditation au cours de laquelle vous formulerez vos vœux d'harmonie.

Visualisez ensuite une bulle de lumière bleue ou dorée qui enveloppe complètement votre espace. L'idéal est, bien sûr, d'accompagner cette visualisation en se déplaçant physiquement : positionnez-vous dos à un mur et levez les bras du sol au plafond, en englobant les murs de gauche et de droite, comme si vous matérialisiez une bulle de protection lumineuse.

Sel et fumées

Les fumigations associées à du sel sont également efficaces sur les objets et mobiliers anciens ayant appartenu à d'autres personnes, ou sur les statues religieuses et objets liturgiques.

36. Les hydrolats sont des extraits de plantes obtenus par distillation à la vapeur d'eau. Ils sont moins purs que les huiles essentielles, donc plus légers et sans danger (contrairement aux huiles essentielles, qu'il faut manier avec prudence et parcimonie). Les hydrolats constituent une bonne alternative aux huiles essentielles (même s'ils sont moins efficaces, puisque plus dilués). On les trouve dans les pharmacies, magasins bio, magasins spécialisés bien-être et aromathérapie, herboristeries, etc.

ENTRETENIR L'ÉNERGIE CHEZ SOI

Tout comme il est conseillé de faire du sport régulièrement pour entretenir son corps, le nettoyage énergétique de l'espace devrait également être fait périodiquement. Afin de maintenir un niveau élevé en ions négatifs dans votre habitation, nous conseillons l'utilisation régulière d'encens naturels (pensez à aérer !), d'huiles essentielles ou d'hydrolats de plantes dépolluantes. Pensez à aérer régulièrement votre espace pour le recharger en *chi* frais, et à y faire entrer la lumière du soleil.

Quelques conseils...

- Si vous ne supportez pas la présence de la fumée, vous pouvez toujours laisser brûler les résines dans un brûle-encens fermé au milieu de la pièce et attendre patiemment à l'extérieur, le temps de la diffusion.
- Pour les grandes surfaces, vous pouvez utiliser plusieurs encensoirs afin d'atteindre la densité de fumée voulue sans vous étouffer...
- Pensez à mettre la nourriture à l'abri afin d'éviter qu'elle ne prenne l'odeur de fumée.

FOCUS : L'ENCENS, UN ART DE VIVRE CHINOIS

« ***Même démunis, les lettrés brûlent de l'encens et dégustent du thé.*** »
Sun Zhiwei (1620-1687), *Les Mémoires du poulailler (Shihaiji)*

C'est par la route de la soie, où transitent les épices et les aromates venus d'Inde et du Moyen-Orient, que se développe la culture de l'encens et des parfums en Chine sous le règne des Han : camphre, santal, benjoin, giroflier, angélique, patchouli, styrax ou jujube viennent alors s'ajouter aux encens et plantes déjà connus, comme le galanga, la racine de réglisse ou le magnolia lilifora…

Avec la montée du bouddhisme, s'élabore une culture olfactive très élaborée, en même temps que se développent l'herboristerie et l'horticulture.

Le terme « encens » provient du latin ecclésiastique *incensum*, qui désigne une matière brûlée en sacrifice.

Si la tradition de l'encens est associée au système rituel et sacrificiel, elle envahit rapidement les appartements privés des riches familles : l'encens était offert quotidiennement en offrande aux ancêtres sur l'autel de la salle principale, ainsi qu'aux divinités bouddhistes et taoïstes dans les salles privées réservées à la famille. La fumée de l'encens est le lien invisible et magique entre la Terre et le Ciel, les dieux, les hommes et leurs défunts.

Outre sa fonction déodorante, purifiante (il dissipe les influences négatives) et thérapeutique, les lettrés confèrent à l'encens un plaisir esthétique. Il acquiert alors ses lettres de noblesse et devient un art de vivre raffiné dont les gestes – au même titre que l'art du thé – seront codifiés au XVIe siècle, en même temps que seront fixées des recettes et créés un mobilier, des objets et ustensiles spécifiques pour le brûler : chandeliers, vases à fleurs, boîte à encens, brûle-parfum portatif, spatules, baguettes, table haute et basse (*gaoji* et *xiaoji*)…

Les 10 utilités des encens par Liu Liang-You (1946-2007)

« Communiquer avec les esprits
Cultiver son tempérament, sa nature propre
Chasser les mauvaises odeurs
Stimuler, éveiller
Dissiper la désolation d'un lieu
Délimiter une zone de calme à côté d'un endroit bruyant
Satisfaire l'esprit, mettre à l'aise
Procurer du plaisir
Favoriser la constance de l'amitié et de l'amour
Créer une atmosphère agréable. »

Dans les maisons, le brûle-encens restait allumé toute la journée. Comparable à une horloge, il pouvait servir, en fonction de la durée de combustion des bâtons d'encens, à mesurer le temps qui passe.

Dans le cabinet d'études du lettré, cet art de la fumigation devint un véritable snobisme, le suprême raffinement étant de faire brûler de l'encens sans produire de fumée. Pour cela, il suffit de ménager un trou dans la cendre du brûle-parfum à l'aide d'une spatule et d'y introduire suffisamment de poudre d'encens, que l'on recouvre ensuite de cendres. L'encens couvert continue de brûler lentement et exhale ses parfums sans produire de fumée.

Recette d'encens chinois

Les recettes d'encens proviennent essentiellement des Classiques bouddhistes. Elles sont composées de 3 ingrédients qui ont chacun une utilité :

- L'encens principal :
  - Le bois d'aigle (calambac ou bois d'Agar ou bois d'aloès) est une résine naturelle produite par le bois infecté par des champignons de certains arbres d'Asie du Sud-Est ;
  - Le santal (*santalum album*) ;
  - Le bois d'*albergia odorifera*.

- Un ingrédient qui harmonise : le nard chinois, le giroflier, le patchouli, le *lysimachia foenum-graecum*, par exemple.

- Un ingrédient qui homogénéise la combustion et permet à l'odeur de persister : le sambong, des coquillages locaux, le camphre (camphrier de Chine, *Cinnamomum camphora*), l'oliban provenant du Boswellia en Somalie et en Arabie, la résine de benjoin provenant du styrax (benjoin de Sumatra, de Siam), le musc, l'ambre gris (salive du dragon), les fleurs d'agrumes…

Dans les ***Huit discours sur l'art de la vie***, Gao Lian, lettré de la fin de l'époque des Ming, nous livre une recette d'encens dont la composition complexe reflète bien toute la subtilité qui entourait cette pratique.

« Encens de la fleur de jade (*yuhua xiang*) :

- Fleur de *rosa rugosa* (*meigui hua*), 5 *qian* ;
- Bois d'aigle (*aquillaria agallocha sp.*, la partie la plus lourde (*chenxiang*), 4 *liang* ;
- Bois d'aigle, la partie la plus légère de couleur noire (*suxiang*), 4 *liang* ;
- Bois de santal, *santalum album* (*tanxiang*), 4 *liang* ;
- Encens *Boswellia carteri* (*ruxiang*), 2 *liang* ;
- *Saussurea lappa* (*muxiang*), 1 *liang* ;
- Clou de girofle *Syzygium aromaticum* (*dingxiang*), 1 *liang* ;
- Carex (*langtai*), 6 *qian* ;
- *Pistacia terebinthus* (*anbaxiang*), 3 *qian* ;
- Musc (*shexiang*), 3 *qian* ;
- Camphre de *Dryobalanops aromatica*, originaire d'Indonésie (*bingpian*), 3 *qian* ;
- *Lysimachia capillipes*, 3 *qian* ;
- Huile de liquidambar officinalis (*suhe you*), *styrax*, 5 *liang* ;
- *Rheum officinale*, rhizome (*dahuang*), 5 *qian* ;
- Écorce de cannelle, *cinnamomum cassia Presl*. Écorce des petites branches (*guangui*), 5 *quian* ;
- Benjoin (*huangyan*), 2 *liang* ;
- *Lysimachia foenum-graecum*, les feuilles (*guangling xiang*), 1 *liang.*

Réduire les ingrédients en poudre et mélanger d'une façon homogène avec de l'huile ; ajouter du miel raffiné, mélanger de nouveau pour obtenir une consistance de pâte humide, introduire dans un vase de porcelaine, fermer avec un couvercle et de la cire. Pour brûler, utiliser une dose de 2 fen. »

(1 fen = 0,37 g ; 1 liang = 37,5 g ; 1 qian = 3,73 g)

Dans un temple chinois, le visiteur allume des bâtonnets d'encens et les présente en s'inclinant devant la statue de la divinité, qui pourra répondre à son souhait. Les bâtonnets sont ensuite plantés dans le grand brûloir avec les autres encens, devant la statue ou à l'entrée du temple. À chaque type de souhait correspond un encens particulier qu'il est possible d'acheter au monastère : pour la santé, la réussite professionnelle, la prospérité familiale, contourner les obstacles…

Encens chinois *versus* encens japonais

Les bâtonnets d'encens chinois (et indien) contiennent une fine lamelle de bambou qui va servir de base à la combustion. Les encens japonais n'en contiennent pas et dégagent des fragrances plus subtiles, destinées davantage à la pratique de la méditation.

Pour ma part, j'utilise les deux : les bâtonnets d'encens chinois pour faire des demandes précises à l'univers, et des encens japonais pour mes séances de méditation.

CHAPITRE 2
LES PROTECTIONS TRADITIONNELLES

Les maîtres en feng shui d'autrefois étaient capables de repérer les maisons dotées d'une mauvaise destinée (les maisons « hantées » occupées par des *gui*, ces fantômes chinois), sombres et humides, au *chi* stagnant (où se seraient déroulés des événements sanglants), et d'**utiliser la science magique taoïste** pour les purifier.

Comme ils considéraient que les propriétaires morts venaient hanter, par avidité, leur ancienne maison, les Chinois y installaient un autel afin d'effectuer un rituel de purification : chaque membre de la famille devait entrer dans la maison et déposer sur l'autel des fruits symbolisant le bonheur, telles la pêche et la pomme. Les **moines taoïstes** faisaient ensuite des prières pour consacrer le lieu et composaient des calligraphies sacrées qui servaient de talismans destinés à protéger l'habitation des influences négatives.

Encore de nos jours, invocations au cosmos, les talismans sont placés au niveau de la porte d'entrée. Ils sont en général manuscrits, à l'encre rouge sur fond jaune et destinés à un usage unique. Il est possible, en Chine, de s'en procurer dans les temples taoïstes chinois, et plus rarement en Europe, où la tradition s'est quelque peu perdue dans la communauté chinoise expatriée.

« Protection contre les voleurs, à coller sur les portes avant et arrière » : le talisman est un ordre donné à Yin, une divinité de l'étoile polaire, afin qu'elle offre sa protection. Le talisman était chargé magiquement. Il devait être réalisé à l'encre au cinabre, en faisant brûler de l'encens dans un brûle-parfum.

Les Chinois utilisent différents objets pour activer la chance et la protection dans la maison, qui relèvent, pour la plupart d'entre eux, d'une pratique du feng shui populaire ancrée fortement dans leur culture et qui nous semble à nous, Occidentaux, très « exotique ».

Cette pratique trouve ses origines dans les légendes mythiques peuplées de personnages imaginaires et dans les sagas historiques relatant les actes de héros réels élevés au rang de divinités. Certains symboles sont également issus de traditions bouddhistes ou taoïstes.

Les supports, charmes, talismans, amulettes portées sur le corps, ainsi que les petits et grands objets d'autel ou décoratifs, sont toujours très populaires. Ces symboles de chance ont été largement exploités par le feng shui new age. Vous en reconnaîtrez probablement quelques-uns dans ce petit tour d'horizon des symboles préférés des Chinois.

Un talisman pour le Nouvel An

Au Nouvel An, la tradition se perpétue de se rendre au monastère pour faire des offrandes et recevoir un talisman protecteur à garder dans son portefeuille pour l'année à venir.
Des charmes sous forme de papier calligraphié à brûler, à boire, ou à porter sur soi en pendentif ou en bracelet peuvent être conçus pour toutes sortes de protections : pour les femmes enceintes, pour rencontrer l'âme sœur, protéger un jeune enfant, réussir un projet, ou encore pour stimuler les énergies stagnantes dans les pièces de la maison.

LES DIVINITÉS BOUDDHISTES

Bouddha

Avoir un bouddha chez soi représente la protection suprême. La statue, en bois, pierre ou bronze, est posée sur un autel. Une cérémonie d'ouverture des yeux peut être pratiquée par un moine afin de rendre la statue « vivante » et active. Des prières et des offrandes (fruits, fleurs et encens) lui sont faites quotidiennement.

Sur les autels chinois populaires, il n'est pas rare de voir d'autres statues accompagnant Bouddha, telles que Guanyin, la déesse de la compassion, ou le bouddha du futur appelé « bouddha rieur ».

Parfois des statues des deux autres confessions, taoïste et confucianiste, sont vénérées.

Bouddha rieur

Budai (en chinois) est un personnage qui connaît un grand succès en Asie, car il apporterait la chance et le bonheur dans la maison et les affaires : il trône souvent près des caisses des restaurants et des commerces chinois. Avec son large sourire, ses oreilles aux lobes très longs et son ventre bedonnant, il est le symbole de la générosité, de l'abondance et de la fortune. Il est souvent représenté assis sur un lit de sapèques (les anciennes pièces trouées chinoises), entouré d'enfants dont il réparait les jouets cassés. Il est parfois figuré avec une gourde (*wu luo*), symbole de richesse, et un bâton.

Le bouddha rieur aurait été un moine chan du Xe siècle, et ne serait autre que l'incarnation de Maitreya, le bouddha du futur, mort en 916 de notre ère.

Le culte des ancêtres

Pour honorer leurs défunts, les Chinois brûlent du papier-monnaie créé spécialement pour l'autre monde (*ghost money*), des lingots en papier doré, des reproductions en papier et en carton d'objets de la vie quotidienne (téléphones portables, chaussures, vêtements, nourriture, mobilier, véhicules, objets de luxe...), tout ce dont les défunts ont besoin pour continuer à subsister dans l'autre monde et avoir le meilleur statut social. Le monde des vivants et celui des défunts partagent en effet les mêmes caractéristiques matérielles.

Cela permet également de payer la dette de vie que chacun doit aux divinités du Ciel à sa naissance, et qui varie selon le signe astrologique. La fumée transporte tous ces présents vers les défunts. On parle de « feu d'offrandes » dans le bouddhisme.

Des ateliers spécialisés dans la réalisation de ces offrandes tiennent compte des modes et de l'évolution des technologies : le défunt aura ainsi tous les derniers équipements high-tech pour pouvoir communiquer dans l'au-delà : tablettes, smartphones équipés d'applications virtuelles comme le « tchat paradis ».

Guanyin

Le bouddha Guanyin est la divinité bouddhiste de la compassion extrême (avatar de la divinité hindoue Avalokiteshvara), féminine en Chine et au Japon. Elle attire la chance et le bonheur à la maison, sa protection est toute maternelle.

Dai-Shi-Ye est une forme de Guanyin au faciès effrayant (il a un corps bleu avec des crocs, des griffes et des flammes qui lui sortent de la bouche). Il est resté dans le monde par compassion pour effrayer et maîtriser les fantômes affamés qui, n'ayant pas reçu de rituel funéraire ni de culte, viennent hanter les rêves des vivants et leur causent des ennuis ou des maladies en leur rappelant qu'ils n'ont pas effectué correctement leurs devoirs. Chaque année, des offrandes leur sont offertes lors de la fête des fantômes affamés, pour qu'ils retrouvent la paix.

L'Autel des ancêtres

Le rituel funéraire permet au défunt de résider – sous forme d'esprit – dans une tablette portant son nom posée sur l'autel à proximité de la salle où la famille partage des activités. Des offrandes de fleurs, de nourriture et d'encens sont faites quotidiennement.

Les Chinois considèrent qu'il existe deux âmes : l'une est immortelle et l'autre reste avec le corps.

Les huit trésors du bouddhisme indien

Ils sont utilisés comme **symboles de chance et de prospérité** par les Chinois : on les retrouve dans les motifs de décoration, la peinture et la statuaire.

- **Le lotus :** beauté divine et pureté ;
- **La conque :** la voix de Bouddha et son enseignement ;
- **Le parasol :** protection contre les dangers matériels et spirituels ;
- **Les poissons :** vision de Bouddha ; pour les Chinois, ils signifient l'abondance ;
- **L'urne aux trésors :** les bienfaits matériels (santé, longévité, aisance matérielle) et spirituels ;
- **La roue :** représente le char du souverain, arme circulaire de Vishnu, roue de la loi universelle ;
- **La bannière (drapeau enroulé) :** le corps de Bouddha, victoire contre les forces négatives ;
- **Le nœud sans fin :** symbole d'amour éternel, interdépendance de toutes choses, compassion, vide, sagesse et longévité.

CONTRE LES *SHA CHI*

Les armes

Les épées, lances, dagues, tridents, pointes de flèches, boucliers, couteaux courbés… miniatures sont utilisés traditionnellement comme parades contre des *sha chi* puissants venant de l'extérieur : route en ligne droite se dirigeant vers la porte d'entrée, rails de chemin de fer à proximité. C'est le même principe qui est utilisé en plus grand avec les canons sur le toit de la HSBC à Hong Kong (voir p. 219).

Leur utilisation provient probablement de la tradition militaire chinoise et des attributs de protection que l'on retrouve dans la symbolique bouddhiste.

Le miroir *bagua*

Il s'agit d'une plaque octogonale comportant les huit trigrammes taoïstes du Ciel antérieur (voir p. 101), au centre duquel se trouve un miroir. Il est utilisé comme parade contre des *sha chi* extérieurs puissants : il neutralise les objets menaçants, poteaux en métal, formes déséquilibrées ou angulaires, à proximité de la maison.

De nombreuses contrefaçons existent, qui sont même revendues dans les échoppes chinoises et qui présentent les trigrammes disposés dans un ordre farfelu.

Le miroir *bagua* se place toujours à l'extérieur, mais jamais en face de la porte de votre voisin. Optez pour un miroir convexe, qui repousse l'énergie plutôt qu'il ne l'accumule… (voir p. 443). À utiliser avec précaution. Vous retrouverez d'autres systèmes pour vous protéger des *sha chi* (voir p. 213).

LES ESPRITS PROTECTEURS

Zhong Kui

Zhong Kui est un dieu protecteur spécialisé dans l'exorcisme : il protège la maison des mauvais esprits et des personnes malfaisantes. C'est également le dieu des examens.

La légende raconte qu'il avait obtenu la première place à un examen de lettrés. L'empereur, le trouvant très laid, refusa de lui donner son diplôme. Zhong Kui se suicida. Face à ce geste, l'empereur éprouva des remords. Pour se faire pardonner, il le chargea d'éloigner les esprits maléfiques et les monstres.

Guan Gong, le protecteur des forces de l'ordre

Ce dieu de la guerre et de la richesse est la représentation divinisée de Guanyu, un général chinois de l'époque des Trois Royaumes, réputé invincible : marchand, puis militaire et général de l'armée de Liu Bei, c'était un seigneur puissant. Il fut capturé puis décapité.

Ce personnage taoïste, vénéré par les bouddhistes qui le considèrent comme un boddhisattva, et les confucianistes pour lesquels il représente le saint guerrier, protège les opprimés. Il apporte protection dans les affaires, dont il est le patron.

Il est également le patron des forces de l'ordre à Hong Kong, et celui de la justice à Taïwan.

Guan Gong a l'apparence d'un géant à face rouge, avec une barbe, et il porte un *guandao*, une hallebarde servant au combat rapproché. Il est représenté debout ou à cheval. Militaire le jour et lettré le soir, Guan Gong est parfois représenté lisant le *Chun Qiu*, un traité de stratégie militaire.

Sa statue, de préférence en bronze, est posée en face de la porte d'entrée dont elle est la gardienne. Dans un bureau, à domicile ou dans une entreprise, on l'installe derrière soi pour être protégé.

Les Quatre Rois célestes (*Si da tian wang*, en chinois)

Ce sont les gardiens des quatre directions (ou orients), qui protègent des influences néfastes venant du sud, du nord, de l'est et de l'ouest. Ces divinités provenant du panthéon bouddhiste protègent le monde et combattent le mal. Facilement reconnaissables avec leur tête de couleur bleue, rouge, blanche et jaune, ces personnages reliés aux quatre directions n'ont rien à voir avec le feng shui, même si certains les utilisent parfois dans ce sens. L'histoire de ces quatre frères appelés par l'empereur pour mater les forces rebelles provient d'un roman fantastique écrit par Xu Zhong Lin au début du XVIIe siècle : *L'Investiture des dieux (Feng shen yan yi).*

Les Trois Étoiles du bonheur (*San xing*)

Ces trois sages inséparables sont sans doute les plus populaires, car ils sont présents dans la plupart des foyers chinois. Ils portent chance à la famille qui les vénère et lui assurent une belle destinée.

Shou xing (l'étoile de la longévité) est reconnaissable à son long manteau aux larges manches, son crâne chauve et bombé en forme de pain de sucre avec de longs favoris et sa moustache. Il porte une longue crosse tordue en bois de prunier, une pêche d'immortalité et parfois une calebasse dans laquelle se trouve la poudre de cinabre destinée à fabriquer la préparation pour l'élixir d'immortalité. Il prévient des morts prématurées, assure la longévité et la santé.

Fu xing (l'étoile du bonheur) est le personnage le plus robuste des trois, vêtu comme un fonctionnaire, avec un manteau rouge et or, un chapeau à deux pans ou un bonnet à ailettes, coiffure de lettré. Il tient dans la main gauche un lingot d'or. Il veille à la réussite professionnelle et financière.

Lu xing (l'étoile de la prospérité) veille aux bénéfices pécuniaires. C'est un dignitaire de la cour de l'époque des Han que l'empereur a couvert d'or. D'apparence plus frêle que les deux autres, il est représenté vêtu d'un manteau de couleur bleue ou verte, portant un bonnet taoïste sur la tête, tenant un rouleau ou un sceptre et entouré d'enfants.

Caishen, le dieu de la richesse

Le terme « Caishen » désigne en réalité un ensemble de divinités capables d'améliorer les conditions matérielles et financières des Chinois. Vénérés dans les temples, les Caishen sont de riches commerçants qui ont réellement existé, des personnages de l'Antiquité ou des militaires célèbres. Ils sont groupés par cinq (les Cinq Bonheurs), plus rarement par huit lorsqu'ils sont associés aux points cardinaux.

Lors du Nouvel An chinois, l'effigie de Caishen est affichée dans l'habitation afin de garantir la prospérité matérielle toute l'année.

Caishen est vêtu d'une robe et d'un chapeau rouge de fonctionnaire chinois, il porte un lingot d'or dans la main et le sceptre Ruyi qui lève tous les obstacles.

Maître Wong Tai Sin

Ce moine et ermite taoïste vécut au IVe siècle dans une grotte de la province du Zheijang. À 15 ans, une fée lui montra comment raffiner le cinabre afin d'en faire une potion d'immortalité. Doté de pouvoirs magiques, il transforma des rochers blancs en moutons et devint immortel après avoir atteint l'illumination, d'où son nom qui signifie « le grand immortel Wong ».

Un culte lui est dédié depuis les années 1920 à Hong Kong, dans le temple qui lui est consacré au pied du mont Kowloon. Wong Tai Sin a le pouvoir de réaliser tous les vœux qui lui sont adressés et de guérir les malades. Les fidèles viennent également pratiquer la divination auprès des nombreux diseurs de bonne aventure qui se sont installés autour du temple.

Les structures composant le temple reprennent les cinq éléments : le pavillon de bronze (élément Métal), la salle des archives (élément Bois), la fontaine Yuk (élément Eau), le sanctuaire Yue Jeung (élément Feu) et le Mur de la Terre (élément Terre).

Il est souvent convoqué pour les arts divinatoires afin d'obtenir des réponses, et également par certains maîtres en feng shui qui lui demandent son aide. Il est fréquemment représenté avec le symbole du yin et du yang.

LE BESTIAIRE ENCHANTÉ

Les Chiens de Fo (ou de Fu) ou Lions de Fo

Ils se présentent toujours par paire : le mâle, tenant une perle dans la bouche (un bijou de la Loi), a une patte posée sur un globe représentant la puissance et la maîtrise sur le monde. Il se place à droite de la porte principale. La lionne, tenant un chiot, vient à gauche et incarne l'éducation et la fertilité. Les Chiens de Fo représentent les deux principes de la vie, yin et yang : gardiens de la maison, ils protègent le foyer des vols et des cambriolages. Leur taille est proportionnelle à la maison et reflète le statut social de ses occupants.

On les trouvait traditionnellement à l'entrée des palais et devant les tombes. Véritables objets décoratifs, ils ornent les devantures des restaurants ou des supermarchés chinois afin d'assurer leur prospérité. Ils peuvent aussi trôner à l'intérieur de la maison sur une console ou face à la porte d'entrée. Il en existe de toutes tailles et dans tous les matériaux (bronze, céladon, bois, pierre, résine ou poudre de béton…).

Dans le bestiaire bouddhique, le lion appelé « *foshi* » est l'animal protecteur de Bouddha et du dharma. *Fo* signifiant « bouddha » et *fu* « prospérité », il a rapidement été associé au bestiaire impérial. Les Chinois appellent ces protecteurs plutôt « lions » que « chiens », le nom chinois signifiant « lion » étant *shi*.

Chi lin : le cheval dragon

Moins connu par les Occidentaux, le Chi lin est une créature mythique à tête de dragon, corps de cheval ou de cerf et écailles de poisson, avec une queue de bœuf et une ou deux cornes. Il est sorti des eaux du fleuve Jaune et a inspiré à Fuxi, le roi légendaire, les caractères de la langue chinoise.

L'ensemble de ces éléments empruntés à de puissants animaux capables d'aller sur terre, dans l'eau et dans le ciel crée un animal doté d'une force particulière et renforce son caractère propice à la fertilité.

Les Chinois l'utilisent dans le domaine professionnel pour favoriser les promotions et la réussite, ainsi que la célébrité. Il attire de bonnes énergies au bureau et à la maison.

Cet animal constitue l'un des remèdes traditionnels pour lutter contre les influences néfastes des 3 Tueurs (les *San sha*) ou du Grand-Duc (*Tai sui*), deux des afflictions annuelles (voir p. 423) : sa statue, de préférence en métal, est placée vers leur direction pour amoindrir leurs effets.

Les porte-bonheur récupérés par le feng shui new age

- **La paire de canards mandarins**, popularisée par le feng shui populaire, est censée attirer les idylles et l'amour. Le feng shui « pop » les place au sud-ouest de la maison ou dans la chambre.
- **La carpe**, poisson favori des Chinois associé au dragon, est devenu le symbole d'un gain financier et d'avantages en affaires. La tradition chinoise conseille d'agrémenter son jardin en y mettant des carpes.

Pi Xiu

Le Pi Xiu est une créature mythologique au corps de lion, pourvue d'ailes, héritage de son père le dragon céleste, munie de sabots et d'une ou deux cornes sur la tête. Sa gueule ouverte est garnie de grandes dents et surmontée de grands yeux. Ses pouvoirs magiques lui permettent de vaincre les démons.

Il s'agit d'un animal particulièrement vorace dont la légende raconte qu'il se goinfre d'or et d'objets précieux. Lors d'un banquet, ne pouvant se retenir, il fit ses besoins devant l'empereur de Jade, qui, pour le punir, lui donna un coup de pied dans les fesses, ce qui scella à tout jamais son anus. Pour cette raison, il symbolise la thésaurisation, l'accumulation de richesse. Il attire la richesse matérielle pour celui qui le possède, et lui permet de la conserver. Il éloigne la malchance en protégeant la maison et le bureau.

En feng shui, il est utilisé sous forme de statuettes en métal ou en jade pour contrer les énergies néfastes des afflictions annuelles telles que les *San sha*, *Tai sui* ou *Sui Po*, le briseur de l'année, ou pour amoindrir les effets de l'étoile Cinq Jaune.

Le Pi Xiu est gouverné par la terre. Il a deux frères : le Pi Yao, gouverné par le ciel, et le Pi Kan, gouverné par la mer.

En Asie, des prêtres proposent une cérémonie pour leur « ouvrir les yeux » (*Kai guang*). Le rituel de purification, à base d'encens, d'eau, de sons, a lieu un jour faste. Les prières permettent ensuite d'inscrire l'intention de protection et de rendre vivante la statuette à l'aide d'un miroir et d'une inscription peinte à l'encre de cinabre.

Il ne se pose jamais sur le sol, ni dans les endroits où les *chi* sont défavorables dans la maison (la salle de bains et les toilettes), ni dans la chambre. Les avis sont divergents en ce qui concerne l'entrée. Mes amis chinois déconseillent de le tourner vers la porte d'entrée, car cela signifierait que l'argent serait dilapidé, mais plutôt vers l'intérieur de la maison. Il trouvera une place idéale dans un bureau, ou une salle d'attente pour un commerce.

Les Pi Xiu peuvent être utilisés par paire, le premier attirant les richesses, le second gardant la maison. Ils sont parfois représentés sur un lit de sapèques chinoises.

Pour mettre la chance de leur côté, les parieurs et les joueurs placent leur billet de tombola dans la gueule du Pixiu.

La chauve-souris rouge

Elle est le symbole d'une richesse imminente, d'abondance et de prospérité. Elle est souvent représentée par groupes de cinq, qui ont le pouvoir d'éloigner les esprits maléfiques. Elles symbolisent les Cinq Bénédictions : longévité, richesse, santé, amour de la vertu et mort naturelle.

L'origine de cette croyance s'explique par le fait que, en chinois, le mot « bonheur », *fu*, est un homophone de « chauve-souris », *fu*.

LES SYMBOLES DE RICHESSE

Les pièces de monnaies ou sapèques

Les sapèques, reconnaissables à l'ouverture carrée ménagée en leur centre, sont reliées par groupe de trois, six ou neuf à l'aide d'un ruban rouge, puis posées sur les murs ou les poignées de portes.

Les Chinois raffolent également des faux lingots dorés ou des reproductions de navires remplis de ces lingots, qui sont, avec les sapèques, générateurs de richesse.

La tortue dragon

Comme son nom l'indique, la **tortue dragon** combine le corps de deux animaux célestes. La tête est celle d'un dragon, symbole de courage et de détermination. Cet animal, lorsqu'il a cinq griffes, est associé à l'empereur (voir p. 193). Le corps est celui de la tortue, symbole de longévité. Elle est souvent représentée aux côtés de Pangu, le créateur du monde (voir p. 54). La tortue dragon attire la richesse (liée à l'Eau) et le succès.

Le crapaud d'argent

Symbole de prospérité financière, le crapaud est couché sur des pièces ou des lingots et tient une sapèque dans sa bouche. Il est censé attirer l'argent dans la maison. Associé à l'immortalité, il protège également du mauvais sort. Sa statue doit être placée directement sur le sol, sous un fauteuil. On dit que, lorsqu'un crapaud apparaît à la pleine lune devant les maisons ou les commerces, la richesse est promise aux habitants.

ÉPILOGUE

Vous voici arrivés au terme de cette aventure. Vous l'avez compris, le feng shui présente des facettes plus ou moins complexes et différentes réalités selon les écoles, les ouvrages, les époques… Vérités et idées reçues sont souvent amalgamées. Mais sans doute en savez-vous maintenant un peu plus sur les Étoiles Volantes, le *Bazhai* et les différentes méthodes d'analyse de l'environnement développées dans cet ouvrage, et ce, à la lumière des contextes historiques, théoriques et des divers éclairages que je vous ai apportés.

Faire le choix du feng shui, c'est s'inscrire dans une tradition à la fois millénaire et profondément actuelle, qui place l'être humain au cœur de la nature. C'est une alternative concrète pour renouer des liens avec une planète meurtrie. C'est concevoir et investir un habitat en respectant son environnement, pour que l'un et l'autre soient en symbiose.

Vous disposez à présent de suffisamment de leviers pour activer cette « chance de la Terre ». Parfois, cela ne suffit pas pour accomplir pleinement son destin et se réaliser dans la vie : il faut souvent l'accompagner des deux autres, la chance céleste (les techniques astrologiques) et la chance de l'Homme, incarnée par l'attitude juste et les actions que l'on met en place, que vous pourrez découvrir également.

Libre à vous maintenant de poursuivre l'aventure. L'art classique du feng shui nécessite de la rigueur et de la patience, tout autant qu'une grande ouverture d'esprit.

Si vous êtes débutant ou même avancé, investiguez, comparez les savoirs, approfondissez en vous plongeant dans les lectures conseillées à la fin de cet ouvrage ou en vous investissant dans des formations qualifiées. Et toujours : ne vous contentez pas des acquis ni des certitudes, vérifiez ce que l'on vous apprend. Vous êtes votre seul maître ! Enfin, entraînez-vous. À force d'expérimentation, les bruits s'atténueront et la petite musique deviendra peu à peu une symphonie. Peu importe le temps que cela prendra.

CHRONOLOGIE DES FAITS MARQUANTS DE L'HISTOIRE CHINOISE

Les inventions et événements en lien avec le feng shui sont indiqués en gras.

ÉPOQUE PRÉHISTORIQUE

- **15000 av. J.-C. : paléolithique supérieur (tardiglaciaire)**
  - Économie de prédation.
  - Chasseurs-cueilleurs semi-sédentaires installés le long du fleuve Jaune.
  - Consommation de céréales sauvages (graine de millet), première céramique.

- **9000-7000 av. J.-C. : holocène**
  - Première consommation de riz sauvage.

- **6000-5000 av. J.-C. : holocène moyen**
  - Économie de production agricole.

- **4500-2400 av. J.-C. : néolithique moyen (culture du Yangshao et de Longshan)**
  - Sédentarisation des populations au confluent de la rivière Wei et du fleuve Jaune, dans la plaine centrale des provinces du Henan, Shaanxi et Shanxi.
  - **Tombe de Xishuipo** : première représentation des animaux célestes autour d'un corps orienté selon l'**axe magnétique**.
  - Hiérarchisation sociale avec un chef.
  - Villages protégés par des enceintes.
  - Élevage du mouton et du bœuf.
  - Culture du blé et de l'orge.

- **2400-1500 av. J-C. : âge du bronze**
  - Apparition des premiers bronzes (culture de Qija, 2400-1900 av. J.-C., et culture d'Erlitou, 1900-1500 av. J.-C.) :

Les historiens font traditionnellement commencer l'histoire de leur pays avec les premières dynasties et l'Empereur Jaune **Huang Di**, souverain civilisateur, aux alentours de 4000 av. J.-C., mais cette période fondatrice n'est pas clairement délimitée. C'est pourquoi elle est qualifiée de « **mythique** ».

Les premières preuves d'une existence dynastique datent de 1600 av. J.-C., avec les Shang.

ÉPOQUE MYTHIQUE

- **Période des héros civilisateurs (les trois Augustes et les cinq Empereurs)**
  - **Pratique du chamanisme et de la divination.**
  - **Découverte des concepts fondamentaux des arts traditionnels chinois :**
    - Concept yin-yang.
    - Diagramme du *hetu*, invention du *bagua* du Ciel antérieur.
    - Création du principe des 5 éléments.
    - Astrologie chinoise.
    - Première version du *Yi Jing*.
  - Règne de l'Empereur Jaune Huang Di (2697-2597 av. J.-C.).

- **2100-1600 av. J.-C. : dynastie Xia**
  - 17 rois et 10 capitales.
  - Fondée par Yu le Grand.
  - Fin de l'âge de pierre et début de l'âge du bronze chinois (maîtrise de la technique de la fonte, sculpture sur bronze et taille du jade).
  - Période qui aurait connu le déluge : domestication du fleuve Jaune qui inondait régulièrement le pays. Mise en place d'un système de dragage pour refluer les eaux des crues vers la mer.
  - Instauration du système de pouvoir héréditaire.
  - **Découverte du *loshu*.**
  - **Premier des 3 livres du *Yi Jing*.**
  - **Culte aux ancêtres** et sacrifices humains.

ÉPOQUE HISTORIQUE

- **1600-1046 av. J.-C. : dynastie Shang**
  - 29 rois et 7 capitales.
  - Écriture sur les objets en bronze.
  - **Écriture divinatoire :** premières traces de caractères chinois sur les carapaces de tortue (scapulomancie, voir p. 67).
  - **Chamanisme**.
  - Shang di est le Dieu suprême.
  - **Traces de l'association luni-solaire pour le découpage de l'année en 12 mois lunaires, système fondé sur le cycle sexagésimal** (voir p. 347).
  - Les palais royaux et les temples sont installés au centre de la ville selon une **orientation nord/sud et est/ouest**. Ils sont protégés par une enceinte (voir p. 277).

- **1045-256 av. J.-C. : dynastie Zhou (Zhou de l'Est et de l'Ouest)**
  - 25 rois.
  - Système féodal.
  - Culture autour de la rivière Wei.
  - Mandat céleste : l'Empereur est le fils du Ciel (Tianzi).
  - Premier système bureaucratique centralisé, gestion des provinces par des membres de la lignée royale.
  - **Approfondissement du *Yi Jing*, du *hetu* et du *loshu*.**
  - **Intégration des concepts taoïstes dans les théories du feng shui (yin-yang, *Bagua*, cinq éléments).**
  - **Système de divination** pour choisir le site idéal d'une ville, d'un palais en fonction de l'emplacement de l'eau et des montagnes.
  - Enregistrement des éclipses lunaires et solaires.
  - Notation des constellations dans le *Livre des Odes* (*Shijing*).

- ***Les Cinq Classiques (Wujing)***
  - *Shujing* (*Livre des histoires* ou *Livre des livres*) : archives des inscriptions à caractère rituel et divinatoire gravées sur les vases en bronze.
  - *Shijing (Livre des Odes).*
  - *Shunqiu (Annales des Printemps et Automnes, chronique des règnes des princes de l'État de Lu).*
  - *Yi Jing (Livre des Mutations).*
  - *Zhouli (Code rituel des Zhou).*

- **722-481 av. J.-C. : période des Printemps et Automnes**
  - **Naissance de Laozi, fondateur du taoïsme.**
  - **Naissance de Confucius** (Kong Qiu, maître Kong, 551 – 479 av. J.-C.), fondateur de la doctrine sociale, morale et politique : époque de la « bureaucratie céleste ».
  - Naissance de Menzi (Mencius), élève de Confucius, qui rend les aristocrates responsables de la situation morale.
  - En réaction à la perte des valeurs morales et rituelles qui ont amené aux conflits armés entre les différents États-provinces, **apparition des 100 écoles**, qui s'appuient sur le confucianisme, le taoïsme, le légisme et le monisme.
  - **La première École *Liqi pai* (école des combinaisons du *chi*) ou École de la Boussole (chaque direction cardinale a un *chi* qui lui est propre).**
  - *L'Art de la guerre*, de Sunzi.

- **475-221 av. J.-C. : période des Royaumes Combattants**
  - Affrontements entre le pouvoir central Zhou et celui des provinces périphériques.
  - Invention de l'arbalète et de la cavalerie.
  - Construction de murailles de séparation aux frontières des différents États de la Chine.
  - Élaboration du premier système d'irrigation.
  - La fonte de fer remplace le bronze.
  - Premier catalogue officiel des caractères (en 221 av. J.-C.).
  - **Identification de la comète de Halley et de la périodicité des éclipses.**
  - **Définition du yin et du yang dans le *Zhuangzi* (330-275 av. J.-C.).**
  - Au IVe avant notre ère, émergence des fangshi, une classe d'intellectuels au service de la cour, choisis notamment pour leurs talents de magiciens.

PÉRIODE IMPÉRIALE

- **221-207 av. J.-C. : dynastie Qin**
  - 2 empereurs.
  - Une capitale : Xiang Yan (Chang An, actuelle Xian).
  - Premier empereur : Qin Shi Huangdi.
  - Construction de la muraille de Chine.
  - Respect des rites confucéens.
  - Époque des grandes réformes pour créer une culture commune : unification de la monnaie, des poids et mesures, et de l'écriture.

- Autodafé des livres : élimination de la pensée confucéenne et taoïste au profit des légistes, penseurs chinois qui mettent la Loi au premier plan de leur pensée et de l'action politique.

• **206 av. J.-C. - 220 apr. J.-C. : dynastie Han**
- 29 empereurs, 2 capitales.
- Mise en place d'un État centralisé.
- Création du corps des fonctionnaires (128 av. J.-C.)
- **Mise en place du premier calendrier (104 av. J.-C.).**
- Invention du soc d'araire, du système d'irrigation, du gouvernail d'étambot, de la manivelle, de la porcelaine et du papier (Cai Lun, 105 apr. J.-C.).
- Invention du ***sinan*** (ancêtre de la boussole avec une cuillère).
- Invention de la clepsydre.
- Premier **sismoscope pour indiquer la direction d'un séisme et globe céleste rotatif avec moteur hydraulique** (Zhang Heng, 78-139 apr. J.-C.) ; invention de l'**odomètre**, un compteur kilométrique.
- Première anesthésie générale inventée par le médecin Hua Tuo.
- Apparition des eunuques à la cour.
- Développement du commerce entre l'Orient et l'Occident.
- La philosophie confucéenne est la doctrine officielle jusqu'à la fin de l'Empire.
- Arrivée du bouddhisme par la route de la soie.
- Le *Shiji*, écrit par l'historien Sima Qian, relate trois mille ans d'histoire de la Chine.
- Développement des principes taoïstes (*chi*, yin et yang, cinq éléments).

• **22-265 : période des Trois Royaumes**
- 11 empereurs, 3 capitales.
- Période de troubles.
- Implantation et essor du bouddhisme.
- Invention du **char pointant vers le sud**, créé par Ma Jun.

• **265-316 : dynastie Jin de l'Ouest**
- 4 empereurs, 2 capitales.
- Essor du taoïsme.
- Périodes de troubles et de conflits internes.

- **317-420 : dynastie Jin de l'Est**
  - 11 empereurs.
  - Essor du bouddhisme, qui s'adapte à la culture chinoise : intégration de la pratique de la méditation et du concept de karma.
  - **Première définition du feng shui** dans *Le Livre des sépultures* de **Guo Pu** (276-324).
  - **Probable naissance de l'École des Étoiles Volantes** (*Xuan kong fei xing*), la technique du feng shui prédictif qui restera secrète jusqu'au XIXe siècle.
  - **Essor de l'alchimie et du taoïsme.**

- **420-581 : dynasties du Nord et du Sud**
  - 51 empereurs.
  - Calcul du nombre pi jusqu'à la sixième décimale.

- **581-618 : dynastie Sui**
  - 4 empereurs, 1 capitale.
  - Percement du grand canal impérial entre le nord et le sud de la Chine.
  - Période de réformes sévères en vue d'unifier le pays.
  - Diffusion du bouddhisme.
  - Début de l'art des grottes bouddhiste.

- **618-907 : dynastie Tang**
  - 20 empereurs.
  - **Capitale Chang An (Xian)** : la plus grande ville du monde.
  - Période de prospérité agricole, économique et militaire.
  - Invention de la poudre à canon (mélange de salpêtre, charbon de bois et sulfure) et des premières armes.
  - 627 : arrivée des premiers missionnaires chrétiens.
  - 649 : l'Islam s'introduit en Chine.
  - Le bouddhisme est adopté par la cour et devient la religion dominante.
  - **Naissance de l'école du San yYuan** : cette technique destinée aux sites funéraires sera ensuite adaptée aux habitations.
  - **Naissance de l'école du San he**, qui concerne l'environnement.
  - ***Le Sac d'azur (Qingnangxu)*** de Yang Jun Song est un classique de feng shui qui traite du yin et du yang, des cycles des éléments et de la manière dont les étoiles volent.
  - **L'astronome Yi xing mesure la longueur du méridien.**

- **907-960 : période des Cinq Dynasties et des Dix Royaumes**
  - 13 empereurs et 10 rois.
  - Morcellement du territoire : guerres incessantes entre les 10 royaumes qui composent la Chine.
  - Le **feng shui yin** pour les tombes et le **feng shui yang** pour les demeures des vivants se différencient nettement.

- **960-1279 : dynastie Song**
  - 18 empereurs et 2 capitales.
  - Cette dynastie est réputée pour sa civilisation raffinée (littérature, arts et artisanat).
  - Période de prospérité économique et d'avancées technologiques : lance-flammes, bombes puis grenades.
  - Essor de la flotte marchande et militaire.
  - Essor des villes.
  - Imprimerie à caractères mobiles.
  - **Horloge astronomique, sphère armillaire, gnomon, télescope.**
  - **Théorie sur la formation de la Terre.**
  - Néoconfucianisme.
  - Développement du **kan yu**, l'ancêtre du feng shui.

- **1279-1368 : dynastie Yuan (ou mongole avec Gengis Khan)**
  - 15 empereurs.
  - Première dynastie non chinoise fondée par Kubilaï Khan, empereur mongol.
  - Capitale : Khanbalik (Pékin).
  - La tradition chinoise est respectée, mais **le feng shui est combattu** et les postes de lettrés sont réservés aux Mongols. Création de castes discriminatoires.
  - Début des missions dominicaines.
  - Voyage de Marco Polo durant la *pax mongolica*[1] : il effectue des missions pour l'empereur durant ses dix-sept années de séjour en Chine.
  - Le bouddhisme tibétain devient la religion officielle.
  - **Fixation de la durée de l'année à 365,2425 jours.**
  - Découverte de la racine carrée et du triangle de Pascal.

1. La *pax mongolica* est une période de stabilisation de la conquête mongole.

- **1368-1644 : dynastie Ming**
  - 16 empereurs, 2 capitales (Nanjin et Pékin).
  - Un paysan prend le pouvoir (Zhu Yuan Zhang) et devient empereur.
  - Interdiction de l'esclavage privé.
  - Progression de l'urbanisation et de l'industrie privée (papier, soie, coton, porcelaine).
  - Exploration de mers et de territoires inconnus (Afrique).
  - 1556 : tremblement de terre au Shaanxi et Gansu (850 000 morts).
  - 1582-1773 : missions d'évangélisation par les Jésuites (Matteo Ricci).
  - **1406 : construction de la cité pourpre par Laio Jun Qing, selon les principes feng shui.**
  - **Vulgarisation du feng shui.**
  - Naissance de **Jiang Da Hong**, grand maître de feng shui.

- **1644-1912 : dynastie Qing (mandchous)**
  - 12 empereurs.
  - Pékin (Beijing) devient la capitale.
  - La Chine compte 200 millions d'habitants.
  - Au XVIIIe siècle, progrès agricoles (triple récolte annuelle de riz).
  - En 1711, la Compagnie anglaise des Indes orientales établit un relais postal à Guangzhou.
  - Développement des chinoiseries à l'époque de Louis XIV.
  - Au XIXe siècle, déclin des Qing, stagnation économique, agitation sociale, ingérence de la part des Occidentaux.
  - 1840 : première guerre de l'opium de l'Angleterre contre la Chine.
  - 1842 : traité de Nankin (cession de Hong Kong aux Occidentaux ; des privilèges commerciaux sont concédés aux puissances occidentales et au Japon, ratifiés par des traités iniques).
  - Période d'appauvrissement de la Chine, saignée à blanc par des taxes occidentales.
  - 1856 : seconde guerre de l'opium.
  - 1860 : traité de Pékin.
  - 18 octobre 1860 : sac du palais d'Été.
  - 1860-1908 : modernisation du pays sous le règne de l'impératrice douairière conservatrice Cixi.
  - 1883-1884 : guerre franco-chinoise pour le contrôle de l'Indochine.
  - 1894-1895 : guerre sino-japonaise pour le contrôle de la Corée.
  - 1999-1901 : Révolte des boxers.
  - **Retour aux origines du feng shui.**
  - **Méthode des Huit Directions ou *Bazhai* (voir p. 297).**

- **1912-1949 : première République de Chine**
  - 1921 : naissance du Parti communiste chinois.
  - 1932-1949 : occupation japonaise.
  - Naissance en 1927 de **Yap Cheng Hai**, grand maître de feng shui qui a diffusé son savoir en Europe et formé de nombreux enseignants.

- **1949 : République populaire de Chine**
  - Mao Zedong président (1949-1976).
  - 1966 : début de la révolution culturelle.
  - Mot d'ordre « *Po si jiu* » (« Détruire les quatre vieilleries »).
  - **Les maîtres de feng shui trouvent refuge à Hong Kong et Taiwan** : cette pratique reste en activité dans la plupart des pays d'Asie du Sud-Est.

BIBLIOGRAPHIE

L'histoire, la pensée et l'invention

- **Balazs** Étienne, *La Bureaucratie céleste*, Gallimard, 1968.
- **Barbier-Kontler** Christine, *Sagesses et religions en Chine de Confucius à Deng Xiaoping*, Bayard-Centurion, 1996.
- **Bonnet-Bidaud** Jean-Marc, *4000 ans d'astronomie chinoise*, Belin, 2017.
- **Bourzat** Catherine, *Mythologies et imaginaires du monde chinois*, Marabout, 2008.
- **Bujard** Marianne, *Le Sacrifice au Ciel dans la Chine ancienne*, École française d'Extrême-Orient, 2000.
- Catalogue de l'exposition « Quand les artistes dessinaient des cartes », Archives nationales.
- **Chavannes** Édouard, *Mémoires historiques de Sima Qian*, traduction par Édouard Chavannes, 1905.
- **Chavannes** Édouard, « Les deux plus anciens spécimens de la cartographie chinoise », *Bulletin de l'École française d'Extrême-Orient*, t. III (1903), p. 214-247.
- **Cheng** Anne, *Histoire de la pensée chinoise*, Seuil, 1997.
- **Cheng** Anne, « La notion d'espace dans la pensée traditionnelle chinoise », in *Asies 2* (Aménager l'espace), Presses de l'Université de Paris-Sorbonne, 1994.
- **Cheng** François, *Vide et plein*, Seuil, 1991.
- **Dillenseger** Marie-Pierre, *Debout. La force de s'incarner*, Mama éditions, 2021.
- **Dillenseger** Marie-Pierre, *La Voie du feng shui. Chevaucher le temps, apprivoiser l'espace, prendre sa place*, InterÉditions, 2016.
- **Dillenseger** Marie-Pierre, *Oser s'accomplir. 12 clés pour être soi*, Mama éditions, 2019.
- **Doré** Henri, *Recherches sur les superstitions en Chine*, You Feng, 1996.
- **Eliade** Mircea, *Le Chamanisme et les techniques archaïques de l'extase*, Payot, 1968.
- **Elisseeff** Danielle, *Confucius : des mots en action*, Gallimard, 2003.
- **Elisseeff** Danielle, *Hybrides chinois. La quête de tous les possibles*, Louvre éditions, 2011.
- **Fazzioli** Edouardo, *Caractères chinois, du dessin à l'idée. 214 clés pour comprendre la Chine*, Flammarion, 1987.
- **Feuchtwang** Stephan, *An anthropological analysis of Chinese geomancy*, White Lotus Co. Ltd, 2003.

- **Feuchtwang** Stephan, *Popular religion in China : the imperial metaphor*, Routledge, 2001.
- **Field** Stephen L., Ph.D. : http://www.fengshuigate.com/zangshu.html.
- **Frèches** José, *Il est une fois la Chine. 4 500 ans d'histoire*, XO, 2018.
- **Granet** Marcel, *La Pensée chinoise*, Albin Michel, 1999.
- **Granet** Marcel, *La Religion des Chinois*, Albin Michel, 2010.
- **Guénon** René, *Symboles de la science sacrée*, Gallimard, 1962.
- **Guo Pu**, *Le Traité des sépultures (Zangshu)*, traduction du chinois par Stephen L. Field, Ph.D.
- **Helft** Claude, *La Mythologie chinoise*, Actes Sud, 2002.
- **Javary** Cyrille J.-D., *Dans la cité pourpre interdite*, Philippe Picquier, 2009.
- **Kalinovski** Marc, « Les Instruments astro-calendériques des Han et la méthode Liu ren », *Bulletin de l'École française d'Extrême-Orient*, t. 72, 1983.
- **Marilier** Julien, *Taoli. 200 clés de chinois à connaître*, Ellipses, 2010.
- **Martel** François, « Les Boussoles divinatoires chinoises », *Communications 19*, 1972, p. 115-137, http://persee.fr.
- **Maspero** Henri, *Le Taoïsme et les religions chinoises*, Gallimard, 1971.
- **Needham** Joseph, « Science and civilization » (vol. 3, *Mathematics and the sciences of the Heavens and the earth*, Taipei : Caves Books, Ltd).
- **Pinpaneau** Jacques, *Chine, culture et traditions*, Philippe Picquier, 2004.
- **Sivin** Nathan, *Science in ancient China : researches and reflections*, Ashgate Publishing, 1995.
- **Sun Tzu**, *L'Art de la guerre*, Flammarion, 1992.

Le feng shui

- **Eitel** Ernest John, *Feng-shui: the science of sacred landscape in old China*, Synergetic Press, 1993.
- **Hardy** Nicolas, *Feng Shui, science taoïste de l'habitat*, Eyrolles, 2008.
- **Lecourt** Bruno, *Le Feng shui pas à pas*, Leduc.s Éditions, 2019.
- **Lo** Raymond, *Les Essentiels du feng shui*, SATAS/IFS, 2015.
- **Marip**, *Les Leçons de feng shui, Bazhai et fondamentaux*, Marip the Feng Shui Firm, 2006.
- **Marip**, *Calendrier de 10 000 ans*, Marip the Feng Shui Firm, décembre 2016.
- **Moran** Elizabeth, **Maître Yu** Joseph et **Maître Biktashev** Val, *Feng shui : le guide des accros qui s'y perdent*, Contredires, 2007.
- **Mourier** Nathalie et **Spirau** Éric, *Les Leçons de feng shui : les Étoiles volantes*, vol. 1 et 2, Marip, 2007 et 2014.
- **Obringer** Frédéric, *L'Art d'habiter la terre*, Picquier Poche, 2009.

- **Ottino** Hiria **et Yang** Zu-Hui, *La Vérité des apparences, feng shui taoïste*, Guy Trédaniel, 2001.
- **Skinner** Stephen, *Feng Shui, terre vivante. Traité de géomancie chinoise*, Les Deux Océans, 1990.
- **Too** Lilian, *Feng shui de l'Étoile Volante*, Guy Trédaniel, 2003.
- **Wong** Eva, *Leçons approfondies de Feng shui*, t. I, « Origines et principes fondamentaux », Le Courrier du livre, 2007.
- **Wong** Eva, *Leçons approfondies de Feng shui*, t. II, « Applications pratiques », Le Courrier du livre, 2007.
- **Yap** Joey, *Authentique feng shui*, Le Courrier du livre, 2009.

Le taoïsme

- **Augier** Serge, *Encyclopédie pratique du Tao*, Flammarion, 2018.
- **Confucius**, *Entretiens*, traduction d'Anne Cheng, Seuil, 1981.
- **Deydier** Christian, *Les Jiaguwen. Essai bibliographique et synthèse des études*, EFEO, 1976.
- **Djamouri** Redouane, « Écriture et divination sous les Shang, Extrême-Orient, Extrême Occident », n° 21, *Divination et rationalité sous la Chine ancienne*, sous la direction de Karine Chemla, Donald Harper et Marc Kalinowski, 1999.
- **Dupuy** Gérard, *Monter haut, regarder loin : la montagne en Chine ancienne*, i Littérature, 2018.
- **Giès** Jacques, **Delacour** Catherine, **Arrault** Alain, **Schipper** Kristopher, *La Voie du Tao, un autre chemin de l'Être*, catalogue de l'exposition au Grand Palais, RMN, 2010.
- **Javary** Cyrille J.-D., *Yin Yang : la dynamique du monde*, Albin Michel, 2018.
- **Javary** Cyrille J.-D., *La Souplesse du dragon*, Albin Michel, 2017.
- **Javary** Cyrille J.-D., *100 mots pour comprendre les Chinois*, Albin Michel, 2008.
- **Kaltenmark** Max, *Lao Tseu et le taoïsme*, Robert Laffont, 1974.
- **Lao-tseu**, *Tao-Tö King*, traduit du chinois par Liou Kia-Hway, Gallimard, « Connaissance de l'Orient », 1967.
- **Mossat** Guy et **Rivas** Arthur, *Tao Te King, le livre du Tao*, Anfortas, 2015.
- **Robinet** Isabelle, *Comprendre le Tao*, Albin Michel, 2002.
- **Sionneau** P. et **Zagroski** R., *La Diététique du Tao*, Guy Trédaniel, 2001.

Le *chi*

- **Anders** Gyda, « Theory of Qi as the basic context of a site », *Feng Shui and the Built Environment*, City University of Hong Kong Press, 2019.
- **Ken** Rose et **Zhang** Yu-Huan, *Pour mieux comprendre le Qi*, Guy Trédaniel, 2006.

La médecine traditionnelle chinoise et l'alchimie

- **Bichen** Zhao, *Traité d'alchimie et de physiologie taoïste*, Les Deux Océans, 1990.
- **Chia** Mantak, *L'Alchimie de l'énergie sexuelle. Comment se relier à l'univers de l'intérieur*, Guy Trédaniel, 2016.
- **Despeux** Catherine, *La Moelle du phénix rouge. Santé et longue vie dans la Chine du XVIe siècle*, Guy Trédaniel, 1988.
- **Kespi** Jean-Marc (Dr), *Médecine traditionnelle chinoise. L'homme et ses symboles*, Marabout, 2008.

Le *Yi Jing*

- **Javary** Cyrille J.-D. et **Faure** Pierre, *Le Yi Jing. Le livre des changements*, Albin Michel, 2012.
- **Koh** Vincent, *Comment interpréter le Yi Jing*, Nathalie Mourier (traducteur), Marip the Feng Shui Firm, 2014.
- **Mourier** Nathalie, *Yi jing : 64 clés pour réfléchir autrement*, Marip the Feng Shui Firm, 2015.
- **Ottino** Hiria et **Yang** Zu-Hui, *Le Livre de la simplicité, Yi jing taoïste*, Guy Trédaniel, 1998.
- **Wilhelm** Richard, *Yi king. Le livre des transformations*, traduction française d'Étienne Perrot, Librairie de Médicis, 1968, réédition de 2001.

L'architecture et l'habitat

- **Chang** Chao-Kang, **Blaser** Werner, *Architectures de Chine*, André Delcourt, 1988.
- **Mak** Michael Y, **So** Albert T, *Research in scientific feng shui and the build environment*, City University Hong Kong Press, 2009.
- **Wang** Qijun, *Habitations traditionnelles*, Éditions en Langues étrangères, 2006.

La géobiologie

- **Bonvin** Jacques et **Trilloux** Paul, *Église romane, lieu d'énergie, pour une géobiologie du sacré*, Dervy, 2012.
- **Cardinaux** Stéphane, *Géométries sacrées. Du corps humain, des phénomènes telluriques et de l'architecture des bâtisseurs*, Trajectoire, 2004.
- **De Luzan** Alain, *Votre santé en lieu sûr : des solutions pratiques grâce à la géobiologie*, Le Courrier du Livre, 2012.
- **Dick** Martine, *Guide pratique du sourcier, de l'Égypte antique au* XXIe *siècle*, Éditions du Dauphin, 2007.
- **La Maya** Jacques, *La Médecine de l'habitat. Comment détecter et neutraliser les ondes nocives pour retrouver mieux-être et vitalité*, Dangles, 2005.
- **Laplane** Guy, *Médecine et habitat : ces ondes nocives qui menacent votre santé*, Maison De Vie, 2007.

Le Bazi

- **Goh Guan Leong** (Maître), *Les 4 piliers de la destinée. Manuel d'astrologie chinoise*, vol. 1 & 2, Marip the Feng Shui Firm, 2015 et 2017.
- **Lo** Raymond, *L'Ancien secret. L'essentiel des quatre piliers de la destinée*, IFS, 2014.
- **Marip**, *Les Leçons de feng shui, leçons de Ba Zi*, Marip the Feng Shui Firm, 2009.
- **Yap** Joey, *Bazi. Le Code de la destinée*, t. 1, IFS, 2015.
- **Yap** Joey, *Bazi. Le code de la destinée révélée*, t. 2, IFS, 2015.

Les couleurs

- **Causse** Jean-Gabriel, *L'Étonnant Pouvoir des couleurs*, Éditions du Palio, 2014.
- **Pastoureau** Michel, *Dictionnaire des couleurs de notre temps*, Christine Bonneton, 1999.

La science et le taoïsme

- **Capra** Fritjof, *Le Tao de la physique, une exploration des parallèles entre la physique moderne et le mysticisme oriental*, J'ai lu, 2018.

La physique quantique

- **Schaeffer** Lothar, *Le Potentiel infini de l'univers quantique*, Guy Trédaniel, 2013.

Le postmatérialisme

- **Guillemant** Philippe, *Le Pic de l'esprit. Une randonnée initiatique dans le territoire de la pensée*, Guy Trédaniel, 2017.
- **Guillemant** Philippe, *La route du temps. Théorie de la double causalité*, Temps présent, 2014.

Le pouvoir de la méditation

- **Hanson** Rick, Dr **Mendius** Richard, *Le Cerveau de Bouddha. Bonheur, amour et sagesse au temps des neurosciences*, Les Arènes, 2011.
- **Ricard** Matthieu, **Singer** Wolf, *Cerveau et méditation*, Allary, 2017.
- Forum « Mind and life Institute » créé par Francesco Varela et le Dalaï-Lama (échanges entre moines bouddhistes et scientifiques) : https://www.mindandlife.org.

L'immortalité

- **Penrose** Roger, *La Nouvelle Physique de l'univers*, Odile Jacob, 2018.
- **Penrose** Roger, *Le Temps, un éternel recommencement. Voyage aux frontières de la physique*, Dunod, 2018.
- **Penrose** Roger, **Hawking** Stephen, *La Nature de l'espace et du temps*, Gallimard, « Folio Essais », 2003.

La résonance morphique

- **Emoto** Masaru, *L'Eau, mémoire de nos émotions*, Guy Trédaniel, 2006.
- **Sheldrake** Rupert, *La Mémoire de l'Univers*, Éditions du Rocher, 2002.

Le transhumanisme

- **Alexandre** Laurent, **Besnier** Jean-Michel, *Les Robots font-ils l'amour ? Le transhumanisme en 12 questions*, Dunod, 2016.
- **Alexandre** Laurent, *La Mort de la mort*, JC Lattès, 2011.
- **Coeurnelle** Didier, *Et si on arrêtait de vieillir !*, FYP, 2013.

L'intention

- **Mc Taggart** Lynne, *La Science et l'intention*, Ariane Publications, 2008.

La synchronicité

- **Jung** Carl Gustav, *Synchronicity : an acausal connecting principle*, Princeton University Press, Bollingen Series XX, 1973.

Le jardin

- **Dars** Jacques, *Les Carnets secrets de Li Yu*, Picquier Poche, 2014.
- **Chaudet** Geneviève et **Boissière** Ariane, *Les plantes dépolluantes*, Rustica Éditions, « Planète jardin », 2007.
- **Pimpaneau** Jacques, *Dans un jardin en Chine*, Philippe Picquier, 2004.

La purification de l'espace

- **Al Ghazâlî**, *Les Secrets de la purification*, Albouraq, 2014.
- **Corbin** Henri, *Le Miasme et la Jonquille. L'odorat et l'imaginaire social aux* XVIIIe *et* XIXe *siècles*, Flammarion, 2008.
- **Darré** Patricia, *Il y a quelqu'un dans la maison…*, Michel Lafon, 2018.
- **Festy** Danièle, *Ma bible des huiles essentielles*, Leduc.s Éditions, 2014.
- **Kingston** Karen, *L'Harmonie de la maison par le feng shui*, J'ai lu, 1999.
- **Liu** Liang-you, *Xiangxue huidian (Chinese Incense Culture)*, Zhonghua dongfang xiangxue yanjiuhui, 2003.
- **Nicolas-David**, *Le Chuchotement des Anges. Parcours de vie d'un médium*, Nombre 7 Éditions, 2020.
- **Torres** Mario, *Encens, gommes et résines*, Trajectoire, 2009.
- **Thuly** Arnaud, *Plantes et encens de purification*, Alliance magique, 2017.
- **Van Praagh** James, *Ces esprits parmi nous. Découvrez la vérité sur l'au-delà*, Le Dauphin Blanc, 2011.

Les minéraux

- **Boscherio Reynald** Georges, *Dictionnaire de la lithothérapie*, Ambre, 2013.
- **Hall** Judy, *L'Encyclopédie des cristaux*, Guy Trédaniel, 2008.
- **Pelloux** Martine, *Pierres de bien-être : guide d'équilibre intérieur par les minéraux*, Hachette, 2015.

REMERCIEMENTS

Je remercie tout d'abord Éric Spirau pour la qualité de son enseignement et pour avoir éclairé mon chemin à un moment où j'en ressentais le besoin.

Mes remerciements vont ensuite à Valéry, pour son œil averti, à Isabelle, qui a illustré merveilleusement cet ouvrage, à Claire et Laurence, pour leur soutien technique. Également à Nathalie Ferron, Sandrine Navarro, et toute l'équipe des éditions Leduc, qui ont facilité la réalisation de ce beau projet, et à Cécile Beaucourt, qui a su saisir l'esprit de mon texte jusque dans ses détails les plus infimes.

Enfin, j'adresse mes pensées les plus affectueuses à mes proches, ma famille et mes amis, qui ont compris et accepté l'isolement dans lequel m'a plongé la conception de ce livre.

INDEX

Les numéros de page en gras correspondent à la référence principale du terme concerné.

A

B

C

D

E

F

G

M

N

O

P

TABLE DES MATIÈRES

DÉCOUVREZ LES AUTRES TITRES
DE LA COLLECTION
MA BIBLE

Cet ouvrage est composé de matériaux issus de forêts gérées durablement certifiées PEFC™.

PEFC™ 10-31-1316 / Certifié PEFC / Ce produit est issu de forêts gérées durablement et de sources contrôlées. / pefc-france.org

Achevé d'imprimer en mars 2021
sur les presses de Jouve-Print,
733, rue Saint-Leonard,
53100 MAYENNE
N° d'impression : 2961246T
Imprimé en France
Dépôt légal : avril 2021